당률각론 II (사회·개인법익편)

이 저서는 2016년 대한민국 교육부와 한국연구재단의 지원을 받아 수행된 연구임 (NRF-2015S1A5B1012114)

당률각론 II (사회·개인법익편)

김 택 민

경인문화사

제2편 사회적 법익에 대한 죄

제1장 공공의 안전과 평온에 대한 죄 579

제3편 개인적 법익에 대한 죄

제2편

사회적 법익에 대한 죄

I. 당률의 사회적 법익에 대한 죄

현재 통용되고 있는 『형법각론』은 형법 중의 사회적 법익에 대한 죄를 ① 공공의 안전과 평온에 대한 죄, ② 공공의 신용에 대한 죄, ③ 공중의 건강에 대한 죄, ④ 사회의 도덕에 대한 죄로 나누고 있다. 당률의 사회적 법익에 대한 죄도 현행 『형법각론』을 기준으로 분류할 수 있다. 단 포괄할 수 있는 죄의 내용은 다른 점이 많다.

당률에서 공공의 안전과 평온을 해하는 죄에 포함할 수 있는 것으로는, 요서(祇書)·요언(祇言)에 관한 죄 등의 공안을 해하는 죄가 있고, 병기에 관한 죄를 하나의 절로 구성할 수 있을 만큼 많다. 역시 방화와 실화의 죄와 도수(盜水)와 통수(通水)에 관한 죄가 있다. 또한 수레·말의 과속 주행죄를 여기에 포함시킬 수 있을 것이다.

공공의 신용을 해하는 죄에 포함할 수 있는 것으로는, 사사로이 전을 주조한 죄와 도량형에 관한 죄와 시장질서 교란죄가 있다.

공중의 건강에 대한 죄에 포함할 수 있는 것으로는, 고독에 관한 죄와 독이 있는 육포에 관한 죄 및 오물을 버린 죄 정도만 들 수 있다.

사회의 도덕에 대한 죄에 포함할 수 있는 것으로는, 현행 형법과 마찬가지로 성 풍속에 관한 죄, 도박에 관한 죄와 신앙에 관한 죄, 예와 윤리를 위반한 죄 등을 꼽을 수 있다. 다만 그 내용은 많이 다른데, 예컨대 간죄의 경우 친속 사이의 간죄가 있고, 감림관 및 도관·승니의 간죄에 대한 처벌은 더욱 엄격하며, 양천 사이에 간통한 경우 천인은 양인보다 무겁게 처벌한다. 신앙에 관한 죄 가운데 사체·분묘 훼손죄의 처벌이 엄격한 점도 눈에 띤다. 예와 윤리를 위반한 죄는 상례 위반죄가 무겁다는 점, 조부모·부모·남편의 원수와 화해한 죄가 있다는 점이 특이하다.

이 밖에 혼인에 관한 죄와 양자 및 상속에 관한 죄를 사회적 법익에 대한 죄에 포함시킬 수 있다. 현행법에서 혼인·양자·상속에 법은 민법에 속하여 국가 공권의 제재 대상에서 제외되어 있지만, 당에서는 민법을 별도로 제정해 두지 않고 율에 혼인·양자·상속에 관한 규범을 위반한 행위에 대해 형벌을 가하는 조문을 두고 있다. 때문에 이 죄들을 국가·사회·개인의 법익 침해죄 중 어느 하나에 귀속시켜야 하는 문제가 발생하게 된다. 그런데 혼인·양자·상속에 관한 규범을 위반한 것은 개인의 법익을 침해하거나 국가적 법익을 침해한 것은 아니며, 그 보다는 사회적 규범 내지 풍속 또는 도덕을 해치는 행위에 가깝다고 할 수 있다. 따라서 혼인·양자·상속에 관한 죄는 사회적 법익을 침해한 죄에 포함시키고자 하는데, 단 그 내용이 방대하고 아울러 역사적 의미도 적지 않으므로, 혼인에 관한 죄를 제5장으로 구성하고, 양자 및 상속에 관한 죄를 제6장으로 구성한다.

제1장
공공의 안전과 평온에 대한 죄

제1절 공안을 해하는 죄

Ⅰ. 개설

현행 형법은 공안을 해하는 죄로 범죄단체조직죄(114조), 소요죄(115조), 다중불해산죄(116조), 전시공수계약불이행죄(117조) 및 공무원자격사칭죄(118조)의 5개 범죄를 규정하고 있다. 또 이와는 별도로 폭발물에 관한 죄(6장, 119~121조)를 규정하고 있다.

당률에는 범죄단체조직죄, 소요죄, 다중불해산죄, 전시공수계약불이행죄는 없다. 또한 당시에는 아직 폭발물이 없으므로 당연히 이에 관한 죄도 없다. 대신 공안을 해하는 죄에 포함시킬 수 있는 죄로는 요서(祅書)·요언(祅言)에 관한 죄, 축산 및 개의 관리에 관한 죄, 성 및 관사(官舍)·사가·도로를 향해 활을 쏜 죄, 덫이나 함정의 설치로 인해 사람을 살상한 죄, 저자나 사람이 많은 곳에서 소란을 피운 죄 등을 들 수 있다. 공무원의 자격을 사칭한 죄는 관인 또는 관에서 파견한 사람을 사칭하고 사람을 체포한 경우와 임시로 편의를 구한 경우로 한정해서 규정을 두고 있다.

Ⅱ. 요서·요언 등에 관한 죄

1. 요서·요언을 지어내거나 전하거나 이용한 죄

적도율21(268조)

1. (a) 요서·요언을 지어낸 자는 교형에 처하고, 〈지어낸다는 것은

스스로 휴·구(休·咎) 및 귀신의 말을 지어내서 망령되이 길흉을 설파하는데 조정에 순종하지 않는 것[不順]과 관련되는 것을 말한다.〉 (b) 전하거나 이용해서 무리[衆]를 미혹시킨 자도 또한 같다. 〈전한다는 것은 요언을 전파하는 것을 말하며, 이용한다는 것은 요서를 이용한 것을 말한다.〉 (c) 단 미혹시킨 것이 무리에 차지 않은 때에는 유3000리에 처하며, (d) 미혹하는 말의 이치가 해가 되지 않는 경우에는 장100에 처한다.

2. (a) 만약 사사로이 요서를 가지고 있으면 비록 이용하지 않았더라도 도2년에 처하고, (b) 요서의 말의 이치가 해가 되지 않는 경우에는 장60에 처한다.

(1) 요서·요언을 지어낸 죄

요서·요언을 지어낸다다는 것은 괴력에 관한 글을 짓거나 거짓으로 귀신의 말을 지어내는 것을 말한다. 즉 거짓으로 타인이나 자기의 몸에 길한 징후가 있다거나 국가에 흉조가 있다거나 하늘을 보고 땅을 가리키며 황당하게 재이·상서를 설파하고 허황되게 길흉을 말하는 것은, 모두 조정에 순종하지 않는 뜻이 내포되어 있으므로 교형에 처한다.

(2) 요서·요언을 전한 죄

요서·요언을 전하거나, 이를 이용하여 무리를 미혹시킨 자는 교형에 처한다. 미혹시킨 바는 3인 이상의 무리를 이룬 것과 무리를 이루지 못한 것으로 나눈다. 즉 요언·요서를 전하거나 이용해서 3인 이상을 미혹시킨 것과 미혹된 것이 3인이 되지 않은 것으로 나누는데, 동거자는 3인 안에 포함되지 않는다. 동거자 이외에 1인 이상일 경우 3인이 되지 못하더라도 유3000리에 처한다.

(3) 요서·요언의 이치가 해가 되지 않는 경우의 처벌

요서·요언을 만들거나 전하거나 이용했으나 말의 이치가 해가 되지 않는 때에는 장100에 처한다. 이는 요서·요언으로 이변을 말하였지만 세상인심을 움직일 만큼은 되지 않는 것을 말하는데, 예를 들면 수해·한해를 예언한 것 따위이다. 이런 행위들은 조정에 순종하지 않는 것과는 무관하므로 해가 되지 않는 것에 속한다.

(4) 요서를 보유한 죄

요서를 사유했으나 이용하지 않은 자는 도2년에 처한다. 이는 이전에 다른 사람이 만든 것을 은밀히 전해 받아 보유한 경우 이용하지 않았더라도 도2년에 처한다는 것을 말한다. 단 보유한 요서의 논리가 세상인심에 해가 되지 못하는 것일 때에는 장60에 처한다.

2. 금물·금서 등을 사유한 죄

직제율20(110조)

1. (a) 현상기물(玄象器物)·천문·도서(圖書)·참서(讖書)·병서·칠요력(七曜曆)·태일식(太一式)·뇌공식(雷公式)은 사가에서 보유해서는 안 된다. 위반한 자는 도2년에 처한다. (b) 〈사사로이 천문을 학습한 것도 역시 같다.〉
2. 단 위서(緯書)·후서(候書) 및 논어참(論語讖)은 금하는 범위에 두지 않는다.

(1) 금물·금서 등을 보유한 죄

금물·금서 등을 보유한 자는 도2년에 처한다. 금물은 현상기물을 말한다. 이는 하늘을 본떠 기구를 만들어 별자리 및 해와 달이 운행

하는 길을 측량하고, 이를 전용하여 시운의 변화를 관측하는 기구이
므로 사가에서 보유하는 것을 금한다. 천문은 천문에 관한 책이다.
도서와 참서는 미래의 길흉을 예언한 책이다. 병서는 『육도(六韜)』·
『삼략(三略)』 등 병법서이다. 칠요력이란 책력이다. 태일식·뇌공식
은 길흉을 점치는 점서이다. 이것들은 모두 사가에서 보유해서는 안
되며, 위반한 자는 도2년에 처한다. 만약 이것을 전하고 이용하여 말
이 불순한 데까지 미쳤다면 당연히 요언을 만든 죄(적21.1)에 따라
처벌한다.

(2) 사사로이 천문을 학습한 죄

사사로이 천문을 학습하는 자는 도2년에 처한다. 사사로이 천문을
학습하는 자란 자신이 금서를 보유한 것은 아니고 돌아다니며 배우
고 익히는 자를 말하며, 역시 도2년에 처한다.

3. 허위로 서응(瑞應)을 조작한 죄

사위율16(377조)
1. 허위로 서응을 조작한 자는 도2년에 처한다.

서응은 상서로운 징조이다. 서응의 규모와 종류는 예부의 식에 규
정되어 있는데(『당육전』권4, 114~115쪽; 『역주당육전』상, 303~305
쪽), 대서(大瑞)가 있고 상·중·하서가 있다. 대·소를 구분하지 않고
다만 허위로 조작하였다면 도2년에 처한다.

III. 공무원 자격 사칭죄

사위율11(372조)

1. (a) 관인을 사칭하거나 관에서 파견하였다고 사칭하고 사람을 체포한 자는 유2000리에 처한다. (b) 타인에게 침해를 당하여 〈그 자신 및 가인·친속·재물 등이 침해당한 것이다.〉 관인을 사칭하거나 추섭인(追攝人)을 사칭한 자는 도1년에 처한다. (c) 〈아직 붙잡아 포박하지 않은 때에는 각각 3등을 감한다.〉
2. 단 마땅히 체포되거나 추적하여 체포되어야 할 자를 관이 없는 자가 사칭하고 체포하거나, 관품이 낮은데 고관을 사칭하고 체포한 자는 장80에 처한다.
3. 만약 관인을 사칭하거나 관인의 성명이나 자를 사칭하였는데 잠시 구하는 바가 있어 그렇게 한 자의 죄도 역시 이와 같다.

1. 관인 또는 관에서 파견한 사람임을 사칭하고 사람을 체포한 죄

(1) 관인 또는 관이 파견한 사람임을 사칭하고 사람을 체포한 죄

비록 죄인이라도 관인 또는 관에서 파견한 사람이 아니면 체포할 수 없다. 그런데도 스스로 관인 또는 관에서 파견한 사람이라고 사칭하고 사람을 체포한 자는 유2000리에 처한다.

(2) 피해자가 관인이나 관이 파견한 사람임을 사칭하고 죄인을 체포한 죄

자신이 타인에게 침해당하거나 혹은 가인·친속이 침해당하거나 혹은 그 자신 및 가인·친속이 재물 등을 침탈당하여 관인 및 관에서 파견한 사람임을 사칭하고 죄인을 체포하거나 추격하여 체포한 때에는 모두 도1년에 처한다.

(3) 체포할 자격은 있지만 관인이 아닌 자가 관인으로, 관품이 낮은 자가 고관을 사칭한 죄

범인을 체포할 자격이 있는 사람이 관이 없는데 관인이라고 사칭하거나 관품이 낮은데 고관을 사칭한 때에는 장80에 처한다. 골절상이상의 상해를 가하거나 또는 절도 및 강간하는 범인은 비록 주위사람이라도 모두 체포·포박할 수 있으므로(포3.1), 이 경우 피해자 또는 방인이 범인을 체포할 자격이 있는 사람이 된다. 따라서 피해자 또는 주위사람이 관인이 아닌데 관인을 사칭하거나 관에서 파견한 사람임을 사칭하고 죄인을 체포한 때에는 장80에 처한다. 이들은 체포할 수 있는 자이기 때문에 형을 감하는 것이다.

(4) 미수

① 비록 관인을 사칭하거나 관에서 파견한 자임을 사칭하고 죄인을 체포하더라도 아직 포박하지 않은 때에는 유2000리에서 3등을 감하여 도2년에 처한다.

② 타인에게 침해당한 사람이 관인을 사칭하여 체포하거나 또는 범인을 추적하여 체포하였으나 아직 포박하지 않았다면 도1년에서 3등을 감하여 장80에 처한다.

③ 체포·추적할 수 있는 자가 체포하더라도 붙잡아 포박하지 않았다면 장80에서 3등을 감하여 태50에 처한다.

(5) 체포·추적할 수 없는 자가 관인을 사칭하고 체포하다가 사람을 살상한 죄

① 체포 추적할 수 없는 자가 관인을 사칭하고 체포하다가 사람을 살상한 때에는 고살상죄를 적용한다. 관인을 사칭하고 사람을 체포하거나 추적해서 체포한 것은 원래 흉악하고 교활한 죄행인데, 비록

범인이지만 원래 자신과 관계없는 사람을 구타하여 살상한 것은 더욱 용서하기 어려운 죄이기 때문이다.

② 다만 범인이 항거하여 부득이 구타하여 살상한 때에는 투살상죄를 과한다. 체포자가 체포할 자격이 있으면 원래 체포되어야 할 범인이 항거하는 경우 구타하여 살상하더라도 죄가 없거나 가볍다. 그러나 이 체포자는 체포할 자격이 없는 자이기 때문에 범인이 항거하여 부득이 구타 살상하였더라도 단지 투살상죄를 적용하는 것이다.

2. 관인을 사칭하고 임시로 편의를 구한 죄

관인을 사칭하거나 관인의 성명이나 자를 사칭하여 임시로 구한 바가 있는 자는 장80에 처한다. 관인을 사칭하거나 관인의 성명을 사칭하고 지나가는 곳에서 잠시 구하는 바가 있거나 혹은 관청을 출입함에 예우를 바란 것은, 비록 범인을 체포하거나 범인을 추적하여 체포하려는 것은 아니지만 정황이 사기행위와 같은 것이므로, 역시 체포할 수 있는데 관인을 사칭하고 체포·추적한 죄와 같이 장80에 처한다.

IV. 축산 및 개의 관리에 관한 죄

구고율12(207조)
1. 축산 및 무는 개가 사람을 뿔로 받고 발로 차며 이빨로 물었는데도 표시하거나 매어두는 것을 규정대로 하지 않거나, 또는 미친 개를 죽이지 않은 자는 태40에 처한다.
2. 이 때문에 사람을 살상한 때에는 과실로 논한다.

3. 만약 고의로 축산이나 무는 개를 풀어 사람을 살상한 때에는 투살상죄에서 1등을 감한다.

4. 만약 고용되어 축산을 치료하다가 〈부탁받은 때에는 과실법과 같다.〉 또는 까닭 없이 축산을 건드리다가 살상을 입은 경우 축산의 주인은 처벌하지 않는다.

1. 개나 축산의 관리를 법대로 하지 않은 죄

(1) 구성요건

행위요건은 두 가지이다. 하나는 축산이나 무는 개가 사람을 뿔로 받고 발로 차며 이빨로 물었는데도 표시하거나 매어두는 것을 규정대로 하지 않은 것이다. 잡령(습유856쪽)에 따르면, 축산이 사람을 뿔로 받았으면 두 뿔을 자르고, 사람을 발로 찼으면 다리를 묶어놓으며, 사람을 물었다면 두 귀를 잘라야 한다. 이것이 표시하거나 매어두는 법이다. 본죄의 요건은 이 규정을 지키지 않은 것이다. 다른 하나는 미친개를 죽이지 않은 것이다. 즉 미친개의 본 주인이 죽이지 않은 것이다.

(2) 처벌

각각 태40에 처한다.

(3) 소극적 구성요건

만약 고용되어 축산을 치료하다가 혹은 까닭 없이 축산을 건드리다가 사망하거나 상해를 입은 경우 축산의 주인은 처벌하지 않는다. 고용된 것은 본래 재물을 바란 것이고, 축산을 까닭 없이 건드린 것은 고의로 자신이 어기고 건드린 것이므로, 주인의 책임을 물을 수 없는 것이다.

2. 개나 축산의 관리를 법대로 하지 않아 사람을 살상하게 된 죄

축산의 관리를 법대로 하지 않거나 미친개를 죽이지 않은 까닭에 사람이 살상된 경우 과실로 논하되, 율에 다른 규정이 없으므로 모두 일반법에 따르고, 존비귀천은 모두 동으로 죗값을 치르는 법(투38)에 따른다. 즉 존비장유 및 양천이나 주천, 귀천 사이에 서로 범한 경우 그 본죄는 일반인의 죄에서 가감하지만, 단 죄를 속하는 것은 같다. 또 만약 본래 가볍게 처벌해야 할 것인 경우에는 본래대로 따를 것을 허용한다. 즉 과실살상은 때로 죄를 논하지 않는 경우가 있는데, 이 때는 죄를 속할 필요가 없다. 과실로 살해한 죄를 묻지 않는 예는 주인이 과실로 부곡을 살해한 경우(투21.2), 과실로 친속의 부곡 노비를 살해한 경우(투23.1a), 남편 혹은 처가 첩을 과실로 살해한 경우(투24) 등이 있는데, 이처럼 행위의 객체가 과실살해에 대해 죄를 묻지 않는 자이면 축산의 관리를 법대로 하지 않거나 미친개를 죽이지 않은 까닭에 살해되었더라도 역시 죄를 속할 필요가 없다.

단 부탁받아 축산을 치료하다가 살상된 경우도 역시 과실법을 적용한다. 부탁을 받았다는 것은 응당 무상으로 타인의 축산을 치료하는 것이라고 해석해야 한다.

3. 고의로 개나 축산을 풀어놓아 사람을 살상한 죄

고의로 축산이나 무는 개를 풀어 사람을 살상한 때에는 투살상죄에서 1등을 감한다. 그러나 귀천·존비·장유·친속 등을 범하였다면 각기 해당하는 본죄에서 가감해서 처벌한다(투11~33). 여기서 축산이 사람을 살상한 것은 타물로 사람을 살상한 것(투1.2)으로 간주하고 보고(保辜) 기간을 20일로 하여, 보고 기간 안에 사망했다면 투살죄로 논하되(투6.2), 1등을 감한다. 보고 기간이 지나 사망하거나, 다른 원인으로 사망한 경우에는 당연히 타물로 사람을 상해한 법에 의거한다(투6.2). 가령 고의로 축산을 풀어놓아 자·손을 뿔로 받거나 발로 차거나 이빨로 물어서 살해하였다면 도1년반에서 1등을 감하여 도1년에 처한다. 나머지 친속 비유는 각기 본복에 따라 싸우다가 살상한 죄에서 1등을 감한다.

V. 성 및 관사·사가·도로를 향해 활을 쏜 죄

잡률5(393조)

1. (a) 성 및 관·사의 사택 또는 도로를 향해 활을 쏜 자는 장60에 처하고, (b) 탄환을 발사하거나 기와나 돌을 던진 자는 태40에 처하며, (c) 그로 인해 사람을 살상한 때에는 각각 투살상죄에서 1등을 감한다.
2. 만약 고의로 성이나 사택에 들어가도록 쏘아 사람을 살상한 때에는 각각 투살상으로 논하고, 사죄에 이른 때에는 가역류에 처한다.

1. 성 및 관·사의 사택 또는 도로를 향해 활 등을 쏜 죄

(1) 활을 쏜 죄

성 및 관·사의 사택 또는 도로를 향하여 활을 쏜 자는 장60에 처한다. 단 성 안 및 집 안에 사람이 있는 경우를 말한다.

(2) 탄환을 발사하거나 기와나 돌을 던진 죄

성 및 관·사택 또는 도로를 향하여 탄환을 발사하거나 기와나 돌을 던진 자는 태40에 처한다. 단 성 안 및 집 안에 사람이 있는 경우를 말한다.

(3) 활을 쏘거나 기와나 돌을 던져 사람을 살상한 죄

성 및 관·사의 사택 또는 도로를 향하여 활을 쏘거나 탄환을 발사하거나 기와나 돌을 던짐으로써 사람을 살상한 때에는 각각 본래의 투살상죄에서 1등을 감한다. 투살상죄는 신분으로 인해 형이 달라지므로 신분에 따라 죄형을 달리하는 본조가 있는데, 본래의 투살상죄는 바로 이를 가리킨다. 살상된 자가 존비·장유·귀천의 신분이면 해당하는 본조의 처벌법을 적용한다. 다만 활을 쏘거나 탄환을 발사하거나 기와나 돌을 던진 것이 존장이나 귀인의 저택을 향하지 않았는데 뜻하지 않게 살상한 때에는 명례율 49.3조의 "원래 무겁게 처벌해야 하지만 범행할 때 알지 못한 경우에는 일반범행으로 논하며, 원래 가볍게 처벌해야 할 경우에는 원래대로 따를 것을 허용한다."는 규정에 따른다. 이는 추상적 사실의 착오이므로 가벼운 경우에 따라 처벌하는 것이다.

2. 고의로 성 안 및 집안에 들어가도록 활을 쏘아 사람을 살상한 죄

고의로 화살 등을 성 안이나 집 안에 들어가도록 쏘아 사람을 살상한 때에는 각각 투살상으로 논한다. 다만 사죄에 이른 때에는 가역류에 처한다.

VI. 덫이나 함정의 설치로 인해 사람을 살상한 죄

잡률6(394조)

1. (a) 쇠뇌를 놓거나 함정을 만든 자는 장100에 처하고, (b) 이 때문에 사람을 살상한 때에는 투살상죄에서 1등을 감하며, (c) 만약 표지를 해놓은 때에는 또 1등을 감한다.

2. (a) 단 깊은 산이나 외진 늪지 및 맹수의 침해가 있는 곳이면 쇠뇌나 함정을 놓거나 만드는 것을 허용하지만, 표지를 세워야 한다. 세우지 않은 자는 태40에 처하고, (b) 그 때문에 사람을 살상한 때에는 투살상죄에서 3등을 감한다.

1. 덫이나 함정의 설치로 인해 사람을 살상한 죄

(1) 구성요건
이 죄의 구성요건은 세 단계로 나눈다.

① 산이나 늪이 아닌 곳에 덫을 놓거나 함정을 파서 새나 짐승을 잡으려 한 행위부터 죄를 구성한다.

② 만약 덫이나 함정에 의해 사람이 살상된 때는 사람을 살상한 죄를 적용한다. 만약 사람을 살상함에 고의가 있다면 곧 모살상죄를 적용한다.

③ 표지가 있고 없고를 구분하지 않는데, 처벌은 조금 다르다.

(2) 처벌
① 단지 덫이나 함정을 설치한 것만으로 장100에 처한다.

② 그로 인해 사람을 살상한 때는 투살상죄에서 1등을 감한다.

③ 만약 덫이나 함정이 있는 곳에 표지를 해놓아서 사람에게 알게

하였는데 사람이 잘못을 범하여 사망하거나 다쳤다면 또 1등을 감하여 투살상죄에서 2등을 감한다.

2. 표지를 세우지 않고 덫이나 함정 설치하여 사람을 살상한 죄

(1) 구성요건
사람이 다니는 곳이 아닌 깊은 산이나 먼 늪지 및 맹수가 출몰하는 곳에 덫을 놓거나 함정을 만드는 것은 허용되지만, 단 표지를 세워야 한다. 따라서 표지를 세우지 않은 것부터 죄를 구성하며, 표지를 세우지 않은 것으로 인해 살상이 발생한 때에는 살상의 죄를 묻는다. 만약 표지를 세웠는데도 살상이 발생한 때는 행인 자신이 범한 것이므로 덫을 놓거나 함정을 만든 자는 처벌하지 않는다.

(2) 처벌
① 표지를 세우지 않은 자는 태40에 처한다.
② 그로 인해 발생한 사람의 살상은 투살상죄에서 3등을 감한다.

Ⅶ. 저자나 사람들이 무리지어 있는 곳에서 소란을 일으킨 죄

잡률35(423조)

1. (a) 저자 및 사람들이 무리지어 있는 곳에서 고의로 사람들을 놀라게 하여 소란을 일으킨 자는 장80에 처하고, 이 때문에 사람을 살상한 때에는 고살상죄에서 1등을 감하며, (b) 이로 인해 재물이 손실된 때에는 좌장으로 논한다.

2. 단 착오로 놀라게 하여 사람을 살상한 때에는 과실법에 따른다.

1. 고의로 저자나 사람이 많은 곳에서 소란을 일으킨 죄

(1) 구성요건

행위요건은 저자나 사람이 많은 곳에서 고의로 소란을 일으킨 것이다. 예를 들면 저자 안 및 사람이 무리지어 있는 곳에서 거짓으로 맹수 따위가 있다고 말하여 사람들을 놀라게 한 것 등을 말한다. 만약 그 소란으로 인해 사람이 살상되거나 사람의 재물이 손실된 때에는 가중 처벌한다.

(2) 처벌

① 소란을 일으킨 자는 장80에 처한다.

② 그 소란으로 인해 사람이 살상된 경우 고살상죄(투5)에서 1등을 감한다. 가령 사람을 놀라게 하여 사망에 이르게 하였다면 고살죄(참형)에서 1등을 감해 유3000리에 처하고, 팔다리 1개를 부러뜨렸다면 고의로 팔다리 하나를 부러뜨린 죄(유2000리)에서 1등을 감해 도3년에 처한다. 여기서 사망에 이르게 한 것은 투살죄의 교형보다 1등 가볍고, 팔다리를 부러진 경우는 투상죄(투4.1a)와 같다. 아마도 본범은 고의범이나 단 살상할 고의는 없고 다만 소란에 대해서만 고의가 있는 것이기 때문일 것이다.

③ 이로 인해 재물이 손실된 때에는 좌장으로 논한다. 또한 만약 이 때 여러 사람이 재물을 잃었다면 병합·누계하여 절반으로 논한다(명45.2b). 병합·누계하여 절반한 것이 1인이 잃은 재물보다 무겁지 않을 경우에는 재물을 잃게 한 자는 무거운 것에 따라 논한다.

2. 과실로 저자나 사람이 무리지어 있는 곳에서 놀라게 하여 사람을 살상한 죄

과실로 고의로 저자나 사람이 무리지어 있는 곳에서 사람들을 놀라게 하여 살상하기에 이른 때에는 과실살상법(투38)에 따른다. 즉 과실로 사람을 놀라게 하여 살상에 이르게 한 때에는 과실살상법에 따라 속동을 징수하고, 그 동은 피해자의 집에 들인다.

제2절 병기에 관한 죄

I. 금병기 사유죄

천흥률20(243조)

1. 금병기를 사유한 자는 도1년반에 처한다. 〈금병기는 활·화살·칼·방패·짧은 창이 아닌 것을 말한다.〉
2. (a) 쇠뇌 1벌을 사유했다면 2등을 더하고, (b) 갑옷 1벌 및 쇠뇌 3벌을 사유했다면 유2000리에 처하며, (c) 갑옷 3벌 및 쇠뇌 5벌을 사유했다면 교형에 처한다.
3. 사사로이 제조한 자는 각각 1등을 더한다. 〈갑옷은 피갑이든 철갑이든 같다. 말갑옷도 갑옷과 같다. 만약 유실된 것을 습득하고 30일이 지나도록 관에 보내지 않은 경우에는 사유의 법과 같이 처벌한다.〉
4. (a) 제조하였으나 완성되지 않은 때에는 2등을 감한다. (b) 만약 완성된 것이 아닌 갑옷과 쇠뇌를 사유한 자는 장100에 처하고, (c) 다른 것은 완성된 것이 아닌 경우 논하지 않는다.

1. 개설

금병기는 갑옷·쇠뇌·창·긴 창·말갑옷 등 사가에서 소유가 금지된 병기를 말한다(군방령, 습유380쪽). 그 중 갑옷·쇠뇌·말갑옷을 사유한 경우 가중 처벌된다. 활·화살·칼·방패 및 짧은 창 등은 금병기에 포함되지 않으며, 사가에서 소유할 수 있다. 군의 깃발 등은 위험한 병기는 아니지만 모두 사가에서 함부로 소유할 수 없다.

2. 금병기 사유죄

(1) 기본 요건과 처벌

① 창과 긴 창과 같은 금병기를 사유한 자는 도1년반에 처한다.
② 소유한 금병기는 관에 몰수한다(명32.1b).
③ 은사령이 도착한 뒤 100일까지 현재하면서 자수하지 않고 고의로 숨긴 경우 은사령이 내리기 전과 같이 처벌한다(명35.1a⑥).

(2) 가중처벌 요건

1) 요건

갑옷·쇠뇌·말갑옷을 사유한 것은 금병기 사유죄의 가중처벌요건이다. 갑옷은 가죽이든 쇠든 같고, 말갑옷도 갑옷과 같다. 단 가죽이나 철로 만들지 않은 갑옷은 고부식에 보유를 허용하는 장소가 규정되어 있는데, 한도 외에 더 많이 보유하거나 또는 보유해서는 안 되는데 보유한 경우에는 또한 금병기를 사유한 것에 준하여 논한다.

2) 처벌

① 쇠뇌 1벌을 사유한 자는 2등을 더하여 도2년반에 처한다. 쇠뇌 3벌을 사유한 자는 유2000리에 처하며, 쇠뇌 5벌을 사유한 자는 교형에 처한다.

② 갑옷 1벌을 사유한 자는 유2000리에 처한다. 갑옷 3벌을 사유한 자는 교형에 처한다.

③ 갑옷 2벌과 쇠뇌 4벌을 사유한 자는 교형에 처한다. 이 사례에 대한 판단은 이렇다. 원래 쇠뇌 4벌을 사유한 것은 유죄에 해당하고 하나를 더 사유하여 다섯이 되면 사형에 이르므로, 쇠뇌보다 사유죄가 무거운 갑옷 2벌을 더 사유하였다면 교형에 처함이 분명하다. 쇠뇌 4벌을 사유하고 이에 더하여 갑옷 1벌을 사유한 경우도 역시 사형에 처해야 한다.

(3) 유실된 금병기를 습득하고 관에 보내지 않은 죄

유실된 금병기를 습득하고 30일이 지나도록 관에 보내지 않은 자는 금병기 사유죄와 같이 처벌한다. 30일 내에 관에 보낸 경우 이 죄를 적용하지 않지만, 군방령(습유380쪽)에 "잃어버린 갑옷·무기를 습득하면 모두 즉시 관에 보내야 한다."고 규정되어 있으므로 보내지 않은 때에는 위령죄에 따라 태50에 처하고(잡61.1), 5일이 되도록 보내지 않은 때에는 망실죄(잡56.3a)로 논한다.

(4) 완성되지 않은 갑옷이나 쇠뇌를 사유한 죄

1) 구성요건

이 죄의 행위 요건은 완성되지 않아 착용하거나 사용할 수 없는 갑옷이나 쇠뇌를 사유한 것이다. 다른 금병기는 완성되지 못한 것을 사유하더라도 죄를 논하지 않는다. 즉 갑옷과 쇠뇌 이외의 금지된 병기를 소유하였더라도 완성되지 않은 것은 모두 처벌하지 않는다.

2) 처벌

완성되지 않은 갑옷이나 쇠뇌를 사유한 자는 장100에 처한다. 완성되지 않은 다른 금병기는 원래 사유가 금지된 병기이므로, 사유하더라도 비록 처벌하지는 않지만 반드시 관에 보내야 한다.

3. 금병기 제조죄

1) 구성요건

이 죄의 행위 요건은 갑옷·쇠뇌 및 기타 금병기를 사사로이 제조한 것이다.

2) 처벌

① 사사로이 제조한 자는 사유한 죄에 각각 1등을 더해 처벌한다. 단 더하여 참형에 이르지는 않는다(명56.3의 주).

② 제조하였으나 완성하지 못한 때에는 사사로이 제조한 죄에서 2등을 감한다. 따라서 제조하였으나 완성되지 않은 갑옷이 3벌 또는 쇠뇌가 5벌 이상이거나, 설령 그보다 더 많이 있더라도 죄는 각각 도3년에 처하는 데에 그친다. 왜냐하면 완성된 갑옷 3벌을 사유하거나 쇠뇌 5벌을 사유한 경우 죄는 교형에 해당하는데, 여기서 2등을 감하면 도3년이 되기 때문이다.

③ 완성된 것과 미완성된 것을 불문하고, 갑옷과 쇠뇌, 창과 긴 창을 불문하고 모두 관에 몰수한다.

4. 군의 깃발 등을 사유한 죄

군의 깃발 등을 사유한 자는 해서는 '마땅히 해서는 안 되는데 행한' 죄(잡62)의 무거운 쪽에 따라 장80에 처한다. 정기·번치·의장은 위험한 병기는 아니지만 모두 사가에서 함부로 소유할 수 없으므로 이를 처벌하는 것이다.

II. 병기 절도죄

적도율28(275조)

1. (a) 금병기를 절도한 자는 도2년에 처하고, (b) 갑옷·쇠뇌를 절도한 자는 유2000리에 처하며, 만약 절도죄가 사유죄보다 가벼우면 사유와 같은 법으로 처벌한다. (c) 다른 금병기 및 정기·번치를 절도한 자는 장90에 처한다.
2. 만약 궁·전을 수위하는 병기를 절도한 자는 각각 1등을 더한다.
3. 곧 군 및 숙위하는 곳에서 서로 절도하여 다시 관용에 충당한 때에는 각각 2등을 감한다.

1. 병기 절도죄

병기 절도죄는 그 종류에 따라 형이 다르다.

(1) 금병기 절도죄

금병기를 절도한 자는 도2년에 처한다. 금병기는 활·화살·칼·방패 및 짧은 창이 아닌 것으로 사가에서 소유할 수 없는 병기를 말한다.

(2) 중금병기 절도죄

갑옷·쇠뇌를 절도한 자는 유2000리에 처한다. 만약 절도죄가 사유죄보다 가벼우면 사유와 같은 법으로 처벌한다. 즉 금병기 사유죄에 따르면 갑옷 3벌이나 쇠뇌 5벌을 사유한 것은 교형에 해당하므로(천20.2c) 만약 갑옷 3벌을 절도했거나 혹은 쇠뇌 5벌을 절도했다면 모두 교형에 처해야 한다. 도죄는 사유죄에 비하여 무거워야 하기 때문이다.

(3) 금병기 외의 다른 병기 및 군의 깃발 등을 절도한 죄

금병기 외의 다른 병기 및 정기·번치를 절도한 자는 장90에 처한다. 금병기 외의 다른 병기란 관의 병기이지만 사가에서 소유할 수 있는 것, 즉 금병기가 아닌 것을 말한다. 군의 깃발 등은 병기는 아니지만 사가에서 소유해서는 안 된다. 절도한 병기를 장물로 계산하여 죄가 장90보다 무거운 때에는 일반 절도죄에 1등을 더한다.

2. 궁·전을 수위하는 곳의 병기를 절도한 죄

현재 궁·전을 수위하는 데에 사용되는 병기를 절도한 때에는 각각 위의 절도죄에 1등을 더한다. 만약 이 병기들을 장물로 계산한 죄가 장90보다 무거운 때에는 일반 절도죄에 2등을 더한다. 왜냐하면 절도한 관의 병기를 장물로 계산하여 죄가 장90보다 무거운 때에는 일반 절도죄에 1등을 더하는데, 궁·전을 수위하는 병기는 또 1등을 더하기 때문이다.

3. 행군 및 숙위하는 곳에서 병기를 절도한 죄

행군하는 곳 및 숙위하는 곳에서 병기를 절도하여 다시 관용에 충당한 경우 궁·전을 수위하는 병기 절도죄에서 각각 2등을 감한다. 만약 개인에게 들인 때에는 위의 병기 절도죄와 처벌법이 같다(적28의 소).

제3절 방화와 실화의 죄

Ⅰ. 방화죄

잡률44(제432조)
1. (a) 관부의 건물[廨舍] 및 사가의 사택 또는 재물을 고의로 태운 자는 도3년에 처하고, (b) 소실된 재물의 가치를 장물로 계산하여 만 5필이면 유2000리에 처하며, 10필이면 교형에 처한다.
2. 사람이 살상된 때에는 고살상으로 논한다.

1. 관부의 건물 및 사가의 사택이나 또는 재물을 고의로 태운 죄

(1) 구성요건
행위요건은 관부의 건물 및 사가의 사택 또는 재물을 고의로 태운 것이다. 관부의 건물 및 사가의 사택은 건물의 대소나 재물의 다소를 불문하고 단지 고의로 태운 것은 이 죄의 요건이 된다. 만약 주인과 마주하고 쌓여 있지 않아 불이 번지지 않는 물건을 고의로 불태웠다면 단지 다른 사람의 재물을 버리거나 훼손한 것(잡54.1)과 같이 논한다.

(2) 처벌

① 고의로 방화한 자는 도3년에 처한다. 아마도 고의로 방화했으나 불이 크게 번지지 않아 재물의 손실이 5필 미만인 경우를 가리키는 것으로 생각된다.

② 방화로 손실된 재물을 장물로 계산하여 5필이 되면 유2000리에 처하고, 10필이면 교형에 처한다.

③ 태운 재물은 배상해야 한다(잡46).

2. 방화 살상죄

(1) 구성요건

행위요건은 방화로 인하여 사람이 살상되었으나, 처음부터 사람의 살상을 의도한 것이 아닌 것을 말한다. 만약 그 의도가 있었다면 모살상(적9.1)으로 논한다.

(2) 처벌

방화로 인해 사람이 살상된 경우 고살상으로 논한다. 따라서 고의로 방화하여 사람이 살해된 경우 죄는 참형에 해당하고, 사람의 팔다리 1개를 골절상을 입힌 경우는 유2000리에 해당한다.

II. 실화죄

잡률42(제430조)

1. (a) 실화한 자나 때가 아닌데 전야를 태운 자는 태50에 처하고, 〈때가 아니라는 것은 2월1일 이후부터 10월30일 이전까지를 말

한다. 만약 지역의 풍토가 다를 경우에는 그 지역법에 의거한
다.〉 (b) 불이 번져 다른 사람의 사택 및 재물이 불에 탄 때에는
장80에 처하며, (c) 장죄가 무거우면 좌장으로 논하되 3등을 감
하고, (d) 사람이 살상된 때에는 투살상죄에서 2등을 감한다.

2. 단 길가다가 불을 피우고 끄지 않아 불이 번져 불태운 때에는 각
각 1등을 감한다.

1. 실화하거나 때가 아닌데 전야를 태운 죄

(1) 실화의 죄

실화한 자는 태50에 처한다. 실화죄의 요건은 실수로 불을 내 태
운 것이 있는 것이다. 실화는 자기 집과 타인의 집을 불문한다. 단
자기 집에서 실수로 불을 낸 때에도 모두 실화한 사람만 죄준다. 즉
집 안에서 일어난 일이지만 존장의 책임을 묻지 않고 다만 실화한
사람만 죄준다.

(2) 때가 아닌데 전야를 태운 죄

때가 아닌데 전야를 태운 자는 태50에 처한다. 때가 아니라는 것
은 2월1일 이후부터 10월30일까지를 말한다. 만약 지역에 따라 불태
우는 시기가 다를 경우에는 그 지역의 법에 따른다. 다시 말하면 북
방은 일찍 서리가 내리고 남방은 추위가 늦으며 그 풍토 또한 원래
다른데, 각각 반드시 수확을 다 마친 뒤에 불을 놓아야 하므로 방화
시기도 일률적으로 영(전령, 습유657쪽)에 준하게 할 수 없기 때문에
각 지역의 사정에 따르게 하는 것이다.

(3) 불이 번져 다른 사람의 사택 및 재물이 소실된 경우의 처벌

실화 또는 전야를 태우다가 불이 번져 다른 사람의 사택 및 재물이 소실된 경우 그 결과에 따라 형이 다르다.

1) 타인의 사택 및 재물이 소실된 경우

실화한 불이 번져 사택이 소실된 경우의 죄는 장80에 해당한다. 결론적으로 말하면 태운 것을 좌장의 장물로 계산하여 20필 미만이면 이에 해당한다. 태운 것을 장물로 계산하여 좌장으로 논하되 3등을 감하여 장80보다 무거우면 좌장죄를 준다. 즉 좌장죄는 1척이면 태20, 1필이면 1등을 더하고, 10필이면 도1년, 10필마다 1등을 더하며, 최고형은 도3년이다. 따라서 소실된 것을 장물로 계산하여 20필이면 도1년반에 처하고, 여기서 3등을 감하면 장90이 되어 장80보다 무거우므로 좌장죄에 따라 장90에 처하는 것이다. 만약 여러 집의 재물이 소실되었다면 병합해서 누계하고 절반하여 죄를 논한다. 소실된 재물은 배상하지 않는다(잡46).

2) 사람이 살해된 경우

실화하거나 전야를 태우다가 사람이 살해된 경우 투살죄(교형)에서 2등을 감해 도3년에 처한다. 본래의 투살죄가 사죄에 해당하지 않는 때에는 본조의 투살죄에서 감한다. 예를 들면 불을 피우다가 천인이 살해되거나(투19, 21, 23), 비유 등이 살해된 경우(투24, 26, 27, 30, 31, 33)가 그 예들이다. 소에는 언급이 없으나, 사람이 상해를 입은 경우 각각 본래의 상해죄에서 2등을 감한다고 해석해야 한다.

2. 길가다가 불을 피우고 끄지 않아 불이 번져 태운 죄

(1) 구성요건

행위요건은 길가다가 불을 피우고 끄지 않아 불이 번져 태운 것이다. 즉 사람이 길가다가 혹 불을 피워야 한다면 일을 마치고 떠나갈 때는 모두 반드시 불을 꺼야 한다. 그런데도 불을 끄지 않아 그 불이 번져 타인의 임목·사택·재물이 소실되거나 사람이 살상된 것이 요건이다.

(2) 처벌

① 위의 죄에서 각각 1등을 감한다. 즉 불이 번져 소실된 재물을 좌장의 장물로 계산하여 20필 미만이면 장80에서 1등을 감하고, 20필 이상이면 4등을 감하며, 죄의 최고형은 도1년이다. 소실된 재물은 배상하지 않는다고 해석된다(잡46).

② 사람이 살상된 때에는 투살상죄에서 3등을 감한다.

III. 고장 및 창 안에서 불을 피운 죄

1. 고장 및 창 안에서 불을 피운 죄

잡률41(제429조)
고장(庫藏) 및 창(倉) 안에서는 모두 불을 피울 수 없다. 위반한 자는 도1년에 처한다.

고장은 관사의 창고를 의미하고, 창은 곡식 창고를 의미한다. 이 곳에서 불을 피운 자는 도1년에 처한다. 단지 불을 피운 것으로 이 죄를 받는다. 방화한 때에는 잡률 44조를 적용한다.

2. 관부·공해의 건물 및 창고 안에서 실화한 죄

잡률43(제431조)

1. (a) 관부·공해(公廨)의 건물 및 창고 안에서 실수로 불을 낸 자는 도2년에 처하고, (b) 궁 안은 2등을 더한다. (c) 〈종묘·태사 안도 또한 같다.〉
2. (a) 손상된 것을 좌장의 장물로 계산하여 죄가 이보다 무거운 때에는 좌장으로 논하고, (b) 사람이 살상된 때에는 투살상죄에서 1등을 감하며, (c) 불이 번져 묘 및 궁궐이 불에 탄 때에는 교형에 처하고, 사는 1등을 감한다.

(1) 요건 및 처벌

① 관부·공해의 건물 및 창고 안에서 실수로 불을 낸 자는 도2년에 처한다.

② 궁 안 및 묘·사 안에서 불을 낸 때에는 모두 2등을 더하여 도3년에 처한다. 궁 안이라고 한 경우 전문 밖에 있는 금문 안은 모두 해당한다. 사는 태사이고 묘는 종묘이다. 사를 범한 것은 묘를 범한 것에서 1등을 감하고, 묘를 범한 것은 궁을 범한 것에서 1등을 감하는 것이 통례이다(위22.1). 이 죄는 통례에 따르지 않는다.

(2) 결과 가중범

① 관부와 공해의 건물 및 창고에서 실수로 불을 내서 재물을 태운 때에는 소실된 것을 좌장의 장물로 계산하여 죄가 도2년보다 무거우면, 즉 장물이 30필 이상이면 좌장죄를 준다. 따라서 장물이 40

필이면 도2년반, 50필이면 도3년에 처한다.

② 사람이 살상된 때에는 투살상죄에서 1등을 감해서 처벌한다. 즉 실화로 인해서 사람이 살해된 때에는 유3000리에 처하고, 팔다리 2개가 부러진 상해를 입은 때에는 도3년에 처한다.

③ 실화로 인해서 종묘 및 궁궐이 소실된 때에는 교형에 처한다.

④ 태사가 소실된 때에는 종묘·궁궐이 소실된 경우의 죄에서 1등을 감하여 유3000리에 처한다.

⑤ 단 축산이 살상된 때에는 감손된 가치를 배상하지 않는다.

IV. 화재를 고하지 않거나 불을 끄지 않은 죄

잡률45(제433조)

1. 불이 난 것을 보면 알려야 하는데 알리지 않거나, 불을 꺼야 하는데 끄지 않았으면 실화죄에서 2등을 감한다. 〈본래의 실화죄에서 감하는 것을 말한다.〉
2. 단 궁전·창고를 수위하거나 죄수를 관장하는 자이면 모두 지키는 곳을 떠나 불을 끌 수 없다. 위반한 자는 장100에 처한다.

1. 불이 난 것을 보고 알리지 않거나 끄지 않은 죄

(1) 구성요건

행위요건은 불이 난 것을 보면 알려야 하는데 알리지 않거나, 꺼야 하는데 끄지 않은 것이다. 불이 나서 공·사의 건물·사택·재물이 타는 것을 본 자는 모두 현재 있는 곳 및 인근의 사람에게 알려 함께 꺼야 한다. 만약 알리지 않거나 끄지 않았다면 처벌한다.

(2) 처벌

실수로 불을 낸 죄에서 2등을 감한다. 실화죄는 원래 불을 낸 곳에 따라 형이 다른데(잡42~43), 알리지 않고 끄지 않은 죄도 그것에 따라서 감한다. 그러므로 만약 관부의 건물 안 및 창고에서 난 불이면 도2년에서 2등을 감해 도1년에 처하고, 궁 및 종묘·태사 안에서 난 불이면 도3년에서 2등을 감해 도2년에 처하며(잡43.1), 사가에서 난 불이면(잡42.1) 태50에서 2등을 감해 태30에 처한다. 그러므로 주에서 "본래의 실화죄에서 감한다."고 한 것이다.

2. 궁전·창고를 수위하거나 죄수를 관장하는 자가 지키는 곳을 떠나 불을 끈 죄

궁전·창고를 수위하거나 죄수를 관장하는 자는 비록 불이 난 것을 보더라도 결코 지키는 곳을 이탈하여 불을 끌 수 없다. 비록 불이 난 것을 보고 알리지 않았더라도 또한 죄를 주어서는 안 된다. 위반한 자는 장100에 처한다.

제4절 도수(盜水)와 통수에 관한 죄

Ⅰ. 도수에 관한 죄

잡률37(425조)

1. (a) 제방을 몰래 터뜨린 자는 장100에 처하고, 〈물을 훔쳐 사용으로 쓴 것을 말한다. 만약 관에 의해 관리되는 것이면 비록 관용

으로 썼더라도 역시 그렇다.〉 (b) 만약 인가가 훼손되어 피해를 입거나 재물이 떠내려가 잃게 되었는데, 손실된 것을 장죄의 장물로 계산한 죄가 장100보다 무거운 때에는 좌장으로 논하고, (c) 이 때문에 사람이 살상된 때에는 투살상죄에서 1등을 감한다.

2. 만약 물을 통하게 하다가 물이 인가로 들어가 훼손살상에 이른 때에도 또한 이와 같다.

3. (a) 단 고의로 제방을 터트린 자는 도3년에 처하고, (c) 물에 떠내려가 손실된 것을 절도의 장물로 계산한 죄가 도3년보다 무거운 때에는 절도에 준하여 논하며, (c) 이 때문에 사람이 살상된 때에는 고살상으로 논한다.

1. 도수의 죄

(1) 도수의 죄

사람이 몰래 제방을 터뜨려 물을 사용했다면 공·사를 불문하고 각각 장100에 처한다. 제방 안의 물을 몰래 사적으로 사용한 것을 말하며. 관에 의해 관리되는 물을 몰래 관용으로 공급했더라도 또한 이와 같다. 단 관을 위해 사용한 것은 공죄이다. 이 죄는 물을 사용하기 위해 몰래 제방을 터뜨린 것으로, 그 목적이 사람에게 손상을 입히기 위해 고의로 제방을 터뜨린 죄와 같지 않으며, 정이 가볍기 때문에 형 또한 가볍다.

(2) 도수로 인가에 피해를 입힌 죄

몰래 제방을 터뜨려 인가에 피해를 입히거나 재물을 떠내려가게 잃게 한 경우, 손실된 재물을 좌장의 장물로 계산하여 죄가 장100보다 무거운 때에는 좌장으로 논한다. 즉 좌장은 장물의 가치가 1척이면 태20이고, 1필마다 1등을 더하여 10필이면 도1년에 해당하고 10

필마다 1등을 더하므로, 만약 피해를 입힌 재물이 10필이면 도1년에 처하고, 10필마다 1등씩 더하여 처벌한다.

(3) 도수로 인해 사람을 살상한 죄

몰래 제방을 터뜨려 그로 인해 사람이 살상된 때에는 투살상죄에서 1등을 감하여 처벌한다.

2. 통수에 의한 훼손의 죄

만약 물을 통하게 하다가 물이 인가에 들어가 훼손한 때에는 장100에 처한다. 이는 도수가 아니고 물을 흐르게 해야 할 필요가 있어 통하게 하다가 다른 사람의 집에 피해를 입힌 경우를 말하는 것으로 해석된다.

3. 고의로 제방을 터트린 죄

(1) 고의로 제방을 터뜨린 죄

고의로 제방을 터뜨린 자는 도3년에 처한다. 이는 물을 훔칠 목적이 아니라 타인에게 해를 입히려고 한 것이거나, 혹은 물이 범람하여 자신에게 손실이 있을까 두려워하여 고의로 제방을 터뜨린 것을 말한다.

(2) 고의로 제방을 터뜨려 인가에 피해를 입힌 죄

고의로 제방을 터뜨려 타인의 재물을 떠내려가게 한 경우, 손상된 것을 도죄의 장물로 계산한 죄가 도3년보다 가벼운 때에는 그대로 도3년에 처하고 무거운 때에는 도죄에 준하여 처벌한다. 즉 손상된 것의 가치가 30필이면 절도에 준하여 논하여 유2000리에 처한다. 여러 사람의 재물을 잃게 한 때에는 모두 합산하여 절반으로 해서 논죄한다(명45.2).

(3) 고의로 제방을 터뜨려 사람을 살상한 죄

고의로 제방을 터뜨려 사람을 살상한 때에는 고살상(투5)으로 논한다. 따라서 고의로 제방을 터뜨려 사람을 사망에 이르게 한 자는 참형에 처하고, 사람의 팔·다리 1개를 골절상을 입힌 자는 유2000리에 처한다.

제5절 교통에 관한 죄

I. 수레·말의 과속 주행의 죄

잡률4(392조)

1. (a) 성 안의 크고 작은 도로 및 사람들이 무리지어 있는 곳에서 까닭 없이 수레나 말을 달린 자는 태50에 처하고, (b) 그로 인해 사람을 살상한 한 때에는 투살상죄에서 1등을 감한다. (c) 〈축산을 살상한 때에는 감손시킨 가치를 배상한다. 다른 조항에서 투살상죄에서 1등을 감한다고 한 경우에 축산을 살상한 것이 있으면 모두 이에 준한다.〉

2. (a) 만약 공적이나 사적으로 긴급함이 있어 달린 자는 처벌하지 않고, (b) 그로 인해 사람을 살상한 때에는 과실로 논한다. (c) 단 말이 놀라 제지할 수 없었기 때문에 사람을 살상한 때에는 과실죄에서 2등을 감한다.

1. 수레·말의 과속 주행의 죄

(1) 요건
이 죄는 장소와 행위의 요건이 있다.

① 장소 요건은 성 안의 큰 길과 작은 길 및 3인 이상 사람이 있는 곳이다. 그 외의 장소는 이 죄의 요건이 아니다.

② 행위 요건은 까닭 없이 수레·말을 달린 것이다. 만약 긴급함이 있으면 달릴 수 있으나, 살상이 있을 때에는 아래의 죄를 적용한다.

(2) 처벌
① 단지 과속으로 달린 자는 태50에 처한다.

② 그로 인해 사람을 살상한 때에는 투살상죄(투1~5)에서 1등을 감하여 처벌한다.

③ 축산을 살상한 때에는 감손된 가치를 배상하게 한다.

2. 공적·사적으로 긴급함이 있어 수레·말의 과속 주행으로 사람을 살상한 죄

공적으로 긴급함이 있다는 것은 공적인 일로 긴급한 경우 및 우편의 역마를 타는 경우, 그리고 칙을 받든 사인 따위가 긴급하게 가는 것을 말한다. 사적으로 긴급함이 있다는 것은 길사·흉사·질병 따위로 반드시 의·약을 구해야 하거나 급히 사람을 찾는 것을 말한다. 이러한 경우에 수레나 말을 달린 자는 처벌하지 않는다. 다만 비록 공적이나 사적으로 긴급한 일이 있어 수레나 말을 달리게 하였더라도 그로 인해 사람을 살상한 한 때에는 모두 과실로 논하여 속동을 징수하며(투38), 그 속동은 피해자의 집에 들인다. 다만 이로 인해 조부모·부모를 살상한 때에는 감장(명10)·속장(명11)을 적용할 수 없고, 관품이 있는 자는 제명하며, 사망한 때에는 유3000리, 상해한 때에는 도3년의 실형에 처한다(투28.1).

3. 말이 놀라 제지할 수 없었기 때문에 사람을 살상한 죄

말이 놀라 달리는 것을 제지할 수 없기 때문에 사람을 살상한 때에는 과실로 논하되 2등을 감하여 속동을 징수한다. 그 속동은 살상당한 사람의 집에 들인다. 만약 말이 놀라 달리는 것을 제지할 수 없어 조부모·부모를 살상한 때에는 위의 죄에서 2등을 감하여 처벌한다.

II. 도로나 전야의 길을 침점한 죄

잡률16(404조)
1. (a) 성내의 도로나 전야의 길을 침점한 자는 장70대에 처한다. (b) 만약 작물을 심거나 개간하여 잠식한 자는 태50대에 처한다. (c) 각각 원래대로 복구시킨다. (d) 비록 작물을 심었더라도 통행을 방해하거나 통행하지 못하게 한 것이 아니라면 처벌하지 않는다.
3. 주관 관사가 금지하지 않았다면 같은 죄를 준다.

1. 도로나 전야의 길을 침점한 죄

도로나 전야의 길을 침해하거나 점유한 자는 장70에 처한다. 도로나 길을 침해하거나 점유했다는 것은 공공의 통행 장소를 만약 사사로이 침해하거나 점유하여 통행을 못하게 되는 것을 말하는 것이다.

2. 도로나 전야의 길에 작물을 심은 죄

도로나 전야의 길에 작물을 심거나 개간한 자는 장50에 처한다. 다만 비록 작물을 심었더라도 통행을 방해하거나 통행하지 못하게 한 것이 아니라면 처벌하지 않는다. 예컨대 만약 도시의 거리나 길이 넓고 한산하여 비록 작물을 심었더라도 통행을 방해하거나 통행하지 못하게 한 정도가 아니면 처벌하지 않는다.

3. 주관 관사가 도로·전야의 침점을 금지하지 않은 죄

어떤 사람이 도로나 전야의 길을 침해하거나 점유하였는데 주관 관사가 금지하지 않은 경우 죄를 범한 사람과 같이 처벌한다.

제2장
공공의 신용에 대한 죄

제1절 사사로이 전을 주조한 죄

잡률3(391조)

1. (a) 사사로이 전을 주조한 자는 유3000리에 처하고, (b) 작업 도
   구를 이미 구비하였으나 아직 주조하지 않은 때에는 도2년에 처
   하며, (c) 작업 도구를 구비하지 못한 때에는 장100에 처한다.
2. 또한 완성된 전을 갈거나 깎아 두꺼운 것을 얇게 하고 큰 것을
   작게 해서 그 동을 취하여 이익을 구한 자는 도1년에 처한다.

Ⅰ. 사사로이 전을 주조한 죄

1. 구성요건

행위요건은 사사로이 전을 주조한 것이다. 사사로이 전을 주조하
는 것은 국가의 재정 손실을 초래하는 것이고, 또 화폐가치를 떨어
뜨리는 것이므로 금지하는 것이다. 사사로이 금·은 등으로 전을 주
조하였으나 현재 통용될 수 없는 경우에는 처벌하지 않는다.

2. 처벌

사사로이 전을 주조한 자는 유3000리에 처한다. 전 및 작업 도구
는 주인에게 돌려준다(명32.1 문답).

II. 미수죄

당률은 대개 실해를 중시하는 까닭에 미수 및 예비의 죄는 가볍다. 그러나 사주전의 미수 및 예비의 죄는 예외적으로 가볍지 않다. 미수죄는 두 가지로 구분해서 처벌한다.

① 전을 주조할 도구가 모두 구비되었으나 아직 전을 주조하지 않은 자는 도2년에 처한다.

② 주조할 도구가 부족하고 빠짐이 있어 아직 전을 주조할 수 없는 경우에는 장100에 처한다. 이는 예비죄이다.

III. 완성된 전을 갈거나 깎은 죄

규격에 맞춰 완성된 전을 갈거나 깎아 얇게 하거나 작게 해서 동을 취하여 이익을 추구한 자는 도1년에 처한다. 통용되는 전의 두께와 크기는 모두 관의 규격에 따른 것인데, 이를 함부로 갈거나 깎아서 얇게 하거나 작게 해서 그 동을 취하여 이윤을 추구한 것이다.

제2절 시장질서 교란죄

Ⅰ. 도량형에 관한 죄

1. 곡두·저울·자의 교감을 공평하게 하지 않은 죄

잡률29(417조)

1. 곡두(斛斗)·저울·자의 교감을 공평하게 하지 않았다면 장70에 처한다.
2. (a) 교감을 감독하는 자가 적발하지 못하였으면 1등을 감하고, (b) 정을 알았으면 같은 죄를 준다.

(1) 곡두·저울·자의 교감을 공평하게 하지 않은 죄

곡두·저울·자를 교감하는데 공평하게 하지 않은 자는 장70에 처한다. 교감을 감독하는 관사가 적발하지 못하였다면 교감한 사람의 죄에서 1등을 감하여 장60에 처한다. 사정을 알았다면 같은 죄로 처벌한다. 곡두의 곡(斛)은 10말 들이 연모로 휘라고 하는데 부피를 재는 기구이다. 두(斗)는 말이다.

관시령(습유718쪽)에 따르면, 경사의 관사와 민간의 곡두·저울·자는 매년 8월에 태부시에 가서 교감하고, 경사 외의 지역에서는 소재지의 주·현에 가서 교감해야 한다. 모두 인장을 찍고 서명한 다음에 사용하는 것을 허락한다. 곡두·저울·자의 표준치는 잡령(습유843쪽)에 다음과 같이 규정되어 있다.

① 용량은 북방의 기장 가운데 중간치를 기준으로 하여, 1,200개를 담은 것을 1작으로, 10작을 1홉으로, 10홉을 1되로, 10되를 1말로,

3말을 대두 1말로, 10말을 1휘로 한다.

② 무게는 북방의 기장 가운데 중간치를 기준으로 하여, 기장 100개의 무게를 1수로 하고, 24수를 1량으로, 3량을 대량 1량으로, 16량을 1근으로 한다.

③ 길이는 북방의 기장 가운데 중간치를 기준으로 하여, 기장 하나의 넓이를 1분으로, 10분을 1촌으로, 10촌을 1척으로, 1척 2촌을 대척 1척으로, 10척을 1장으로 한다.

(2) 감독자의 죄

교감하는 것을 감독하는 자가 적발하지 못한 때에는 1등을 감하여 장60에 처한다. 실정을 알았다면 같은 죄를 준다.

2. 규격에 맞지 않는 곡두·저울·자를 사용한 죄

잡률32(420조)

1. (a) 곡두·저울·자를 사사로이 만들어 규격에 맞지 않는데도 시장에서 사용한 자는 태50에 처하고, (b) 그로 인해 증감이 있을 때에는 증감된 바를 계산하여 절도에 준하여 논한다.
2. (a) 만약 곡두·저울·자를 사용하여 관물을 내고 들이는데 공평하게 하지 않음으로써 증감이 있게 한 자는 좌장으로 논한다. (b) 자기에게 들인 자는 절도로[以盜] 논한다.
3. 단 시장에서 사용하는 곡두·저울·자이면 비록 규격에 맞을지라도, 관사의 검인을 받지 않은 자는 태40에 처한다.

(1) 규격에 맞지 않는 곡두·저울·자를 시장에서 사용한 죄

관시령(습유718쪽)에 따르면, 곡두·저울·자 등은 담당 관사가 매년 측량하고 교감하여 인장을 찍고 서명해서 사용에 충당한다. 그런

데 사가에서 사사로이 곡두·저울·자를 만들어 규격에 맞지 않는데
도 시장에서 사용한 자는 태50에 처한다. 이로 인해 증감이 있었다
면 증감된 바를 계산하여 절도에 준하여 논한다.

(2) 규격에 맞지 않는 도량형으로 관물을 출납한 죄

곡두·저울·자를 사용하여 관물을 내고 들이는데 공평하게 하지
않게 하여 증감이 발생한 경우 증감된 바를 계산하여 좌장으로 논한
다. 자신이 착복하였으면 절도로[以盜] 논하며, 제명·면관·배장 처분
은 진정 절도의 법에 따른다(명53.4).

(3) 곡두·저울·자의 검인을 받지 않은 죄

시장에서 사용하는 곡두·저울·자는 비록 규격에 맞을지라도 정기
적으로 관사의 검인을 받아야 한다. 받지 않은 자는 태40에 처한다.

II. 부당한 매매의 죄

1. 시의 관사가 물가의 평정을 공평하지 않게 한 죄

잡률31(419조)
1. (a) 시의 관사가 물가를 평정하는데 공평하게 하지 않게 한 때에
   는 비싸게 하거나 싸게 한 만큼을 계산하여 좌장으로 논하고,
   (b) 자신이 착복한 때에는 절도로[以盜] 논한다.

(1) 구성요건

물건을 사고파는 시장에 파견된 관사가 물가를 평정할 때 비싸게 하

거나 싸게 하여 가격을 공평하게 하지 않은 것이 이 죄의 요건이다.

(2) 처벌

처벌은 자기가 착복한 경우와 그렇지 않은 경우로 나눈다.

① 자기가 착복하지 않은 경우에는 비싸게 하거나 싸게 한 만큼을 계산하여 그 차액을 좌장으로 논한다.

② 자기가 착복한 경우에는 절도로 논한다. 즉 물가를 평정하는데 비싸게 하거나 싸게 함으로써 재물을 얻어 관사 자신이 착복한 때에는 절도로[以盜] 논한다. 모두 진정 도죄와 같이 제명·면관·배장하는 법에 따른다(명53.4).

2. 강박에 의한 매매, 가격 조종, 담합의 죄

잡률33(421조)

1. 매매함에 합의하지 않고 전단하거나[較] 봉쇄하여[固] 취한 자〈교(較)라는 것은 전단하여 그 이익을 약취하는 것을 말하고, 고(固)라는 것은 그 판로를 봉쇄하는 것을 말한다.〉 및 번갈아 사겠다[開] 안 사겠다[閉]고 하면서 함께 하나의 값으로 한정짓거나〈파는 물건은 싼 것을 비싼 것이라고 하고, 사는 물건은 비싼 것을 싼 것이라고 하는 것을 말한다,〉 또는 매매에 참견하여〈사람이 사고파는데 옆에서 그 값을 높이거나 낮춰서 혼란스럽게 만드는 것을 말한다.〉 그 이익을 자신에게 들이려고 꾀한 자는 장80에 처한다.
2. 이미 얻은 것을 좌장의 장물로 계산한 죄가 장80보다 무거운 때에는 이익을 계산하여 절도에 준하여 논한다.

(1) 구성요건

이 조항은 시장을 장악하거나 혼란하게 하는 죄를 규정하고 있는데, 요건은 세 가지이다.

① 매매하는데 합의하지 않고 값을 전단하거나 판로를 봉쇄하여 물건을 취득한 것이 하나의 요건이다. 물건을 파는 사람과 물건을 사는 사람 쌍방이 합의되지 않았는데, 힘으로 매매를 장악하여 외부인이 사는 것을 허용하지 않는 것으로, 이른바 시장을 독점하는 행위이다.

② 번갈아 사겠다거나 사지 않겠다고 하여 모두 하나의 값으로 한정짓는 것이 또 하나의 요건이다. 상세히 말하면 장사하는 무리들이 함께 간사한 계책을 행하여 자신이 물건을 팔 경우에는 싼 것을 비싼 것이라 하고 남의 물건을 살 경우에는 비싼 것을 싼 것이라 하여, 번갈아 사겠다거나 사지 않겠다고 말함으로써 모두 하나의 값으로 한정지어 상대방을 현혹시켜 그 이익을 자신이 차지하기를 바라는 것을 말한다.

③ 도붓장수 무리들이 서로 한 통속이 되어 가격을 담합하여 외부인을 혼란하게 해서 매매의 이익을 꾀한 것이 또 다른 하나의 요건이다.

(2) 처벌

① 이 요건에 해당하는 행위를 한 자는 모두 장80에 처한다.

② 이미 얻은 것을 좌장의 장물로 계산한 죄가 장80보다 무겁다면 이익을 계산하여 절도에 준하여 논한다. 얻은 이익이 3필1척 이상이면 절도죄(적35.2)가 장90 이상이 된다.

③ 장물은 추징하여 본 주인에게 돌려주어야 한다(명32.2a의 소).

III. 불량한 생활 도구나 견·포를 판매한 죄

잡률30(418조)

1. (a) 기물 및 견·포 따위를 행·남(行·濫)하거나 짧거나 좁게 만들어 판 자는 각각 장60에 처하고, 〈견고하지 않은 것을 행(行)이라고 하고, 진품이 아닌 것을 남(濫)이라고 한다. 패도나 화살촉을 만드는데 무른 철을 사용한 것도 역시 남(濫)이 된다.〉(b) 얻은 이익을 절도죄의 장물로 계산한 죄가 장60보다 무거운 때에는 이익을 계산하여 절도에 준하여 논한다.
2. 사들여 판 자도 역시 그와 같다.
3. (a) 시 및 주·현의 관사가 정을 알았으면 각각 같은 죄를 주고, (b) 적발하지 못한 때에는 2등을 감한다.

1. 불량한 생활 도구나 견·포를 제작 판매한 죄

(1) 구성요건

행위요건은 공·사의 쓰임에 공급하는 기물 및 각종 견이나 베 등의 천을 행·남하거나 짧거나 좁게 만들어 판 것이다. 견고하지 않은 것을 행(行)이라고 하고, 진품이 아닌 것을 남(濫)이라고 한다. 패도나 화살촉을 만드는데 무른 철을 사용한 것도 역시 남이 된다. 직물을 짧거나 좁게 만들었다는 것은 견 1필이 40척이 되지 못하고, 포 1단이 50척이 되지 않으며, 폭이 1척8촌이 되지 못하는 것 등을 말한다.

(2) 처벌

① 행·남하거나 짧거나 좁게 만들어 판 자는 각각 장60에 처한다.
② 이렇게 하여 얻은 이익을 절도죄의 장물로 계산하여 얻은 죄가 장60보다 무거운 때에는 계산하여 절도에 준하여 논한다. 절도죄는

견 1척이면 장60에 해당하고 1필마다 1등씩 더하므로, 이익을 계산하여 1필1척 이상이면 장60보다 무겁게 된다. 장물은 누계하고 절반으로 계산한다(명45.2).

③ 행·남한 물건은 몰관하고(명32.1), 좁거나 짧은 물건은 주인에 돌려준다(명32.2).

2. 특별죄명

(1) 행·남하거나 짧거나 좁게 만든 것을 판매한 죄

행·남하거나 짧거나 좁게 만든 것을 사서 판 자도 직접 만든 자와 죄가 같다. 직접 만들지는 않았지만 남에게 사서 팔아 이익을 구했기 때문에 같은 죄를 주는 것이다.

(2) 관사가 행·남하거나 짧거나 좁게 만든 것을 파는 것을 통제하지 못한 죄

시의 관사나 주·현의 관사가 행·남한 것 등을 만들거나 사서 판 실정을 안 때에는 같은 죄로 처벌하고, 적발하지 못한 때에는 2등을 감해서 처벌한다. 관사가 실정을 안 경우와 적발하지 못한 경우에 물건의 주인이 원래 다르다면 각각 누계하고 절반하여 논한다. 시의 일을 관장하지 않는 주·현의 관사는 처벌하지 않는다.

IV. 노비·말·소·낙타 등의 매매에 관한 죄

잡률34(422조)

1. (a) 노비·말·소·낙타·노새·나귀를 사고 이미 값을 치루고 나서,

시권(市券)을 만들지 않고 3일을 지났다면 태30에 처하고, (b) 판
자는 1등을 감한다.

2. 노비·축산이 병이 있을 경우 시권을 만든 뒤 3일 내에 매매의
   취소를 허락하지만, 병이 없는데 속인 때에는 매매를 유효한 것
   으로 간주한다. 위반한 자는 태40에 처한다.

3. 만약 매매가 이미 끝났는데도 시의 관사가 제때 매매증서를 발
   급하지 않은 때에는, 1일이면 태30에 처하고, 1일마다 1등씩 더
   하되, 죄는 장100에 그친다.

1. 노비·말·소·낙타 등을 매매하고 시권을 만들지 않은 죄

(1) 구성요건

행위요건은 노비·말·소·낙타·노새·나귀를 사고 이미 값을 치룬
뒤 3일이 지날 때까지 시권을 만들지 않은 것이다. 노비·말·소·낙
타·노새·나귀를 매매할 때에는 관시령(습유720쪽)에 의거해서 모두
매매증서인 시권을 만들어야 한다. 쌍방이 매매에 동의하여 이미 값
을 다 치렀는데도 시권을 작성하지 않고 3일이 지났다면 이 죄를 받
는다.

(2) 처벌

① 산 사람은 태30에 처한다.
② 판 사람은 1등을 감하여 태20에 처한다.

2. 노비·말·소 등의 하자 담보에 관한 죄

만약 병이 있는데도 살 때는 몰랐다가 매매증서를 만든 뒤에야 알
았다면 3일 이내에 매매를 취소하는 것을 허락한다. 질병이 없는데

도 고의로 속여서 무효로 하고자 하는 자는 태40에 처하고, 매매는 유효한 것으로 간주한다. 만약 병이 있는 것을 속이고 판 사람이 매매의 취소를 받아들이지 않는 경우 역시 태40에 처한다.

3. 시의 관사가 노비·말·소 등의 매매 시권을 발급하지 않은 죄

노비·말·소 등의 매매에 값을 이미 다 치렀는데도 시의 관사가 제때 바로 시권을 발급하지 않은 경우, 1일이면 태30에 처하고, 1일마다 1등씩 더하며, 죄의 최고형은 장100이다. 책임이 있는 관사는 공죄의 연좌법(명40.1a)에 의거해서 등급에 따라 죄를 받으며, 사사로운 정이 개입된 경우는 수범·종범으로 죄를 논한다(명42.1).

제3장
공중의 건강에 대한 죄

제1절 고독을 조합하거나 소지하거나 가르친 죄

적도율15(262조)
1. 고독(蠱毒)을 조합하거나 소지한 자 〈조합하여 완성된 고(蠱)가 사람에게 해할만한 것을 말한다.〉 및 교령한 자는 교형에 처한다.
2. 조합하거나 소지한 자의 동거가족은 비록 정을 알지 못했더라도 유3000리에 처하고, 만약 이정이 〈방정·촌정도 역시 같다〉 알면서 규찰하여 보고하지 않은 때에는 모두 유3000리에 처한다.
3. 조합하거나 소지한 자는 은사령이 내리더라도 동거가족 및 교령인과 아울러 역시 유3000리에 처한다. 〈80세 이상과 10세 이하 및 독질자는 함께 유배될 가족이 없을 경우 방면한다.〉
4. 만약 고독으로 동거하는 자에게 독해를 입힌 경우, 독해를 입은 사람의 부모·처첩·자·손이 고독을 조합하거나 소지한 사정을 알지 못했다면 처벌하지 않는다.

Ⅰ. 구성요건

이 죄는 형식범으로 죄의 구성요건에 결과의 발생이 필요하지 않다. 단 피해자가 사망에 이르렀다면 모살죄를 과한다. 이 죄의 행위 요건은 세 종류로 나눈다.

1. 고독을 조합한 행위

고독을 조합한 것이 기본적인 요건이다. 고독은 조합하여 고가 되어 사람에게 해를 끼칠만한 경우를 말한다. 고에는 많은 종류가 있어 모두 밝힐 수는 없으며, 대개 사술(邪術)에 관련되어 있으므로 모두 아는 것도 불가능하다. 하나의 예를 들면, 여러 가지 독충을 모아서 한 그릇 안에 오랫동안 두면 서로 잡아먹어 다른 독충은 모두 없어지고 뱀만 안에 살아남아 사고(蛇蠱)가 된다. 이 같은 고독을 조합하거나 소지한 것이 이 죄의 요건이 된다. 또 묘귀(猫鬼)를 기르는 것도 역시 이 죄의 요건이 된다. 묘귀는 조종해서 저주하는데 사용되는 영묘(靈猫)를 가리킨다(『수서』권79, 1790~1791쪽).

2. 고독을 전하거나 소지한 행위

비록 고독을 스스로 조합하지 않았더라도 이를 전하거나 소지한 것도 이 죄의 요건이 된다.

3. 고독의 조합을 교령한 행위

여기서 교령은 살인할 수 있는 고독의 조합 방법을 타인에게 가르쳐 조합하게 하는 것이다(『청률집주』권19, 675쪽).

II. 처벌

1. 죄인

위의 세 가지 요건에 해당하는 행위를 한 자는 교형에 처하며, 비록 은사령이 내리더라도 역시 각각 유2000리에 처한다. 만약 같이 모의해서 제조하였다면 율에 모두라고 말하지 않았으므로 곧 수범·종범을 구분해서 처단한다. 고독을 조합하여 소지한 자는 십악의 부도를 적용하는데, 단 교령범은 그렇지 않다(명6.5의 주②). 고독을 조합하거나 소지한 자는 은사령이 내려 유죄로 감형된 경우, 설령 죄인이 장형으로 대체할 수 있는 자일지라도 역시 그대로 유배한다.

2. 연좌할 자

(1) 동거가구

고독을 조합하거나 소지한 자의 동거가구는 비록 정을 몰랐더라도 그대로 유3000리에 처한다. 이는 대개 정을 알았을 것을 염려하기 때문이다. 고독을 조합하거나 소지한 사람의 가족은 은사령이 내리더라도 유형에 처하는데 역시 그 정을 알았을 것을 염려하기 때문이다. 단 고독을 사용해서 동거하는 자에게 독해를 입힌 경우 독해를 입은 사람의 부모·처첩·자·손이 정을 알지 못했다면 처벌하지 않는다. 또 비록 형제가 서로 독해하였더라도 결국 독해를 입은 사람의 부모는 원래 방면할 수 없다는 규정이 없으므로 정을 알지 못했을 때에는 용서해야 한다.

(2) 동거가구에 대한 특례

① 교령인의 동거가구는 연좌하지 않는다.

② 동거가구는 호적이 같고 다름을 한하지 않는다. 다만 노비·부곡은 동거가구에 포함되지 않는다. 부곡은 원래 주인을 바꾸어 섬길 수 있으며(호령, 습유262쪽), 노비는 재물과 같기 때문이다(적1.1c의 소).

③ 동거가구는 비록 사면령을 만나도 역시 유3000리에 처한다. 즉

통상의 은사령으로 용서되지 못하는 것이다(단20.2). 단 80세 이상 10세 미만 및 독질자는 같이 유배 갈 가족이 없다면 방면한다. 이들은 스스로 생활할 수 없으므로 방면한다.

⑤ 만약 고독으로 동거하는 자에게 독해를 입힌 경우, 독으로 해를 입은 사람과 부모·처첩·자·손이 고독을 제조한 사정을 알지 못했다면 모두 유죄를 면제한다.

⑥ 고독을 조합하거나 소지한 가내의 1인이 먼저 자수한 경우도 죄를 전부 면제하지 않는다. 율에 의하면 죄를 범하고 발각되기 전에 자수한 자는 그 죄를 용서한다(명37.1). 이는 본래 스스로 잘못을 뉘우치는 것을 인정하기 때문이다. 그러나 고독을 조합한 자는 스스로 잘못을 뉘우쳐도 죄를 씻기 어렵기 때문에 설령 은사령이 내리더라도 그대로 모두 유형에 처한다.

III. 이정이 고독을 규찰하여 보고하지 않은 죄

1. 구성요건

이 죄의 요건은 이정이 고독을 규찰하여 보고하지 않은 것이다. 방정·촌정도 이정과 같다. 단 주·현의 관사에 대해서는 처벌한다는 율문이 없다. 이정 등은 친히 원래 같은 마을에 거주하며 백성을 관할하므로 그 사정을 자세히 알고 있는데 반해 주·현은 사람들과 조금 멀리 떨어져 있고 관할하는 호가 또한 많으므로 율문에 별다른 규정이 없는 것이다.

2. 처벌

만약 알고 있으면서도 규찰하지 않았다면, 투송률 60.1a조의 "감림주사가 관할 구역 내에 범법이 있음을 알면서 검거해서 추궁하지 않은 때에는 죄인의 죄에서 3등을 감하며, 규찰·탄핵 임무를 맡은 관은 2등을 감한다."(투60.1)는 규정에 따른다.

제2절 사회의 보건에 관한 죄

Ⅰ. 독이 있는 육포에 관한 죄

적도율16(263조)

2. (a) 육포에 독이 있어 이미 사람을 병나게 하였으면 남은 것은 신속히 태워야 한다. 위반한 자는 장90에 처한다. (b) 만약 고의로 사람에게 주어 먹게 하거나 내다 팔아 사람을 병들게 한 자는 도1년에 처하고, 그로 인해 사망에 이른 때에는 교형에 처한다. (c) 만약 사람이 스스로 먹고 사망에 이른 때에는 과실살인의 법에 따른다. 〈훔쳐서 먹었다면 고기의 주인은 처벌하지 않는다.〉

1. 독이 있는 육포를 태우지 않은 죄

독이 있는 육포는 불태워야 한다. 이를 위반한 자는 장90에 처한다. 독이 있다는 것은 이미 사람이 먹고 병이 난 것을 말한다. 남은 것이 있으면 사람들이 다시 먹고 병이 날 것이 염려되기 때문에 신속히 태워서 없애야 한다.

2. 독이 있는 육포를 고의로 사람에게 먹이거나 내다 판 죄

독이 있는 육포를 팔아서 사람을 병들게 한 자는 도1년에 처하고, 먹은 사람이 사망하였다면 교형에 처한다. 이는 이미 사람이 먹어서 병난 것을 알면서도 고의로 다시 다른 사람에게 먹이거나 혹은 내다 팔아 그 때문에 사람을 병들게 한 경우를 말한다. 해치려는 마음이 있어 고의로 존장에게 독이 있는 육포를 먹인 자는 역시 모살죄에 준해서 논하며, 비유나 천인에게 먹여서 사망하게 하였다면 고살법에 의거하여 처벌한다.

3. 사람이 스스로 먹거나 절도해서 먹고 사상한 경우의 처분

① 독이 있는 육포를 신속히 태워 버리지 않았기 때문에 사람이 스스로 먹고 그로 인하여 사망한 경우에는 과실살인법(투38)에 따라 속동을 추징하여 사망자의 집에 준다.

② 사람이 독이 있는 육포를 훔쳐서 먹은 경우, 그 사람이 사망·상해에 이르렀더라도 육포를 주인은 처벌하지 않는다. 그렇지만 신속히 태워 버리지 않은 죄는 그대로 과한다.

II. 오물을 버린 죄

잡률16(404조)
2. (a) 담을 뚫어 오물을 버린 자는 장60에 처하고, (b) 물을 버린

자는 논하지 않는다.
3. 주사가 금지하지 않았다면 더불어 죄가 같다.

1. 담을 뚫어 오물을 버린 죄

담을 뚫어 오물을 버린 자는 장60에 처한다. 단 물을 버린 자는 논죄하지 않는다.

2. 주관 관사가 오물을 버리는 것을 금지하지 않은 죄

마을의 담을 뚫어 오물을 버리는 것은 주관 관사가 모두 금지하고 단속해야 한다. 만약 주사가 금지하지 않았다면 죄를 범한 사람과 같이 처벌한다. 장안에서 길에 오물을 버린 것을 단속하는 관사는 좌·우금오위의 좌·우가사(左·右街使)이다(『신당서』권49상, 1285쪽).

III. 관인의 음식 조리에 식금을 위반한 죄

직제율18(108조)
1. 외선(外膳)에 〈관인에게 제공하는 음식을 말한다.〉 식금을 위반한 경우 공선(供膳)은 장70에 처한다.
2. 만약 불결하고 혐오스러운 물건이 음식물 안에 있거나, 고르고 가린 것이 정결하지 않은 때에는 태50에 처한다.
3. 과실인 경우에는 각각 2등을 감한다.

1. 관인의 음식 조리에 식금을 위반한 죄

관인들이 일상적으로 먹는 음식은 모두 관청의 주방에서 만든다. 이 음식을 만들 때 식금을 위반한 공선은 장70에 처한다. 식금은 『식경』에 적시되어 있는 음식을 만들 때의 금기사항을 말한다(직13.1의 소). 과실인 경우에는 2등을 감해 태50에 처한다.

2. 관인들의 음식 조리를 정갈하지 않게 한 죄

관인들이 일상적으로 먹는 음식에 불결하고 혐오스런 물건이 들어 있거나 고른 곡식이 정갈하지 않게 한 경우, 공선은 태50에 처한다. 과실인 경우에는 2등을 감해 태30에 처한다.

제4장
사회의 도덕에 대한 죄

제1절 성풍속에 관한 죄

I. 총설

1. 간죄의 본질

혼인하지 않은 남녀가 사사로이 통정한 경우 간죄로 처벌하며, 간통을 매개한 사람도 처벌한다(잡27.3). 혼인하지 않은 남녀의 결합은 부도덕하고 비윤리적인 것으로 간주하기 때문이다. 단 예를 거친 혼인이라도 간죄로 논하는 경우가 있다. 시마 이상 동성 친속 사이의 혼인(호33.1b)과 외척·인척의 존비 사이의 혼인(호33.2) 및 소공 이상 친속의 처였던 여자와의 혼인(호34.1) 등이 그러하다.

간죄의 보호법익은 부부 사이의 신의와 혼인 관계를 보호하기 위한 것일 뿐만 아니라 사회적인 성도덕을 보호하기 위한 것이다. 바꾸어 말하면 정당한 혼인질서를 유지하기 위하여 간통을 금하는 것이다. 다만 율은 남편의 권리를 고려하는 까닭에 남편이 있는 여자와 간한 경우 죄를 1등 더한다.

2. 간죄의 처벌 원칙

간죄는 화간과 강간으로 나눈다. 율에서 '간(姦)'이라 칭하는 것은 대개 화간이며, 이는 필요적 공범이므로 원칙상 수범·종범을 구분하지 않는다(잡27.1). 강간의 경우 여자는 처벌하지 않고(잡27.2) 남자는 그 형을 가중하는데, 각 조항에 분별해서 규정해 두고 있다.

간죄는 신분에 따라 경중에 차이가 있다. 즉 양인이 천인을 간한 경우는 양인 사이에 간한 경우보다 죄를 감하고(잡22.3·4), 반대로 천인이 양인을 간한 경우에는 가중해서 처벌하되, 부곡·관호가 양인을 간한 때에는 양인 사이의 간죄에 1등을 더하지만(잡22.2) 노가 양인 여자를 범한 때에는 더 가중해서 일률적으로 도2년반에 처한다(잡26.1a). 천인 남자가 주인 또는 그 친속 여자를 간한 경우 더욱 엄중하게 가중 처벌한다(잡26.2a). 또한 시마 이상 친속의 처·첩을 간한 경우 일반 간죄보다 가중 처벌하지만(잡23.1), 첩을 간한 때에는 1등을 감한다(잡23.3 및 주). 첩은 처에 비해 신분이 낮기 때문에 간한 죄도 가벼운 것이다.

　간은 부도덕한 행위이므로 부모 또는 남편의 상중에 간죄를 범한 경우 일반 간죄에 2등을 더해서 처벌한다(잡28.2). 진속 사이의 간죄는 더욱 비윤리적인 행위로 간주하여 친소에 따라 가중 처벌한다(잡23~24). 아울러 도덕성이 요구되는 신분이 간죄를 범한 경우 가중 처벌한다. 예컨대 감림·주수가 감림 구역 내에서 범한 간죄는 일반 간죄에 1등을 더해 처벌하고(잡28.1), 도사·여관·승·니가 범한 간죄는 2등을 더해 처벌한다(잡28.2). 단 도사·승과 더불어 간한 여자는 일반 간죄로 논한다(잡28.3).

3. 간죄의 처벌상의 특례

　① 간죄는 자수의 법례를 적용하지 않는다(명37.6d). 즉 간한 자는 자수하더라도 죄를 면할 수 없다.
　② 강간은 비록 주위 사람이라도 체포·포박해서 관사로 송치할 수 있다(포3.1).
　③ 소공 이상 친속과 부조의 첩을 간한 자 및 더불어 화간한 여자는 모두 십악의 내란(명6.10의 주)을 적용한다.

④ 동일 호적 내의 사람이 간한 경우 비록 화간이라도 체포·가격할 수 있는 포격법에 따르는 것을 허용한다(포3.1의 주). 이 경우 체포·포박한 사람은 친속을 고한 죄(투45~46)를 받지 않는다(포3.1의 문답).

⑤ 간죄를 범한 경우 청장·감장의 특전을 받을 수 없고(명9.2, 10), 관품이 있는 자는 제명·면관 처분하며(명18.2, 19.1, 20.5), 부인은 감장·속장의 특전을 받을 수 없다(명11.3).

⑥ 부곡·노비가 주인을 강간한 때에는 은사령으로 죄가 용서되지 않는다(단21.1).

⑦ 간죄를 범하였는데 간인이 그 남편을 살해하였다면 간통한 처첩이 비로 실정을 몰랐더라도 더불어 죄가 같다(적6.1의 주).

⑧ 도사·여관·승·니가 간죄를 범했다면 고첩(告牒)으로 죄를 당할 수 없다(명57.1의 소).

II. 일반 간죄

잡률22(410조)

1. (a) 간한 자는 도1년반에 처하고, (b) 남편이 있을 경우는 도2년에 처한다.
5. (a) 강간한 때에는 각각 1등을 더하고, (b) 강간하다가 골절상을 입힌 때에는 각각 싸우다 골절상을 입힌 죄에 1등을 더한다.

1. 화간

(1) 구성요건

화간은 양인 남녀가 뜻이 맞아 사통한 것이다. 단 간한 여자에게 남편이 있을 경우, 화간한 남녀의 죄는 가중된다.

(2) 처벌

1) 남녀
간한 자는 남녀 각각 도1년반에 처한다.

2) 여자에게 남편이 있는 경우의 남녀
여자에게 남편이 있는 경우 남녀는 도2년에 처한다. 즉 남편이 있는 처·첩과 간통한 경우 남녀는 각각 1등을 더하여 도2년에 처한다. 이것은 가중범인데, 처든 첩이든 남편이 있는 여자로 죄가 가중되는 것은 마찬가지이다. 단 친속상간의 경우 첩을 범한 남자는 죄를 1등 감한다(잡23.3 및 주). 처·첩이 있는 남자가 간한 경우는 죄를 가중하지 않는다.

2. 강간

(1) 구성요건
남자가 여자를 강제로 간한 것이다.

(2) 처벌
① 본범은 각각 1등을 더한다.
② 강간하다가 골절상을 입힌 자는 각각 싸우다가 골절상을 입힌 죄에 1등을 더한다. 골절상을 입혔다는 것은 이를 부러뜨리거나 손발가락을 부러뜨린 것 이상을 말한다. 강간하다가 골절상을 입힌 경우 죄는 강간죄와 상해죄의 두 죄를 범한 것이 되므로, 두 개 이상의

죄가 함께 발각된 경우 무거운 것으로 논한다(명45.1a①)는 원칙에
따라 하나의 무거운 죄로 처벌한다.

III. 양인·천인 사이에 간한 죄

잡률22(410조)

2. 부곡·잡호·관호가 양인을 간한 때에는 각각 일반 간죄에 1등을
   더한다.
3. (a) 관·사비를 간한 자는 장90에 처한다. (b) 〈노가 비를 간한 때
   에도 역시 같다.〉
4. 타인의 부곡처나 잡호·관호의 부녀를 간한 자는 장100에 처하고,
5. (a) 강간한 때에는 각각 1등을 더하며, (b) 골절상을 입힌 때에는
   각각 싸우다 골절상을 입힌 죄에 1등을 더한다.

잡률26(414조)

1. (a) 노가 양인 여자를 간한 때에는 도2년반에 처하고, (b) 강간한
   때에는 유형에 처하며, 골절상을 입힌 때에는 교형에 처한다.

1. 천인 여자를 간한 죄

(1) 화간

1) 양인이 타인의 부곡처를 간한 죄

양인이 타인의 부곡처나 객녀, 잡호·관호의 부·여를 간한 때에는
남녀 각각 장100에 처한다. 간한 여자에게 남편이 있을 때에는 각각
1등을 더한다. 단 자기 집의 부곡처 및 객녀를 간한 자는 처벌하지

않는다.

2) 양인이 관비나 타인의 비를 간한 죄

양인이 관비나 타인의 비를 간한 때에는 장90에 처한다. 비는 남편이 있든 없든 같다. 남편이 있는 여자와 화간한 경우 1등을 더하는 일반 간죄의 처벌 원칙에 따르지 않는 것은 비가 천인이기 때문이다.

3) 노가 비를 간한 죄

노가 비를 간한 때에도 역시 각각 장90에 처한다. 비는 남편이 있든 없든 같다. 일반 범죄의 처벌법에 따르지 않는 것은 대개 비가 천인이기 때문이다.

(3) 강간

강간은 각각 1등을 더한다. 즉 타인의 부곡처나 객녀, 잡호·관호의 부·녀를 강간한 자는 도1년에 처하고, 관비나 타인의 비를 강간한 자는 장100에 처한다. 관호·잡호와 타인의 부곡처 및 관비나 타인의 비를 강간하다가 골절상을 입힌 때에는 각각의 신분에 적용되는 본래의 구타죄(투19)에 1등을 더하되, 이 경우는 강간과 투절상의 두 죄가 되므로 두 죄가 함께 발각된 경우 무거운 것에 따라 논하는 원칙(명45.1a①)에 의거해서 하나의 무거운 죄에 따라 처벌한다. 즉 상해가 가벼운 경우 강간법에 의거하고 상해의 정도가 무거운 경우 싸우다 골절상을 입힌 죄에 1등을 더해 처벌한다.

2. 천인 남자가 양인 여자를 간한 죄

(1) 부곡·잡호·관호가 양인 여자를 간한 죄

1) 화간

부곡·잡호·관호가 양인 여자를 간한 때에는 남녀 각각 일반 간죄 (도1년반)에 1등을 더하여 도2년에 처한다. 남편이 있는 여자와 간한 때에는 또 1등을 더하므로 남녀 각각 도2년반에 처한다.

2) 강간

강간한 남자는 또 1등을 더하므로 여자가 남편이 없는 경우 도2 년, 남편이 있는 경우 도2년반에 처한다. 단 골절상을 입힌 경우는 싸우다 골절상을 입힌 죄에 1등을 더한다.

(2) 노가 양인 여자를 간한 죄

1) 화간

노가 양인 여자를 간한 때에는 도2년반에 처한다. 간한 여자도 죄 가 같으며(잡27.1), 비록 남편이 있더라도 역시 같다.

2) 강간

① 노가 양인 여자를 강간한 죄는 유형에 해당한다. 노비가 세 가 지 유죄를 범하면 다 같이 장200으로 대체하므로(명47.2 및 소) 단지 유형에 처한다고 한 것이다. 강간하다가 골절상을 입힌 때에는 교형 에 처한다.

② 강간당한 여자는 죄가 없다.

IV. 천인이 주인 및 주인의 친속을 간한 죄

잡률26(414조)

2. (a) 단 부곡 및 노가 주인 및 주인의 기친, 또는 기친의 처를 간한 때에는 교형에 처하고, (b) 부녀는 1등을 감한다. (c) 강간한 때에는 참형에 처한다.

3. (a) 만약 주인의 시마 이상 친속 및 시마 이상 친속의 처를 간한 때에는 유형에 처하고, (b) 강간한 때에는 교형에 처한다.

1. 부곡·노가 주인 및 주인의 기친을 간한 죄

(1) 구성요건

이 죄의 요건은 부곡·노가 주인이나 주인의 기친, 또는 기친의 처를 간한 것이다. 주인은 같은 부곡·노가 속한 호의 호적 내의 양인 이상으로 재산을 분배받을 수 있는 자이다(적7.1의 소). 잉 및 첩은 재산을 분배받을 수 없으므로 주인이 될 수 없다(적7.2의 소).

(2) 처벌

① 부곡·노는 교형에 처한다.

② 부녀는 1등을 감하여 유3000리에 처한다. 이는 간한 남녀는 죄가 같다는 규정의 예외이다.

2. 부곡·노가 주인의 시마 이상 친속 및 친속의 처를 간한 죄

① 부곡·노가 주인의 시마 이상 친속 및 친속의 처를 간한 때에는 유형에 처한다. 부곡·노가 세 가지 유죄를 범하면 다 같이 장200으

로 대체하므로(명47.2 및 소) 단지 유형에 처한다고 한 것이다.

② 부인의 죄는 유2000리에 해당하는데, 장60과 3년의 노역으로 대체해서 집행한다(명28.3).

3. 부곡·노가 주인 및 주인의 친속을 강간한 죄

① 부곡·노가 주인 및 주인의 기친 또는 기친의 처를 강간한 때에는 참형에 처한다.

② 부곡·노가 주인의 시마 이상 친속 및 친속의 처를 강간한 때에는 교형에 처한다.

③ 강간당한 부녀는 처벌하지 않는다.

4. 부곡·노가 주인의 첩이나 주인의 친속의 첩을 간한 죄

부곡·노가 주인의 첩이나 주인의 친속의 첩을 간한 때에는 처를 간한 죄에서 1등을 감한다. 잉·첩은 부곡·노의 주인이 아니나, 주인 또는 주인의 친속의 첩이므로 처에 대한 죄에서 1등을 감하는 것이다. 단 만약 첩의 아들이 현재 가주이면 그 어머니도 자식에 준하여 주인이 되며(투21의 문답) 비록 쫓겨났더라도 역시 같다. 만약 아들이 가주가 아니면 주인의 기친과 같을 뿐이다(투21의 문답). 그렇지만 간죄에서 주인과 주인의 기친은 형이 같으므로 구별할 필요가 없을 듯하다.

V. 친속을 간한 죄

1. 개설

친속 사이에 간한 경우에는 가중 처벌한다. 단 친속이라고 하더라도 내친 및 그 처첩을 간한 경우는 무겁고 외친을 간한 경우는 비교적 가볍다. 또한 외친의 범위는 본래 좁고 또 복이 가벼우므로 처벌도 가볍다. 친속 사이에 간한 경우 복제에 따라 가중 처벌하는 원칙은 남자를 기준으로 하고 여자를 기준으로 하지 않는다(명6.10의 주①의 소). 친속 사이에 금지된 혼인을 한 경우 대략 간죄로 논한다(호33, 34). 친속 간죄는 대단히 복잡한데, 정리해 보면 대개 3단계로 나눌 수 있다.

2. 1단계 친속 간죄

잡률23(411조)
1. 시마 이상의 친속 및 시마 이상 친속의 처, 또는 처의 전남편의 딸 및 동모이부의 자매를 간한 자는 도3년에 처한다.
2. 강간한 자는 유2000리에 처하고, 골절상을 입힌 때에는 교형에 처한다.
3. 첩은 1등을 감한다. 〈다른 조항에서 첩과 간한 것은 이에 준한다.〉

(1) 화간

1) 구성요건
이 조항은 4종의 친속 사이의 간죄를 포괄한다.

(a) 시마 이상 친속을 간한 죄

시마 이상 친속은 상복을 입는 관계의 내·외 친속을 말한다. 남자가 시마 이상 내·외 친속을 간한 경우 본복으로 논하고, 의복친속은 정복친속과 같으며, 남편의 유무를 불문한다(명52.6 및 소).

(b) 시마 이상 친속의 처를 간한 죄

시마 이상 내·외 친속의 처를 간한 자는 설령 자신과 복이 없더라도 역시 이 죄를 받는다. 여기서 시마 이상이라 했으므로 대공 및 기친을 포괄한다. 단 대공 이상 친속 및 그 처에 대해서는 별도로 아래 두 조항이 더 있기 때문에 이 조항에서 규정하고 있는 것은 시마 이상 내친과 소공 외친을 간한 것만 해당한다.

(c) 처의 전남편의 딸을 간한 죄

처가 이전 집에서 낳은 딸, 즉 처와 전남편 사이에 출생한 딸을 간한 자는 이 죄를 받는다.

(d) 동모이부 자매를 간한 죄

동모이부 자매와 간한 것이다(호33.2). 그 복제는 소공의복이다.

2) 처벌

간한 남녀 모두 도3년에 처한다. 소공 이상 외친을 간한 것은 십악의 내란(명6.10의 주①)을 적용한다.

(2) 강간

강간한 때에는 유2000리에 처하고, 강간하다가 골절상을 입힌 때에는 교형에 처한다.

(3) 첩을 간한 경우의 처벌

1) 첩을 간한 경우의 처벌

첩을 범한 경우 처를 범한 죄에서 1등을 감해서 처벌한다. 즉 첩을 간한 자는 도2년반, 강간한 자는 도3년, 강간하다가 골절상을 입힌 자는 유3000리에 처한다. 첩은 처에 비해 신분이 낮기 때문에 죄를 감하는 것이다.

2) 통례

다른 조항에서 첩을 간했다고 한 경우는 이에 준한다. 즉 다른 조항에 친속 사이에 간한 경우 및 주인의 시마 이상 친속을 간한 경우에 대하여는 간죄의 명목이 있으나 첩에 대한 규정이 없을 때에는 모두 이 조항에 준하여 처에 대한 죄에서 1등을 감한다(잡24~26). 엄밀하게 말하면 친속의 첩 및 주인의 시마 이상 친속의 첩을 범한 경우 처를 범한 죄에서 1등을 감해서 처벌한다. 노·부곡이 주인의 첩이나 주인의 기친의 첩을 간한 때에도 역시 1등을 감하는 예에 따른다.

3. 2단계 친속 간죄

잡률24(412조)
1. 조부의 형제의 처나 조부의 자매, 당숙의 처 및 당고모, 4촌자매, 종모 및 형제의 처 또는 형제의 자식의 처를 간한 자는 유2000리에 처한다.
2. 강간한 자는 교형에 처한다.

(1) 화간

1) 구성요건
이 조항은 6종의 친속 사이의 간통, 즉 ① 소공친인 조부의 형제의 처나 조부의 자매를 간한 경우, ② 소공친인 당숙의 처 및 당고모를 간한 경우, ③ 대공친인 자기의 사촌자매를 간한 경우, ④ 소공친인 어머니의 자매, 즉 자기의 이모를 간한 경우, ⑤ 소공친인 형제의 처를 간한 경우, ⑥ 형제의 자식의 처를 간한 경우를 포괄한다.

2) 처벌
간한 남녀는 각각 유2000리에 처한다. 첩은 1등을 감한다. 또 십악의 내란(명6.10의 주①)을 적용한다.

(2) 강간
위의 친속을 강간한 자는 교형에 처한다. 강간한 자는 죄가 무겁기 때문에 절상 여부를 구분하지 않고 모두 교형에 처한다. 강간을 당한 사람이 첩이면 1등을 감해서 유3000리에 처한다(잡23.3).

4. 3단계 친속 간죄

잡률25(413조)
1. 부·조부의 첩, 〈이미 부·조부의 자식을 낳은 자를 말한다.〉 백모·숙모·고모·자매·자부·손부·형제의 딸을 간한 자는 교형에 처한다.
2. 만약 부·조부가 총애한 바의 비를 간했다면 2등을 감한다.

(1) 부·조부의 첩 등을 간한 죄

부·조부의 첩을 간한 자는 교형에 처하며, 십악의 내란(명6.10의 주②)을 적용한다. 죄가 무겁기 때문에 화간·강간을 구분하지 않는다. 여기에서 첩은 부·조부의 자식을 낳은 자만을 대상으로 하며, 자식을 낳지 않은 첩은 1등을 감한다(잡23.3). 증조부·고조부의 첩을 간한 때의 처벌도 같다. 부·조부가 사망한 뒤 타인에게 개가한 부·조의 첩을 간한 경우, 그 첩이 부·조의 자식을 낳았더라도 일반인을 간한 것과 죄가 같다.

(2) 기친 및 기친의 처를 간한 죄

백모·숙모·고모·자매·자부·손부·질녀 및 증손·현손의 처를 간한 자는 교형에 처하며, 십악의 내란을 적용한다(명6.10의 주①). 죄가 무겁기 때문에 화간·강간을 구분하지 않는다.

(3) 부·조부가 총애한 비를 간한 죄

부·조부가 총애한 비를 간한 자는 첩을 간한 죄에서 2등을 감하여 도3년에 처한다. 자식이 있든 없든 죄를 받는 것은 모두 같다.

VI. 특수 신분의 간죄

잡률28(416조)
1. 감림·주수가 관할구역 안에서 간한 때에는 〈양인을 범한 것을 말한다.〉 간한 죄에 1등을 더한다.
2. 만약 부모 및 남편의 상중에 있는 자 또는 도사·여관이 간한 때에는 각각 또 1등을 더한다.

3. 부녀는 일반 간죄로 논한다.

1. 감림·주수가 관할구역 안에서 간한 죄

(1) 구성요건

이 죄의 요건은 감림·주수가 관할 구역 내에서 양인을 간한 것이다. 천인을 간한 경우는 이 죄를 적용하지 않는다. 본인만 감림·통섭의 대상이고 그 가구는 관할하지 않는 경우에도 간하거나 및 재물을 취했다면 역시 감림관의 예를 적용한다(명54.1의 주②).

(2) 처벌

1) 감림·주수

감림·주수는 일반 간죄에 1등을 더한다. 따라서 만약 남편이 없는 부녀를 간하였다면 도2년에 처하고, 남편이 있는 부녀를 간하였다면 도2년반에 처한다. 강간하였다면 역시 일반인 강간죄에 1등을 더한다. 이 죄를 범한 감림·주수는 청장·감장의 특전을 받을 수 없으며(명9.2, 10), 제명 처분한다(명18.2). 단 잡호·관호·부곡 및 비를 간한 때에는 면소거관 처분한다(명20.5).

2) 부녀

부녀는 일반 간죄로 논한다. 부녀 자신이 관이 있는 경우 감하거나 속할 수 없고, 면관 처분한다(명19.1).

2. 부모 및 남편 상중 간죄

(1) 구성요건
이 죄의 요건은 부모 및 남편 상중에 간한 것이다. 부모의 상중인 경우는 남녀의 죄가 같고, 남편의 상중인 경우는 처·첩의 죄가 같다.

(2) 처벌
각각 일반 간죄에 2등을 더한다. 강간한 자는 마땅히 화간죄에 1등을 더한다고 해석해야 하므로, 일반 간죄에 3등을 더한다. 상중에 간통한 사람의 상대가 상중이 아니면 일반 간통으로 논한다.

3. 도사·여관·승·니의 간죄

(1) 구성요건
이 죄의 요건은 도사·여관·승·니가 간한 것이다. 이 죄는 출가한 자들이 파계한 것이므로 가중 처벌하는 것이다.

(2) 처벌
일반 간죄에 2등을 더한다. 다만 몇 가지로 구분해서 살펴보아야 한다.

1) 도사·여관·승·니의 친속 사이의 간죄
도사·여관·승·니가 친속을 간한 때에는 존비·귀천 관계가 차등 있게 규정된 각각의 해당 법례에 의거하되 2등을 더한다.

2) 도사·여관·승·니가 일반인을 간한 죄
도사 및 승이 남편이 있는 부인을 간한 경우 일반인의 간죄 도2년에 2등을 더하고, 남편이 없는 경우 도1년반에 2등을 더한다. 이들과 간한 부녀는 일반 간죄로 논한다. 그러나 여관·니가 간한 때에는 상대 남자에게 처가 있든 없든 관계없이 일반 간죄(도1년반)에 2등을 더해 도2년반에 처하고, 상대 남자는 일반 간죄로 도1년반에 처한다.

3) 도사·승이 본 도관·불사의 천인을 간한 죄

도사·승이 본 도관·불사의 부곡 혹은 비와 간한 때에는 일반인을 간한 경우와 같이(명57.3b의 주) 일반 간죄에 2등을 더한다. 본래 관·사의 삼강과 부곡·노비와의 관계는 주인의 기친과 같고, 기타 도사·여관·승·니와 부곡·노비와의 관계는 시마친과 같은 것으로 간주한다. 그러나 간·도죄를 범한 경우는 일반인으로 간주하는 것이다.

4) 환속 후의 처분

도사·여관·승·니가 간죄를 범하고 환속 후에 사건이 발각되었다면 범한 때에 의하여 죄를 가하고 그대로 백정과 같이 복역시키며, 고첩(告牒)으로 죄를 당하게 하지 않는다(명57.1의 소).

VII. 간통 매개의 죄

잡률27(415조)

3. (a) 간통을 매개하였다면 간한 자의 죄에서 1등을 감한다. (b) 〈남녀의 처벌규정이 다를 경우에는 무거운 쪽의 죄에서 감한다.〉

간통을 매개한 죄는 간한 자의 죄에서 1등을 감한다. 가령 화간한 경우 죄가 도1년반에 해당하므로 중개한 자는 도1년에 처한다. 다만 간한 두 사람의 죄의 등급이 다를 경우에는 무거운 것에서 감한다. 가령 속인이 여관·니와 간한 경우, 남자의 죄는 도1년반에 해당하고 여관·니의 죄는 도2년반에 해당하므로(잡28) 중개한 자는 도2년반에 서 1등을 감해서 도2년에 처한다.

제2절 도박에 관한 죄

잡률14(402조)
1. 주사위 놀이를 하면서 재물을 건 자는 각각 장100에 처하고, 〈주사위 놀이를 예로 들었지만 다른 놀이도 모두 이와 같다.〉 각각 자신의 몫 을 절도의 장물로 계산한 죄가 장100보다 무거운 때에는 절도에 준하 여 논한다. 〈진 자도 자신의 몫에 의거하여 종범으로 처벌한다.〉
2. 장소 제공자 및 9를 내주고 1을 먹는 자, 또는 도박인을 끌어 모 은 자는 각각 이와 같이 처벌한다.
3. 음식내기를 한 자는 처벌하지 않는다.

I. 도박한 죄

1. 구성요건

(1) 적극요건

이 죄의 요건은 함께 주사위 놀이를 하면서 재물을 건 것이다. 조 문은 주사위 놀이를 예로 들었지만 다른 놀이를 하면서 재물을 건 것도 모두 죄가 같다. 이 죄의 본질은 사행 심리를 막고 불로소득을 방지하기 위한 것이다. 건 재물이 많은 경우 절도에 준하여 논하지만 음식내기 놀이를 한 경우는 처벌하지 않는 것은 바로 이 때문이다. 활쏘기는 무예를 익히는 것이므로 비록 재물을 걸었더라도 역시 죄주지 않는데, 이는 우연에 의해 이기고 지는 것이 아닌 경기이기 때문이다.

(2) 소극요건

음식내기 놀이한 것은 죄가 되지 않는다. 비록 돈을 걸고 내기 놀이를 하였더라도 먹고 마시는데 다 사용한 때에는 죄주지 않는다.

2. 처벌

(1) 단순도박죄

놀이를 하면서 재물을 건 자는 각각 장100에 처한다. 이기고 진 자를 가리지 않고, 수범·종범의 구분도 없다.

(2) 건 재물이 5필 이상인 경우의 도박죄

각각 건 재물을 도죄의 장물로 계산하여 장100보다 무거운 때에는 절도에 준하여 논하되, 놀이를 이겨 재물을 얻은 자는 수범으로 논하고, 져서 재물을 잃은 자는 종범으로 논한다. 그런데 절도죄(적35.2)는 장물이 4필1척이면 장100에 해당하고 5필이면 도1년에 해당하므로, 건 돈이 5필 이상인 경우 이긴 자는 도1년에 처하고, 5필마다 1등을 더하여 40필이면 유3000리에 처하고, 50필이면 원래 도죄라면 가역류에 해당하지만 절도에 준하여 논하는 것이기 때문에 유3000리에 처하는데 그친다(명53.2). 만약 놀이에서 이겨 여러 사람의 재물을 얻은 경우 누계한 것을 절반하여 논한다.

진 자는 이긴 자의 종범으로 처벌한다. 따라서 내기에 져서 5필의 재물을 잃은 자는 이긴 자의 죄 도1년에서 1등을 감하여 장100에 처하고, 10필이면 도1년, 50필이면 2500리에 처하는 것으로 그친다. 여러 사람에게 져서 재물을 잃은 경우 잃은 재물을 누계한 것을 절반하여 논한다.

II. 도박장 개설 등의 죄

1. 도박장을 개설한 죄

도박 장소를 제공하고, 사람들을 끌어 모아 도박하게 한 자는 도박한 자와 같은 죄로 처벌한다.

2. 도박장에서 고리로 대출한 죄

도박장에서 도박하는 사람들에게 높은 이율로 돈을 빌려주고 폭리를 취한 자는 도박한 자와 같은 죄로 처벌한다. 율문에서는 이를 "출구(出九)"라고 표현했는데, 이는 9분을 빌려주고 1분을 취하는 행위를 가리킨다. 단 이 같은 이율은 예시에 지나지 않으며, 이율의 고하나 이윤의 다소는 불문한다.

제3절 신앙에 관한 죄

I. 개설

신앙에 관한 죄란 종교적 평온과 종교감정을 침해하는 것을 내용으로 하는 범죄를 말한다. 현행 형법은 신앙에 관한 죄로 장례식·예배 등 방해죄(158조), 사체 등 오욕죄(159조), 분묘발굴죄(160조), 사체 등 영득죄(161조), 변사체검시방해죄(163조)를 규정하고 있다.

당률의 신앙에 관한 죄로는 천존상·불상을 절도하거나 훼손한 죄(적29), 시체에 관한 죄(적19), 무덤을 파헤친 죄(적30), 시체·무덤에 대해 과실로 오욕한 죄(적20), 묘역의 나무를 절도한 죄(적 31.2), 타인의 비석이나 돌짐승을 훼손한 죄(잡55)를 들 수 있다.

II. 천존상·불상을 절도하거나 훼손한 죄

적도율29(276조)

1. (a) 천존상·불상을 절도·훼손한 자는 도3년에 처한다. (b) 만약 도사·여관이 천존상을 절도·훼손하거나 승·니가 불상을 절도·훼손한 때에는 가역류에 처한다.
2. 진인상·보살상은 각각 1등을 감한다.
3. 절도하여 공양한 자는 장100에 처한다.
4. 〈절도와 훼손은 함께 해야 죄가 되는 것은 아니다.〉

1. 천존상·불상을 절도하거나 훼손한 죄

일반인이 천존상·불상을 절도하거나 훼손한 때에는 도3년에 처한다. 절도한 죄와 훼손한 죄가 각각 도형에 해당하며, 반드시 절도해서 훼손해야 이 죄를 받는 것이 아니다.

2. 도사·여관이 천존상을, 승·니가 불상을 절도하거나 훼손한 죄

도사·여관이 천존상을, 승·니가 불상을 절도하거나 훼손한 때에는 가역류에 처한다. 일반인이 아니라 도사·여관이 천존상을, 승·니가 불상을 절도하거나 훼손한 것이다. 자신이 섬기는 선성(先聖)의 형상을 절도하거나 훼손하였기 때문에 속인보다 무겁게 가역류에 처하는 것이다. 다만 도사 등이 불상·보살상을, 승·니가 천존상·진인상을 절도하거나 훼손한 때에는 대개 그가 섬기는 바가 아니기 때문에 각각 일반인과 같이 처벌한다.

3. 진인상 및 보살상을 절도하거나 훼손한 죄

진인상 및 보살상을 절도하거나 훼손한 것은 객체의 지위가 각각 천존상·불상에 비해 낮기 때문에 죄를 1등을 감한다. 따라서 일반인이 진인상·보살상을 절도하거나 훼손한 때에는 도2년반에 처하고, 도사·여관이 진인상을, 승·니가 보살상을 절도하거나 훼손한 때에는 각각 도3년에 처한다.

4. 천존상·불상을 절도해서 공양한 죄

이익을 탐한 것이 아니라 다른 곳에서 공양하려고 천존상·불상 등을 절도한 자는 장100에 처한다.

5. 신상을 절도하거나 훼손한 죄

① 율에는 규정이 없으나 소에서는 진인상·보살상이 아닌 그 밖의 상, 즉 화생상(化生像)[1]·신왕(神王)과 같은 것을 절도하거나 훼손한 경우는 '마땅히 해서는 안 되는데 행한' 죄(잡62)의 무거운 죄에 해당한다고 해석하였다. 따라서 이를 범한 자는 장80에 처한다.

② 가치가 있는 상을 절도하여 자기에게 들인 자는 일반 절도의 법에 의거하여 처단한다. 만약 공임이 많이 든 것을 훼손한 때에는 공임을 계산하여 좌장으로 논하며, 모두 수리하여 건립하게 한다.

III. 시체·무덤에 관한 죄

1. 시체를 잔해한 죄

적도율19(266조)

1. (a) 시체를 잔해하거나 〈불태우거나 절단한 것과 같은 경우를 말

---

1) 化生은 4生의 하나이다. 4생은 胎生·卵生·濕生·化生이다. 胎生은 인간이나 짐승 따위, 卵生은 조류, 濕生은 蟲類를 가리킨다. 化生은 胎·卵·濕 등에 의거하지 않고 홀연히 생겨난 것이며, 天人과 지옥의 중생, 그리고 죽는 순간부터 다음 태어나기까지의 靈魂身을 가리키는 中有를 가리킨다. 여기서 化生은 天人을 말한다.

한다.〉 시체를 수중에 버린 자는 각각 투살죄에서 1등을 감한다.

(b) 〈시마친 이상 존장의 시체이면 감하지 않는다.〉

2. 시체를 버렸지만 잃어버리지 않았거나 머리털을 잘랐거나 시체를 손상한 때는 각각 또 1등을 감한다.

3. 만약 자·손이 조부모·부모의 시체에 대해, 부곡·노비가 주인의 시체에 대해 범했다면 각각 감하지 않는다. 〈모두 의도가 악한 경우를 말한다.〉

(1) 구성요건

이 죄의 요건은 세 가지이다.

① 시체를 잔해한 것이다. 시체를 불태우거나 절단한 것을 말한다.

② 시체를 수중에 버린 것이다.

③ 위의 두 요건은 반드시 악의가 있는 것이어야 한다. 가령 사망한 자가 스스로 화장을 원하였거나, 혹은 수장을 유언하였거나, 타향에서 객사하여 유골만 수습해서 고향에 돌아가는 것과 같은 경우는 악의가 있는 것이 아니므로, 모두 처벌하지 않는다.

(2) 처벌

① 율은 시체잔해죄를 투살죄로 간주하고 각각 투살죄에서 1등을 감한다. 즉 투살죄가 사죄에 해당하면 사죄에서 1등을 감하고, 유죄에 해당하면 유죄에서 1등을 감한다. 즉 일반인 시체를 잔해한 경우 일반 투살죄는 교형에 해당하므로 1등을 감하여 유3000리에 처한다. 또 타인의 부곡의 시체를 잔해한 경우 부곡을 투살한 죄는 유3000리에 해당하므로 1등을 감하여 도3년, 타인의 노비의 시체를 잔해한 경우 그에 대한 투살죄는 도3년에 해당하므로 1등을 감하여 도2년반에 처한다.

② 단 시마친 이상 존장의 시체에 대해 범한 경우에는 감하지 않는다. 다시 말하면 시마친 이상 존장의 시체를 잔해하거나 수중에 버린 경우, 그 투살죄는 참형에 해당하는데 감하지 않고 그대로 참형에 처한다. 또한 십악의 악역(명6.4) 혹은 불목(명6.8)을 적용한다.

(3) 시체잔해죄의 감경

1) 감경요건
시체잔해죄를 감경하는 요건은 다음 세 가지이다. 수중에 버렸지만 잃어버리지 않은 경우, 머리털을 깎은 경우, 시체에 상처를 입힌 것이다. 시체에 상처를 입힌 경우 상처의 대소를 구분하지 않는다. 이상 세 가지 요건은 의도가 악한 경우에 한하여 처벌한다.

2) 처벌
① 위의 세 가지 요건에 해당하는 행위를 한 자는 시체잔해죄에서 또 1등을 감해서 처벌한다. 즉 일반인 및 천인에 대한 경우는 각각 투살죄에서 2등을 감하며, 시마친 이상 존장에 대한 것이면 단지 1등만을 감한다. 그러나 자·손이 조부모·부모의 시체에 대해, 부곡·노비가 주인의 시체에 대해 범한 경우에는 각각 감하지 않고, 모두 그대로 투살죄와 같이 처벌한다.

② 대공친 이상 존장이나 소공친 존속의 시체에 대해 범한 경우는 십악의 불목(명6.8)을 적용한다. 자·손이 조부모·부모의 시체에 대해 범한 경우는 십악의 악역(명6.4)을 적용한다(적19.3의 소).

③ 자·손이 조부모·부모의 시체에 대해, 부곡·노비가 주인의 시체에 대해 범한 경우에는 사형할 때를 기다리지 않고 형을 집행한다(적19.3의 소).

④ 시체 잔해죄는 경우에 따라 생전의 상해죄에 비하여 무거운 것이 있다. 예를 들면 일반인의 이 하나를 부러뜨린 죄는 도1년(투2.1)인데 비하여 시체를 손상하여 이 1개를 부러뜨렸다면 사형에서 2등을 감하므로 도3년에 해당하여 생전의 상해죄에 비하여 무거운 셈이다. 또한 시체의 머리털을 깎은 죄 역시 도3년인데, 일반인의 머리털을 깎은 죄는 도1년반으로(투2.2), 시체의 머리털을 깎은 죄가 무겁다. 이로 보면 율은 시체를 보호하려는 뜻이 있어 상해의 정도를 구분하지 않고 일률적으로 도3년으로 규정한 것으로 볼 수 있다.

2. 무덤을 파헤친 죄

적도율30(277조)

1. (a) 무덤을 파헤친 자는 가역류에 처하고, 〈다 파헤친 경우 이 형에 처한다. 초혼해서 매장한 것도 역시 그러하다.〉 (b) 관·곽을 연 때에는 교형에 처하며, (c) 다 파헤치지 않은 때에는 도3년에 처한다.
2. (a) 단 무덤이 앞서 뚫어져 있거나 및 아직 빈(殯)하지 않았는데 시신을 넣을 관을 절도한 자는 도2년반에 처하고, (b) 의복을 절도한 자는 1등을 감하며, (c) 기물·벽돌·판자를 절도한 자는 일반절도로 논한다.

(1) 무덤을 파헤친 경우

시체가 매장된 무덤임을 알면서 파헤친 자는 가역류에 처한다. 파헤쳐서 관·곽에 이르도록 다 파헤친 경우에 이 죄를 받는다. 시체없이 초혼해서 매장한 것도 같다(적20). 비단 장례한 것을 발굴한 것만이 아니라 빈이 끝나고 아직 매장하지 않은 무덤을 발굴한 것도 같다(적30.2b의 소). 빈(殯)은 입관이다. 이상은 일반인의 범행에 대한 것이다. 신분범에 대해서는 아래에서 서술한다.

(2) 무덤을 파헤쳐 관·곽을 연 경우

무덤을 파헤쳐 관·곽을 연 때에는 교형에 처한다. 관과 곽이 다 있는 경우는 두 가지 모두를 연 때에 이 죄를 주는데, 물건을 취하지 않고 시신을 건드리지 않았더라도 교형에 처한다. 그 무덤이 관·곽을 사용하지 않고 매장한 경우는 파헤쳐서 시체가 드러난 경우에 관·곽을 연 것과 같이 처벌한다.

(3) 파헤쳤지만 아직 다 열지 않은 경우

무덤을 파헤쳤지만 아직 관·곽에 이르지 않은 때에는 도3년에 처한다.

(4) 앞서 뚫어져 있는 무덤 및 아직 빈하지 않은 관의 재목을 절도한 죄

1) 개설

앞서 구멍이 뚫어져 있는 무덤을 파헤친 죄는 비교적 가볍다. 율은 이런 무덤에서 물건을 훔쳤다면 그 사람이 원래 악한 마음이 없었다고 보는 것 같다. 아직 빈(殯)하지 않았다는 것은 시체가 아직 밖에 있고 입관하여 매장하지 않은 것을 말한다. 전부터 구멍이 뚫어져 있는 무덤의 경우 절도한 물건에 따라 형이 다르다.

2) 요건과 처벌

① 관의 재목을 절도한 자는 도2년반에 처하는데, 절도한 사람이 원래 악한 마음이 없었거나, 속이고 사람의 시체를 바꾸고자 했거나

혹은 다른 곳에 개장하고자 한 경우를 말한다. 이른바 원래 악한 마음이 없었다는 것은 먼저 무덤에 구멍이 나 있는 경우 처음에는 파헤칠 뜻이 없었으나 무덤에 구멍이 나 있는 것을 보고 절도할 뜻이 일어났음을 가리킨다. 또 앞서 구멍이 나 있는 무덤이거나 빈하지 않은 상태에서 관재를 절도한 것은 시체를 잔해할 목적이 없었던 것으로 간주한다.

② 의복을 절도한 자는 1등을 감하여 도2년에 처한다. 의복은 관위에 있는 것을 가리키며, 절도한 것을 장물로 계산해서 죄가 도2년보다 무거운 경우에는 일반 절도죄에 1등을 더한다.

③ 기물·벽돌·판자를 절도한 자는 일반 도죄로 논한다.

(5) 존비·귀천의 무덤을 파헤친 경우
율에 조문이 없고, 문답에 의한 해석이 있다.

1) 존장이 비유의 무덤을 파헤친 경우
존장이 비유의 무덤을 파헤쳤다면 비유를 살해한 죄보다 무겁게 해서는 안 된다.

① 일반인의 무덤을 파헤친 죄는 가역류인데, 이는 일반인을 살해죄에서 1등을 감한 것이다. 따라서 만약 비유의 무덤을 파헤쳤다면 반드시 본래의 살해죄에서 1등을 감해서 형을 정한다.

② 관·곽을 연 자는 교형에 처하는데, 이는 일반인 살해죄와 같다. 따라서 비유의 관·곽을 연 자는 본래의 살해죄와 같이 처벌한다.

③ 파헤쳤지만 아직 다 열지 않은 자는 도3년에 처하는데, 이는 일반인 살해죄에서 2등을 감한 것이다. 따라서 비유의 무덤을 파헤쳤지만 다 열지 않은 경우 본래의 살해죄에서 2등을 감하여 처벌한다.

④ 만약 시체가 들어있는 관을 절도한 경우에는 본래의 살해죄에서 3등을 감한다.

2) 비유가 존장의 무덤을 파헤친 경우

만약 비유가 존장의 무덤을 파헤쳤다면 법에 의거하여 단지 일반인의 무덤에 대한 경우와 같이 처벌한다.

3. 과실로 시체·무덤에 대해 오욕한 죄

적도율20(267조)
1. (a) 땅을 파다가 시체가 나왔는데 다시 묻지 않거나 무덤에서 여우나 삵을 잡기 위해 연기를 피우다가 관·곽을 태운 자는 도2년에 처하고, (b) 시체를 태운 때에는 도3년에 처한다.
2. (a) 시마친 이상 존장의 무덤이나 시체에 대한 경우에는 각각 1등씩 더하고, (b) 비유의 무덤이나 시체에 대한 경우에는 1등씩 감한다.
3. (a) 만약 자·손이 조부모·부모의 무덤에서, 부곡·노비가 주인의 무덤에서 여우나 삵을 잡기 위해 연기를 피운 때에는 도2년에 처하고, (b) 관·곽을 태운 때에는 유3000리에 처하며, 시체를 태운 때에는 교형에 처한다.

(1) 일반인의 시체·무덤에 대해 과실로 오욕한 죄

1) 구성요건

이 죄의 요건은 땅을 파다가 뜻하지 않게 시체가 나왔는데 즉시 묻지 않거나 또는 묘에서 여우나 삵을 잡기 위해 불을 피우다가 관이나 시체를 태운 죄에 대한 것으로, 시체를 태우려는 고의는 없는 것이다.

2) 처벌

위의 요건에 해당하는 자에 대한 처벌은 세 가지로 나눌 수 있다.

① 땅을 파다가 시체가 나왔는데 다시 묻지 않고 노천에 방치한 자는 도2년에 처한다. 새 시체든 오래된 시체든 같다.

② 타인의 무덤에서 여우나 삵을 잡기 위해 연기를 피우다가 관·곽을 태운 자는 도2년에 처한다.

③ 위의 방화로 인하여 시체를 태운 자는 도3년에 처한다. 초혼하여 장사를 지낸 경우는 원래 시체가 없으므로 이 죄가 성립하지 않는다.

(2) 친속의 무덤에 대해 과실로 오욕한 죄

1) 시마친 이상 존장·비유의 무덤에서 범한 경우

(a) 관·곽을 태운 경우

① 시마친 이상 존장의 것이면 도2년에서 차례로 1등을 더하여, 기친 존장의 것이면 유2500리에 처한다.

② 비유의 경우에는 각각 일반인에 대한 죄에서 1등을 감하여, 시마친 비유의 것이면 도2년에서 1등을 감하여 도1년반에 처하고, 소공친 비유의 것이면 도1년에 처하며, 대공친 비유의 것이면 장100에 처하고, 기친 비유의 것이면 장90에 처한다.

(b) 시체를 태운 경우

① 시마친 존장의 시체이면 도3년에서 차례로 1등을 더해 유2000리, 소공친 존장의 시체이면 유2500리, 대공친 존장의 시체이면 유3000리에 처한다. 기친 존장의 시체를 태운 경우는 다시 가중하지

않고 그대로 유3000리에 처한다. 왜냐하면 더하여 사죄에 이른다는 조문이 없기 때문이다.

② 비유의 시체에 대한 경우에는 각각 일반인에 대한 죄에서 차례로 1등씩 감하므로, 시마친 비유의 시체를 태웠다면 일반인에 대한 죄에서 1등을 감해 도2년반에 처하며, 차례로 감해서 기친 비유의 시체를 태웠다면 도1년에 처한다.

(3) 조부모·부모의 무덤에 대해 과실로 오욕한 죄

1) 구성요건
① 주체는 자·손, 객체는 조부모·부모이다. 조부모·부모라고 한 경우 증조·고조도 역시 같다(명52).
② 행위는 여우나 삵을 잡기 위해 연기를 피운 것, 관·곽을 태운 것, 시체를 태운 것의 셋으로 구분한다. 조부모·부모의 무덤을 오욕한 죄는 연기를 피운 것으로 성립하고, 관·곽을 태우거나 시체를 태운 때에는 죄를 가중한다. 이 점은 시마친 이상 존장의 시체를 범한 죄와 같지 않다.

2) 처벌
무덤에서 불을 피운 자는 도2년에 처하고, 관·곽을 태운 때에는 유3000리에 처하며, 시체를 태운 때에는 교형에 처한다.

(4) 주인·천인이 서로 범한 무덤에 대한 과실 오욕죄

1) 부곡·노비가 주인의 무덤에서 범한 경우
① 주체는 부곡·노비이고, 객체는 주인이며, 주인의 기친도 역시

같다(투20의 주). 부곡·노비라고 한 경우 수신·객녀도 또한 같다. 따라서 주인의 무덤에서 불을 피운 자는 도2년에 처하고, 관·곽을 태운 때에는 유3000리에 처하며, 시체를 태운 때에는 교형에 처한다.

② 단 부곡·노비가 주인의 대공친 이하 친속의 무덤에서 범한 경우는 당연히 투송률 22.3조에 준해서, 시마친의 무덤이면 일반인의 무덤에서 1등을 더하고, 소공친은 2등, 대공친은 3등을 더한다고 해석해야 한다.

2) 주인이 부곡·노비의 무덤에서 범한 경우

① 조문은 없지만 주인이 부곡·노비에 대해 범한 경우는 벌하지 않는다고 해석해야 하며, 주인의 기친이 범한 경우도 같다(투20의 주).

② 단 주인의 대공 이하 친속이 부곡·노비에 대해 범한 경우는 마땅히 투송률 23조의 법례에 준해서, 대공친이 범한 때에는 3등을 감하고, 소공·시마친이 범한 때에는 2등을 감한다고 해석해야 한다.

(5) 양인·천인이 서로 범한 무덤에 대한 과실 오욕죄

투송률 19.3조의 주에 "다른 조항에서 양인과 부곡·노비가 사사로이 서로 범한 것에 대해 본조에 바로 해당하는 조문이 없는 경우에는 모두 이에 준한다."고 하였다. 따라서 양인과 부곡·노비가 서로의 무덤에서 관·곽 또는 시체를 태운 때에는 투송률 19조의 규정에 준해서, 부곡이 양인의 무덤에서 범한 때에는 일반인 사이의 죄에 1등을 더하고, 노비가 범한 때에는 또 1등을 더한다. 또한 양인이 타인의 부곡의 무덤에서 범한 경우는 일반인 사이의 죄에서 1등을 감하고, 노비의 무덤이면 또 1등을 감한다. 부곡과 노비가 서로의 무덤에 대해 범한 경우는 각각 부곡과 양인이 서로 범한 경우의 법에 따른다고 해석해야 한다.

4. 묘역의 나무를 절도한 죄

적도율31(278조)
2. 타인의 묘역 안의 수목을 절도한 자는 장100에 처한다.

(1) 구성요건

이 죄의 요건은 타인의 묘역 내의 수목을 절도한 것이다. 만약 절도한 것이 아니라 단지 찍거나 벤 경우에는 잡률 54.1조의 "수목·농작물을 훼손하였거나 벤 자는 절도에 준하여 논한다."는 규정에 따른다.

(2) 처벌

장100에 처한다. 만약 절도한 수목의 가치를 절도죄(적35)의 장물로 계산하여 죄가 장100보다 무거운 때에는 도1년에 처한다.

5. 타인의 비석이나 돌짐승을 훼손한 죄

잡률55(443조)
1. (a) 타인의 비석 및 돌짐승[石獸]을 훼손한 자는 도1년에 처하고,
   (b) 만약 타인의 사당의 신주를 훼손한 자는 1등을 더한다.
2. 단 공력을 들여 만든 물건을 고의로 훼손한 때에는 그 비용을 계산하여 좌장으로 논한다.
3. 각각 수리하거나 세우게 한다.
4. 착오로 손실을 입히고 훼손한 자는 단지 수리하거나 세우게 하고 처벌하지는 않는다.

(1) 타인의 비석·돌짐승·신주를 훼손한 죄

1) 구성요건

이 죄의 요건은 비석·돌짐승·신주를 훼손한 것이다. 상장령(습유 832쪽)에 따르면, 5품 이상은 비(碑)를 세우는 것을 허락하고 7품 이상은 갈(碣)을 세우는 것을 허락한다. 묘역 안에는 또한 돌짐승을 세울 수 있다. 이 죄는 고의범이며, 만약 착오로 훼손한 때에는 단지 고쳐 세우게 하고 처벌하지는 않는다.

2) 처벌

타인의 비석 및 돌짐승을 훼손한 자는 도1년에 처한다. 타인의 사당의 신주를 훼손한 자는 도1년반에 처한다. 만약 잘못으로 훼손하였다면 단지 수리하여 세우게 하되 처벌하지는 않는다.

(2) 타인의 묘의 건조물을 훼손한 죄

1) 구성요건

이 죄의 요건은 공력을 들여 세운 건조물을 고의로 훼손한 것이다. 공력을 들여 만든 물건이라는 것은 누각·담 등을 말한다.

2) 처벌

① 고의로 손실을 입히고 훼손한 자는 수리하거나 만든 비용을 계산하여 좌장(잡1)으로 논한다. 즉 훼손된 건조물의 가치가 10필이면 도1년에 처하고 10필마다 1등씩 더하며, 최고형은 도3년이다.
② 원래대로 수리하여 세우게 한다.

6. 타인의 묘전을 몰래 경작하거나 타인의 전지·묘전에 몰래 매장한 죄

호혼율19(168조)

1. (a) 몰래 다른 사람의 묘전(墓田)을 경작한 자는 장100에 처하고, (b) 봉분을 손상한 자는 도1년에 처한다.
2. (a) 만약 타인의 전지에 몰래 매장한 자는 태50에 처하고, (b) 묘전이면 1등을 더하며, (c) 그대로 옮겨 매장하게 한다.
3. 만약 몰래 매장한 자를 알지 못할 때에는 이정에게 알리고 옮겨 매장하며, 알리지 않고 옮겨 매장했으면 태30에 처한다. (b) 만약 옮겨 매장할 곳이 없을 때에는 토지 주인의 구분전 안에 매장하는 것을 허용한다.

(1) 타인의 묘전을 몰래 경작한 죄

묘전(墓田)은 묘지이다. 타인의 묘지를 몰래 경작한 자는 장100에 처한다. 이는 타인의 전지 1무를 몰래 경작한 때의 태30보다 처벌이 매우 무거운 편이다. 묘지는 조상을 매장한 땅으로 사람들이 신성하게 여기는 곳이므로, 몰래 경작한 경우 무겁게 처벌하는 것이다. 더구나 몰래 경작하다가 봉분을 훼손한 때에는 1등을 더하여 도1년에 처한다.

(2) 타인의 전지·묘전에 몰래 매장한 죄

타인의 전지에 몰래 시체를 매장한 자는 태50에 처하고, 묘전에 매장한 자는 장60에 처한다. 몰래 매장한 죄는 몰래 경작한 죄보다 가볍다. 만약 몰래 매장하다가 타인의 봉분을 손상한 경우는 역시 몰래 경작하다가 봉분을 손상한 죄와 같이 도1년에 처한다. 시체는 옮겨 매장하게 한다. 단 몰래 매장한 자를 알지 못할 때에는 이정에

게 알리고 옮겨 매장한다. 만약 알리지 않고 옮겨 매장했다면 태30
에 처한다. 알리지 않고 옮겨 매장하면 시신과 관의 분실이 염려되
므로 태30에 처한다. 만약 옮겨 매장할 곳이 없을 때에는 토지 주인
의 구분전 안에 매장하는 것을 허용한다.

제4절 예와 윤리를 위반한 죄

Ⅰ. 개설

당률은 "하나같이 예를 기준으로 했다[一準乎禮]"(『사고전서제요』
권82)고 하는 바와 같이, 예를 기준으로 죄와 형을 정해서 조문을 구
성한 법이다. 따라서 예의 절차적 규범과 금기를 위반한 행위에 대
한 처벌 규정이 적지 않다. 또한 반드시 예라고는 할 수 없지만, 인
간의 도리에 위배되는 행위를 처벌하는 규정도 있다.

예와 윤리를 위반한 죄는 직제율, 호혼율, 적도율, 투송률, 사위율,
잡률에 산재되어 있다. 직제율에 규정되어 있는 것으로는 상례를 위
반한 죄(직30), 부·조의 이름을 범하는 관직에 나아간 죄(직31.1), 조
부모·부모를 시양하지 않고 관직에 나아간 죄(직31.1), 상제(喪制)를
마치기 전에 애통함을 무릅쓰고 관직을 구한 죄(직31.1과 주), 조부
모·부모 및 남편이 사죄를 범하여 갇혀 있는데 악을 감상한 죄(직
31.2)가 있다. 호혼율에는 부모 상중에 자식을 낳거나 형제가 별도로
호적을 만들거나 재산을 나눈 죄(호7), 비유가 함부로 재물을 사용한
죄(호13), 부모·남편의 상중에 시집·장가간 죄(호30), 조부모·부모가
구금되어 있는데 혼인한 죄(호31), 부모 상중에 혼인을 주관한 죄(호

32)가 있다. 적도율에는 부모·부모·남편 및 친속을 살해한 죄와 사사로이 화해한 죄(적13.1), 기친 이상이 피살된 것을 알면서 30일 내에 고발하지 않은 죄(적13.2)가 있다. 투송률에는 자·손이 조부모·부모의 교훈·명령을 위반한 죄 및 조부모·부모에 대한 공양에 모자람이 있는 죄(투47)가 있다. 사위율에는 부모의 사망을 다른 상(喪)으로 속이고 관직에서 물러나지 않은 죄(사22) 등이 있다. 잡률에는 국가의 기일 또는 사가의 기일에 악을 감상한 죄(잡2), 영조함에 영을 위반한 죄(잡15)가 있다. 이 밖에 잡률에 규정된 영·식을 위반한 죄(잡61) 및 해서는 안 되는 행위를 한 죄(잡62)는 율에 조문이 없더라도 통념상 예와 윤리에 위배된다고 인식되는 행위를 처벌할 수 있는 권한을 위임하는 공백적 처벌 규정이라고 할 수 있다.

II. 상례를 위반한 죄

직제율30(120조)

1. (a) 부모 또는 남편의 상을 듣고 숨기고 거애하지 않은 자는 유 2000리에 처하고, (b) 상제가 아직 끝나지 않았는데 상복을 벗고 평복으로 갈아입거나 또는 애통함을 잊고 악을 감상했다면 〈스스로 연주하든 남에게 시키든 같다.〉 도3년에 처하며, (c) 잡희를 감상한 자는 도1년에 처한다. (d) 만약 우연히 악을 듣고 귀를 기울이거나 경사스런 자리에 참석한 자는 각각 장100에 처한다.
2. (a) 기친 존장의 상을 듣고도 숨기고 거애하지 않은 자는 도1년에 처하고, (b) 상제가 아직 끝나지 않았는데 상복을 벗고 평상복으로 갈아입은 자는 장100에 처한다.
3. 대공친 이하 존장의 상은 각각 2등씩 감한다.
4. 비유의 상은 각각 1등씩 감한다.

1. 개설

이 조항에서 상(喪)이라고 칭한 것은 사망의 예제적 표현이다. 따라서 독자에 따라서는 생경한 용어로 보일 수 있으므로 사망으로 고쳐 쓰기로 한다. 친속이 사망하면 등급에 따라 상례를 지내야 한다. 이른바 오복친은 상례의 등급에 따른 친속인 것이다.

상례를 위반한 죄는 대개 본복에 따라 논한다. 비록 출가 또는 입양으로 인하여 본생 친속의 등급이 1등 낮아져 복상 기간이 단축되더라도, 그 기간 내에 거애하지 않는 등의 상례를 위반한 죄를 범하면 그대로 본복으로 논한다. 또한 성년이 되기 전에 사망하면 복상 기간을 감하지만, 그 기간 내에 상례를 위반하면 역시 본복으로 죄를 논한다.

오복친의 사망을 숨기고 거애하지 않은 자에 대한 처벌이 상례를 위반한 죄 가운데 가장 무겁다. 거애(擧哀)란, 예컨대 부모의 사망 소식을 들으면 그 자리에서 곡함으로 애통함을 표하고 난 뒤에 소식을 전한 자에게 그 연유를 묻고 곡하여 애통함을 표하는 것으로(『예기정의』권56, 1775쪽), 곧 상례의 시작이다. 그 다음으로 무거운 것은 상제가 끝나지 않았는데 상복을 벗고 평상복을 입은 것이다. 위의 두 조항은 오복친에게 공통이고 존비장유를 포괄한다. 이 밖에 슬픔을 잊고 악이나 잡희를 감상하거나, 우연히 악을 듣고 귀를 기울이는 것, 경사스런 자리에 참석하는 것은 부모와 남편을 위한 상례에 한정되어 있다.

2. 사망을 숨기고 거애하지 않은 죄

사망 소식을 듣고 즉시 거애하지 않은 죄는 사망한 사람의 친소에 따라 형이 다르다. 사건이 발각된 이후에 비로소 거애한 경우도 이 죄가 성립한다. 반대로 뒤에 택일하여 거애했는데 뒤에 사건이 발각된 경우는 단지 '마땅히 안 되는 행위를 한' 죄(잡62)를 과한다.

(1) 부모 또는 남편이 사망한 경우

자식이 부모의 사망 소식을 듣거나 부인이 남편의 사망 소식을 들으면 즉시 통곡하며 거애해야 한다. 만약 부모·남편의 사망을 숨기고 곧장 거애하지 않은 자는 유2000리에 처한다. 적손이 조부를 계승한 경우 조부에 대해 범한 것은 부모를 범한 것과 같다(명52.3). 부모·조부모의 사망을 숨기고 거애하지 않은 죄는 십악의 불효(명6.7의 주⑤)를 적용한다. 남편의 사망을 숨기고 거애하지 않은 죄는 십악의 불의(명6.9의 주③)를 적용한다.

(2) 기친존장이 사망한 경우

기친존장의 사망을 숨기고 거애하지 않은 자는 도1년에 처한다. 기친존장은 조부모·증조부모·고조부모·백숙부모·고모·형·누나, 남편의 부모 등을 말하며, 첩은 처에 대해서 기친존장의 상례를 지내야 한다. 조부모를 범한 경우 죄의 등급은 통상 부모와 같지만, 이 죄에서는 본복에 따라 기친존장이 된다.

(3) 대공 이하 친속이 사망한 경우

① 대공존장의 사망을 숨기고 거애하지 않은 경우 기친존장의 경우에서 2등 감한다.

② 소공존장의 사망을 숨기고 거애하지 않은 경우 기친존장의 경우에서 4등을 감한다.

③ 시마존장의 사망을 숨기고 거애하지 않은 경우 기친존장의 경

우에서 6등을 감한다.

(4) 비유가 사망한 경우

비유의 사망을 숨기고 거애하지 않은 경우 각각 존장이 사망한 경우에서 1등을 감한다. 즉 비유의 사망을 듣고 숨기고 거애하지 않은 때에는 해당 존장이 사망한 때에 범한 죄에서 각각 1등을 감한다.

(5) 처가 사망한 경우

남편이 처의 사망한 경우에 범한 죄는 기친비유가 사망한 경우에 범한 것과 같다. 처는 원래 존장이 아니고 또 비유와도 다르지만, 『예기』(권18, 679쪽) 및 『시경』(권2의 2, 173쪽)에서는 형제에 견주고 있으므로, 곧 처는 비유로 간주한다.

3. 상례가 종료되기 전에 상복을 벗고 평상복을 입은 죄

상례가 종료되지 않았는데 상복을 벗고 평상복으로 갈아입은 것이 죄의 요건이다. 상례가 아직 종료되지 않았다는 것은 복상 기한이 차지 않았음을 말하며, 복상 기간은 친속의 등급에 따라 다르므로 역시 죄의 요건이 다르다.

(1) 부모 및 남편을 위한 상례의 경우

부모 및 남편을 위한 복상 기간은 27개월이다. 이 복상 기간 내에 상복을 벗고 평상복으로 갈아입은 자는 도3년에 처하며, 또한 십악의 불효(명6.7의 주④)를 적용한다. 단 부가 죽고 재가한 모를 위해서, 그리고 조부를 승계한 자가 조부가 생존하여 있는데 사망한 조모를 위해서, 또는 쫓겨난 모를 위해서는 모두 마음속으로 복상하는 심상(心喪)을 한다. 심상 기간은 25개월이며(직31.1의 주와 소), 그 기간에는 평상복을 입어서는 안 된다. 만약 애통함을 잊고 악을 감상한 자는 스스로 행하든 남에게 시키든 마찬가지로 도3년에 처한다. 잡다한 유희를 감상한 자는 도1년에 처한다.

(2) 기친 이하 친속을 위한 상례의 경우

① 기친존장을 위한 상례의 복상기간 1년 내에 평상복으로 갈아입은 자는 장100에 처한다,

② 대공존장을 위한 상례의 복상기간 9개월 내에 범한 자는 장80, 소공존장을 위한 상례의 복상기간 5개월 내에 범한 자는 장60, 시마존장을 위한 상례의 복상기간 3개월 내에 범한 자는 장40에 처한다.

③ 비유를 위한 상례의 복상기간 내에 평상복으로 갈아입은 자는 각각 존장에 대한 죄에서 1등을 감한다. 따라서 기친비유를 위한 상례의 경우는 장90, 대공비유를 위한 상례의 경우는 장70, 소공비유를 위한 상례의 경우는 장50, 시마비유를 위한 상례의 경우는 장30에 처한다.

4. 상례가 종료되기 전에 애통함을 잊고 악 등을 감상한 죄

(1) 상례가 종료되기 전에 애통함을 잊고 악을 감상한 죄

1) 구성요건

이 죄의 요건은 상례가 끝나지 않았는데 애통함을 잊고 악을 감상한 것이다. 악은 종·경쇠·현악기·관악기를 연주하고, 생황을 불며 노래하고, 북치고 춤추는 것 등을 말한다. 이 경우 스스로 연주든 남에게 시키든 같다.

2) 처벌

① 부·모 및 남편을 위한 복상 기간에 악을 감상한 자는 도3년에 처한다. 또한 부·모를 위한 복상 기간에 범한 죄는 십악의 불효(명 6.7의 주④)를, 남편을 위한 복상 기간에 범한 죄는 십악의 불의(명 6.9의 주③)를 적용한다.

② 기친 이하 존장과 비유 및 처를 위한 복상 기간이면 '마땅히 해서는 안 되는데 행한' 죄(잡62)로 처벌하는데, 기친을 위한 상례의 복상 기간이면 무거운 쪽에 따라 장80, 대공친 이하를 위한 복상 기간이면 가벼운 쪽에 따라 태40에 처한다. 단 시마친비유를 위한 복상 기간 내이면 태30에 처한다.

(2) 부모·남편을 위한 복상기간이 종료되기 전에 잡다한 유희를 감상한 죄

부·모 및 남편을 위한 복상기간이 종료되지 않았는데 잡다한 유희를 감상한 자는 도1년에 처한다. 잡다한 유희는 여러 종류의 주사위 놀이나 바둑·장기 등을 말한다. 기친 이하를 위한 복상 기간에 행한 것은 논하지 않는다.

(3) 부·모 및 남편을 위한 복상기간이 종료되기 전에 악을 듣고 경사스런 자리에 참석한 죄

부·모 및 남편을 위한 복상기간 내에 있는 전에 자가 우연히 음악을 연주하는 곳에 이르러 음악소리를 듣거나 우연히 연회의 자리를 만나 그 속에 끼어든 자는 각각 장100에 처한다.

5. 부모 상중에 자식을 낳은 죄 및 형제가 호적을 따로 하고 재산을 나눈 죄

호혼율7(156조)
부모 상중에 자식을 낳거나 형제가 호적을 따로 하거나 재산을 나
눈 때에는 도1년에 처한다.

(1) 복상 기간 내에 자식을 낳은 죄
부모를 위한 복상 기간 내에 임신하여 자식을 낳은 자는 도1년에
처하며, 관인이 이 죄를 범하면 면소거관한다(명20). 부모를 위한 복
상 기간은 27개월이다. 부모가 사망하기 전에 회임하여 복상 중에
자식을 출생한 경우에는 처벌하지 않지만, 복상 기간 후에 출생했더
라도 회임 시기를 계산하여 복상기간 내에 회임한 것이면 처벌한다
(명20.3의 소). 복상 기간 중에 자식을 회임하거나 낳고서 그 일이
만약 발각되지 않았는데 자수하였다면 역시 용서한다.

(2) 복상 기간 내에 호적을 따로 하고 재산을 나눈 죄
부모를 위한 복상 기간 내에 형제가 호적을 따로 하거나 재산을
나눈 자는 역시 도1년에 처한다. 호적을 따로 하는 것과 재산을 나눈
것은 반드시 동시에 함께 해야 죄가 성립하는 것은 아니며(명6.7의
주②의 소), 각각 도1년에 해당한다.

III. 상중에 혼인한 죄

1. 부모·남편 상중에 시집·장가간 죄

호혼율30(179조)

1. (a) 부모·남편 상중에 시집·장가간 자는 도3년에 처하고, (b) 첩을 취한 때에는 3등을 감한다. (c) 각각 이혼시킨다.
2. (a) 알면서 함께 혼인한 자는 각각 5등을 감하고, (b) 모르고 혼인한 자는 처벌하지 않는다.

(1) 구성요건

이 죄의 요건은 부모 또는 남편 상중에 있는 자가 시집가고 장가간 것이다. 부모에 위한 복상기간인 27개월 내에 남자가 직접 처를 얻거나 여자가 출가하는 것 및 남편 상중에 처가 출가하는 것을 말한다. 상대방이 상중임을 알면서도 이들과 함께 혼인한 자도 역시 처벌한다.

(2) 처벌

① 상중에 시집가고 장가간 자는 각각 도3년에 처한다. 부모 상중에 스스로 장가·시집간 죄는 십악의 불효(명6.7)를 적용하며, 처가 남편 상중에 재혼한 죄는 십악의 불의(명6.9)를 적용한다.

② 상대방이 상중임을 알면서도 함께 혼인한 자, 즉 남자가 상중이면 여자의 부, 여자가 상중이면 남자의 부는 시집가고 장가간 자의 죄에서 5등을 감하여 장100에 처한다.

③ 모두 이혼시킨다.

(3) 부모·남편 상중에 첩을 얻거나 첩이 된 죄

1) 구성요건

이 죄의 요건은 부모나 남편 상중에 첩을 얻거나 첩이 된 것이다. 부모 상중에 있는 남자가 첩을 얻거나 여자가 첩이 되거나, 남편 상중에 있는 자가 타인의 첩으로 출가하는 것을 말한다. 첩은 원래 미천하여 성을 점쳐 동성이 아닌 것만 확인하면 육례를 갖추지 않고 취한다. 따라서 그 정과 이치가 천하고, 예의 등급이 다르기 때문에 처벌이 가볍다.

2) 처벌

① 상중에 첩을 취하거나 첩이 된 자는 각각 시집가고 장가간 죄에서 3등을 감해서 도1년반에 처하고, 실정을 알고 함께 혼인한 상대방은 장70에 처한다.

② 상중에 첩을 얻거나 첩이 된 죄는 십악의 불효(명6.7)나 불의(명6.9)를 적용하지 않는다. 부모 상중에 첩을 취한 죄는 면소거관에 해당한다(명20.3).

③ 이혼시킨다.

2. 기친 상중에 시집·장가간 죄

호혼율30(179조)

3. (a) 만약 기친 상중에 시집가고 장가간 자는 장100에 처하고, (b) 비유 상중이면 2등을 감한다. (c) 첩을 취한 때에는 처벌하지 않는다.

기친 상중에 시집가고 장가간 자는 장100에 처한다. 단 기친비유 상중이면 2등을 감해서 장80에 처한다. 기친 상중이라도 사망한 사람이 비유이기 때문에 죄를 감하는 것이다.

　기친 상중에 남자가 첩을 얻고 여자가 첩이 된 경우는 모두 처벌하지 않는다. 실정을 알고 함께 혼인한 자 역시 처벌하지 않는다. 혼인의 죄는 혼주의 죄이다. 모두 이혼시키지 않는다.

3. 부모·남편 상중에 혼인을 주관한 죄

　　호혼율32(181조)
　　부모 상중에 시집가고 장가갈 수 있는 사람의 혼인을 주관한 자는 징100에 처한다.

(1) 부모·남편 상중에 혼인을 주관한 죄

　부모 상중에 타인의 혼인을 주관한 자는 장100에 처한다. 단 하자 없는 혼인을 주관한 것에 한한다. 만약 법적으로 시집가거나 장가갈 수 없는 사람의 혼인을 주관한 경우에는, 얻는 죄가 장100보다 무거우므로 당연히 무거운 것에 따라 죄를 준다. 남편 상중에 있는 자가 법적으로 시집가고 장가갈 수 있는 사람을 위해 혼인을 주관한 경우에는 비록 율에 조문은 없으나 부모 상중이면 '마땅히 해서는 안 되는데 행한' 죄(잡62)의 무거운 쪽에 따라 장80에 처해야 한다.

(2) 부모·남편 상중에 중매한 죄

　율문에 부모·남편 상중에 중매한 것에 대해서는 언급이 없으나, 소에서 "부모 상중에 시집가고 장가갈 수 있는 사람의 혼인을 주관한 경우 '해서는 안 되는데 행한' 죄의 무거운 쪽에 따라 장80에 처하고, 남편 상중이면 가벼운 것에 따라 장40에 처한다."고 해석하였다.

IV. 조부모·부모의 구금 중 경사를 행한 죄 및 생존 중에 호적을 따로 하고 재산을 나눈 죄

1. 조부모·부모의 구금 중에 혼인한 죄

호혼율31(180조)

1. 조부모·부모가 죄수로 구금되어 있는데 시집가거나 장가간 자는, 조부모·부모의 죄가 사죄이면 도1년반에 처하고, 유죄이면 1등을 감하며, 도죄이면 장100에 처한다. 〈조부모·부모가 명한 때에는 논하지 않는다.〉

(1) 조부모·부모가 구금되어 있는데 혼인한 죄

1) 혼인한 경우

조부모·부모가 죄수로 구금되어 감옥에 갇혀 있는데 자·손이 시집가거나 장가가는 것은 윤리적으로 용납되지 않는 행위이다. 다만 조부모·부모가 구금되어 있는데 시집가고 장가간 죄는 조부모·부모가 범한 죄에 따라 형이 다르다. 조부모·부모의 죄가 사죄라면 시집가고 장가간 자는 도1년반에 처하고, 유죄라면 1등을 감하여 도1년, 도죄라면 장100에 처한다. 또한 관품이 있는 자는 면관(명19) 처분한다. 단 이 율은 위반한 경우에도 혼인은 유효한데, 이혼시킨다는 조문이 없기 때문이다.

2) 첩을 얻은 경우

조부모·부모가 구금되어 감옥에 갇혀 있는데 자·손이 첩을 얻었거나 첩이 된 경우에는 시집가고 장가간 죄에서 3등을 감한다. 따라서 조부모·부모의 죄가 사죄라면 첩을 얻거나 첩이 된 자는 도1년반에서 3등을 감하여 장90에 처하고, 유죄라면 도1년에서 3등을 감하여 장80, 도죄라면 장100에서 3등을 감하여 장70에 처한다.

(2) 죄를 감경하는 경우

1) 조부모·부모의 명에 따른 경우
조부모·부모가 명한 경우에는 논하지 않는다. 이는 조부모·부모의 명을 받들어 혼인한 것이므로 처벌하지 않는다는 것이다. 단 연회를 베풀어서는 안 된다(의제령, 습유504쪽).

2) 남녀가 핍박을 받거나 18세 이하거나 여자가 미혼인 경우
남녀가 핍박을 받아 결혼하거나, 혹은 남자 나이가 18세 이하이거나, 아직 출가하지 않은 여자이면 모두 혼인을 주관한 자만을 처벌한다.

(3) 기친 이하 친속이 혼인을 주관한 경우의 처벌

1) 기친 존장이 혼인을 주관한 경우
기친존장이 혼인을 주관하였다면 혼인을 주관한 자를 수범으로 하고, 혼인 당사자인 남녀를 종범으로 한다.

2) 기친 이외의 친속이 주혼한 경우
① 혼사가 주혼으로 말미암은 것이면 주혼을 수범으로 하고 혼인 당사자인 남녀를 종범으로 한다.
② 혼사가 당사자인 남녀로 말미암은 것이면 혼인 남녀를 수범으

로 하고, 혼인을 주관한 자를 종범으로 한다.

2. 조부모·부모 및 남편이 사죄를 범하여 갇혀 있는데 악을 감상한 죄

직제율31(121조)
2. 만약 조부모·부모 및 남편이 사죄를 범하여 갇혀 있는데 악을
감상한 자는 도1년반에 처한다.

이 죄의 요건은 조부모·부모 및 남편이 사죄를 범하여 갇혀 있는
데 악을 감상한 것이다. 이 같은 행위를 한 자는 불효하고 도의에 어
긋남이 매우 심하므로 도1년반에 처하고, 면관 처분한다(명19.3).

3. 조부모·부모의 생존 시에 호적을 따로 하고 재산을 나눈 죄

호혼율6(155조)
1. 무릇 조부모·부모가 생존하는데 자·손이 호적을 따로 하고 재산
을 나눈 때에는 도3년에 처한다. 〈호적을 따로 한 것과 재산을
나눈 것을 반드시 함께 해야 하는 것은 아니며, 아래 조항도 이
에 준한다.〉
2. 만약 조부모·부모가 호적을 따로 하게 한 때에는 도2년에 처하
고, 그 자·손은 처벌하지 않는다.

(1) 조부모·부모 생존시에 자·손이 호적을 따로 하고 재산을 나눈 죄

1) 구성요건
이 죄의 요건은 자·손이 조부모·부모가 생존하는데 호적을 따로
하고 재산을 나눈 것이다. 증조·고조가 생존하는 경우도 같다(명

52.1). 호적을 따로 한 것과 재산을 나눈 것은 반드시 동시에 함께 행해야 하는 것은 아니다. 즉 호적은 따로 하였으나 재산을 같이 하거나, 호적은 같지만 재산을 나눈 경우도 각각 도3년에 처한다.

2) 처벌

자·손은 각각 도3년에 처한다. 수범·종범으로 나누지 않고, 십악의 불효(명6.7의 주②)를 적용한다.

(2) 조부모·부모가 자·손에게 호적을 따로 하게 한 죄

조부모·부모가 자·손에게 명령하여 자·손에게 호적을 따로 하게 한 자는 도2년에 처한다. 난 재산을 나누게 한 것은 무죄이다. 자·손으로 하여금 함부로 다른 사람의 후사를 잇게 한 자는 도2년에 처하되, 자·손은 처벌하지 않는다.

V. 관인의 비윤리적인 진퇴에 관한 죄

직제율31(121조)

1. 관부의 칭호나 관의 칭호가 조부모·부모의 이름을 범하는데도 영예를 탐하여 관직에 취임하거나, 조부모·부모가 노·장애이고 시양할 사람이 없는데도 조부모·부모를 버려두고 관직에 나아가거나, 만약 거짓으로 조부모·부모의 나이나 장애의 상태를 더하여 시양 자격을 얻고자 하거나, 애통함을 속이고 관직을 구한 자는 도1년에 처한다. (부모상의 담제가 끝나지 않은 때 및 심상 기간 내에 있는 자를 말한다.)

1. 부·조의 이름을 범하는 관직에 나아간 죄

(1) 구성요건

관부에는 정식 칭호가 있고, 관직에도 일정한 칭호가 있다. 이 죄의 요건은 관부와 관직의 칭호가 부·조의 이름을 범하는데 그 관직에 취임한 것이다. 가령 부의 이름이 '위(衛)'라면 위(衛)라고 칭하는 관부의 관직에 취임할 수 없고, 혹은 조부의 이름이 '안(安)'이라면 장안현(長安縣)의 관직에 취임할 수 없다는 것이다. 또한 부의 이름이 '군(軍)'이라면 장군(將軍)의 관직을 맡을 수 없고, 혹 조부의 이름이 '경(卿)'이라면 경(卿)의 관직을 맡을 수 없다는 것이다. 따라서 만약 관부와 관직의 칭호가 조부모·부모의 이름을 범하면 모두 반드시 스스로 말하고 함부로 관직을 받을 수 없다. 그런데도 영예를 탐하여 그 관직에 나아간 것이 죄의 요건이다. 여기서 부·조의 이름을 범했다는 것은 증조까지 포함하여 고조의 이름은 포함되지 않는다. 그러므로 선거를 맡은 관사는 오직 3대가 관명을 범하는지 확인한다(명20.1의 소).

(2) 처벌

이 요건에 해당하는 자는 도1년에 처하고, 면소거관하며(명20.1), 영예를 탐하여 나아간 관직의 임명장을 모두 박탈한다(명20.5의 주2).

2. 조부모·부모를 시양하지 않고 관직에 나아간 죄

(1) 구성요건

이 죄의 요건은 조부모·부모의 나이가 80세 이상이거나 독질이어서 시양해야 하지만, 집안에 시양할 사람이 없는데도 영예를 탐하여 관직에 나아간 것이다. 단 재능과 업적이 뛰어나 조정에서 부려야 할 자이면 관직을 가지고 있으면서 시중들게 하고(선거령, 습유293쪽), 이 율에 구애되지 않는다(명20.2의 소).

(2) 처벌
위 요건에 해당하는 자는 도1년에 처하고, 면소거관한다(명20.2).

3. 담제가 끝나기 전에 애통함을 무릅쓰고 관직을 구한 죄

이 죄의 요건은 부모상의 담제를 마치지 않았는데 애통을 무릅쓰고 관직을 구한 것이나. 또한 심상 중에 있는 경우도 같다. 부모의 상은 27개월이지만 25개월이 되면 대상(大祥)을 지내는데, 상의 시작부터 대상의 달까지가 정상(正喪)이고, 대상 후부터 27개월까지가 담제를 마치기 전이다. 다시 말하면 대상 후부터 담제를 마치기 전까지 관직을 구한 것이 이 죄의 요건이다. 이 경우도 만약 담복을 벗고 관직을 구했다면 직제율 30.1b조의 상복을 벗고 평상복으로 갈아입은 죄(도3년)를 주고 십악의 불효(명6.7의 주④)를 적용한다. 따라서 이 죄의 요건은 담복을 입은 채로 관직을 구한 것이 된다. 심상이란 첩의 자식 및 쫓겨난 처의 자식이 그 모를 위해서 복상하는 것을 말하는데, 25개월 동안 복을 입지 않고 마음으로 복상하는 것을 말한다. 심상 기간 내에 관직을 구한 것이 이 죄의 또 하나의 요건이다. 이 요건에 해당하는 자는 도1년에 처하며, 면소거관한다(명20.4)

4. 부모의 사망을 다른 상으로 속이고 관직에서 물러나지 않은 죄

사위율22(383조)

1. 부모가 사망하여 마땅히 관직에서 물러나야 하는데 거짓으로 다른 친속의 상이라고 말하고 물러나지 않은 자는 도2년반에 처한다.

2. (a) 만약 거짓으로 조부모·부모 및 남편이 사망했다고 칭하고 휴가를 구한 자 및 기피한 바가 있는 자는 도3년에 처하고, (b) 백숙부모·고모·형·누나의 사망을 사칭한 자는 도1년에 처하며, (c) 그 밖의 친속의 사망을 사칭한 때에는 1등을 감한다.

3. 만약 먼저 사망하였는데 거짓으로 지금 사망하였다고 칭하거나 거짓으로 병이 있다고 칭한 때에는 각각 3등을 감한다.

(1) 부모의 사망을 다른 상으로 속이고 관직에서 물러나지 않은 죄

부모가 사망하여 관직에서 물러나 복상해야 하는데 마음속에 영예를 탐함이 있어 부모 외의 다른 친속이 사망했다고 속이고 관직에서 물러나지 않은 자는 도2년반에 처한다. 이는 비록 다른 친속이 사망했다고 속이기는 하였으나 이미 애도를 표시하였기 때문에 부모의 사망소식을 듣고도 거애하지 않은 죄(직30.1a)보다 가볍다.

(2) 조부모·부모 및 남편의 사망을 사칭하여 휴가를 구하거나 기피할 바가 있어 사칭한 죄

1) 구성요건

이 죄의 요건은 조부모·부모 및 남편의 사망을 사칭하여 휴가를 구하거나 기피할 바가 있어 조부모·부모 및 남편의 사망을 사칭한 것이다. 사칭한 친속에 따라 형을 달리한다.

2) 처벌

① 조부모·부모 및 남편이 생존하는데 사망하였다고 속인 자는 도3년에 처한다. 조부모·부모의 사망을 사칭한 것은 십악의 불효(명6.7의 주⑤)를 적용한다.

② 백숙부모·고모·형·누나가 생존하는데 사망하였다고 속인 자는 도1년에 처한다.

③ 그 밖의 친속이 사망하였다고 속인 때에는 1등을 감한다. 즉 시마친 이상 대공친 이하가 생존해 있는데 사망하였다고 속인 자는 도1년에서 1등을 감하여 장100에 처한다.

(3) 조부모·부모 등 친속의 사망 시기를 속인 죄 및 병을 속인 죄

1) 구성요건

이 죄의 요건은 조부모·부모 등 친속이 이전에 사망하였는데 지금 사망하였다고 사칭하거나 병이 있다고 거짓으로 말하여 휴가를 구하거나 기피하고자 한 것이다. 가녕령(습유752쪽)에 따르면, 본복으로 기친 이상의 병이 위독하면 헤아려 휴가를 준다.

2) 처벌

이 요건에 해당하는 자는 사망 또는 병을 사칭한 죄에서 각각 3등을 감한다. 따라서 조부모·부모 및 남편이 전에 사망하였는데 지금 사망하였다고 거짓으로 말하거나 병이 있다고 거짓으로 말한 자는 도3년에서 3등을 감하여 도1년 반에 처하고, 백숙부모·고모·형·누나의 사망 시기 등을 속인 자는 도1년에서 3등을 감하여 장80에 처하며, 그 밖의 친속의 사망 시기 등을 거짓으로 말한 자는 장100에서 3등을 감하여 장70에 처한다.

VI. 조부모·부모·남편을 살해한 자와 사사로이 화해한 죄

적도율13(260조)

1. (a) 조부모·부모 및 남편이 타인에게 살해되었는데 사사로이 화해한 자는 유2000리에 처하고, (b) 기친이 살해된 경우는 도2년 반에 처하며, (c) 대공친 이하의 경우는 1등씩 감한다. (d) 재물을 받은 것을 도죄의 장물로 계산한 죄가 이보다 무거운 때에는 각각 절도에 준하여 논한다.
2. 비록 사사로이 화해하지 않았더라도 기친 이상을 살해한 것을 알면서 30일이 지나도록 관에 고하지 않은 때에는 각각 2등을 감한다.

1. 조부모·부모·남편 및 친속을 살해한 자와 사사로이 화해한 죄

(1) 조부모·부모·남편을 살해한 자와 사사로이 화해한 죄

1) 구성요건

이 죄의 행위요건은 조부모·부모 및 남편을 살해한 자와 사사로이 화해한 것이다. 단 희살 또는 과실로 살해된 경우는 제외된다. 조부모·부모 및 남편이 타인에게 살해되었다면 끝까지 복수해야 한다. 그런데도 큰 슬픔을 잊고 복수할 뜻을 잠시라도 저버리거나, 혹은 재물을 탐내어 곧바로 사사로이 화해한 자는 처벌받아야 한다.

2) 처벌

화해한 자는 유2000리에 처한다. 재물을 받은 것을 도죄의 장물로 계산하여 유2000리보다 무거운 경우에는 절도에 준하여 논한다. 장물은 관에 몰수한다. 재물을 받은 죄가 사사로이 화해한 죄보다 가볍더라도 장물은 관에 몰수해야 한다.

(2) 기친 이하 친속을 살해한 자와 사사로이 화해한 죄

기친 이하의 친속을 살해한 자와 사사로이 화해한 경우, 친속의 등급에 따라 형이 다르다. 즉 기친을 살해한 자와 화해한 때에는 도2년반에 처하고, 대공친을 살해한 자라면 도2년, 소공친을 살해한 자라면 도1년반, 시마친을 살해한 자라면 도1년에 처한다. 단 재물을 받고 화해한 경우 받은 재물을 도죄의 장물로 계산하여 죄가 위의 형보다 무거운 경우에는 각각 질도에 준하여 논한다. 가령 시마친을 살해한 자와 사사로이 화해한 것은 도1년에 해당하는데 만약 10필의 재물을 받았다면, 10필의 절도죄는 도1년반에 해당하므로(적35.2) 도1년반에 처한다. 받은 재물은 관에 몰수한다.

(3) 사사로이 화해한 죄의 특별규정

1) 감림관의 친속이 피살되었는데 감림관이 재물을 받고 사사로이 화해한 경우

감림관의 친속이 부하에게 살해되었는데 감림관이 1필 이상의 재물을 받고 사사로이 화해한 때에는 재물을 받고 법을 왜곡한 죄(직48.1)로 논하고, 받은 재물이 1필 이하거나 재물을 받지 않은 때에는 사사로이 화해한 죄를 과한다.

2) 주인이 피살되었는데 천인이 사사로이 화해하고 고하지 않은 경우

주인이 타인에게 살해되었는데, 부곡·노비가 사사로이 화해해서 재물을 받고 관사에 고하지 않은 경우는 자·손이 사사로이 화해한 죄를 과한다.

(4) 가해자에 대한 처벌

1) 가해자가 재물을 내서 사사로이 화해한 경우

살인죄가 발각된 후 재물을 보내 사사로이 화해한 경우 화해한 죄는 갱범(명29.1)이 되므로 두 죄를 거듭해서 처벌한다.

2) 방계 친속이 재물을 내서 사사로이 화해한 경우

만약 가해자의 방계친속이 재물을 내어 사사로이 화해하였다면 방계친속은 재물로 청탁한 죄(직47)에 해당하므로 좌장(잡1)으로 논하되 5등을 감하고, 장물은 관에 몰수한다.

2. 기친 이상이 피살된 것을 알면서 30일 내에 관에 고하지 않은 죄

(1) 기친 이상이 피살된 것을 알면서 30일 내에 고하지 않은 죄

기친 이상 친속이 피살된 것을 알면서 30일이 경과하도록 관에 고하지 않은 자는 각각 사사로이 화해한 죄에서 2등을 감해서 처벌한다.

(2) 친속 내의 살인에 대한 고발

1) 친속이 서로 살해한 경우

① 먼 친속이 가까운 친속을 살해하였다면 고해야 하지만, 가까운

친속이 먼 친속을 살해하였다면 고해서는 안 된다.

② 친소 관계가 같은 경우에는 비유가 존장을 살해하였다면 고할 수 있지만, 존장이 비유를 살해하였다면 고할 수 없다.

2) 서로 숨겨줄 수 있는 관계 사이의 살인의 경우

서로 숨겨줄 수 있는 관계(명46.1)인 경우에는 먼 친속이 가까운 친속을 살해하거나 의복 친속이 정복 친속을 살해하거나 비유가 존장을 살해하였다면 역시 고해야 하지만 고하지 않더라도 죄는 없다. 의복은 혼인·양자 등 후천적이고 사회적인 원인에 의해 생겨난 복이며, 정복은 자연적인 혈연에 기초를 둔 복이자, 사회적인 강등 사유의 영향을 받지 않는 본래의 복이다.

VII. 자·손이 조부모·부모의 교훈·명령을 위반한 죄

투송률47(348조)

자·손이 부모나 조부모의 교훈·명령을 위반하고 범하거나 공양에 모자람이 있을 때에는 도2년에 처한다. 〈따를 수 있는데 위반하고 공양을 감당할 수 있는데 모자라게 한 것을 말한다. 반드시 조부모·부모가 고해야 처벌한다.〉

1. 자·손이 조부모·부모의 가르침·명령을 위반한 죄

자·손이 부모나 조부모의 가르침이나 명령을 위반한 때에는 도2년에 처하는데, 반드시 조부모·부모가 고해야 처벌한다. 단 따를 수 있는데도 위반한 것을 말한다. 즉 조부모·부모가 가르침이나 명령한 것이 일에 합당하다면 반드시 받들어 따라야 하며, 자·손은 그것을 거스르고 범할 수 없다. 만약 가르침이나 명령이 법에 위반되어 행하면 허물이 있게 되면 처벌해서는 안 된다. 즉 존장권 행사에는 제한이 있다.

2. 자·손이 조부모·부모 공양을 거른 죄

자·손이 조부모·부모에 대한 공양을 모자라게 한 때에는 도2년에 처하고, 십악의 불효(명6.7의 주③)를 적용한다. 단 공양을 감당할 수 있는데 모자람이 있을 경우를 말하며, 반드시 조부모·부모가 고해야 처벌한다. 집안 형편이 실제로 가난하여 받들어 공양할 방도가 없다면 처벌해서는 안 된다.

3. 비유가 함부로 재물을 사용한 죄

호혼율13(162조)
1. 동거하는 비유가 사사로이 함부로 재물을 사용한 때에는, 10필이면 태10에 처하고, 10필마다 1등을 더하되, 죄는 장100에 그친다.

동거자 가운데 존장이 있으면 자·손이 자기 마음대로 해서는 안 된다. 만약 비유가 존장의 허락 없이 사사로이 거짓으로 가내의 재물을 사용한 때에는, 10필이면 태10에 처하고, 10필마다 1등을 더하며, 죄의 최고형은 장100이다.

VIII. 풍속에 관한 죄

1. 금하는 날에 악을 감상한 죄

잡률2(390조)
국가의 기일로 휴무하는 날에 악을 연주하거나 감상한 자는 장100
에 처한다. 사가의 기일이면 2등을 감한다.

(1) 구성요건
이 죄의 요건은 국가 기일이나 사가의 기일에 악을 연주하거나 감
상한 것이다. 국기는 왕조의 선대 황세·황후의 기일이다. 디만 왕조
창건 후에 황제로 추존된 자의 기일은 국기이기는 하지만 황제와 관
사가 정무를 행하지 않는 날은 아니기 때문에 이 조문의 대상이 되
지 않는다.

(2) 처벌
① 국가의 기일에 악을 연주하거나 감상한 자는 장100에 처한다.
② 사가의 기일에 악을 연주하거나 감상한 자는 2등을 감한다.

2. 주택·수레·의복·기물 및 분묘·돌짐승 등을 영조함에 영을 위반한 죄

잡률15(403조)
1. 사택·수레·의복·기물 및 무덤·돌짐승 등을 영조함에 영을 위반
   한 자는 장100에 처한다.
2. (a) 비록 은사령을 내리더라도 모두 고치거나 없애게 한다. 〈무

덤은 고치지 않는다.) (b) 단 팔 수 있는 물건이면 파는 것을 허용한다. (c) 만약 은사령이 내린 뒤 100일이 지나도록 고치거나 없애지 않은 때 및 팔지 않은 때는 율과 같이 논한다.

(1) 구성요건

아래의 영을 위반한 것이 이 죄의 요건이다.

① 집을 짓는 경우, 왕·공 이하는 모두 집에 겹벽을 짓거나 조정(藻井)의 장식을 할 수 없다(영선령, 습유802쪽). 조정은 중국의 전통 건축 중 천장에 하는 일종의 장식처리로 일반적으로 원형·방형 혹은 다변형의 천장인데, 위에 각종 무늬·조각과 그림이 있다.

② 수레의 경우, 1품은 청유의 분홍색을 칠하고 넓은 장막을 치고 창을 낸다(의제령, 습유502쪽).

③ 의복의 경우, 1품은 곤면을 입고 2품은 별면을 입는다(의복령, 습유425쪽).

④ 기물의 경우, 1품 이하는 순금이나 옥으로 만든 식기를 사용할 수 없다(의제령, 습유503쪽).

⑤ 무덤의 경우, 1품은 사방이 90보이고, 무덤의 높이가 1장8척이다(상장령, 습유832쪽).

⑥ 돌짐승의 경우, 3품 이상은 여섯, 5품 이상은 넷이다(상장령, 습유832쪽).

⑦ 5품 이상은 비를 세우고, 6~7품은 갈을 세운다.

(2) 처벌

① 위반한 자는 각각 장100에 처한다.

② 비록 은사령이 내리더라도 모두 고치거나 없게 한다. 무덤은 고치지 않는다. 단 팔 수 있는 물건은 파는 것을 허용한다.

③ 만약 은사령이 내린 뒤 100일이 지나도록 고치는 것, 없애는 것, 파는 것을 이행하지 않은 때에는 원래대로 장100에 처한다.

3. 영 및 별식을 위반한 죄

잡률61(449조)
1. 영을 위반한 자는 태50에 처한다. 〈영에 금지 규정이 있으나 율에 처벌규정이 없는 경우를 말한다.〉 2. 별식은 1등을 감한다.

(1) 구성요건

이 죄의 요건은 영 또는 식을 위반한 것이다. 영은 제도에 관한 법으로 행정법이라고 말할 수 있다. 식은 율령의 시행세칙이다. 영 또는 식에는 금지 규정이 있으므로, 영 또는 식을 위반한 자가 있으면 처벌하여 영 또는 식이 실효를 거둘 수 있기를 기대한다. 영에 금지 규정이 있다는 것은, 예컨대 의제령(습유510쪽)에 "길을 갈 때 천인은 귀인을 피해 가고, 가는 자는 오는 자를 피한다."고 규정한 것을 말한다. 별식을 위반했다는 것은, 예부식에 "5품 이상은 자색을 입고, 6품 이하는 주색을 입는다."고 규정되어 있는데, 이를 위반하고 금한 색의 복장을 한 것을 말한다.

(2) 처벌

① 영을 위반한 자는 태50에 처한다.
② 별식을 위반한 자는 태40에 처한다.
③ 그 물건은 그대로 관에 몰수한다.

4. 해서는 안 되는데 행한 죄

잡률62(450조)

1. 마땅히 해서는 안 되는데 행한 자는 태40에 처한다. 〈율·영에 조문은 없으나 이치상 해서는 안 되는 것을 말한다.〉
2. 사안이 이치상 무거운 경우는 장80에 처한다.

(1) 구성요건

이 죄의 요건은 마땅히 해서는 안 되는 행위를 한 것이다. 즉 율· 영에 정문이 없으나 도덕상 해서는 안 되는 행위를 한 것이다. 잡다 한 경범죄는 저촉되는 종류가 매우 많아 법이 모두 다 포괄하기는 어렵다. 율·영에 해당 조문이 없고 또한 경중이 서로 분명하지 않아 유추할 조문도 없으면 임시로 처단하되 그 정상을 헤아려 죄를 주어 빠진 것을 보충해야 하기 때문에 이 조문을 둔 것이다.

(2) 처벌

정상이 가벼운 경우에는 태40에 처하고, 사안이 무거운 경우에는 장80에 처한다.

제5장
혼인에 관한 죄

Ⅰ. 개설

1. 혼인의 의의

전통시대 중국에서 혼인은 종족의 연속과 조상에 대한 제사라는 목적 하에 이루어졌다. 종족의 연속과 조상의 제사는 매우 깊은 관계가 있는 불가분의 것이지만, 둘 중 후자가 전자보다 더 중요하였다. 다시 말하면 조상에 대한 제사를 영속하기 위해 가족의 대는 끊어지지 않아야 했다. 때문에 혼인해서 아들을 낳는 것은 종교성을 가진 것으로 자·손의 조상에 대한 신성한 의무였다(취통쭈[瞿同祖], 『中國法律與中國社會』, 1981, 88쪽). 혼인의 목적이 이러하므로 남녀의 결합에서 당사자의 의지는 고려될 여지가 없었다. 혼인은 두 집안이 합의하여 결합하는 것이고, 가장들이 동의하고 일정한 의식을 거치면 혼사가 성립하였다. 따라서 혼인을 주관할 직계존속의 권한은 절대적이었다(취통쭈[瞿同祖], 위의 책 98쪽).

혼인이 이 같은 의미를 갖는 까닭에 율·영에는 혼인할 때 지켜야 할 규범과 범해서는 안 되는 금기 사항이 적지 않으며, 이를 위반한 자는 처벌한다. 예컨대 혼인이 성립하기 위해서는 일정한 절차를 거쳐야 하였다. 또한 일정 범위의 친속이나 친속의 처·첩과의 혼인 및 동성 사이의 혼인을 금하며, 다른 신분 사이의 혼인도 금한다. 부부 간에는 각각 지켜야 할 의무와 규범이 있는데, 특히 처가 지켜야 할 의무가 압도적으로 많았다. 처는 남편을 하늘처럼 받들고 명령에 복종해야 하는 것이 원칙이고, 칠거지악을 범하면 남편은 처를 내쫓을 수 있었다. 특히 칠거지악 가운데 처가 50세까지 아들을 낳지 못하는 것이 포함되어 있는데, 여기에는 혼인의 목적과 처의 불리한 처지가 압축되어 있다.

2. 당률의 혼인에 관한 죄

당률의 혼인에 관한 죄는 호혼율 26조부터 46조까지 21개 조에 걸쳐 규정되어 있다. 현재 전하는 당률이 502조(명례율 57조, 각률 445조)인 점을 생각하면 혼인에 관한 율의 비중이 매우 큰 셈이다. 이 죄들은 약혼에 관한 죄, 혼인의 절차와 규범을 위반한 죄, 금지된 대상과 혼인한 죄, 혼인의 무효와 취소에 관한 죄, 율을 위반한 혼인에 관한 통칙으로 분류할 수 있다.

① 약혼에 관한 죄로는, 혼약 위배의 죄(호26), 사기 혼인의 죄(호27)가 있다.

② 혼인의 절차와 규범을 위반한 죄로는, 중혼의 죄(호28), 처·첩·객녀·비의 지위를 서로 바꾼 죄(호29), 상중 및 부모가 구금되어 있는 중에 혼인한 죄(호30, 31, 32), 혼인을 강제한 죄(호35), 존장의 뜻에 따르지 않고 혼인한 죄(호39), 혼인 기일을 위반한 죄(호44.2)가 있다.

③ 금지된 대상과 혼인한 죄로는, 친속 사이에 혼인한 죄(호33, 34), 친속의 처였던 여자와 혼인한 죄(호34), 특별히 금지된 혼인(호36, 37), 타인의 처와 혼인한 죄(호38), 다른 신분 사이에 혼인한 죄(호42, 43)가 있다.

④ 혼인의 취소와 무효에 관한 죄로는, 위법 이혼의 죄(호40), 위

법하고 이혼하지 않은 죄(호41)가 있다.

⑤ 율을 위반한 혼인에 관한 통칙으로는, 율을 위반한 혼인을 강제한 경우의 처벌 원칙(호44), 율을 위반한 혼인의 처분 원칙(호45), 율을 위반한 혼인의 수범과 종범의 구분 원칙(호46)이 있다.

제1절 약혼에 관한 죄

Ⅰ. 혼약 위배의 죄

호혼율26(175조)

1. (a) 딸의 출가를 허락하고 이미 혼서(婚書)에 대해 답하거나 사약(私約)이 있는데도 〈약(約)은 먼저 남편 될 자의 나이, 병이나 장애, 양자·서자 따위를 알리는 것을 말한다.〉 함부로 파기한 자는 장60에 처한다. 〈남자 집에서 스스로 파기한 때에는 처벌하지 않으나 빙재를 회수할 수 없다.〉 (b) 비록 혼인을 허락한 문서는 없어도 단지 빙재를 받았다면 역시 그렇다. 〈빙재는 많고 적음의 제한이 없지만, 술과 음식은 빙재가 아니다. 재물로 술과 음식을 마련한 경우는 역시 빙재와 같다.〉

2. (a) 만약 다시 다른 사람에게 혼인을 허락한 때에는 장100에 처하고, 그 혼인이 성립된 때에는 도1년반에 처하며, (b) 나중에 장가든 자가 사정을 안 때에는 1등을 감한다. (c) 여자는 전에 혼약한 남자에게 돌려보내며, 전의 남자가 맞아들이지 않으면 빙재를 돌려주고 뒤의 남자와의 혼인은 적법한 것으로 인정한다.

1. 딸의 출가를 허락하고 함부로 파혼한 죄

(1) 구성요건

이 죄의 주체는 여자 집의 가장이다. 죄의 요건은 딸의 출가를 허락하고 혼인을 약속한 뒤에 일방적으로 파혼한 것이다.

1) 약혼

혼인을 약속했다는 것은 혼서에 회답하거나, 사약이 있는 것을 말한다. 비록 혼인을 허락하는 문서를 보내지 않았더라도 단지 빙재를 받았다면 역시 혼인을 약속한 것과 같다. 통상적으로는 먼저 사약이 있은 후에 혼서를 작성하는데, 이미 사약이 있고 빙재를 받았다면 비록 혼서를 작성하지 않았더라도 약혼이 성립한다.

① 혼서에 회답했다는 것은 남자 집에서 예를 갖춰 보낸 청혼의 문서에 대해 여자 집에서 답서로 허락했다는 것을 말한다.

② 이미 사약이 있다는 것에서 약은 먼저 남자의 집에서 남편 될 자의 노·유, 병이나 장애, 양자·서자와 같은 신상을 여자의 집에 알리는 것을 말한다. 여기서 노·유는 알린 것과 비교하여 나이가 배가 되는 것을 말하고, 병이나 장애는 신체 상태가 잔질·폐질·독질에 해당하거나 팔다리가 온전치 못한 것을 말하며, 양자는 부모가 낳은 바가 아님을 말하고, 서는 적자가 아니거나 서얼인 것을 말한다. 이러한 신상은 고칠 수 없기 때문에 반드시 먼저 확인시켜야 하며, 그런데도 허락한다면 혼인하는 것이다. 그러나 빈부·귀천은 항상적으로 고정된 것이 아니므로, 이를 사실대로 말하지 않더라도 거짓으로 속인 것이라고 할 수 없다(호26.1a의 문답).

③ 혼서를 작성했다면 통상 빙재 역시 이미 받았다는 것을 의미한다. 그렇지만 비록 혼인을 허락하는 문서를 보내지 않았더라도 단지 빙재만 받았다면 역시 혼인을 약속한 것과 같다. 여기서 빙재는 많고 적음의 제한이 없다는 것은 곧 견 1척 이상을 받았다면 결코 파기해서는 안 된다는 뜻이다. 빙재는 많고 적음의 제한이 없지만 술·음식은 빙재가 아니다. 단 재물로 술과 음식을 마련한 경우에는 또한 빙재로 간주한다(호26.1b의 주).

2) 파혼

남자의 집이 약속한 혼인의 요소에 거짓으로 속인 정황이 있거나 혼인이 율을 위반한 경우 여자의 집은 파혼할 수 있다. 특히 속인 정황이라는 것은, 나이, 병이나 장애, 양자·서자와 같은 신상을 속인 것을 말한다. 만약 속인 정황이 없고, 남녀 양가 모두 익히 서로 잘 알고 뜻이 맞아 사사로이 약속한 것이 있거나 혼서에 답한 경우 함부로 파기해서는 안 된다. 단 남자 집은 파혼하더라도 처벌하지 않는다. 다시 말하면 남자 집에서 스스로 파혼하는 경우는 정혼이 해제되고, 여자 집은 정혼의 구속을 받지 않아 스스로 다른 사람에게 혼인을 할 수 있는 것으로 해석해야 한다. 남자 집에서 파혼하는 경우 여자의 집은 빙재를 남자의 집에 돌려주지 않아도 된다.

(2) 처벌

① 혼약을 함부로 파기한 여자 집의 가장은 장60에 처한다.

② 혼인은 약속과 같이 해야 한다. 단 남자 집이 파혼을 동의할 때는 마땅히 여자 집은 처벌하지 않는다고 해석해야하며, 이 때 여자 집은 빙재를 남자 집에 돌려주어야 한다.

2. 약혼하고 다시 타인에게 혼인을 허락한 죄

(1) 구성요건

여자의 집에서 혼약을 파기하고 또 다른 사람에게 혼인을 허락한 것이다. 사약에 따라 혼서에 답하거나, 또는 빙재를 받았는데 별도로 다른 사람에게 혼인을 허락한 것을 말한다. 뒤에 혼인한 자가 정을 알았다면 역시 처벌한다.

(2) 처벌

① 여자 집의 가장은 장100에 처하며, 성혼된 경우에는 도1년반에 처한다.

② 나중에 혼인한 자는 사정을 알았다면 1등을 감하여 도1년에 처한다. 성혼되지 않은 경우는 성혼한 죄에서 5등을 감하므로 장60에 처한다. 정을 모른 경우에는 처벌하지 않는다고 해석해야 한다.

③ 여자는 앞서 혼약했던 남자에게 돌려보낸다. 단 앞서 혼약한 남자가 그녀와 혼인하기를 원하지 않으면 여자의 집은 빙재를 돌려주고, 나중에 혼약한 남자와의 혼인은 법에 따라 혼인한 것으로 인정한다.

II. 사기 혼인의 죄

호혼율27(176조)

1. (a) 혼인하는데 여자 집에서 거짓으로 속인 때에는 도1년에 처하고, (b) 남자 집에서 거짓으로 속인 때에는 1등을 더한다.
2. (a) 성혼되지 않은 경우에는 본래의 혼약에 따르게 하고, (b) 성혼된 경우에는 이혼시킨다.

1. 구성요건

남녀의 집이 거짓으로 사람을 속여 혼인한 것이다. 혼인할 때는 반드시 중매인을 세우고, 남녀의 신상 및 적자·서자 또는 장자·차자 등을 적시해서 약속하는데, 혼인한 남녀의 신상이 약속과 다른 것이 거짓으로 속인 것이다. 속이고 사람을 교체하여 혼인한 것도 포함한다. 그러나 빈부·귀천은 항상적으로 고정된 것이 아니므로 사실대로 말하지 않았더라도 거짓으로 속인 것이라고 할 수 없다.

2. 처벌

① 여자의 집에서 거짓으로 속인 때에는 가장을 도1년에 처한다.

② 남자의 집에서 속인 때에는 1등을 더해 도1년반에 처한다. 남자 집에서 속였을 때의 형이 여자의 경우보다 무거운 이유는, 전근대사회에서 여자 집에서 속인 경우 남자는 이전 혼인에 구애받지 않고 다시 장가갈 수 있지만, 남자의 집에서 속인 경우 여자는 다시 시집가기 어렵다고 여겼기 때문이었다.

3. 특별처분

① 거짓으로 속인 경우 성혼되지 않았다면 본래의 혼약에 따르게 한다. 이는 속이고 혼인할 사람을 교체한 경우에 한한다. 사람의 신상을 속인 경우는 다시 본래의 혼약에 따라 혼인할 수 없다.

② 거짓으로 사람의 신상을 속였는데 성혼된 경우에는 이혼시킨다. 이것은 혼인무효이다(호45 참조). 여자의 집에서 거짓으로 속였다면 받은 빙재는 회수하여 남자의 집에 돌려준다.

제2절 혼인의 절차와 규범을 위반한 죄

Ⅰ. 중혼의 죄 및 처·첩·객녀·비의 지위를 서로 바꾼 죄

1. 중혼의 죄

호혼율28(177조)

1. (a) 처가 있는데 다시 처를 얻는 자는 도1년에 처하고, (b) 여자 집은 1등을 감한다.
2. (a) 만약 처가 있는 것을 속이고 다시 장가든 자는 도1년반에 처하고, (b) 여자 집은 처벌하지 않는다.
3. 각각 이혼시킨다.

(1) 구성요건

중혼의 요건은 처가 있는데 다시 처를 취한 것이다. 혼인은 일부일처가 원칙이며, 율은 처가 있는데 다시 처를 얻는 것은 허용하지 않는다. 단 잉·첩을 취하는 것은 허용한다.

(2) 처벌

1) 남자 집

① 남자 집의 가장은 도1년에 처한다.

② 거짓으로 속이고 다시 처를 취한 경우 가장은 도1년반에 처한다. 이는 처가 있는데 없다고 말한 것을 의미하며, 속였기 때문에 앞의 죄보다 무겁다.

2) 여자 집

뒤에 혼인한 여자 집의 가장은 정을 안 경우 1등을 감해서 장100에 처한다. 정을 모른 경우 처벌하지 않는다.

3) 혼인에 대한 처분

처가 있는데 다시 처를 취한 경우 모두 이혼시킨다. 여자 집에서 남자에게 처가 있는 것을 알았거나 없는 것으로 알았거나 모두 이혼시킨다. 즉 이 경우 혼인은 무효이다.

2. 처·첩·객녀·비의 지위를 서로 바꾼 죄

호혼율29(178조)
1. 처를 첩으로 삼거나, 비를 처로 삼은 자는 도2년에 처한다.
2. 첩이나 객녀를 처로 삼거나, 비를 첩으로 삼은 자는 도1년반에 처한다.
3. 각각 본래의 신분으로 되돌려 바로잡는다.
4. 만약 비가 자식을 낳거나 방면되어 양인이 된 때에는 첩으로 삼는 것을 허용한다.

(1) 개설

율은 처 외에 첩을 두는 것을 허용하지만, 첩은 지위가 매우 낮다. 처는 남편과 인격적으로 대등하지만 첩은 매매를 통해 얻으므로, 처와 첩의 신분은 서로 현격한 차이가 있는 것이다. 더구나 비는 천한 신분이므로 본래 반려자가 될 만한 부류가 아니다. 다시 말하면 오직 처만이 남편과 대등하며, 정처는 한 사람뿐이다. 첩은 잉까지 포함한다. 서인 이상은 첩을 둘 수 있으며, 5품 이상의 관인만이 잉을 취할 수 있다(투25.1b의 소). 잉은 첩에 비하여 지위가 높으며, 관품이 있다. 따라서 처·잉·첩·비의 신분은 차이가 있으며, 남편이 마음대로 지위를 바꿀 수 없다.

(2) 지위를 바꾼 죄

1) 처를 첩으로 삼은 경우
처를 첩으로 삼은 자는 도2년에 처한다. 처를 잉으로 삼은 것은 처를 첩으로 삼은 것과 죄가 같고, 처를 비로 삼은 죄도 역시 도2년에 해당한다.

2) 비를 처로 삼은 경우
비를 처로 삼은 자는 도2년에 처한다. 이혼이나 처의 사망으로 인해 처가 부재한 경우에도 비를 처로 삼을 수 없다고 해석해야 한다.

3) 첩 또는 객녀를 처로 삼은 경우
첩 또는 객녀를 처로 삼은 자는 도1년반에 처한다. 이혼이나 처의 사망으로 인해 처가 부재한 경우에도 첩을 처로 삼을 수 없다고 해석해야 한다.

4) 비를 첩으로 삼은 경우
비를 첩으로 삼은 자는 도1년반에 처한다. 만약 자식이 있거나 양인으로 방면한 경우(호11) 첩으로 삼는 것을 허용한다(호29.4). 단 고쳐 처로 삼을 수는 없다. 첩을 비로 삼은 것은 비를 첩으로 삼은 것에 비할 수 있다.

5) 첩을 잉으로 삼은 경우

첩을 잉으로 삼은 자는 위령죄(잡61.1)를 적용하여 태50에 처한다. 잉을 첩으로 삼은 자는 '마땅히 해서는 안 되는데 행한' 죄(잡62)의 무거운 쪽에 따라 장80에 처한다.

(3) 신분에 대한 처분

각각 본래의 신분으로 되돌려 바로잡는다.

(4) 임명장[告身]에 관한 죄

1) 임명장을 바꿔 준 죄

첩을 잉으로 바꾸고, 잉의 임명장을 회수하여 첩에게 준 때에는 당연히 거짓으로 다른 사람에게 관을 준 죄(사9.1)의 처벌법에 따라 유2000리에 처한다.

2) 이름을 사칭하여 잉의 임명장을 취한 죄

첩을 잉으로 삼은 것을 속이고 잉의 성명을 사칭하여 비로소 임명장을 얻은 자는 거짓으로 공을 증가시켜 관을 획득한 죄(사9.1)에 따라 도1년에 처한다.

II. 혼인의 절차를 위반한 죄

1. 수절하는 여자를 강제로 혼인시킨 죄

호혼율35(184조)

1. (a) 남편상의 복을 벗었으나 수절하고자 하는데 여자의 조부모·
   부모가 아니면서 억지로 혼인시킨 자는 도1년에 처하고, (b) 기
   친이 혼인시킨 때에는 2등을 감한다.
2. 각각 이혼시키고, 여자는 사망한 남편의 집으로 되돌려 보낸다.
3. 장가든 자는 처벌하지 않는다.

(1) 구성요건

① 여자가 남편상의 복을 벗은 뒤에 여전히 수절하고자 하는 것이
상황적 요건이다. 남편상은 부모상과 마찬가지로 27개월이다(직
30.1b의 소). 여기서 여자는 마땅히 처와 첩을 포괄한다고 해석해야
한다.

② 여자가 수절하고자 하는데 여자의 조부모·부모가 아니면서 억
지로 혼인시킨 것이 행위 요건이다. 부인이 마음에 수절할 것을 맹
세하였다면 조부모·부모만이 그 뜻을 꺾어 혼인시킬 수 있다. 대개
조부모·부모의 교령권은 절대적이고, 부모는 연민의 정으로 명하는
것임을 인정하여 처벌하지 않는 것이다. 조부모·부모가 아닌 친속은
기친과 대공친 이하로 나누고, 기친의 죄는 대공친 이하의 죄에서
경감하는데, 이는 기친의 친분이 무겁기 때문이다. 기친은 여자의 백
숙부모·고모·형제·자매 및 조카를 말한다. 죽은 남편의 기친 이하의
친속이 강제로 시집보낸 경우에 대해서는 율과 소에 언급이 없지만
마땅히 도1년에 해당한다고 해석해야 한다.

③ 장가든 자는 처벌 대상이 아니다.

(2) 처벌

① 대공친 이하가 수절하는 여자를 강제로 시집보낸 때에는 도1년에 처한다. 기친 이하인 경우는 2등을 감해서 장90에 처한다.

② 각각 이혼시키며, 여자는 사망한 남편집으로 돌려보낸다.

2. 존장의 뜻에 따르지 않고 혼인한 죄

호혼율39(188조)
비유가 외지에 있고 존장이 후에 그를 위해 정혼하였으나 비유가 외지에서 스스로 처를 맞아들여 이미 성혼된 때에는 혼인을 적법한 것으로 인정하고, 아직 성혼되지 않은 때에는 존장의 뜻에 따른다. 위반한 자는 장100에 처한다.

(1) 구성요건

이 죄의 주체는 비유이고, 행위는 존장의 뜻을 따르지 않는 것인데, 부수적인 상황적 요건이 있다.

① 비유가 반드시 외지에 있는 것이 전제 요건이다. 외지에 있다는 것은 공·사의 일로 존장이 있는 본향과 연락이 어려운 곳에 가 있는 것이다. 만약 존장과 연락할 수 있는 곳이면 전제 요건이 안 된다.

② 비유가 외지에 있으면서 스스로 처를 취하기로 했으나 아직 성혼되지 않았는데, 존장이 이보다 뒤에 그를 위해 정혼한 것이다. 여기서 존장은 조부모·부모 및 백숙부모·고모와 형·누나를 말한다. 이미 성혼되었다면 혼인을 합법적인 것으로 인정한다.

③ 비유가 존장이 정한 바를 따르지 않은 것이 이 죄의 행위 요건

이다. 비유는 반드시 조부모·부모의 가르침이나 명령에 따라야 한다(투47)는 율문이 있지만, 이 조항은 혼인에 관한 특별규정이기 때문에 존장의 뜻을 따르지 않은 행위에 대해 이 조항을 적용해야 한다. 특별규정이 보통규정에 우선하기 때문이다. 만약 비유가 연락할 수 있는 외지에 있지 않는데 스스로 시집가고 장가갔다면 당연히 가르침이나 명령을 위반한 죄(투47)를 적용해야 한다.

(2) 처벌

비유는 장100에 처한다. 단 존장이 정한 바를 따르지 않고 스스로 처를 취한 경우 이혼시킨다는 조문이 없으므로 혼인은 그대로 유효하다고 해석해야 한다.

3. 혼인 기일을 위반한 죄

호혼율44(193조)

2. 만약 법적으로 혼인할 수 있고 비록 이미 빙재를 들였더라도 혼인 예정일이 아직 이르지 않았는데 강제로 장가들거나 혼인 예정일이 되었는데 여자 집에서 고의로 위반한 때에는 각각 장100에 처한다.

(1) 구성요건과 처벌

이 죄의 요건은 합법적인 혼인으로 정혼이 완전히 유효이고 빙재역시 이미 받은 상황이 전제가 되는데, 남자의 집과 여자의 집의 행위 요건이 다르다.

1) 남자의 집

남자 집의 죄는 앞의 요건이 충족되더라도 기일이 되지 않았는데 강제로 취한 것이 요건이 된다. 이미 여자 집에서 빙재를 받아들였더라도 원래 약속한 혼인 일자에 이르지 않았는데 남자의 집에서 혼인을 강행한 때에는 장100에 처한다.

2) 여자의 집

여자 집의 죄는 혼인의 기일을 고의로 위반한 것이 요건이다. 즉 기일을 정해 원래 약속한 혼인일이 되었는데 여자의 집에서 고의로 위반하고 혼인을 허락하지 않은 때에는 장100에 처한다.

(2) 혼인에 대한 처분

이 경우 처벌하지만 이혼시키지는 않는다. 바꾸어 말하면 율을 위반한 혼인이 아니고 단지 기일을 위반한 것이므로 성혼의 효력에 영향을 미치지 않는 것이다.

제3절 금지된 대상과 혼인한 죄

Ⅰ. 친속 사이에 혼인한 죄

호혼율33(182조)

1. (a) 동성과 혼인한 자는 각각 도2년에 처한다. (b) 시마친 이상과의 혼인한 자는 간죄로 논한다.
4. 모두 이혼시킨다.

1. 동성과 혼인한 죄

(1) 구성요건

이 죄의 요건은 동성의 사람과 혼인한 것이다. 단 동성 시마친 이상과의 혼인은 가중 처벌의 요건이 된다.

① 성이 같은 남녀는 혼인할 수 없다. 특별히 사성(賜姓)된 경우도 같다.

② 글자가 다르더라도 발음이 같은 성의 사람과 혼인할 수 없다. 부부는 성이 구별되어야 하는데, 발음이 같으면 혼동이 일어날 수 있으므로 배필이 될 수 없는 것이다. 양(陽)과 양(楊) 따위가 그렇다.

③ 복성의 경우는 한 글자가 다르면 금하지 않는다. 즉 원래 다른 성이기 때문에 금하는 범위에 속하지 않는 것이다.

④ 성이 같으면 첩으로도 취할 수 없다. 성을 모르면 점을 쳐서 성을 확인한다.

(2) 처벌

① 동성과 혼인한 자는 남녀 각각 도2년에 처한다.

② 동성 시마친 이상과 혼인한 자는 각각 간죄로 논한다. 즉 만약 동성의 시마친 이상 사이에 혼인한 때에는 각각 잡률의 간죄 처벌 규정(잡23·25·26)에 의거하여 죄준다.

③ 모두 이혼시킨다.

2. 외·인척의 존비 사이에 혼인한 죄

호혼율33(182조)

2. 만약 외척·인척으로 복이 있는 친속의 존비 사이에 혼인한 자

및 동모이부의 자매 또는 처의 전 남편의 딸을 처로 얻은 자는 〈처가 낳은 딸을 말한다. 다른 조항에서 전 남편의 딸이라고 칭한 것은 이에 준한다.〉 각각 간한 것으로 논한다.

3. 단 부모의 고종·외·이종사촌자매 및 이모 또는 당이모, 모의 고모·당고모, 자신의 당이모 및 재종이모, 당생질녀, 사위의 자매와 혼인해서는 안 된다. 위반한 자는 각각 장100에 처한다.

4. 모두 이혼시킨다.

(1) 구성요건

동성이 아닌 친속 사이의 혼인은 원칙적으로 외척과 인척 가운데 존비 관계에 있는 자 사이의 혼인만을 금한다. 이 밖에 혼인을 금하는 이성 친속에는 소공복을 입는 동모이부자매 및 복이 없는 처의 전남편의 딸(계부녀 관계, 투32.2의 소 참조)이 더 있다. 구체적으로 적시해 보면 다음과 같다.

① 복이 있는 외·인척의 존비 관계는, 외조부·모와 외손·녀, 장모와 사위, 외삼촌과 생질녀, 이모와 이질의 넷이다. 이들 사이의 혼인은 금지된다. 고종사촌자매와 이종사촌자매는 항렬이 같은 외척이며, 이들과의 혼인은 금하지 않는다(호33.2).

② 복이 없으나 혼인할 수 없는 외·인척은, 부모의 고종사촌자매·외사촌자매·이종사촌자매 및 이모·당이모, 모의 고모·당고모, 자신의 당이모 및 재종이모, 재종 생질, 사위의 자매이다. 이들은 비록 복이 없지만 이치상 혼인이 불가한데, 그 이유는 인륜의 질서를 잃기 때문이다.

③ 동모이부자매는 소공복을 입는 가까운 혈연관계이기 때문에 당연히 혼인이 금지된다.

④ 처의 전남편의 딸은 처의 소생을 말한다. 즉 처와 전남편 사이

에 딸로 처가 낳은 자식만을 말한다. 만약 본래 그 처가 낳은 자식이 아니라면 당연히 본래의 법에 따른다.

(2) 처벌

① 외·인척 존비 사이에 혼인한 경우, 복이 있는 자와 혼인한 자는 간죄(잡23)로 논하여 도3년에 처한다. 복이 없는 경우는 각각 장100에 처한다.

② 동모이부형제자매와 혼인한 자는 남녀 각각 간죄로 논하여 도3년에 처한다.

③ 처의 전남편의 딸과 혼인한 자는 각각 간죄로 논하여 도3년에 처한다.

④ 모두 이혼시킨다.

3. 친속의 처였던 여자와 혼인한 죄

호혼율34(183조)

1. (a) 전에 단문친의 처였던 여자와 혼인한 남녀는 각각 장100에 처하고, (b) 시마친 및 외숙·생질의 처였다면 도1년에 처하며, (c) 소공친 이상의 처였다면 간으로 논한다.
2. 첩이었으면 각각 2등을 감한다.
3. 모두 이혼시킨다.

(1) 단문친 이상 친속 및 외삼촌·생질의 처였던 자와 혼인한 죄

① 단문친의 처였던 자와 혼인한 경우 남녀 각각 장100에 처한다. 단문친은 고조의 친형제, 증조의 4촌, 조의 6촌, 부의 8촌 형제, 자신의 10촌 형제와 8촌 형제의 자식과 6촌 형제의 손 등을 말한다. 이들

은 모두 같은 5대조 한 사람의 후손으로 비록 단문복이라는 가벼운 복이라도 복이 있는 친속이므로, 그들의 처였던 자와 혼인해서는 안 된다. 함부로 혼인한 경우에는 남녀 각각 장100에 처한다.

② 시마친 또는 외삼촌·생질의 처였던 자와 혼인한 경우에는 남녀 각각 도1년에 처한다. 외삼촌·생질은 본래 소공친이지만, 내친과 달리 간죄로 논하지는 않는다.

③ 소공 이상 친속의 처였던 자와 혼인한 경우에는 남녀 각각 간죄로 논한다. 잡률 23.1조에 따르면 시마 이상 친속을 간한 죄는 도3년에 해당한다고 규정되어 있는데, 이 조항은 대공친의 처까지 적용된다. 기친의 처를 간한 죄는 유2000리에 해당한다. 소공친은 대부분 본족이며, 간죄로 논하는 외척은 오직 외조부모뿐이다. 소공친의 처가 만약 과부가 되어 남편의 집에 있는데, 그녀와 혼인한 경우에는 각각 소공친 이상의 처를 간한 죄의 처벌법(잡23.1)에 따라 도3년에 처한다. 그러나 쫓겨났거나 혹은 다른 사람에게 개가하였다면 전남편에 대한 상복 관계와 도의는 모두 끊어진 것이므로, 간음한 경우에는 율에 의거하여 단지 일반 간죄가 되고, 만약 혼인하였다면 또한 일반 간죄에 관한 법(잡22.1a)에 따라 도1년반에 처한다.

이상은 각각 이혼시킨다.

(2) 단문친 이상 친속 및 외삼촌·생질의 첩이었던 자와 혼인한 죄

1) 구성요건

단문친 이상 친속의 첩 및 외삼촌·생질의 첩이었던 자와 혼인한 것이 이 죄의 요건이며, 이 경우 처였던 자와 혼인한 죄에서 2등을 감한다. 만약 원래 단문친 이상의 처였는데 뒤에 첩으로 삼았다면 단지 처를 얻은 죄에 따르고 첩을 얻은 죄로 감할 수 없다. 만약 단문친 이상의 첩이었는데 지금 처로 삼았다면 그냥 첩이었던 자와 혼인한 죄에 따른다.

2) 처벌

① 단문친의 첩이었던 자와 혼인한 경우 남녀 각각 장80에 처한다.

② 시마친 혹은 외삼촌·생질의 첩이었던 자와 혼인한 경우 남녀 각각 장90에 처한다.

③ 소공 이상 친속의 첩이었던 자와 혼인한 경우 남녀는 각각 간죄에서 2등을 감한다. 그런데 소공 이상 친속의 첩을 간한 때에는 본조(잡23.3)에서 처를 간한 죄에서 1등을 감하는 것으로 규정되어 있고, 이 조항에서는 "간죄로 논하되 첩은 2등을 감한다."고 하였으므로, 곧 소공 이상 친속의 첩이었던 자를 첩으로 삼은 때에는 처로 취한 때의 죄에서 3등을 감해서 도1년반에 처한다.

이상은 각각 이혼시킨다.

II. 특별히 금지된 혼인의 죄

1. 도망한 부녀와 혼인한 죄

호혼율36(185조)
1. 도망한 부녀를 취하여 처·첩으로 삼았다면 경우 정을 안 자는 부녀와 같은 죄를 주되, 사죄에 이른 때에는 1등을 감한다.
2. (a) 이혼시킨다. (b) 만약 남편이 없고 은사령이 내려 죄가 면제된 때에는 이혼시키지 않는다.

(1) 구성요건

이 죄의 요건은 죄를 범하고 도망한 부녀와 혼인해서 처·첩으로 삼은 것이다. 반드시 장가간 자가 도망한 여자임을 알고 취해야 한다. 만약 실정을 모르고 취했다면 율에 준해 무죄이고, 남편이 없다면 이혼하지 않는 것을 허용한다. 이 죄는 본질상 정을 알고 죄인을 숨겨준 죄(포18.1)와 같다.

(2) 처벌

① 혼인한 남자의 죄는 도망한 부녀와 죄가 같다. 단 부녀의 죄가 사죄에 해당하는 경우에는 유3000리에 처한다. 도망한 사람을 숨겨준 죄는 일률적으로 죄인의 죄에서 1등을 감하는 것과 비교하면 이 죄가 무거운 셈이다.

② 이혼시킨다. 그렇지만 도망한 부녀에게 남편이 없고 또 사면을 받아 죄가 면제된 경우에는 이혼시키지 않는다.

2. 감림관이 감림 대상의 딸을 첩으로 삼은 죄

호혼율37(186조)

1. (a) 감림관이 감림 대상의 딸을 취하여 첩으로 삼은 때에는 장 100에 처하고, (b) 친속의 첩으로 삼은 경우에도 역시 이와 같이 한다. (c) 단 관직이 있지만 감림이 아닌 자는 1등을 감한다. 여자 집은 처벌하지 않는다.
3. 각각 이혼시킨다.

(1) 개설

이 조항은 단지 첩을 취한 것만을 규정하고 있는데, 처를 취한 것도 역시 죄가 같다고 생각된다(명50.2 참조). 호령(습유253쪽)에 의하면, 모든 주·현의 관인은 재임하는 기간에 관할 지역의 백성과 혼인할 수 없다. 위반한 경우 비록 은사령을 만나더라도 그대로 이혼시킨다. 주의 상좌 이상 및 현령이 통할하는 바의 속관에 대한 것도 같다. 단 재임 전에 정혼하고 임관하여 거주한 뒤에 혼인한 것이거나 수도권[三輔] 내의 문벌이 비슷한 관인들이 서로 원해서 맺은 혼인의 경우는 모두 금하는 범위에 들지 않는다. 여자의 집은 처벌하지 않는다.

(2) 요건과 처벌

1) 감림관 자신이 범한 경우

감림관이 감림하는 대상의 딸을 처·첩으로 삼은 때에는 장100에 처한다. 감림관이라는 것은 직무가 통섭·안험에 해당하는 자를 말한다(명54.1). 직무가 원래 통섭에 해당하지 않지만 임시의 감림·주수가 처·첩을 취한 때에도 역시 죄가 같다. 모두 이혼시킨다.

2) 감림관이 그 친속을 위해 범한 경우

감림관이 감림 대상의 딸을 그 친속과 혼인시킨 때에도 역시 장100에 처하고 이혼시킨다. 친속이라는 것은 본복으로 시마 이상인 친속이나 대공친 이상과 혼인한 집을 말한다(직53.3의 주와 소). 이 경우 감림관이 친속의 첩으로 삼아 준 것이므로 그 친속은 처벌하지 않는다. 만약 친속과 감림관이 뜻을 같이 하여 강제로 혹은 공갈로 친속의 첩으로 삼아 준 경우에는 수범·종범으로 구분하여 본조(호44.1)의 율을 범한 것으로 처벌하는데, 모두 감림관을 수범으로 하고, 혼인한 자를 종범으로 한다.

3) 감림관이 아닌 관인이 범한 경우

관인이 감림관이 아닌데 관할 구역 내의 딸을 처·첩으로 삼은 때에는 감림관의 죄에서 1등을 감해서 장90에 처하고, 각각 이혼시킨다. 관인이 감림관이 아닌 자라는 것은 관할하는 범위 내에 임관하고 있지만 그 직무가 통섭·안험하는 것이 아닌 것을 말한다.

3. 감림관이 왕법하여 감림 대상의 딸을 첩으로 삼은 죄

호혼율37(186조)

2. (a) 감림관이 왕법하여 타인의 처·첩 및 딸을 첩으로 취한 때에는 간죄로 논하되 2등을 더하고, (b) 〈친속을 위해 취한 때에도 또한 같다.〉 (c) 청탁한 자는 각각 2등을 감한다.

3. 각각 이혼시킨다.

(1) 구성요건

1) 주체

이 죄의 주체는 감림관 및 청탁인이며, 이 둘은 필요적 공범이다. 단 청탁인은 감림관의 죄에서 2등 감해서 죄를 준다. 타인의 처·첩 및 딸은 스스로 처·첩이 될 것을 원하지 않았기 때문에 처벌하지 않는다.

2) 행위

사건이 있는 청탁인이 처·첩이나 딸을 감림관에게 시집보내서 법을 왜곡하여 판결해 줄 것을 청탁하고, 이에 따라서 감림관이 그 처·첩이나 딸을 취한 것이 이 죄의 행위 요건이다. 감림관이 그 친속을 위해 청탁인의 처·첩이나 딸과 혼인하게 한 경우도 같다.

(2) 처벌

① 감림관 자신이 취하거나 친속에게 취하게 하거나 각각 간죄로 논하되 2등을 더한다. 감림·주수하는 범위 내의 간죄는 본래 일반 간죄에 1등을 더하므로(잡28.1), 이 죄는 일반 간죄에 3등을 더한다. 혼인한 여자와 친속 관계가 있어 마땅히 죄를 가중해야 할 경우에는 각각 본조의 처벌법에 2등을 더한다.

② 청탁인은 각각 2등을 감한다.

③ 각각 이혼시킨다. 남편이 스스로 처·첩이나 딸을 법을 왜곡한 관인과 혼인시켰다면 앞의 혼인이나 뒤의 혼인 모두 무효화하여 이혼시킨다.

(3) 주의사항

① 이 죄는 본질상 독직죄에 속하며, 반드시 감림관이 취하고 또한 법을 왜곡해야 비로소 이 죄를 적용한다. 만약 왕법하지 않고 다른 사람의 처·첩을 취했다면 호혼율 38조의 타인의 처·첩와 혼인한 죄를 적용한다.

② 이 죄는 법을 왜곡한 것과 감림 대상의 처·첩 및 딸과 혼인한 것의 결합범이다. 단 율은 왕법을 중시하는 까닭에 취한 부녀가 다른 사람의 처인지 첩인지를 구분하지 않고, 또 처로 취했든 첩으로 취했든 같다. 만약 이로 인해 왕법한 바가 무거울 경우에는 다른 사람의 죄를 덜고 더한 것으로 논한다(명49.2). 통칙(호46.4)에 따르면 율을 위반한 혼인이 아직 성립하지 않았다면 5등을 감한다.

③ 감림관의 친속이 청탁·왕법한 것을 알면서도 타인의 처·첩이나 딸과 혼인한 경우에는 당연히 본조의 종범으로 처벌한다. 친속이

취한 것의 본조는 합의하여 다른 사람의 처·첩 및 딸을 취한 죄를
가리키며(호38.1 및 37.1), 또 종범이므로 당연히 그 죄에서 1등을 감
한다(명42.3).

4. 타인의 처와 혼인한 죄

호혼율38(187조)

1. (a) 합의하여 타인의 처에게 장가든 자 및 그에게 시집간 자는
   각각 도2년에 처하고, (b) 첩을 그렇게 한 경우는 2등을 감한다.
   (c) 각각 이혼시킨다.
2. (a) 만약 남편이 스스로 시집보낸 때에도 역시 같다. (b) 〈그대
   로 두 남편과 이혼시킨다.〉

(1) 요건

1) 주체

이 죄의 주체는 합의하여 타인의 처를 취한 남자, 합의하여 출가
해서 타인의 처가 된 여자, 자기의 처를 스스로 타인에게 출가시킨
자의 셋이다.

2) 행위

이 죄의 행위 요건은 위의 삼자가 합의하여 전남편과 이혼하고 다
시 뒤의 남편과 혼인한 것이다.

(2) 처벌

① 합의하여 타인의 처를 취한 남자와 출가한 처는 도2년에 처한

다. 남편이 스스로 출가시킨 경우 역시 같다. 첩은 2등을 감하여 도1
년에 처한다.
② 모두 이혼시킨다.

Ⅲ. 양인과 천인이 혼인한 죄

1. 천인의 혼인에 관한 규정과 죄

(1) 개설

양인과 천인은 원래 신분이 다르다. 천인은 관천과 사천으로 나누
며 또한 각각 2계급 이상으로 구분되는데, 모두 신분을 세습하는 것
이 원칙이며, 다른 신분과의 혼인도 금한다. 다만 율문 및 소를 조사
해 보면 천인도 양인과 서로 혼인할 수 있는 경우가 있다. 혼인으로
인한 죄는 필요적 공범으로 본래 같은 벌로 처해야 하지만, 별도의
고려할 바가 있는 까닭에 때때로 그 처벌이 다른 경우도 있다. 호혼
율 42조와 43조는 양인과 천인이 혼인한 죄 가운데 일부만 규정하고
있다. 그러므로 다른 조문과 소를 참고하여 천인의 혼인에 관한 규
정과 죄를 개괄할 필요가 있다.

(2) 사천인의 혼인

1) 부곡의 혼인

(a) 부곡남
부곡남은 양인의 딸(명20.5의 소) 및 객녀 또는 비(명47.1의 소)와

혼인할 수 있다.

(b) 객녀

객녀는 부곡의 딸이다.

① 양인이 객녀를 처로 삼은 때에는 도1년반(호29.2)에 처한다. 객녀를 첩으로 삼는 것은 금하지 않는다(호29.4).

② 노에게 객녀를 처로 삼게 한 때에는 노에게 양인의 딸을 취하게 한 죄에서 1등을 감한다(호42.3의 소). 노에게 양인의 딸을 처로 한 죄는 도1년반에 해당하므로 만약 객녀를 처로 얻게 한 때에는 1등을 감하여 도1년에 처해야 한다.

2) 노·비의 혼인

(a) 노

① 노에게 양인의 딸을 취하게 한 때에는 도1년반에 처한다(호42.1). 만약 거짓으로 양인이라 칭하고 양인과 부부가 되게 한 때에는 1등을 더하여 처벌한다(호42.4). 노가 스스로 취한 경우도 같다.

② 노에게 객녀를 취하게 한 때에는 양인의 딸을 취하게 한 죄에서 1등을 감한다.

(b) 비

① 양인이 비를 처로 삼은 때에는 도2년에 처한다(호29.1).

② 비는 부곡의 처가 될 수 있다(명47.1의 소).

(3) 관천인의 혼인

1) 태상음성인
태상음성인의 혼인 가능 대상은 양인과 같다(호령, 습유259쪽). 따라서 태상음성인이 다른 신분과 혼인한 때에는 모두 양인이 다른 신분과 혼인한 죄에 준한다(호43.5의 소). 즉 태상음성인은 양인과 혼인할 수 있으므로 관천인 또는 사천인과 혼인한 경우는 양인이 그렇게 한 것과 처벌법이 같다.

2) 잡호
잡호는 양인과 혼인할 수 없다(호43.1). 잡호가 부곡·노·비와 혼인한 경우에는 모두 양인이 관호 등과 혼인한 것과 같은 법으로 처벌한다(호43.5의 소).

3) 공·악호
공·악호의 혼인에 대해서는 율에 조문이 없고 또 소에도 언급이 없는데, 당연히 관호의 혼인에 관한 죄를 유추해서 적용할 수 있다(적5.1의 주, 투11.1,2).

4) 관호
관호가 양인의 딸을 취하거나 또는 양인이 관호의 딸을 취하는 것은 모두 금지된다(호43.2,3).

5) 관노·비
양인이 관비를 처·첩으로 삼는 경우 및 비가 양인에게 시집가서 처·첩이 된 경우는 노비가 사사로이 딸을 출가시킨 죄[호43.4]에 의거해서 죄를 과한다.

6) 공·악·잡호·관호 사이의 혼인

공호·악호·잡호·관호는 호령(습유258쪽)의 "해당 종류의 신분과 혼인한다."는 규정에 따른다. 따라서 만약 다른 종류의 신분 사이에 서로 혼인한 경우에는 율에 죄명이 없지만 모두 영을 위반한 죄(잡61.1)에 의거하여 처벌하고, 각각 본래의 신분으로 바로 잡는다(호43.5의 소).

2. 노에게 양인의 딸을 처로 삼게 한 죄

호혼율42(191조)

1. (a) 노를 양인의 딸에게 장가들게 한 자는 도1년반에 처하고, (b) 여자 집은 1등을 감한다. (c) 이들을 이혼시킨다.
2. (a) 그 노가 스스로 양인의 딸에게 장가든 때에도 역시 이와 같다. (b) 주인이 정을 안 때에는 장100에 처한다.
3. 이로 인해서 그 여자를 호적에 올려 비로 삼은 자는 유3000리에 처한다.

(1) 요건과 처벌

노가 양인 여자를 취한 것은 주인이 노에게 취하게 한 경우와 노가 스스로 취한 경우의 양종 정형이 있다. 여자의 집은 필요적 공범이다.

① 주인이 노에게 양인의 딸을 취하게 한 때에는 도1년반에 처한다. 이 때 노는 처벌하지 않는데, 이는 노가 주인의 처분을 받기 때문일 것이다.

② 노가 양인의 딸을 스스로 취한 때에는 도1년반에 처한다. 이 때 주인은 정을 알지 못한 경우 죄가 없고, 주인이 만약 정을 알았다

면 장100에 처한다. 뒤의 정형에서 주인과 노는 전혀 의사 연락이 없었고, 다만 주인은 알면서 행함을 허용한 경우라고 할 수 있다.

③ 노와 혼인한 여자의 집은 1등을 감하여 도1년에 처한다. 혼인과 관련된 범죄는 대개 필요적 공범이어서 본래 처벌이 같지만, 이 경우 여자의 집은 피동인 까닭에 특히 임의적 공범의 처벌법에 따라 종범으로 삼아 1등을 감하는 것이다(명42.1 참조).

이상은 모두 이혼시킨다.

(2) 노에게 양인의 딸을 취하게 하고 적에 올려 비로 삼은 죄

노에게 양인의 딸을 취하게 하고 적에 올려 비로 삼은 자는 유3000리에 처한다.

3. 노·비를 양인으로 속여 양인과 혼인하게 한 죄

호혼율42(191조)

4. (a) 망령되이 노·비를 양인으로 삼아 양인과 부·처가 되게 한 자는 도2년에 처한다. (b) 〈노·비가 스스로 속인 때에도 역시 같다.〉 (c) 각각 원래의 신분으로 되돌려 바로잡는다.

(1) 요건과 처벌

거짓으로 노·비를 양인으로 삼아 양인과 부부가 되게 한 죄에는 주인이 거짓으로 칭하게 한 것과 노·비가 스스로 거짓으로 칭한 것의 두 정형이 있다.

① 주인이 거짓으로 노·비를 양인으로 삼아 양인과 부부가 되게 한 때에는 도2년에 처한다.

② 노·비 스스로 양인이라 칭하고 양인과 부부가 된 때에는 도2년

에 처하고, 주인이 정을 알았다면 2등을 감해서 도1년에 처하며, 알지 못한 때에는 벌하지 않는다.

③ 거짓으로 노·비를 부곡·객녀라고 하여 시집가고 장가들게 한 경우는 마땅히 양인으로 한 것에서 1등을 감한다고 해석해야 한다. 부곡·객녀를 양인이라고 하여 양인과 부부가 되게 한 경우는 노·비를 양인이라고 한 것에서 1등을 감한다고 해석해야 한다.

④ 빙재를 도죄의 장물로 계산한 죄가 도2년보다 무거운 경우에는 장물을 계산해서 사기죄(사12.1)에 의거하여 죄준다.

(2) 신분 및 소생 자녀에 대한 처분

① 각각 본래의 신분으로 바로잡는다. 비록 은사령이 내려 죄를 면하더라도 그대로 본래의 신분으로 바로잡는다(호45.1a).

② 소생 자녀는 호령(습유262쪽)의 "정을 몰랐을 경우에는 양인으로 하고, 정을 안 경우에는 천인으로 한다."는 규정에 의거한다(호42.3의 소). 즉 노가 양인의 딸이나 부곡의 딸에게 장가든 경우, 소생 남녀는 양인의 딸이나 부곡의 딸이 정을 모른 경우에는 양인이 되고 안 경우에는 노비가 되는 것이다.

4. 관천인이 양인과 혼인한 죄

호혼율43(192조)

1. 잡호는 양인과 혼인해서는 안 되며, 위반한 자는 장100에 처한다.
2. 관호가 양인의 딸에게 장가든 때에도 또한 이와 같이 한다.
3. 양인이 관호의 딸에게 장가든 때에는 2등을 더한다.
5. 각각 본래의 신분으로 되돌려 바로잡는다.

(1) 구성요건

관천인과 양인의 혼인은 두 가지 정형으로 나눈다.

① 잡호는 모든 관사에 배치·예속된 자로 양인과 신분이 같지 않으므로 함께 혼인할 수 없다. 부곡·노·비와 혼인한 때에도 이 율이 적용된다(호43.5의 소).

② 관호도 또한 모든 관사에 배치·예속되어 주·현에 호적이 없는 자로 양인과 신분이 같지 않으므로 함께 혼인할 수 없다. 공·악호는 관호에 비부해야 한다.

(2) 처벌

① 잡호가 양인과 혼인한 때에는 장100에 처한다.

② 관호가 양인 여자와 혼인한 때에는 장100에 처한다. 만약 양인이 관호 여자와 혼인한 때에는 2등을 더하여 도1년반에 처한다. 이때 양인에게 딸을 시집보낸 관호는 양인과 수범·종범의 예에 따라 처벌한다.

이상은 모두 이혼시킨다.

5. 노·비가 사사로이 딸을 출가시킨 죄

호혼율43(192조)

4. (a) 만약 노·비가 사사로이 딸을 양인에게 시십보내 처·첩이 되게 한 때에는 절도에 준하여 논하고, (b) 정을 알고 장가든 자는 같은 죄를 준다.

5. 각각 본래의 신분으로 되돌려 바로잡는다.

(1) 구성요건

① 이 죄의 요건은 노·비가 사사로이 딸을 양인에게 출가시켜 처·첩이 되게 한 것이다. 노·비는 원래 재물과 같아 바로 주인이 처분해야 하므로, 함부로 그 딸을 사사로이 다른 사람에게 출가시켰다면 죄를 묻는 것이다. 사사로이 다른 사람에게 출가시킨 것은 부곡 및 관·사노에게 출가시킨 것도 같다고 해석해야 한다. 대개 이 죄는 사사로이 딸을 출가시켜 주인에게 재물의 손실을 입힌 것에 대한 책임을 묻는다는 뜻을 갖는다.

② 정을 알고 혼인한 남자는 같은 죄로 처벌한다. 정을 알지 못한 자는 처벌하지 않는다.

(2) 처벌

① 절도에 준하여 논한다(적35 참조). 노비가 딸을 사사로이 다른 사람에게 출가시켰다면 반드시 비를 장물로 계산하여 준도로 논하므로, 비의 값이 5필이면 도1년에 처하고, 5필 이상이면 5필마다 1등씩 가중한다.

② 이혼시키고 본래의 신분으로 바로잡는다.

제4절 혼인의 취소와 무효에 관한 죄

I. 함부로 출처한 죄

호혼율40(189조)

1. 처에게 칠출 및 의절할 정상이 없는데도 내쫓은 자는 도1년반에

처하고,

2. 비록 칠출을 범했더라도 삼불거가 있는데 내쫓은 자는 장100에 처한다.

3. 되돌려 합하게 한다.

4. 만약 악질(惡疾)이 있거나 및 간통을 범한 때에는 이 율을 적용하지 않는다.

1. 처에게 칠출이나 의절할 정상이 없는데도 내쫓은 죄

처에게 칠출이나 의절할 정상이 없는데도 내쫓은 자는 도1년반에 처한다. 처는 원래 집으로 돌아오게 한다. 배우자 간의 도리는 그 뜻이 죽어서 같이 합장하기를 기약하는 것이므로 일단 하나가 되었다면 종신토록 바꿀 수 없다. 그러므로 처에게 칠출이나 의절할 사유가 없다면 내쫓아서는 안 된다. 칠출은 처를 내쫓을 수 있는 일곱 가지 사유이고, 의절은 반드시 이혼시켜야 하는 사유이다.

① 칠출은, 아들이 없는 것, 지나치게 음란한 것, 시부모를 섬기지 않는 것, 말을 지어내는 것, 절도하는 것, 투기하는 것, 나쁜 병이 있는 것이다. 이 가운데 아들이 없다는 것은 처가 50세 이상인 경우에 한한다.

② 의절의 사유는, 남편이 처의 조부모·부모를 구타하거나 처의 외조부모·백숙부모·형제·고모·자매를 살해한 경우, 부부 쌍방의 조부모·부모·외조부모·백숙부모·형제·고모·자매가 서로 살해한 경우, 처가 남편의 조부모·부모를 구타하거나 욕한 경우나 남편의 외조부모·백숙부모·형제·고모·자매를 살상한 경우, 처가 남편의 시마친 이상과 간하거나 남편이 장모와 간하는 경우, 처가 남편을 해하고자 한 것 등을 말한다. 이러한 경우에는 비록 은사령이 내리더라도 모

두 의절로 논한다. 처가 혼인해서 아직 묘현례(廟見禮)를 마치지 않았더라도 역시 이 규정(호령, 습유255쪽)에 따른다.

2. 비록 칠출을 범했으나 삼불거가 있는데 내쫓은 죄

처가 칠출을 범했으나 삼불거가 있는데 내쫓은 자는 장100에 처한다. 처는 원래 집으로 돌아오게 한다. 삼불거의 정상은, 처가 시부모의 상을 지낸 경우, 혼인할 때는 빈천하였다가 나중에 부귀하게 된 경우, 혼인한 때에는 받아들인 곳이 있었으나 후에는 돌아갈 곳이 없게 된 경우를 말한다. 단 나쁜 병 및 간죄를 범한 경우 이 율을 적용하지 않고, 비록 삼불거의 정상이 있더라도 역시 내쫓을 수 있다.

II. 의절을 범하고 이혼하지 않은 죄

호혼율41(190조)
1. 의절에 해당하는 행위를 범한 때에는 이혼시킨다. 어긴 자는 도 1년에 처한다.

1. 구성요건

① 이 죄의 기본 요건은 부부 일방이 위에서 본 바와 같은 의절 사유에 해당하는 행위를 한 것이다. 남편과 처는 정과 의로 합한 것이므로 의가 끊어졌다면 이혼해야 한다. 또 법을 왜곡하여 판결해 줄 것을 청탁하기 위해 처·첩을 감림관에게 출가시키거나(호37.3), 남편이 처·첩을 시집보내거나(호38), 남편이 처·첩을 매도한 것도

(적47의 문답1) 역시 각각 의절이 된다.

② 모두 관사가 의절로 판결했는데 이혼하지 않아야 비로소 이 죄를 얻고, 만약 아직 관사의 처단을 거치지 않았다면 이 규정을 적용해서는 안 된다.

2. 처벌

이혼을 수긍하지 않는 자만 도1년에 처한다. 양측이 모두 이혼을 수긍하지 않는 때에는 조의자를 수범으로 하고 수종자를 종범으로 처벌한다. 의절 이혼은 강제 이혼으로 이혼하지 않는 것은 허용되지 않는다(명24.2의 문답).

Ⅲ. 처·첩이 마음대로 떠난 죄

호혼율41(190조)

2. 만약 부부가 서로 편안하지 않고 화합되지 않아 합의하여 이혼한 경우에는 처벌하지 않는다.
3. (a) 만약 처·첩이 마음대로 떠난 때에는 도2년에 처하고, (b) 이로 인해 개가한 때에는 2등을 더한다.

1. 처·첩이 마음대로 떠난 죄

(1) 의의

율은 부부가 서로 편안하지 않고 화합되지 않아 합의하여 갈라선 경우에는 처벌하지 않는다. 즉 서로 간에 정이 맞지 않아 양측이 갈라서기를 원해서 이혼한 경우에는 처벌하지 않는다. 이는 합의 이혼을 법적으로 승인하는 것임은 말할 필요도 없다. 그러나 처·첩이 함부로 마음대로 떠나는 것은 법이 허용하지 않는다.

(2) 요건과 처벌

처·첩이 마음대로 떠난 때에는 도2년에 처한다. 부인은 남편을 따라야 하고 스스로 마음대로 할 수 있는 도리는 없다. 따라서 비록 자신의 형제를 만나 전송하거나 영접하더라도 문지방을 넘을 수 없다. 만약 화합하는 마음이 어그러지고 남편과 떨어지고자 하는 뜻이 있어 남편을 배반하고 함부로 떠났다면 다른 뜻을 품은 것으로 간주하여 처벌한다. 다만 부부 간에 공경하는 것은 오래 가기 어렵고 규방 내에 분쟁이 없을 수 없으므로, 서로 화내어 잠시 떠난 경우에는 이 죄를 적용하지 않는다.

2. 처·첩이 함부로 떠나서 개가한 죄

(1) 요건과 처벌

처·첩이 함부로 떠나서 개가한 때에는 함부로 떠난 죄에 2등을 더하여 도3년에 처한다. 처·첩의 친속이 주관하여 개가한 때에는 율을 위반하고 혼인한 경우 처벌하는 원칙(호46)을 적용하여, 주혼이 부모이면 부모는 도3년에 처하고 처·첩은 마음대로 떠난 죄로 도2년에 처한다. 주혼이 기친이면 주혼과 당사자를 수범·종범으로 나누어 수범은 도3년, 종범은 도2년반에 처한다.

(2) 혼인에 대한 처분

처의 개가는 남편의 중혼죄(호28)에 유추하여 적용할 수 있다. 따라서 앞의 혼인은 이혼에 해당하지만, 뒤의 혼인은 무효이다.

제5절 율을 위반한 혼인에 관한 통칙

Ⅰ. 율을 위반한 혼인의 처벌 원칙

1. 율을 위반한 혼인을 공갈 또는 강제한 경우의 처벌 원칙

호혼율44(193조)

1. (a) 율을 위반하고 혼인하면서, 비록 중매와 빙재가 있더라도, 공갈로 장가든 때에는 본죄에 1등을 더하고, (b) 강제로 장가든 때에는 또 1등을 더한다. (c) 강요당한 자는 단지 성혼되지 않은 경우의 법에 의거한다.

(1) 구성요건

이 죄의 요건은 율에서 허락하지 않는 혼인을 공갈 또는 강제의 수단을 동원하여 고의로 행한 것이다. 이 규정은 혼인에 관한 율(호26~43) 가운데 여자 집의 파혼(호26), 부모상 중의 주혼(호32), 이혼(호40) 및 의절에 따른 이혼(호41)을 제외하고 나머지 조항의 구성요건 및 처벌에 적용된다. 단 남자의 집에서 공갈하거나 강제하여 처·첩을 취한 경우만 해당한다. 사람으로 하여금 저항할 수 없게 하는 것이 강제이고, 공갈은 해악을 통고하여 사람으로 하여금 두렵게 하는 것이다(적38.1의 소).

(2) 처벌

1) 가해자

공갈로 취한 자는 본죄에서 1등을 더하며, 강제로 취한 경우 또 1등을 더하므로 곧 본죄에 2등을 더한다. 가령 잡호가 양인 여자와 혼인한 경우 비록 중매인과 빙재가 있더라도 공갈로 처를 취했다면, 본래의 처벌이 장100에 해당하므로(호43) 1등을 더하여 도1년에 처하며, 강제한 경우 또 1등을 더하니 도1년반이 된다. 단 간죄로 논한다고 칭한 경우는 본죄에 1등을 더하는 것에 그친다(호46.5의 소).

2) 강제된 자

강제된 자는 성혼되지 않은 법에 따라 각각 성혼된 죄에서 5등을 감한다(호46.4). 가령 잡호가 양인의 딸과 혼인했는데 강요당했다면 여자 집은 태50에 그친다. 여자 집은 비록 율을 위반하고 혼인했지만 그 본의에서 나온 것은 아니므로 성혼되지 않은 경우의 처벌법에 따르는 것이다.

2. 은사령이 내린 경우 율을 위반한 혼인의 처분 원칙

호혼율45(194조)

1. (a) 율을 위반하고 혼인하였는데, 해당 조항에서 "이혼시킨다.", "바로잡는다."라고 칭한 경우에는 비록 은사령이 내리더라도 그대로 이혼시키고 바로잡는다. (b) 정혼했지만 성혼되지 않았더라도 역시 그렇다.
2. (a) 빙재는 되돌려 주지 않는다. (b) 여자 집에서 속인 때에는 되돌려 준다.

(1) 개설

이 조항은 율을 위반한 혼인의 처분을 위한 통칙이다. 혼인에 관한 율의 각 조항은 혼인의 요건과 이를 위반하고 혼인한 경우 처벌한다는 것을 명시적으로 규정한 것이다. 혼인 관련 범죄 가운데 정이 무거운 경우 반드시 이혼시키고 또한 신분을 고쳐 바로잡으며, 정이 가벼우면 이혼시키지 않는다. 반드시 이혼시키고 바로잡는 경우는 비록 은사령이 내리더라도 곧 그 율을 위반한 상태의 존속을 인정하지 않으니 혼인은 무효가 된다. 이 때 빙재는 원칙상 회수하지 못한다. 참고로 율을 위반한 혼인을 이혼시키는 경우, 신분을 고쳐 바로잡는 경우, 이혼시키지 않는 경우로 구분해서 적시해 보면 다음과 같다.

1) 이혼시키는 경우
① 남자 집 또는 여자 집의 거짓으로 속인 혼인(호37)
② 처가 있는데 다시 처를 취한 경우(호28)
③ 부모상이나 남편 상중에 시집가거나 장가간 경우(호30.1)
④ 동성 또는 친속 사이의 혼인(호33)
⑤ 전에 단문친 이상의 처였던 자를 처로 취한 경우(호34)
⑥ 수절 부인을 강제 출가시킨 경우(호35)
⑦ 도망한 부인에게 남편이 있는 것을 알면서 처로 취한 경우(호36)
⑧ 감림관이 관할 구역의 민을 처로 취한 경우(호37)
⑨ 다른 사람의 처를 합의하여 처로 취한 경우(호38)

2) 본래의 신분으로 고쳐 바로잡는 경우
① 처·첩·객녀·비의 명분을 함부로 바꾼 경우(호29)
② 양인과 천인이 혼인한 경우(호42, 43)

3) 이혼시키지 않는 경우

① 기친 상중의 시집가고 장가간 경우(호30.3)

② 조부모·부모의 수감 중에 혼인한 경우(호31)

③ 비유가 스스로 처를 취한 경우(호39)

④ 도망한 부인임을 몰랐거나 사면되어 죄가 면제된 부인을 처로 취한 경우(호36)

⑤ 혼인 기일이 되지 않았는데 강제로 취하거나 여자 집이 고의로 기일을 위반한 경우(호44.2)

(2) 은사령이 내린 뒤 이혼시키고 바로잡아야 하는 혼인에 대한 처분

1) 성혼된 경우

율을 위반한 혼인인데 해당 조문에 이혼시킨다고 하거나 바로잡는다고 언급한 경우이다. 율을 위반하고 혼인하였다는 것은 율에 의해 혼인해서는 안 되는데 고의로 이를 위반한 경우를 말한다. "이혼시킨다."는 것은 법적으로 혼인의 무효를 선언하고 강제로 이혼시키는 것을 말한다. "바로잡는다."는 것은 본래의 신분으로 되돌린다는 것을 말한다. 이미 성혼된 경우 설령 은사령이 내리더라도 여전히 이혼시키거나 본래의 신분으로 바로잡는다.

2) 성혼되지 않은 경우

정혼했지만 성혼되지 않은 경우에도 역시 같다. 가령 잡호가 양인과 혼인하기로 이미 정했거나(호43) 감림관이 감림 대상인 여자를 취했지만(호37) 성혼되지 않았다면 은사령이 내린 후에라도 또한 이혼시키고 본래의 신분으로 바로잡는다. 그 뜻은 은사령이 내린 이후에도 역시 성혼을 인정하지 않는다는 것이다.

(3) 은사령이 내린 뒤 이혼하고 바로잡아야 하는 것을 하지 않은 경우의 처분

명례율 36조에 "은사령이 내려 죄가 면제되어도 마땅히 고쳐 바로잡거나 징수해야 하는데 장부를 조사·대조할 때까지 고쳐 바로잡거나 징수하지 않았다면 각각 그 본래 범한 율과 같이 논한다."고 규정되어 있다. 따라서 마땅히 이혼해야 할 남녀는 사면 후에라도 반드시 이혼해야 하며, 그대로 여전히 이혼하지 않은 경우에는 율에 그 죄에 대한 조문은 없지만 역시 '마땅히 해서는 안 되는데 행한' 죄(잡62)의 무거운 쪽에 해당하므로 장80에 처해야 한다. 만약 이혼하도록 판결하였는데 이혼하지 않았다면 당연히 간죄의 처벌법에 따른다.

(4) 은사령이 내린 뒤 빙재의 처분

마땅히 이혼해야 하고 바로잡아야 하는데 남자 집에서 빙재를 이미 보냈다면 이혼하고 바로잡는다 하더라도 그 재물은 돌려주지 않는다. 단 여자의 집에서 거짓으로 속였기 때문에 이혼시키고 바로잡아야 할 경우에는 재물을 추징하여 남자 집에 되돌려준다.

II. 위율 혼인죄의 수범과 종범

호혼율46(195조)

1. 혼인함에 율을 위반하였는데, 조부모·부모가 혼인을 주관한 때에는 주혼만 처벌한다. 〈본조에서 간죄로 논한다고 한 경우에는 각각 본조의 처벌법에 따르되, 사죄에 이른 경우에는 1등을 감한다.〉
2. (a) 만약 기친존장이 혼인을 주관한 때에는 주혼을 수범으로 하

고, 남녀를 종범으로 한다. (b) 다른 친속이 혼인을 주관한 때에
는 율을 위반한 사유가 주혼에게서 비롯되었다면 주혼을 수범으
로 하고 남녀를 종범으로 하며, 사유가 남녀에게서 비롯되었다
면 남녀를 수범, 주혼을 종범으로 한다.

4. 단 남녀가 핍박받아 결혼했거나, 남자 나이 18세 이하 및 미혼
여성일 경우에는 역시 주혼만 처벌한다.

5. 성혼되지 않은 때에는 각각 성혼된 경우의 죄에서 5등을 감한다.

6. 중매인은 각각 수범의 죄에서 2등을 감한다.

1. 개설

율을 위반하고 혼인한 때에는 주혼 및 혼인 당사자를 처벌하는데,
주혼이 조부모·부모인 경우 주혼만 처벌하고 당사자는 처벌하지 않
는다. 기친 이하가 주혼인 때에는 당사자도 처벌하지만 그 방법이 다
르다. 이는 혼인하는 당사자들에 대한 주혼의 교령권이 다르기 때문
이며, 동시에 혼인 당사자의 성별 및 연령 또한 처벌에서 고려된다.

2. 수범과 종범

(1) 조부모·부모가 주혼인 경우

율을 위반하는 혼인을 했는데 조부모·부모가 혼인을 주관한 경우
에는 주혼만 처벌하며, 율을 위반한 혼인을 간죄로 논하는 경우도
같다. 조부모·부모가 혼인을 주관하였을 경우에는 존친의 명을 받들
었기 때문에 혼인을 주관한 자만을 처벌하고 혼인 당사자는 처벌하
지 않는다. 가령 조부모·부모가 혼인을 주관하여 자·손에게 외삼촌·
생질의 처와 혼인하도록 하였다면 도1년에 처해야 하는데(호34), 오
직 조부모·부모만 죄를 받고 자·손은 처벌하지 않는다.

(2) 기친존장이 주혼한 경우

기친존장이 혼인을 주관한 때에는 주혼이 수범이 되고 혼인 당사자는 종범이 된다(명42.1). 기친존장은 백숙부모·고모·형·누나로 부모의 바로 다음 서열이므로 혼인을 주관한 자를 수범으로 하고, 혼인 당사자를 종범으로 처벌한다. 기친존장은 조부모·부모와는 달리 강제로 주혼권을 행사할 수는 없고 당사자의 동의를 구해야 하므로, 수범과 종범으로 구분해서 처벌하는 것이다.

(3) 다른 친속이 혼인을 주관한 경우

다른 친척 즉 기친비유 및 대공친 이하 존장이 혼인을 주관한 경우는 두 가지 정형으로 나누어 각각 사유가 있는 사람을 수범으로 한다.

① 율을 위반한 혼인의 사유가 주혼에게 있으면 혼인을 주관한 자를 수범, 혼인 당사자를 종범으로 하여 처벌한다.

② 율을 위반한 혼인의 사유가 혼인 당사자에게 있다면 남녀를 수범, 주혼을 종범으로 하여 처벌한다.

대개 조부모·부모 외의 다른 친속은 비록 주혼권이 있다고 하더라도 그 교령권은 조부모·부모에 비해 약한 까닭에 혼인이 주혼의 주장에서 비롯된 것인지 아니면 혼인 당사자의 뜻에서 비롯된 것인가에 따라 수범·종범으로 한다. 종범은 수범의 죄에서 1등을 감한다(명42.1).

(4) 혼인한 당사자에 대한 처벌의 특례

위 조문에서 혼인 당사자는 때로는 수범이 되고 때로는 종범이 되는데, 단 다음에 서술하는 정형에서는 주혼만을 처벌한다.

1) 남녀가 핍박받은 경우

주혼이 위세 또는 폭력을 행사하여 혼인 당사자가 자유롭지 못한 경우에는 남녀는 처벌을 면하고 주혼만 처벌한다. 이 경우 비록 장성한 남자나 과부라도 죄가 없다.

2) 남자의 나이가 18세 이하인 경우

18세 이하는 대개 그 지혜와 사려가 두루 미치지 못하고 세상의 이치에 어두운 까닭에 율을 위반한 혼인에 대하여 책임이 없다.

3) 미혼 여성의 경우

미혼 여성은 사리에 밝지 못하고 또 스스로 오로지 할 수 있는 능력이 없는 것으로 간주하기 때문에 연령을 불문하고 모두 처벌하지 않는다.

3. 율을 위반한 혼인이 성립되지 않은 경우의 처벌

비록 율을 위반한 혼인이라도 성혼되지 않은 경우에는 정이 가볍기 때문에 성혼한 죄에서 5등을 감한다. 가령 동성과 혼인하였다면 도2년에 해당하는데(호33.1a) 성혼되지 않은 때에는 장80에 처한다. 단 율을 위반하고 혼인하여 간죄로 논하는 경우 성혼되지 않은 때에는 간죄에서 5등을 감한다.

4. 율을 위반한 혼인의 중매인의 죄

율을 위반한 혼인을 중매한 사람은 각각 수범의 죄에서 2등을 감해서 처벌한다. 가령 동성혼인이 성혼되지 않은 경우 중매인은 장80

에서 2등을 감해서 장60에 처하며, 다른 율을 위반한 혼인의 경우도 각각 2등을 감한다. 율을 위반한 혼인에서 중매인은 사정을 알지 못하는 경우가 없기 때문에 종범이라고 해야 한다. 다만 수범의 죄에서 2등을 감하는 것은 대개 주혼과 남녀가 이미 수범·종범으로 구분되어 종범은 수범에서 1등을 감하는데, 중매인은 마땅히 종범에서 또 1등을 감해야 하기 때문이다.

5. 율을 위반한 혼인을 간죄로 논하는 경우의 처벌

(1) 개설

율을 위반한 혼인 가운데 간죄로 논하는 경우는 동성 시마친 이상 친속과 혼인(호33.1), 복이 있는 외척·인척의 존비 사이의 혼인 및 동모이부자매 또는 처의 전 남편의 딸과의 혼인(호33.2), 소공친 이상의 처였던 자와의 혼인(호34.1)이 있다. 간죄로 논하는 혼인을 한 경우 잡률(잡22~25)의 간죄에 따라 죄를 주는데, 단 주혼 및 혼인 당사자인 남녀, 그리고 중매인의 처벌이 다르고, 사죄에 이른 때의 처벌에 대해서도 특별한 규정을 두고 있다.

(2) 주혼 및 남녀의 처벌

1) 주혼만 처벌하는 경우

간죄로 논하는 율을 위반한 혼인이라도 조부모·부모가 주혼한 경우 주혼만 처벌하고 자·손은 처벌하지 않는다고 해석해야 한다. 다만 이 경우라도 자·손이 혼인한 여성과 부부관계가 있었다면, 이는 이미 간죄를 범한 것과 같아 관이 있는 자는 그대로 제명한다. 부부관계가 없었다면 그렇지 않다.

2) 주혼과 남녀가 수범과 종범으로 나뉘는 경우

수범은 간죄의 형에 따르고 종범은 1등을 감한다. 즉 주혼은 혼인을 주관한 바의 남녀가 간한 죄로 받을 수 있는 형을 받고, 남녀는 그 형에서 1등을 감한다.

3) 본조의 규정에 따르는 경우

여기서 본조란 각각 신분에 따라 달리 규정한 간죄의 조항을 말한다. 가령 부가 자에게 그 자의 이모와 혼인하도록 하였다면 잡율 24조에 "이모를 간한 자는 유2000리에 처하고, 강간한 때에는 교형에 처한다."고 규정되어 있으므로, 그 부도 유2000리에 처한다. 이모는 모의 자매이다.

(3) 간죄로 논하여 사죄에 이른 경우

예컨대 모의 자매를 강제로 처로 삼거나 쫓겨나거나 개가하지 않은 과부 백숙모와 혼인한 경우, 본래의 간죄 조항(잡24, 25)에서는 사죄에 해당하지만 간죄로 논하므로 1등을 감하여 유3000리에 처한다. 대개 비록 간죄로 논한다고 하더라도 궁극적으로는 본래의 간죄와는 차이가 있는 것이다.

(4) 혼인을 강제로 한 경우

간죄로 논하는 것이 아닌 혼인을 강제한 경우는 본조의 죄에 2등을 더하고, 간죄로 논하는 혼인을 강제한 경우는 본조의 죄에 1등을 더한다. 간죄로 논하는 경우 형이 무겁기 때문에 강제한 경우 2등을 더하는 통례(직52.1c)를 따르지 않는 것이다.

(5) 간죄로 논하는 혼인의 중매인 처벌

율을 위반하여 간죄로 논하는 혼인을 중매한 사람의 죄는 각각의 간죄에서 1등을 감한다(호46.6의 소). 율을 위반한 혼인에서 중매인은 원래 수범의 죄에서 2등을 감하는데, 이 경우는 간죄로 논하므로 잡률 27.3조의 간통을 중개한 죄에 따라 간죄에서 1등을 감하는 규정을 적용하는 것이다. 여기서 주의해야 할 것은 화간죄는 수범과 종범을 나누지 않는(잡27.1) 까닭에 각각 간죄에서 1등을 감한다고만 한 것이다. 또 간죄로 논하는 율을 위반한 혼인을 강제한 경우 중매인은 강간죄에서 1등을 감한다. 간죄는 미수범을 벌하지 않으나 간죄로 논하는 혼인이 성립하지 않은 경우 원래 간죄에서 5등을 감하므로 중매인은 당연히 다시 1등을 더해서 6등을 감해서 죄주어야 한다.

제6장
양자와 상속에 관한 죄

제1절 양자에 관한 죄

Ⅰ. 양자에 관한 죄

1. 양자가 양부모를 버리고 떠난 죄

호혼율8(157조)
1. (a) 양자가 입양한 바의 부모에게 아들이 없는데 그들을 버리고 떠난 때에는 도2년에 처한다. (b) 만약 양부모가 아들을 낳거나 친부모가 아들이 없어 친부모에게 돌아가고자 하는 때에는 이를 허용한다.

(1) 요건과 처벌
양자가 양부모에게 아들이 없는데 버리고 떠난 때에는 도2년에 처한다. 만약 입양한 측에서 아들을 낳은 때 및 비록 아들은 없으나 계속 입양하기를 원하지 않아 친부모에게 돌려보내고자 하는 때에는 입양한 부모의 의사에 맡긴다. 즉 양부모는 수시로 입양을 중지할수 있으며, 정당한 사유의 유무는 논하지 않는다.

(2) 소극적 구성요건
양자가 설령 양부모를 떠났더라도 만약 정당한 사유가 있다면 당연히 버리고 떠난 죄가 성립하지 않고, 양자도 중지된다. 정당한 사유란, 만약 입양한 부모가 아들을 낳거나 친부모가 아들이 없어 친부모에게 돌아가고자 하는 때를 말한다. 양가 모두 아들이 없다면 친부모에게 돌아가거나 양부모에게 머무는 것 모두 허용한다.

2. 이성 남자를 입양한 죄

호혼율8(157조)

2. (a) 이성의 남자를 입양한 자는 도1년에 처하고, 준 자는 태50에
처한다. (b) 단 버려진 어린아이로 세 살 이하이면 비록 이성이
라도 입양하여 자신의 성을 따르게 하는 것을 허용한다.

(1) 요건과 처벌

이성 남자를 입양한 자는 도1년에 처하고, 아들을 양자로 준 자는
태50에 처한다. 입양은 반드시 동성만 할 수 있다. 이성의 남자는 본
래 같은 족속이 아니므로 입양을 금지하며, 이를 위반하고 입양하거
나 아들을 양자로 준 쪽 모두 처벌한다.

(2) 소극적 구성요건

버려진 어린아이로 3세 이하면 입양하여 그 성을 따르게 하는 것
을 허용한다. 어린아이로 3세 이하이고 친부모가 버린 경우 만약 입
양을 허용하지 않으면 곧 생명이 끊어질 것이므로 비록 이성일지라
도 그대로 입양하여 그 자신의 성을 따르게 하는 것을 허용한다. 단
만약 아이의 부모가 나중에 와서 알아보고 인지한다면 친부모에게
돌려보내야 하며, 아이를 잃어버린 집은 아이를 양육한 값을 헤아려
갚아야 한다.

3. 망령되이 자·손을 타인의 후계로 삼은 죄

호혼율6(155조)

2. 만약 조부모·부모가 망령되이 자·손을 다른 사람의 후사로 삼게

한 때에는 도2년에 처하고, 자·손은 처벌하지 않는다.

조부모·부모가 망령되이 자·손을 타인의 후사로 삼은 때에는 도2년에 처한다. 이는 법을 위반하고 자·손을 대를 이을 아들이 없는 호의 후사로 삼는 것을 말한다. 호령(습유234쪽)에 따르면, 자·손을 대를 이을 아들이 없는 호의 후사로 삼고자 호적에서 빼는 것은 18세 이상이 아니면 할 수 없다. 단 17세 이하인데 계승을 명한 경우는 일단 본생의 호적 내에 주기했다가 18세가 되면 계승을 허용한다. 곧 계승하는 곳에 모가 있으면 비록 어리더라도 호적에서 빼는 것을 허용한다. 따라서 이 규정에 부합하면 호적에서 빼서 아들이 없는 절호를 계승하여 대를 잇는 것을 허용하며, 규정에 부합하지 않는데도 부당하게 호적에서 빼서 계승한 때에는 법을 위반한 죄로 처벌한다. 단 조부모·부모만 처벌하고 자·손은 처분을 받았을 뿐이므로 처벌하지 않는다.

II. 천인을 입양한 죄

호혼율10(159조)

1. (a) 잡호 남자를 입양하여 자·손으로 삼은 자는 도1년반에 처하고, (b) 잡호 여자를 입양한 자는 장100에 처한다.
2. 관호를 입양한 때에는 각각 1등을 더한다.
3. 준 자도 역시 이와 같다.
4. 만약 부곡 및 노를 입양하여 자·손으로 삼은 자는 장100에 처한다.
5. (a) 각각 본래의 신분으로 바로잡는다. (b) 〈주인이 없거나 주인 스스로 입양한 때에는 양인으로 삼는 것을 허용한다.〉

1. 양인이 잡호를 입양한 죄

양인이 잡호 남자를 입양한 때에는 도1년반에 처하고, 잡호 여자를 입양한 때에는 장100에 처한다. 양자를 준 자에 대한 처벌도 각각 같다. 잡호는 전 왕조에서 죄를 범하여 관에 몰수되었다가 여러 관사에 배속되어 사역되는 신분으로, 역시 주·현의 호적에 올리지만 부역은 평민과 같지 않으므로(명20.5의 소) 양인이 입양하는 것을 금한다.

2. 양인이 관호를 입양한 죄

양인이 관호 남자를 입양한 때에는 도2년에 처하고, 관호 여자를 입양한 때에는 도1년에 처한다. 관호도 잡호와 마찬가지로 역시 죄수로 관에 몰수되어 오직 관사에만 속하고 주·현에는 호적이 없는 자이므로 입양하는 것을 금한다.

3. 잡호와 관호가 서로 입양한 죄

잡호와 관호는 호령(습유258쪽)에 "잡호·관호는 모두 같은 신분끼리 혼인해야 한다."고 규정되어 있는 것처럼 서로 다른 신분이므로, 서로 입양하는 것이 금지된다. 단 율에 원래 죄명이 정해지지 않았으므로 '마땅히 해서는 안 되는데 행한' 죄(잡62)에 따라 남자를 입양한 때에는 무거운 것에 따라 장80에 처하고, 여자를 입양한 때에는 가벼운 것에 따라 태40에 처한다.

4. 부곡·노·비와 잡호·관호가 서로 입양한 죄

부곡·노·비가 잡호·관호의 남녀를 서로 입양한 것은 양인이 잡호·관호의 남녀를 입양한 것과 처벌이 같고, 준 자도 역시 그렇다. 왜냐하면 앞의 요건에 해당하는 처벌규정이 본조(호10)에 없는데, 이 경우 명례율 47.1조의 "부곡·노·비가 죄를 범하였는데 본조에 곧바로 해당하는 처벌규정이 없는 경우 각각 양인에 준한다."는 규정에 따라야 하기 때문이다.

5. 양인이 부곡·노 혹은 객녀·비를 입양한 죄

① 만약 양인이 부곡 및 노를 입양하여 자·손으로 삼은 자는 자기 소유이거나 타인의 소유이거나를 막론하고 장100에 처한다.

② 만약 객녀 및 비를 입양하여 딸로 삼은 경우에는 '마땅히 해서는 안 되는데 행한' 죄(잡62)의 가벼운 것에 따라 태형40에 처한다.

③ 준 자는 입양한 자와 같이 처벌한다고 해석해야 한다.

6. 신분에 대한 처분

① 각각 원래의 신분으로 되돌려 바로잡는다. 즉 잡호 이하를 입양하였다면 비록 은사령이 내리더라도 모두 신분을 바로잡아 각각 그 본래의 신분에 따르게 해야 한다(명36). 대개 양천신분질서를 어지럽힐 수 있으므로 입양은 무효인 것이다.

② 단 주인이 없거나 주인 스스로 입양한 경우에는 양인으로 삼는 것을 허용한다. 즉 입양한 부곡 및 노에게 본래의 주인이 없는 경우 자·손으로 삼고 또 모두 양인으로 삼는 것을 허용하는데, 이는 이미

자·손으로 삼았다면 천인이 되게 할 수는 없기 때문이다. 주인이 없거나 주인 스스로 양육한 객녀나 비를 양녀로 삼은 경우도 그대로 양자법에 준하여 양인으로 삼는 것을 허용한다.

제2절 상속에 관한 죄

Ⅰ. 적자를 세우는 법을 위반한 죄

1. 법을 위반하고 적자를 세운 죄

호혼율9(158조)
1. 법을 위반하고 적자를 세운 자는 도1년에 처한다.
2. 만약 적처의 나이가 50세 이상으로 아들이 없을 때에는 서자 중 연장자를 세울 수 있지만, 연장자로 세우지 않은 경우의 죄 역시 이와 같다.

(1) 입적의 법

적자를 세우는 것은 본래 봉작의 계승을 위한 것이다. 봉작령(습유305쪽)에 의거하면, 왕·공·후·백·자·남의 봉작은 모두 자·손 가운데 적자가 계승한다. 봉작의 계승 순서는 모두 이 봉작령에 갖추어져 있다. 즉 만약 적자가 없거나 적자가 죄를 지었거나 질병이 있는 경우라면 적손을 세운다. 적손이 없으면 차례로 적자의 동모제를 세우고, 적자의 동모제가 없으면 서자를 세운다. 서자가 없으면 적손의 동모제를 세우고, 적손의 동모제가 없으면 서손을 세운다. 증·현손이하도 이와 같다. 후사가 없는 경우에는 봉작을 몰수한다. 적자를 세우는 원칙을 단적으로 말하면, 남계주의, 적계주의, 장손주의이다. 즉 적장자가 최우선이고, 적장손이 그 다음이다. 그 다음은 적장자의 동모제, 그 다음은 서자이며 그것도 역시 장자가 먼저고 유자가 뒤이다.

(2) 입적 위법의 죄

위의 순서에 따르지 않는 것이 곧 위법이며, 죄는 도1년에 해당한다. 율은 특히 서자를 세워 작을 계승하는 것에 대해 명문을 두었다. 즉 적처가 50세 이상이어서 더 이상 아이를 낳아 기를 수 없을 때 비로소 서자를 적자로 세우는 것을 허용하는 것이다. 이 경우도 모두 먼저 연장자를 세워야 하는데 연장자를 세우지 않은 죄 역시 도1년에 해당한다.

2. 적자가 아닌 자가 사기로 작을 계승한 죄

사위율10(371조)
1. (a) 정처소생의 적자가 아니어서 작을 계승할 수 없는데, 속이고 계승한 자는 도2년에 처한다.

(1) 구성요건

이 죄의 요건은 봉작을 계승해서는 안 되는 자가 속이고 계승한 것이다. 이는 다시 두 종류의 정형으로 나누며 그 형이 서로 다르다. 하나는 비록 같은 자·손이지만 법에 정한 순서가 아닌데 거짓으로 계승한 것이고, 다른 하나는 자·손이 아니면서 적자라고 속이고 계승한 것이다.

(2) 처벌

① 자·손이 범한 경우 도2년에 처한다.

② 자·손이 아닌데 속이고 계승한 경우는 사기하여 거짓 관을 얻은 법(사9.1)에 따라 유2000리에 처한다.

II. 재산의 분배에 관한 죄

1. 호령의 분재법

호령(습유245~246쪽)의 분재법은 다음과 같다.

"마땅히 나누어야 할 전택 및 재산은 형제가 균등히 분배한다. 〈단 부·조가 사망한 뒤 각자가 이거하고 같이 취사하지 않은지 3년 이상이거나, 도망한지 6년 이상인 경우를 말한다. 만약 부·조의 옛 전택·저점·물레방아·부곡·노·비는 없고 현재 분리되어 있는 경우는 새삼 다시 분배를 논할 수 없다.〉 처가에서 받은 재산은 분재의 범위에 넣지 않는다. 〈다만 처가 사망하였더라도 처의 자재 및 노·비는 처가에서 회수할 수 없다.〉 형제가 죽은 경우에는 자식이 아버지 몫을 계승하며, 〈양자도 이에 포함된다.〉 형제가 모두 사망했다면 형제의 아들들이 균등 분배한다. 〈단 부·조의 영업전 및 사전(賜田)과 구분전은 곧 전령의 급전 기준에 준하며, 전이 적은 경우에도 역시 이 법에 따라 분배한다.〉 아직 처를 얻지 아니한 자는 따로 혼인 자금을 준다. 고모·자매 가운데 혼인하지 않은 자는 남자의 반을 준다. 과부 가운데 아들이 없는 자는 남편의 몫을 계승한다. 만약 남편의 형제가 모두 없다면 아들 한 사람의 몫에 따른다. 〈아들이 있는 자는 따로 몫을 받을 수 없다. 남편의 집에서 수절하고는 있는 자를 말한다. 만약 개가했다면 현재한 부곡·노·비·전택을 쓸 수 없으며, 상속권자들에게 균등 분배한다.〉"

이상은 다음과 같이 정리할 수 있다.

(1) 남자
① 원칙적으로 형제가 균분한다.
② 형제 가운데 사망자가 있으면 자식이 그 몫을 승계한다.
③ 만약 형제(가장의 아들들)가 모두 사망한 경우에는 아들들이 (가장의 손자들) 균분해서 승계한다.

(2) 과부
① 형제들이 균분하는 경우 당연히 처의 몫은 없다.
② 형제 중에 사망자가 있고 자식이 없는 경우 과부가 남편의 몫을 승계한다. 자식이 있는 경우 자식이 아비의 몫을 승계한다.
③ 형제가 모두 죽고 그 아들(가장의 손자)들이 균분하는 경우 과부는 아들 한 사람의 몫을 받는다. 즉 이미 죽은 형제의 자식들과 같다. 바꾸어 말하면 손자 각각의 몫과 같다.

(3) 미혼 남녀의 혼인자금
① 남자는 따로 혼인자금을 나누어 받는다.
② 혼인하지 않은 고모·자매는 그것의 반을 받는다. 단 이미 출가한 자는 나누어 받을 대상이 아니다.

2. 상속재산 분배를 공평하지 않게 한 죄

호혼율13(162조)

2. 만약 동거하다가 분가해야 하는데 재산을 균평하게 나누지 않은
   자는, 침범한 것을 계산하여 좌장으로 논하되 3등을 감한다.

동거하다가 호적을 달리하고 재물을 나눌 때에는 위에 적시한 호
령(습유245쪽)에 의거해서 균평하게 나누어야 한다. 만약 이 영을 위
반하고 다른 사람의 몫을 침범하여 더 차지한 때에는 좌장으로 논하
되 3등을 감한다. 예를 들면 형제 2인이 견 100필의 재산을 균등하게
나누는데 한 사람이 60필을 차지했다면, 더 차지한 10필을 좌장의
장물로 계산하여 정한 죄(도1년)에서 3등을 감하여 장80에 처한다.

제3편
개인적 법익에 대한 죄

서 설

   현재 통용되고 있는『형법각론』은 형법 중의 개인적 법익에 대한 죄를 ① 생명과 신체에 대한 죄, ② 자유에 대한 죄, ③ 명예와 신용에 대한 죄, ④ 사생활의 평온에 대한 죄, ⑤ 재산에 대한 죄로 나누고 있다. 당률의 개인적 법익에 대한 죄도 현행『형법각론』을 기준으로 분류할 수 있다. 단 생명과 신체에 대한 죄, 자유에 대한 죄, 사생활의 평온에 대한 죄, 재산에 대한 죄로 분류할 수 있는 조항들은 있지만, 개인의 명예와 신용을 보호하기 위한 법은 찾아보기 어렵다. 즉 명예훼손죄 및 모욕죄, 신용훼손죄, 업무방해죄 등은 없다. 따라서『당률각론』의 제 3편 개인적 법익에 대한 죄는 1장 생명과 신체에 대한 죄, 2장 자유에 대한 죄, 3장 사생활의 평온에 대한 죄, 4장 재산에 대한 죄의 4장으로 구성한다.

제1장
생명과 신체에 대한 죄

제1절 총설

I. 개설

생명과 신체에 대한 죄들은 주로 적도율(제7편)과 투송률(제8편)에 있다. 두 편에 포함되어 있는 조문들을 현행 형법의 체제에 따라 정리해 보면 살인의 죄(제2절), 상해의 죄(제3절), 오(誤)·희(戱)·과실치사상의 죄(제4절)로 구분할 수 있다. 단 생명과 신체에 대한 죄 가운데 신분인의 생명과 신체에 대한 죄들은 다시 친속 사이의 살상죄(제5절), 관인을 살상한 죄(제6절), 양인·천인 살상죄(제7절)의 세 개 절로 세분해서 구성한다. 왜냐하면 당률의 생명과 신체에 대한 죄는 존비장유와 귀천상하의 신분을 가중적 또는 감경적 구성요건으로 하여 세분해서 규정해 두고 있는데, 그것이 가지는 역사적 의미가 적지 않기 때문이다.

II. 생명과 신체에 대한 죄의 특질

1. 책임 형식

생명·신체의 침해에 관한 죄의 책임 형식은 모살(謀殺), 고살상(故殺傷), 투살상(鬪殺傷), 오살상(誤殺傷), 희살상(戱殺傷), 과실살상(過失殺傷)으로 구분한다.

① 모살은 예비·음모가 있는 살인이다. 율은 살인의 예비·음모를 중시하므로 이미 살해한 경우만이 아니라 그로 인해 상해한 경우 및

착수하지 않고 예비한 경우도 처벌하는 규정을 두었다(적5, 9). 모살은 사람의 생명에 대한 가장 흉악한 침해로, 율은 그 살인자를 적인(賊人)으로 표현하기 때문에 적도율 내에 규정을 둔 것이다.

② 고살상은 사건 당시에 살의가 일어난 것으로, 살해한 것은 고살로 미수는 고상으로 처벌한다. 싸움이 없는데 고의로 사람을 구타해서 살상한 것도 고살상이다. 고살상은 투구살상죄에 1등을 더한다.

③ 투구살상은 싸움으로 인해 구타해서 상해·살해에 이른 것이다. 이것이 살상죄의 전형이다.

④ 오살상은 착오로 사람을 상해·살해한 것이다. 투구살상의 객체 착오나 모살상의 객체 착오가 그 예이다. 오살상의 책임 형식은 과실과 유사하나 본래 살해의 의도를 가진 행위로 단순히 객체를 착오한 것에 불과하기 때문에, 과실살상으로 논하지 않고 투구살상이나 고살상으로 논한다.

⑤ 희살상은 죽어도 좋다고 동의하고 힘겨루기로 놀이하다가 상해나 사망에 이른 것이다. 여기에는 비록 사망이나 상해의 결과가 있고 예비가 있지만, 단 피살상인의 동의가 있었기 때문에 죄를 감경한다(투37).

⑥ 과실살상은 과실로 사람에게 사망 또는 상해에 이르게 한 것을 가리킨다. 살상의 의도를 가지지 않은 행위로 인한 사망·상해이므로 죄를 속동으로 논한다. 단 과실살상이라도 실형에 처하는 경우가 있다.

2. 객관실해주의

생명·신체의 침해에 대해 율은 객관적인 실해와 수단을 중시한다. 실해는 살해를 가장 중시하고, 상해는 다시 몇 개의 등급으로 나누는데 경중에 따라 형에 차이가 있다. 침해의 수단은 손발과 손발 외의 다른 물건[他物] 및 무기[兵]·날붙이[刃]로 나눈다. 이 밖에 직접적인 살상의 고의가 없는 행위로 인해 사망이나 상해에 이른 경우에는 가중 처벌한다. 다른 죄와 살상이 결합된 죄가 적지 않은데, 예를 들면 강도살상(적34), 강간상해(잡22.5, 23.2, 26), 절도로 인한 과실살상(적42) 등이 그러하다. 또한 투구살상이나 고살상으로 논하는 죄도 적지 않다.

3. 처벌원칙

율은 사람의 생명·신체를 중시하므로 그 침해에 대한 처벌에는 각종 특징이 있다.

① 살인은 설령 고의가 없더라도 역시 사죄를 과한다.

② 과실살상은 처벌하지 않고 원칙상 동으로 죗값을 치르게 한다(투38). 단 과실살상 역시 실형을 처하는 경우가 있다.

③ 사람을 상해한 경우 원칙적으로 자수에 의한 감경을 인정하지 않는다. 또한 다른 죄를 범하다가 살상한 경우도 역시 같다(명37.6a).

④ 살인의 경우 관인이나 관인의 친속도 역시 죄를 감하는 특전을 받을 수 없다(명9.2, 10).

⑤ 고의로 구타하여 사람을 폐질에 이르게 한 죄로 유형에 처해야 할 경우 죄를 감하거나 속할 수 없다(명11.3).

⑥ 고의로 살인하여 죄가 성립된 경우 비록 은사령이 내려도 제명한다(명18.1).

⑦ 80세 이상과 10세 이하 및 독질인이 살인하여 사형에 해당할 경우 황제에게 상주하여 재가를 기다리며(명30.2a), 사람을 상해한 경우는 속동을 징수한다(명30.2b).

4. 신분범 처벌 원칙

구타·상해·살해의 죄에서 신분은 가중적 또는 감경적 구성요건이 된다. 또한 그것이 십악 내에 포함되는 것이면(명6.4의 악역 및 명 6.8의 불목) 음에 의한 특전이 허용되지 않고(명15.4·5), 통상의 은사령으로 죄를 면할 수 없으며(단20.2의 소), 악역이면 시기를 기다리지 않고 사형에 처한다(옥관령, 습유765쪽). 부곡·노비의 주인에 대한 모살은 은사령이 내려도 죄가 용서되지 않는다(단21.1).

5. 살상죄에 대한 특별 조치

율은 살인죄에 대해 특별한 조치를 강구해야 한다는 규정을 두고 있다.

① 살인의 범행이 발생하면 피해를 입은 집 및 이웃 4개(伍)에 속해 있는 사람은 즉시 주사에게 고해야 하고, 주사는 즉시 위로 보고해야 하며, 보고를 받은 관사는 즉시 수사하여 체포해야 한다(투59).

② 주사가 관할 구역 내에 살인사건이 발생했는데 포획하지 못한 경우 처벌한다(적54.1의 주).

③ 이웃[隣·里]이 살인의 피해를 입고 고했는데 구조하지 않은 자는 처벌한다. 힘과 형세 상 구조할 수 없는 경우 즉시 관에 고해야 하며, 관사는 즉시 구조해야 한다(포6).

④ 살인 사건의 경우 고한 것이 거짓으로 밝혀지더라도 반좌하지 않는다(투54.2).

⑤ 피살자의 가족이나 친속이 고하여 죄수로 지목된 사람을 고문했으나 고문의 한도에 찼는데도 자백하지 않는 경우, 고한 자에게 피고자가 받은 만큼 되갚아 고문하지 않는다(단10.1b).

⑥ 살인 사건의 경우 주위 사람도 죄인을 체포·포박하여 관사로 송치할 수 있다(포3.1).

제2절 살인의 죄

Ⅰ. 개설

1. 현행 형법의 살인죄

(1) 살인죄의 의의

살인죄는 사람을 살해하여 그 생명을 빼앗는 범죄이다. 사람의 생명은 인간생존의 기본전제이자 인간이 존엄과 가치를 지닐 수 있게 하는 절대 조건이다. 뿐만 아니라 사람은 그 자체로 사회와 국가의 존재를 위한 기본적인 인자이다. 따라서 국가가 정한 법이 사람의 생명을 보호하는 것을 제1차적인 목적으로 삼는 것은 너무나 당연하며, 그러한 원칙은 동서고금의 법이 같다. 더구나 현재 우리는 자유민주주의 이념 위에 국가를 건설하고 그 이념을 바탕으로 법을 제정하여 법치사회를 구현하고 있기 때문에 형법은 '절대적 생명보호'를 원칙으로 삼고 있다. 다시 말하면 모든 사람은 법 앞에 평등하기 때문에 처음부터 신분적 차별이나 차등은 생각할 수도 없을 뿐만 아니라, 개인의 능력이나 사회적 역할과 기능, 연령이나 건강상태, 사회에서의 평가를 묻지 아니하고 평등하게 그리고 절대적으로 보호를 받게 된다.

(2) 살인죄의 체계와 범주

우리 형법 24장 살인의 죄의 기본적 구성요건은 일반적 살인 행위이다(제250조 1항). 이에 대한 가중적 구성요건으로 존속살해(제250조 2항), 감경적 구성요건으로 영아살해(제251조)와 촉탁 또는 승낙에 의한 살인(제252조)이 규정되어 있다. 또한 독립된 변형적 구성요건으로 위계 또는 위력에 의한 살인이 설정되어 있다. 이상의 구성요건은 고살과 모의살인을 구분하지 않는 것으로 책임형식은 기본적으로 고의이다. 즉 고의에 의한 살인이 살인죄의 기본적인 구성요건이고, 상해치사와 같이 고의에 의하지 않고 살인의 결과가 발생한 경우 살인죄에 포함되지 않는다.

2. 당률의 살인죄

(1) 살인죄의 의의

당률도 사람의 생명보호를 중시한 것은 현대 형법과 다르지 않다. "살인자를 사형에 처하는 것은 백왕의 법이 같다."고 하는 법언이 경전이나 법전에 부단히 언급되는 것은 그 단적인 예다. 그러나 당률에는 범행의 주체와 객체의 신분에 따라서 이러한 원칙이 수정되는 경우가 많다. 예를 들면 일반적으로 양인이 천인을 살해한 경우 그 형은 사형이 아니다. 더구나 주인이 가천을 살해한 경우는 사형이 아닐 뿐만 아니라 형이 가볍거나 처벌하지 않는 경우도 있다. 또한 조부모·부모가 자식을 살해한 경우도 사형에 처하지 않으며, 형이 가볍다.

(2) 당률의 살인죄

1) 개설

당률에는 살인의 죄만으로 되어 있는 편이 없다. 생명을 침해한 이른바 인명사범은 그 주요한 것을 들면 모살(적9), 고살(투5), 투구살(투5), 희살(투37), 오살(투35) 및 과실살(투38)의 여섯이 있는데, 이 중 모살은 적도편에 있고, 나머지는 모두 투송편에 있다. 고살은 투구살과 함께 한 조항(투5)에 규정되어 있으며, 투구살과의 경계도 매우 모호한 편이다.

2) 살인죄의 범주

투송률 5조에서 규정한 고살은 싸우다가 고의가 발동하여 살해하거나 일방적으로 흉기를 사용하여 살해한 범행을 지칭한 것으로, 소극적 고살이라고 말할 수 있을 것이다. 살인의 의사를 가지고 예비한 적극적 고살은 적도율의 모살에 해당한다. 그렇지만 당률은 적극적 고의 살인만을 살인죄로 설정하고 있는 현행 형법과는 같지 않다. 그렇다고 인명사범 모두를 살인의 죄명으로 다스리지도 않는다. 명례율 9.2조에서 청장의 특전을 받을 수 없는 죄명으로 살인을 들고, 그 소에서 "고살·투구살·모살 등은 이미 살해하였다면 수범·종범을 구분하지 않는다."고 한 해석한 것으로 미루어 보면, 살인으로 정의되는 죄명은 고살·투구살·모살의 살해 결과가 발생한 것을 내용으로 한다는 것을 알 수 있다. 따라서 당률은 현대 형법과는 달리 고살만을 살인죄로 논하는 것이 아니라, 비록 고의가 개재되지 않고 단순히 싸움으로 인해 사망에 이른 투구살이라도 살해의 결과가 발생하면 살인죄에 포함된다는 것을 알 수 있다. 기타 희살·오살·과실살은 살인죄에 포함되지 않는다. 단 모살·고살·투구살은 비록 살인죄에 포함되지만, 예비와 미수가 적용되는 것은 모살이고, 고살은 예비는 없고 미수는 고의상해로 처벌되며, 투구살은 미수가 없다는 점을 유의할 필요가 있다.

이 밖에 위력에 의한 살인(투8), 고의로 사람에게서 입고 쓰고 마시고 먹을 것을 제거한 것으로 인한 살인과 공갈·협박으로 인한 살인(적14), 염매나 저주에 의한 모살(적17)이 있다. 또 특별한 살인의 죄명으로 1가에서 사죄에 해당하지 않는 3인을 살해한 것(적12)이 있다.

3) 날붙이에 의한 살인

투송률 5.1c조에는 "싸움으로 인했더라도 무기의 날로 사람을 살해한 자는 참형에 처한다."고 규정되어 있는데, 그 소는 "본래는 싸움으로 인했더라도 무기의 날을 사용한 것은 곧 해하려는 마음이 있었다고 볼 수 있으므로 고살이라고 하며, 죄는 참형에 해당한다."라고 해석하였다. 뿐만 아니라 이같이 따로 규정을 둔 이유에 대해 문답으로 다음과 같이 해석을 더하였다.

> [문] 고살은 참형에 해당하고 싸우다가 날붙이를 사용하여 살해한 것 역시 참형에 해당하니, 죄를 받는 것이 차이가 없고 율문에 준하여도 다른 이치가 없습니다. 왜 하필 "병기의 날을 사용한 경우는 고살과 같다."고 했습니까?
>
> [답] 명례율(18조)에 "십악 및 고살을 범한 자는 비록 은사령을 내리더라도 그대로 제명한다."고 규정되어 있는데, 무기의 날로 살인한 자는 그 정이 무겁기 때문에 율문에 고살의 법과 같다고 함으로써 은사령이 내리더라도 그대로 제명하는 것이다.

이 문답의 뜻을 다시 새겨보면, 무기의 날에 의한 살인은 본래 고살이 아니지만 단 그 정이 무겁기 때문에 고살과 같은 것으로 간주하며, 이 때문에 "고살은 비록 은사령이 내리더라도 그대로 제명한다."는 규정을 무기의 날에 의한 살인에도 역시 적용한다는 것이다.

II. 모살

적도율9(256조)

1. 살인을 모의한 자는 도3년에 처한다.
2. 살인을 모의하여 상해한 자는 교형에 처한다.
3. (a) 모의하여 사람을 살해한 자는 참형에 처한다. (b) 수종하여 힘을 더한 자는 교형에 처하고, 힘을 더하지 않은 자는 유3000리에 처한다. (c) 조의자(造意者)는 범행 현장에 가지 않았더라도 수범으로 삼는다. 〈사람을 고용해서 살해한 경우도 역시 같다.〉 (d) 만약 수종자가 범행 현장에 가지 않았다면 간 자의 죄에서 1등을 감한다.

1. 구성요건

(1) 객체

이 조항의 사람은 신분관계가 없는 일반인을 가리킨다. 만약 황제의 사인이거나 관부의 장관이면 가중적 요건이 된다. 또한 객체가 친속의 존장이면 가중적 구성요건이 되고 비유이면 감경적 구성요건이 된다. 친속은 다시 기친 이상과 시마친 이상의 두 단계로 나누어 구성요건에 차등이 있다. 주체가 천인 또는 가천인이고 객체가 양인 또는 주인인 경우도 가중적 구성요건이 된다. 이와 같은 경우의 범행에 대해서는 각각 별도의 조문이 설정되어 있다. 이에 대해서는 아래에서 별도의 죄명으로 서술한다.

(2) 행위

모살은 2인 이상이 함께 모의하여 사람을 살해하는 것을 말한다. 만약 모의의 정황이 명백히 드러난 경우에는 비록 한 사람의 행위라도 역시 2인 이상이 모의한 법과 같다. 가령 어떤 사람이 칼이나 무기를 가지고 남의 집에 들어갔는데, 원한이 있는 자를 찾아서 죽이려 한 것이 확인되면 비록 1인이라도 역시 모의에 관한 법으로 처벌한다(명55.5의 주와 소). 사람을 고용해서 살해한 경우도 역시 같다.

살해의 수단·방법에는 제한이 없다. 투송률(투1~5)에는 사람을 때리고 치는 수단과 방법 및 도구에 따른 차등적인 형벌이 세밀하게 규정되어 있으나 모살은 수단·방법을 불문하고 살해를 모의하고 예비한 것은 모두 구성요건이 된다. 단 본질적으로 모살이라고 할 수 있는 독살과 현대법에서 불능범에 상당하는 염매와 저주에 대해서는 따로 조문이 있다. 이에 대해서는 아래에서 별도의 죄명으로 서술한다.

2. 처벌

(1) 예비와 미수

모살의 음모 및 예비, 즉 모의하고 예비했으나 실행하지 않은 죄의 형은 도3년이다. 모살을 실행했으나 상해만 하고 미수에 그친 죄의 형은 교형이다.

이상의 형은 수범의 형이다. 수범은 살인의 모의를 주도한 자이다. 종범은 "공동으로 죄를 범했다면 조의자를 수범으로 하고 수종자는 1등을 감한다(명42.1)는 명례율의 통칙에 따른다. 따라서 모살

예비의 수범은 도3년, 종범은 도2년반에 처한다. 미수의 수범은 교형, 종범은 유3000리에 처한다.

(2) 모살의 기수

모살을 실행하여 살해한 죄의 형은 참형이다. 이것은 수범에 대한 형이다. 종범의 형은 명례율의 통칙을 그대로 따르지 않고 수정한다.

1) 수범

모의한 계획이 성사된 경우, 즉 살해하려고 계획했던 객체의 살해를 실현한 경우 조의자는 사건 현장에 가지 않았어도 그대로 수범으로 삼아 참형에 처한다(적9.3c의 소). 사람을 고용해서 살해한 경우에도 역시 조의자를 수범으로 하며, 고용되어 힘을 더한 자를 종범으로 삼는다(적9.3c의 주와 소).

2) 종범

종범은 조의자를 따라서 모살에 참여한 자를 말하는데, 살해의 현장에 같이 간 자와 그렇지 않은 자의 둘로 나눈다.

(a) 살인 현장에 같이 간 자

살인 현장에 같이 간 자는 다시 둘로 나누는데, 하나는 따라서 살해에 힘을 더한 자이다. 힘을 더했다는 것은 범행할 때 직접적인 역할을 했다는 것을 말한다. 이는 살해 및 상해의 범행에서 직접적인 결과를 발생케 한 행위보다 약간 넓은 개념이다. 소에서는 힘을 더한 것의 예로 동료가 합세하여 피해자를 붙잡아 협박하거나 도망칠 곳을 막고 그 중 한 사람이 이를 살해한 경우를 들었다. 이 때 행위를 한 자 모두는 모두 힘을 더한 자가 되고 힘을 더한 수종자는 교형에 처한다. 이들은 조의자에게 과해지는 참형은 면하지만 그대로 사형에 처한다. 통상적으로 율에서 공범의 수종자는 조의자의 죄에서 1등을 감하며(명42.1), 참형에서 1등을 감하면 유3000리가 되지만(명 56.2b) 모살에서는 이 원칙이 적용되지 않는 것이다. 다른 하나는 현장에 따라 갔으나 살해에 힘을 더하지 않은 자이다. 현장에 갔으나 기세를 올린다든지 망을 보기만 하고 살인 그 자체에는 힘을 보태지 않은 자는 유3000리에 처하는데, 이는 수범의 형에서 1등을 감한 것이다.

(b) 살인 현장에 가지 않은 자

모의에 참여했으나 현장에 따라가지 않은 자는 다시 1등을 감하여 도3년에 처한다.

III. 가중 처벌하는 모살죄

1. 황제의 사인 및 장관 모살죄

적도율5(252조)

1. 황제의 사인, 본속부주·자사·현령을 살해하려고 모의한 자 및 이·졸이 소속 관사의 5품 이상의 장관을 살해하려고 모의한 때에는 유2000리에 처한다. 〈공호·악호 및 공해호·관노비는 이·졸과 같다. 다른 조항에서도 이에 준한다.〉

2. (a) 이미 상해한 자는 교형에 처하고, (b) 이미 살해한 자는 모두 참형에 처한다.

(1) 구성요건
이 조항에서 정한 모살은 가중적 구성요건이다.

1) 객체와 주체

(a) 황제의 사인, 본속부주·자사·현령을 객체로 하는 모살죄
황제의 사인을 객체로 하는 모살죄의 주체는 모든 관리 및 백성이 된다고 보아야 한다. 황제인의 사인은 대개 황제의 명을 받고 특수 임무를 행사하는 황제의 사인이므로, 특정의 관할 구역이나 대상이 있는 것으로 볼 필요는 없기 때문이다. 본속부주는 친왕 및 공주, 그리고 훈관 3품을 겸대한 직사관 3품 이상을 가리킨다. 친왕의 경우 모살죄의 주체는 봉국의 관리이며, 공주의 경우는 봉읍의 관리가 주체가 된다. 직사관 3품의 경우 모살죄의 주체는 그 자신을 위에 설치된 부에 지급된 친사·장내이다(군방령, 습유382~384쪽). 자사·현령의 경우 모살죄의 주체는 관할 구역 내의 관리 및 백성이다(적5.1의 소).

(b) 5품 이상 장관을 객체로 하는 모살죄
5품 이상 관장에 대한 모살죄의 주체는 본 관부에 소속된 이·졸·공호·악호 및 공해호·관노비이다.

① 이는 본 관부에 소속된 유외관 이하를 말하고, 졸 역시 본 관부에 소속된 서사·위사를 말한다(명6.9의 주②의 소). 예를 들면 도수감의 이·졸이 도수사자를 살해하려고 모의하거나, 절충부의 위사가 본부의 절충도위·과의도위를 살해하려고 모의한 경우 모두 유2000리에 처한다(적5.1의 소).

② 공호·악호 및 공해호·관노비는 현의 호적에 속해 있지 않고 특정한 관부에 예속되어 있는 자들이다. 이들이 본 관부의 5품 이상 장

관을 살해하려고 모의한 때에는 유2000리에 처한다. 예를 들면 사농시의 관호·관노비가 사농경, 공호가 소부감, 악호가 태상경을 살해하려고 모의한 때에는 이 형에 처한다.

(2) 처벌

1) 기본형
① 살해하려고 모의한 자는 유2000리에 처한다.
② 모의를 실행하여 상해한 경우 교형에 처한다. 이상은 수범·종범을 구분해서 죄준다.
③ 이미 살해한 경우 모두 참형에 처한다. 살해한 경우 수범·종범을 구분하지 않고 같은 죄를 준다.

2) 특별처분
① 제사의 살해를 모의한 것은 황제의 사자에게 저항하여 인신의 예를 저버린 것이므로 십악의 대불경을 적용한다(명6.6의 주⑦과 소).
② 본속부주·자사·도독·현령 및 5품 이상 장관을 살해하려고 모의하여 살해한 경우 십악의 불의를 적용한다(명6.9의 주①과 소).

2. 존장 모살죄

적도율6(253조)
1. 기친존장·외조부모·남편·남편의 조부모·부모를 살해하려고 모의한 자는 모두 참형에 처한다. 〈간통을 범하고, 간한 사람이 그 남편을 살해하였다면 간한 처·첩이 정을 알지 못했더라도 살해한 자와 같은 죄를 준다[與同罪].〉

2. (a) 시마친 이상 존장을 살해하려고 모의한 자는 유2000리에 처하고, (b) 상해한 때에는 교형에 처하며, (c) 살해한 때에는 모두 참형에 처한다.

(1) 기친 존장 모살죄

1) 객체

① 율문에는 본죄의 객체로 기친존장과 외조부모, 남편, 남편의 조부모·부모를 들고 있다. 기친존장은 조부모와 증조부모·고조부모(명52.1), 백숙부모와 고모, 형과 누나를 가리킨다. 외조부모와 남편, 그리고 남편의 조부모·부모는 예에 따르면 기친이 아니나 기친에 준해서 이 죄를 적용한다. 단 처는 남편과의 관계가 변동의 여지가 있어 항상 고정된 것은 아니기 때문에 이에 따라 친속 등급 또한 일정치 않으며, 따라서 율을 적용할 때도 복잡한 문제가 발생한다. 이 때문에 명례율 6.4조의 주에 대한 소와 문답에는 외조부모 및 남편에 대해 상세하게 해석한 것이 있다. 이를 간단히 정리해서 말하면 이렇다. 외조부모는 모친을 낳았다면 상복의 유무에 관계없이 모두 다같이 외조부모이다. 그러나 모친을 낳지 않은 외조부모는 상복이 있으면 외조부모와 같고, 상복이 없으면 남과 같다. 남편은 묘현(廟見)을 거친 남편과 아직 묘현을 거치지 않은 남편, 또 친영(親迎) 도중의 남편 등 3종의 남편이 있는데, 다 같이 남편의 법을 의거한다. 단 혼인할 길일을 정한 남편 및 정혼한 남편 등은 혼약을 어기고 개가할 수 없을 뿐이고, 이 밖에 서로 죄를 범한 경우는 모두 남과 같다.

② 이 조항에서 조부모·부모를 언급하지 않은 것은, 대개 죄를 판결할 때 "무겁게 처벌해야 할 경우 가벼운 것이 무겁게 처벌된 점을 들어 그보다 무거우니 처벌이 무겁다는 점을 밝힌다[擧輕明重]."(명

50.2)는 원칙이 적용되기 때문이다. 즉 조부모·부모는 기친존장에 비해 상복 등급이 높아 이들을 죽일 것을 꾀한 경우 기친존장을 범한 것보다 무겁다는 것이 분명하고, 기친존장을 살해하려고 모의한 죄가 이미 참형으로 최고형에 해당하기 때문에 조부모·부모에 대한 모살은 언급할 필요가 없는 것이다.

2) 처벌

① 조부모·부모·기친존장·외조부모·남편·남편의 조부모·부모를 살해하려고 모의한 자는 모두 참형에 처한다. 일반인 모살죄는 모의에 참여하고 범행 현장에 가지 않은 자는 1등을 감하지만, 기친존장을 살해하려고 모의한 경우 함께 모의하였으면 범행 현장에 가지 않았더라도 역시 참형에 처한다(적9.2의 주와 소).

② 이 모살죄는 수범과 종범을 구분하지 않고 또 예비, 상해, 살해를 불문한다.

③ 조부모·부모를 살해하려고 모의한 것은 십악의 악역(명6.4의 주)을 적용하고, 백숙부모·고모·형·제·외조부모·남편·남편의 조부모·부모를 살해하려고 모의하여 살해한 경우 악역을 적용하며(명6.4의 주), 살해를 모의했으나 살해하지 못했다면 불목을 적용한다(명6.8의 주①).

(2) 시마친 이상 존장 모살죄

1) 객체

대공친 이하 시마친 이상의 모든 존장이 본죄의 객체가 되는데, 여기에는 내친과 외척 및 인척이 가운데 복이 있는 존장이면 모두 포함된다.

2) 처벌

① 살해를 꾀한 경우 수범·종범 모두 유2000리에 처한다. 이는 일반인 모살죄의 도3년보다 1등이 무거운 것이다.

② 살해를 꾀하여 상해를 입힌 경우 수범은 교형에 처하고, 종범은 유3000리에 처한다. 이는 일반인의 죄와 같은 것이다.

③ 모의해서 이미 살해하였다면 모두 참형에 처하며, 죄에 수범·종범의 구분이 없다. 이상은 모두 십악의 불목(명6.8의 주①)을 적용한다.

(3) 간한 부인의 연좌

처·첩이 타인과 간하였는데 간한 사람이 처·첩의 남편을 살해했다면, 모의해서 살해했든 고의로 살해했든 싸우다 살해했든 간한 처·첩이 정을 알지 못했더라도 살해한 자와 같은 죄[與同罪]로 처벌한다. 단 간한 남자가 간한 처·첩의 남편을 모의하여 살해한 경우 죄는 참형에 해당하고(적9.1), 고의로 살해한 경우도 역시 참형에 해당하며(투5.1b), 싸우다 살해한 경우 교형에 해당하지만(투5.1a), 더불어 간한 처·첩은 같은 죄[與同罪]로 처벌하는 경우 "사죄는 교형에 그친다."(명53.1의 주)는 원칙에 따라 일괄해서 교형에 처한다. 이 때 처·첩은 범인과 같이 모의하여 살해하지 않았다면, 악역을 적용하지 않는다고 해석해야 한다(다이옌후이(戴炎輝), 『唐律通論』, 200쪽).

3. 부곡·노비가 주인 및 주인의 기친과 외조부모를 모살한 죄

적도율7(254조)

1. 부곡·노비가 주인을 살해하려고 모의한 때에는 모두 참형에 처한다.

2. (a) 주인의 기친 및 외조부모를 살해하려고 모의한 때에는 교형
   에 처하고, (b) 살해를 모의하여 상해한 때에는 모두 참형에 처
   한다.

(1) 부곡·노비의 주인 모살죄

1) 주체와 객체

(a) 주체
주체는 부곡 또는 노비이다. 객녀나 부곡처도 모두 같다. 부곡·노
비는 개인이 소유한 천인이다. 같은 천인이라도 부곡이 노비보다 상
위 신분이다. 노비는 재화와 같고 매매·상속·증여가 가능하지만, 부
곡은 상속·증여는 가능하나 원칙적으로 매매는 허용되지 않는다. 부
곡·노비의 주인 모살은 모살죄의 가중적 구성요건이다.

(b) 객체
객체는 노비·부곡의 주인이다. 주인은 호적을 같이하는 양인 이상
으로 재산을 분배받을 수 있는 자는 모두 주인이 된다. 그러나 잉이
나 첩은 호령(습유245쪽)에 의거하여 재산을 분배받을 수 없는 자이
므로, 결코 노비의 주인이 아니다.

2) 처벌
주인을 살해하려고 모의한 것만으로 모두 참형에 처하며, 수범·종
범을 구분하지 않는다.

(2) 부곡·노비의 주인의 기친·외조부모 모살죄

1) 구성요건

부곡·노비가 주인의 기친·외조부모를 살해하려고 모의한 것이 요 건이다. 여기서 기친은 호적을 달리하는 기친을 의미한다.

2) 처벌

① 살해를 모의한 죄는 교형에 해당한다. 이 경우 수범·종범으로 구분하여 처벌한다.

② 살해를 모의하여 상해한 때에는 참형에 처한다. 이 경우 수범· 종범의 구분이 없다.

3) 주의사항

① 주인 또는 기친존장 등의 부곡·노비 모살죄에 대해서는 명문 규정이 없는데 당연히 죄 없는 부곡·노비를 죽인 경우 도1년에 처한 다는 투송률 20.2조 및 주의 규정에 의거하여 죄를 과해야 한다고 생 각된다.

② 주인의 기타 친속에 대한 모살죄는 명문 규정이 없으므로(투 19.3의 주) 일반 모살죄(적9)에 의거한다.

4. 전 신분관계인 모살죄

적도율8(255조)

1. (a) 처·첩이 사망한 옛 남편[故夫]의 조부모·부모를 살해하려고 모의한 때에는 유2000리에 처하고, (b) 살해하려고 모의하여 상 해한 때에는 교형에 처하며, (c) 살해한 때에는 모두 참형에 처

한다. 〈사망한 옛 남편[故夫]이라 함은 남편이 사망하고 개가한 경우를 말한다. 다른 조항에서 옛 남편은 이에 준한다.〉

2. 부곡·노비가 옛 주인을 살해하려고 모의한 때의 죄 역시 같다. 〈옛 주인이라는 것은 주인이 방면하여 양인이 된 경우를 말한다. 다른 조항에서 옛 주인은 이에 준한다.〉

(1) 처·첩의 옛 남편의 조부모·부모 모살죄

1) 구성요건

이 죄의 주체는 남편이 사망해서 개가한 처·첩이고, 객체는 그 남편의 조부모·부모이다. 처·첩이 쫓겨났거나 합의 이혼한 경우는 곧 일반인과 같으므로 옛 남편의 범위에 포함되지 않는다. 은의가 이미 단절되었기 때문이다. 남편이 사망하고 처·첩이 친정으로 돌아간 경우 역시 개가한 자에 대한 법과 같다. 남편이 사망하고 처·첩이 남편의 집에 머물고 있는 경우는 기친존장 모살죄(적6.1)를 적용한다.

2) 처벌

① 살해를 모의한 때에는 유2000리에 처한다. 살해를 모의하여 상해한 때에는 교형에 처한다. 이상은 수범·종범을 구분한다.

② 살해한 때에는 참형에 처한다. 이 경우는 수범·종범의 구분이 없다. 예를 들면 한 집안 안에 과부가 된 처·첩이 많은데 남편이 사망하고 모두 개가한 뒤에 사망한 옛 남편의 조부모·부모를 함께 모의하여 살해했다면 모두 참형에 처한다. 그러나 처·첩이 타인과 공모한 경우 타인은 수범·종범을 구분하는 법에 따라 "모두 참형에 처한다."는 범위에 포함하지 않는다. 즉 처·첩은 수범·종범을 구분하지 않고 모두 참형에 처하지만, 타인은 일반인 모살죄(적9)를 적용한다.

(2) 방면된 부곡·노비의 옛 주인 모살죄

1) 구성요건
주체는 방면된 부곡·노비이고 객체는 주체를 양인으로 방면해준 옛 주인이다. 여기서 옛 주인은 조건 없이 방면해 주거나 속금을 받고 방면해 준 경우를 말한다. 만약 부곡이 다른 사람을 섬기도록 넘겨지거나 노비가 매도된 경우, 또는 부곡·노비가 스스로 소송하여 천인 신분을 벗은 경우는 곧 일반인과 같다.

2) 처벌
처벌은 위의 처·첩의 옛 남편의 조부모·부모 모살죄와 같다.

IV. 존장의 비유 모살죄

적도율6(253조)
3. (a) 만약 존장이 비유를 살해하려고 모의한 때에는 각각 고살죄에서 2등을 감하고, (b) 살해하려고 모의하여 상해한 때에는 1등을 감하며, (c) 살해한 때에는 고살법에 의거한다.

1. 구성요건

존장이 비유를 모살하는 것은 감경적 구성요건이 된다.

(1) 객체
본죄의 객체는 시마친 이상 친속의 비유이다. 다시 말하면 조부모·부모가 자·손을, 기친존장이 기친비유를, 대공친·소공친·시마친 존장이 그 비유를 살해하려고 모의한 것이 이 죄의 구성요건이다.

(2) 행위

존장이 비유를 살해하려고 모의한 것은 통상적인 모살과 노리는 바가 있는 모살의 두 가지로 구분한다.

2. 처벌

(1) 통상적인 모살

존장이 비유를 살해하려고 모의한 죄는 각각 고의로 살해한 죄를 기준으로 해서 모의한 때에는 2등을 감하고, 모의하여 상해한 때에는 1등을 감하며, 살해한 때에는 고의로 살해한 죄를 감하지 않고 그대로 과한다. 참고로 조부모·부모의 자손 고살죄는 도2년(손발이나 다른 물건으로 살해) 또는 도2년반(흉기로 살해)이다(투28.2b와 소). 기친존장의 비유 고살죄는 유2000리(투27.4b), 대공·소공·시마친 존장의 비유 고살죄는 교형에 해당한다(투26.2c). 조부모·부모가 자·손의 부인을 고의로 살해한 죄는 유2000리(투29.2b), 처가 남편의 조카를 고의로 살해한 죄는 교형에 해당한다(투33.2a).

(2) 노리는 바가 있는 모살

노리는 바가 있어 살인을 모의하여 살해한 경우에는 각각 해당하는 고살죄에 가중하여 처벌한다. 다시 말하면 기친존장이 비유를 모의하여 살해한 죄의 형은 고살죄의 형인 유2000리(투27.2)를 적용하지만 노리는 바가 있는 경우, 즉 절도·간·약취·화유하다가 기친 이하 비유를 노리는 바가 있어 고의로 살해한 경우 교형에 처한다(적

40.2의 주와 소)는 특별규정을 적용한다. 그리고 노리는 바가 있어 비유를 살해하려고 모의한 때에는 살해한 죄에서 2등을 감하고, 상해한 때에는 1등을 감한다. 따라서 노리는 바가 있어 기친비유를 살해하려고 모의하였다면 도3년, 상해하였다면 유3000리에 처한다.

(3) 십악의 적용

시마 이상 친속의 비유를 살해하려고 모의한 죄는 모두 십악의 불목(명6.8의 주①)을 적용한다.

V. 특수 모살죄

1. 독살

적도율16(263조)

1. (a) 독약을 남에게 먹인 자 및 판매한 자는 교형에 처한다. 〈사람을 살해할 만한 것을 말한다. 비록 독약이라도 병을 치료할 수 있는 것이 있으므로, 구매한 자가 그것으로 사람을 독살하려 했더라도 판매한 자가 정을 알지 못했다면 죄주지 않는다.〉 (b) 만약 매매했으나 사용하지 않았다면 유2000리에 처한다.

(1) 의의와 본질

본조는 사람에게 독약을 먹이거나 판매하는 것을 내용으로 한다. 따라서 엄격히 말하면 직접 독살에 관한 율문은 아니다. 다만 그 주에 "사람을 살해할 만한 것을 말한다."고 해석한 것으로 보면, 독약을 먹인다는 것은 사람을 독약으로 살해하려는 독살 행위임을 전제로 함을 알 수 있다.

독약은 그 해독이 크기 때문에 먹이거나 판매한 행위만으로 극형에 처하는 위험범이다. 당률에는 독약에 관한 죄로 이 죄에 앞서 독약의 일종인 고독을 조합하거나 소지한 죄 및 이를 교령한 죄가 있는데, 그 처벌은 이 죄보다 더 엄격하다. 다만 이 죄는 직접 사용한 것을 규정한 것은 아니므로 사회적 법익의 편에서 서술하였다.

독살은 본질적으로 모살이다. 뿐만 아니라 독약을 먹여 사람을 살해하는 독살은 비록 2인 이상이 아니더라도 역시 "모의의 정황이 분명하다면 비록 1인이라도 2인의 법과 같다."(명55.5의 주)는 원칙에 따르는 모살이다. 또한 이 죄는 모살의 가중죄명이며, 그 행위의 진행 단계 및 공범에 대해서는 통례와 본래의 모살죄(적9)를 수정한다.

독살하려는 정을 알면서 판매한 자의 죄도 역시 형이 무겁다. 본조에서 독약 판매는 필요적 공범으로 규정되어 있으므로, 판매한 자에게는 율의 공범규정(명42·43) 및 그 수정규정인 적도율 9조의 종범에 대한 감형 원칙을 적용하지 않는 것이다.

(2) 독약을 먹인 죄

1) 구성요건

(a) 객체
이 죄의 객체는 일반인이다. 객체가 신분인인 경우에 대해서는 적도율 본조의 문답에 해석이 있다. 즉 주체와 객체가 존비·귀천 관계라면 적도율 5~8조의 규정에 따른다. 따라서 비·천한 사람이 존·귀한 사람에게 독약을 먹인 경우 살해를 모의하여 살해한 법에 따르며,

존·귀한 사람이 비·천한 사람에게 독약을 먹인 경우 역시 모의하여 살해한 죄에 준해서 논한다. 단 독약을 사용했으나 사람이 사망하지 않았다면 살해를 모의하여 상해한 것과 같은 법으로 처벌한다.

(b) 행위

독약을 남에게 먹임으로써 본죄가 성립하며, 독약을 산 것은 그 예비죄가 된다. 만약 스스로 만들거나 전수받은 것은 적도율 15.1조의 고독을 조합하거나 소지한 죄를 적용한다. 독약은 짐독·야갈·오두·부자 따위로 사람을 죽일 수 있는 약을 말한다. 단 독약으로 사람을 죽이려는 고의가 있어야 한다고 해석된다. 독약임을 모르고 복용하게 하였으나 살인의 결과가 발생한 경우에 대해서 율과 소에 언급이 없는데, 과실치사상의 죄를 과하는 것으로 짐작된다.

2) 처벌

① 살해하려는 고의를 가지고 독약을 구매했으나 사용하지 않은 경우 유2000리에 처한다.

② 독약을 먹였으나 사망에 이르지 않은 경우의 죄는 교형에 해당한다.

③ 독약을 먹여 사람을 살해한 때에는 살해하려고 모의하여 살해한 경우의 법(적9.3a)에 의거하여 참형에 처한다. 이는 일반인에 대한 것이다. 만약 존장비유, 귀천이 서로 독약을 먹인 죄는 모두 각각의 모살죄의 법에 따른다.

(3) 독약을 판매한 죄

1) 구성요건

독약을 판매한 것으로 본죄가 성립한다. 단 구매한 사람이 독살하려는 정을 알고 판매한 경우에 한한다. 정을 알았다는 것은 다른 사람에게 약을 먹이려 한다는 것을 인지한 것으로 족하고 누구에게 약을 먹이려고 한 것인가까지 알아야 하는 것은 아니다. 독살에 사용되리라는 것을 알지 못하고 판매한 경우 판매한 자는 일체 책임을 묻지 않는다. 독약이라도 병을 치료할 수 있는 용법이 있기 때문이다.

2) 처벌

① 구매한 사람이 만약 독약을 사용하지 않았다면 판매한 사람은 유2000리에 처한다.

② 구매한 사람이 독약을 먹여 사람을 살해했거나 먹였으나 사망하지 않았어도, 판매한 사람은 다 같이 교형에 처한다. 대개 율은 독약을 판매한 사람을 무겁게 처벌하고자 하기 때문이다.

2. 염매나 저주에 의한 모살

적도율17(264조)

1. (a) 증오하는 바가 있어 염매(厭魅)를 만들거나 부서(符書)를 만들어 저주해서 사람을 살해하려고 한 자는 각각 모살로 논하되 2등을 감한다. (b) 〈기친존장 및 외조부모·남편·남편의 조부모·부모에 대한 경우에는 각각 감하지 않는다.〉 (c) 이 때문에 사망했다면 각각 해당하는 모살의 법에 의거한다.

2. (a) 사람을 병들게 하거나 고통스럽게 하려고 한 경우는 또 2등

을 감한다. (b) 〈자손이 조부모·부모에 대해서나, 부곡·노비가 주인에 대해 범한 경우에는 각각 감하지 않는다.〉

3. 만약 조부모·부모 및 주인에 대해서 단지 총애를 구하려고 염매·저주한 자는 유2000리에 처한다.

4. 만약 황제[乘輿]와 관련된 때에는 모두 참형에 처한다.

(1) 염매나 저주에 의한 모살

1) 의의

염매나 저주로 사람을 살해하려고 도모하는 것은 현대형법으로 말하자면 불능범이다. 그 때문이겠지만 당률에서도 이에 대해 곧바로 모살죄를 적용하지 않고 2등을 감하여 가벼운 정도의 살인 모의로 간주하고 있다. 단 미신에 둘러싸여 있던 고대사회에서는 염매나 저주로 인해 심리적인 충격을 받아서 사망이나 상해에 이를 수도 있는데, 이 경우는 모살죄를 그대로 적용한다.

2) 구성요건

이 죄의 행위 요건은 증오하는 바가 있어 염매를 만들거나 부서를 만들어 저주함으로써 사람을 살해하려고 한 것이다. 증오는 그 동기를 가리키고, 살해하고자 함은 살인의도를 가리킨다.

염매의 염(厭)은, 형상을 그림으로 그리거나 인신을 조각하여 심장을 찌르고 눈에 못을 박거나 손발을 묶는 것 등 종류가 매우 많다. 매(魅)는 귀신에 가탁하거나 망령되이 사술을 행하는 것과 같은 경우이다.

3) 처벌

염매·저주의 행위 자체에 대한 처벌과 염매·저주로 사망에 이른 경우의 처벌이 규정되어 있고, 또한 각각 특별처분이 있다.

(a) 객체에 따른 처벌

염매·저주의 행위 자체에 대한 처벌은 객체에 따라 형이 다르다.

① 일반인에 대한 것이면 일반 모살죄에서 2등을 감한다.

② 주체와 객체가 신분관계이면, 적도율 5~8조에 규정된 해당 신분의 모살죄에서 2등을 감한다. 즉 비유가 시마 이상 대공 이하의 존장에 대해(적6.2), 존장이 비유에 대해(적6.3), 소속된 사람이 제사·본속부주·자사·현령에 대해(적5), 천인이 주인(적7.1)과 주인의 기친 및 외조부모에 대해(적7.2), 처·첩이 옛 남편의 조부모·부모에 대해(적8.1), 방면된 부곡·노비가 옛 주인에 대해(적8.2) 죽으라고 염매·저주한 경우 각각의 모살죄에서 2등을 감한다.

③ 기친존장 및 외조부모·남편·남편의 조부모·부모에 대한 경우에는 각각 감하지 않고 모살로 논하므로, 적도율 6조에 의거하여 모두 참형에 처한다.

(b) 사망에 이른 경우의 처벌

염매나 저주로 사망에 이른 경우 2등을 감하지 않고 각각 해당하는 모살죄(적5~9)에 따른다.

(c) 특별처분

일반인에 대한 염매는 십악의 부도(명6.5의 주②)를 적용한다. 기친존장 및 외조부모·남편·남편의 조부모·부모에 대한 염매·저주는 십악의 악역(명6.4)을 적용한다. 저주는 비록 부도를 적용하지는 않지만, 단 대공 이상 존장이나 소공존속을 범했다면 십악의 불목(명 6.8)을 적용해야 한다.

(2) 병이나 고통을 주기 위해 염매·저주한 죄

1) 구성요건

염매나 부서로서 저주하였지만 죽으라고 한 것이 아니라 다만 상대방을 병들거나 고통스럽게 하고자 한 것이다. 이 경우 반드시 실제로 사람을 병들거나 고통스럽게 한 것일 필요는 없다. 단 처벌은 살인죄와 같지 않지만 일단 모살죄에 준하여 형이 정해진다는 점을 고려하여 살인죄에 포함하여 논한다.

2) 처벌

객체에 따라서 형이 다르다.

① 객체가 대공 이하의 친속이거나 일반인이면 사람을 죽이려고 염매·저주한 죄에서 다시 2등을 감한다. 즉 모살죄에서 4등을 감한다.

② 자손이 조부모·부모에 대해서나, 부곡·노비가 주인에 대해 병들거나 고통을 주려고 염매·저주한 때에는 역시 모살의 법과 같이 모두 참형에 처하고 감하지 않으며, 그대로 십악의 악역을 적용한다.

③ 기친존장·외조부모·남편·남편의 조부모·부모에 대한 경우에는 모살죄에서 2등을 감한다. 만약 염매·저주로 인하여 병이 나거나 고통을 당했다면 구타한 경우와 같이 십악의 불목을 적용해야 한다.

④ 대공 이하 친속 및 일반인에 대한 것이면 모살에서 4등을 감한다.

VI. 투구·고의 살인의 죄

투송률5(306조)

1. (a) 싸우다가 사람을 구타하여 살해한 자는 교형에 처한다. (b) 날붙이로 또는 고의로 사람을 살해한 자는 참형에 처한다. (c) 싸움으로 인했더라도 무기의 날을 사용하여 사람을 살해한 것은 고살과 같다. (d) 〈다른 사람이 무기의 날을 사용하여 자신을 핍박하기 때문에 무기의 날로 항거하다가 상해·살해하였다면 투구살상죄에 의거한다. 다른 조항의 무기의 날을 사용한 경우는 이에 준한다.〉

2. 싸움으로 인하지 않고 고의로 사람을 구타하여 상해한 때에는 싸우다가 구타하여 상해한 죄에 1등을 더한다.

3. 싸움으로 인했더라도 싸움이 끝난 뒤에 살상한 경우는 고살상법에 따른다.

1. 투구살인의 죄

현행 형법에서 투구살인의 죄는 폭행치사에 해당하는 것으로, 살인의 죄는 아니다. 그러나 당률에서는 투구에 의한 살인도 살인의 죄로 간주한다.

(1) 구성요건

① 이 죄의 행위 요건은 싸우다가 사람을 구타하여 사망에 이르게 한 것으로, 원래 살해하려는 마음이 없는 것이다. 즉 살인의 고의가 없다는 것을 말하며, 만약 싸우다가 살해할 마음이 생겼다면 고살이다.

② 반드시 날붙이를 사용하지 않고 싸우다 살해한 경우에 한한다. 날붙이를 사용한 것은 고살로 간주된다. 다만 날붙이를 들고 서로

싸웠다면 투구살인의 법에 의거한다.

(2) 처벌
교형에 처한다.

2. 고의살인의 죄

(1) 통상의 고살
싸움으로 인한 것이 아니고 싸움이 없이 살해한 것이다. 또한 서로 싸우기 시작한 이후 살해의 뜻이 생긴 것이다. 만약 싸움을 시작하기 전에 미리 살해를 모의하거나 준비했으면 모살이다. 싸움으로 인한 것이라도 싸움이 끝나고 시간이 지난 뒤에 살상한 경우는 고의로 살상한 죄에 대한 처벌법에 따른다(투5.3). 다시 말하면 성내어 다툰 뒤에 각기 흩어져 소리가 서로 들리지 않을 만큼 멀리 떨어진 곳으로 갔다가 다시 와서 살상한 경우 고의살상에 대한 처벌법에 따른다(투5.3의 소).

(2) 날붙이에 의한 살인
날붙이로 살인한 자는 참형에 처한다. 싸우다가 날붙이를 사용한 것은 곧 해치려는 마음이 있는 것으로 간주하여 고살을 적용한다. 이것은 정황에 따른 의제적 고살이다. 단 타인이 무기의 날로 자신을 핍박하기 때문에 항거하다가 무기의 날로 살해했다면 투구살의 법에 따른다.

VII. 1가 내 3인을 살해한 죄 및 사람을 절단한 죄

적도율12(259조)

1가의 사죄에 해당하지 않는 3인을 살해하거나, 〈호적이 같은 자 및 기친을 1가로 한다. 만약 전후로 3인을 살해했으나 같은 사건으로 단죄해야 하거나, 혹은 합해서 단죄해야 하는 것이거나 발각에 선후가 있는 경우도 모두 같다. 노비·부곡은 포함하지 않는다.〉 사람을 절단한 자는 〈사람을 살해해서 절단한 것을 말한다.〉 참형에 처하고, 처·자는 유2000리에 처한다.

1. 1가 내 3인을 살해한 죄

(1) 의의

생명은 일신전속성·독립적 법익이므로 하나의 행위로 인하여 수인을 살해한 때에도 수개의 죄가 된다. 또한 동일한 장소에서 동일한 방법에 의하여 시간적으로 이어서 수인을 살해한 때에도 수개의 살인죄의 경합범이 된다. 이것이 현대 형법학의 살인죄의 죄수론이다. 당률은 이와는 달리 하나의 행위로 여러 사람이 살해된 때에도 하나의 죄를 구성하는데, 본조가 바로 그렇다. 단 이 죄는 십악의 부도(명6.5의 주①)에 포함시켜 1인을 살해한 죄보다 무겁게 처벌하기 위해 세운 것이다.

(2) 구성요건

이 죄의 요건은 1가 내의 3인을 살해한 것이다. 살인의 방법은 모살·고살·투구살을 구분하지 않는다. 일반적으로 당률은 살인의 정상에 따라 형과 처분을 달리하는 죄명을 세워두고 있다. 객체로 말하면 존·비·귀·천에 따라 다르고, 책임형식으로 말하면 모살·고살·투구살과 수범·종범의 형과 처분이 다르다. 단 본죄는 이 같은 정상을 논하지 않고 오직 피해자가 사망한 것에 의거한다.

① 본죄의 구성요건의 하나인 1가는 호적이 같은 자와 기친을 포함한다. 호적이 같은 자는 친소를 구분하지 않고, 기친은 호적이 다르더라도 또한 1가 내에 포함된다.

② 1가 내의 3인은 사형에 해당하는 죄가 없는 양인이며, 노비·부곡은 포함되지 않는다.

③ 3인을 살해한 시기는 살해한 것이 시간상 앞뒤가 있더라도 같은 사건으로 판결해야 하거나, 혹은 같은 사건으로 판결해야 하는데 발각된 시점에 앞뒤가 있는 경우에도 모두 같다. 즉 만약 1가에서 3인을 살해하였다면 비록 범죄의 시간상 앞뒤가 있더라도 발각된 시점에 따라 같은 사건으로 판결해야 하거나, 혹은 같은 사건으로 판결되어야 할 경우 일이 발각되는 시점에 시간상 앞뒤가 있더라도 모두 일시에 살해한 것으로 간주한다. 단지 병합해서 심리해야 하면, 행위 시점과 발각 시점의 선후가 있는 것을 불문하고 모두 살해한 사람 수를 합해서 3인이면 이 조문을 적용한다는 것이다. 바꾸어 말하면 두 개 이상의 죄가 함께 발각된 경우 하나의 무거운 것으로 논한다(명45.1a①)는 원칙을 적용하지 않고, 또 범한 죄가 이미 단죄되었거나 복역할 곳에 배속되어 있으면서 다시 죄를 범한 경우 그 사건을 거듭해서 처벌한다(명29.1)는 갱범의 처벌 원칙을 적용하지 않는다는 것이다.

(3) 처벌

죄수는 참형에 처한다. 처자는 죄가 없어도 유2000리에 처한다. 죄수는 십악의 부도(명6.5의 주①)를 적용한다. 다만 살해된 3인 가

운데 1인이 먼저 사죄를 범한 자이면 십악을 적용하지 않고 단지 1
인을 살해한 죄를 적용한다. 또한 만약 3인 가운데 1인이 사죄가 있
거나 몇 집에 걸쳐 각각 두 사람씩 살해하였다면, 마땅히 사형에 처
하되 십악을 적용하지는 않는다. 1가의 3인을 살해하였으나 살해한
죄가 사형에 해당하지 않는 경우에도 역시 십악을 적용하지 않는다.
이는 양인이 부곡·노비를 살해한 경우를 가리킨다(투19.2).

2. 사람을 살해해서 절단한 죄

(1) 구성요건

이 죄의 요건은 사람을 살해해서 절단한 것이다. 여기서 사람은
귀천의 구분이 없다. 사람을 살해한 뒤에 절단하거나 또는 먼저 절
단하고 뒤에 살해했더라도 모두 절단한 것과 같으며, 모두 십악의
부도(명6.5의 주①)를 적용한다. 단 살해가 이미 완료된 뒤 시간이
지난 다음 절단했다면 부도를 적용하지 않는다. 혹은 고의로 불에
태워 살해하거나 혹은 살해한 즉시 불에 태운 경우는 살인하고 절단
한 것과 죄가 같다.

(2) 처벌

죄수는 참형에 처한다. 처자는 죄가 없어도 유2000리에 처한다.
죄수는 십악의 부도(명6.5의 주①)를 적용한다.

VIII. 투구살로 논하는 죄

당률은 싸우다 살해한 것이 아니더라도, 살상이 발생한 경우 그

결과를 중시하여 투구살로 논하는 죄들이 있다. 이 경우에도 사람이 사망한 결과에 대해서는 살인의 죄를 적용하여 교형에 처한다. 투구살로 논하는 범행에는, 사람을 속여서 함정에 빠뜨려 사망에 이르게 한 경우(사24), 위협 또는 폭력으로 타인을 시켜 사람을 구타하여 사망에 이르게 한 경우(투8.2), 고의로 입고 쓰고 마시고 먹는 것을 제거하여 사람을 살해한 경우(적14.2), 공갈·협박으로 두렵게 하여 사람을 사망에 이르게 한 경우(적14.3) 등을 들 수 있다. 이 범행들은 본래 살인의 죄로 정한 것은 아니나, 그 행위로 인해서 사람이 사망한 경우 결과에 대해서 투구살죄를 적용하여 논하는 결과적 가중범이다.

1. 고의로 의복이나 음식을 제거하여 사람을 사망에 이르게 한 죄

적도율14(261조)
2. 만약 고의로 사람의 입고 쓰고 마시고 먹을 것을 제거함으로써 사람을 살상한 자는 각각 투구살상으로 논한다.

(1) 구성요건
① 이 죄는 고의로 사람에게서 입고 쓰고 마시고 먹을 것을 제거한 것을 전제적인 요건으로 삼는다. 겨울에 사람의 의복을 빼앗거나 또는 높은 곳에 올랐는데 사다리를 제거하고 말을 탔는데 고삐를 제거하거나, 또는 굶주리고 목마른 사람에게서 마시고 먹을 것을 제거하는 것 따위를 말한다.
② 이로 인해 사람이 사망한 결과가 발생한 것이 요건이다. 이 죄는 살인의 고의성은 없는 것을 전제로 한다. 만약 살해할 마음이 있었다면 모살죄를 과한다.

(2) 처벌

각각 투구살로 논한다. 즉 일반인을 살해한 경우에는 투송률 5.1a 조에 의거하여 교형에 처하고, 존장을 상해하여 죄가 사형에 해당하는 경우나 비유나 천인을 살해하여 죄가 사형에 해당하지 않는 경우 등과 같이 가해자와 피해자가 존비·귀천 관계이면 각각 투송률의 해당 조항에 의거하여 처벌한다.

2. 공갈·협박하여 사람을 사망에 이르게 한 죄

적도율14(261조)

3. 만약 공갈·협박하여 사람을 두렵게 해서 사망이나 상해에 이르게 한 자는 각각 그 정상에 따라서 고·투·희살상으로 논한다.

(1) 구성요건

이 죄는 공갈·협박하여 사람을 두렵게 해서 사망이나 상해에 이르게 한 것이다. 단 그 정상에 비추어 죄와 형을 논한다.

(2) 처벌

예컨대 위험한 곳을 밟고 있거나 물가 절벽에 서있는데 고의로 공갈·협박하여 사람을 떨어지게 하거나 빠지게 하여 사망에 이르게 하였으면 고살(투5.1b)로 논한다. 만약 싸우다가 공갈·협박하여 사망에 이르게 한 때에는 투구살법(투5.1a)에 따른다. 만약 힘겨루기 놀이를 하다가 공갈·협박하여 사람을 두렵게 해서 사망에 이르게 한 때에는 희살상(투37.1a)으로 논한다. 단 희살은 투구살죄에서 2등을 감하므로 사형에 해당하지 않으며, 따라서 살인죄에 포함되지 않는다(명9.2와 주).

3. 사람을 속여서 사망·상해에 이르게 한 죄

사위율24(385조)

사람을 속여서 사망 및 상해에 이르게 한 자는 투구살상으로 논한
다. 〈나루의 물이 깊은 수렁이거나 교량과 배가 썩어서 무너질 것
을 알면서 속여서 사람을 건너게 한 것 따위를 말한다.〉

(1) 구성요건

이 죄의 요건은 사람을 속여서 사망에 이르게 한 것이다. 예를 들
면 나루의 물이 깊거나 수렁인 것, 교량이 썩고 배가 새서 사람이 건
널 수 없는 것을 알면서도 거짓으로 "나루의 물이 평탄하고 얕으며,
배나 교량이 견고하다."고 말하여 사람을 건너게 해서 사망에 이르
게 한 경우 등이다. 또 예를 들면 함정이나 몰래 설치한 쇠뇌가 있다
는 것을 알면서도 사람을 속여서 건너게 하여 사망에 이르게 하는
경우가 있다(사24의 소).

(2) 처벌

투구살로 논하여 형을 과한다. 투구살죄는 교형에 해당한다(투
5.1a). 그러나 가해자와 피해자 사이가 존비·귀천 관계이면 각각 해
당하는 조항의 투구살상으로 논한다.

4. 사죄수를 살해한 죄

단옥률3(471조)

1. 사죄수의 자백이 끝난 뒤, 죄수의 친속·고구(故舊)가 죄수의 시
   킴을 받아서 사람을 고용하거나 부탁하여 그를 살해한 자 및 고

용되거나 부탁받아 그를 살해한 자는 각각 본조의 살해죄에서 2
등을 감한다.

2. 죄수가 요청하지 않았거나 자백이 끝나기 전에 살해했다면 각각
투살로 논하되, 사죄에 이른 때에는 가역류에 처한다.

3. 자백이 비록 끝났더라도 자손이 조부모·부모에 대해서, 부곡·노
비가 주인에 대해서 범한 때에는 모두 고살로 논한다.

(1) 죄수의 요청으로 살해한 죄

1) 구성요건

(a) 정황

이 죄의 정황적 요건은 사죄를 범한 죄수의 자백이 끝난 뒤에 행
한 것이다.

(b) 주체와 행위

이 죄의 요건은 죄수의 요청을 받은 친속·고구가 사람을 고용하거
나 부탁하여 그를 살해한 것 및 고용되거나 부탁을 받고 살해를 실
행한 것이다. 친속은 시마친 이상이며, 고구는 평소 친하게 지내는
가문 혹은 명성을 흠모하는 친구 등을 말한다(직58의 소). 고용된 것
은 재물을 받은 것이고, 부탁한 것은 그렇지 않다(구12.4의 소).

2) 처벌

각각 피살자와의 관계에 따라 해당되는 본래의 살인죄에서 2등을
감한다. 즉 고용하거나 부탁한 사람 및 고용되거나 부탁을 받은 사
람은 수종을 구분하지 않고 각각 피살자와의 신분관계에 비추어 투
구살죄에서 2등을 감하여 죄를 과한다.

(2) 죄수가 요청하지 않은 때 및 자백이 끝나기 전에 살해한 죄

1) 구성요건
이 죄의 요건은 죄수가 요청하지 않았는데 사람을 고용하거나 부탁하여 살해하거나, 비록 고용·부탁했더라도 자백이 끝나지 않았는데 살해한 것이다.

2) 처벌
각각 투살로 논하되 죄가 사형에 이른 경우에는 가역류에 처한다. 단 만약 자백이 끝나지 않았을 뿐더러 게다가 사람을 고용·부탁하여 자신을 죽여 달라고 시키지 않았는데도 함부로 살해한 경우에는 각각 투구살의 법과 같이 처벌하며, 죄가 사형에 이를 경우에도 모두 그대로 사형에 처한다.

(3) 자백이 끝난 때, 자·손이 조부모·부모를, 부곡·노비가 주인을
   살해한 죄

1) 구성요건

(a) 정황적 요건
조부모·부모 또는 주인이 사죄수인데 자백이 끝나 사죄가 확정된 것이 정황적 요건이다.

(b) 주체와 행위
이 죄의 요건은 자·손이 사죄수인 조부모·부모를, 부곡·노비가 사죄수인 주인을 직접 살해하거나 사람을 고용하거나 부탁한 요청하여

살해한 것이다. 비록 조부모·부모나 주인이 요청했더라도 같다.

2) 처벌

모두 고살로 논한다. 모두 고살로 논한다고 했으므로 수범·종범의
구분이 없다(명43.2). 자·손은 십악의 악역(명6.4)을 적용하고, 부곡·
노비는 은사령이 내려도 용서되지 않는다. 그러나 자손이나 부곡·노
비에게 고용되거나 부탁을 받은 사람은 역시 투구살죄에서 2등을 감
한다.

제3절 상해의 죄

Ⅰ. 개설

1. 당률의 상해죄

당률의 상해죄는 싸움으로 인해 사람을 구타해서 상해를 입힌 것
을 내용으로 하는 투구상해의 죄가 가장 기본적인 것이다. 투구상해
죄는 크게 일반인 투구상해의 죄와 신분인 투구상해의 죄로 구분된
다. 일반인 투구상해의 죄는 신분관계가 없는 양인을 객체로 하는
범행이고, 신분인 투구상해의 죄는 신분관계가 있는 사람에 대한 범
행인데, 후자는 전자를 기준으로 하여 가감한다. 당률의 상해죄는 가
해 수단과 상해의 정도에 따라 죄의 등급을 세분화하는 특징이 있지
만, 그 보다 더 중요한 특징은 신분의 존비귀천에 따라 죄의 등급을
세분화해서 정교하게 규정해 두고 있는 점이다. 특히 후자는 복잡한

신분구조만큼 내용이 복잡하므로 일반인 상해죄와는 별도로 절을 달리하여 논한다.

2. 상해죄의 등급

일반인 투구상해의 죄는 가해 수단의 위험성과 투구의 결과로 발생한 상해의 정도를 가중적 구성요건으로 삼아서 죄의 등급을 더하는데, 가해 수단은 손발·타물 및 무기 또는 날붙이[刀]의 3단계, 상해의 정도는 상해가 없는 것을 포함해서 경상해·절상·중절상·중상해의 5단계로 구분하고, 다시 양자를 결합한 몇 개의 단계로 죄와 형을 규정한 조문을 두었는데, 세분하면 9단계로 정리할 수 있다.

투구 수단에서 가장 가벼운 것은 손발이고(투1.1과 주), 다음은 타물이며, 가장 무거운 것은 무기의 날 및 날붙이다(투1.3, 5, 8.1). 타물은 폭이 넓은데 손발이나 무기 및 날선 쇠붙이에 속하지 않는 것은 모두 타물에 속하며, 무기라도 날로 구타한 것이 아니라면 타물이다(투1.2의 주). 끓는 물이나 불(투2.1의 소), 사람을 결박하는 것(투8.1) 등도 타물이다. 위력으로 사람을 결박해서 구타·상해한 때에는 죄의 등급을 더한다(투8.1).

상해는 피가 보이는 것을 의미하며(투1.2의 주), 상해의 크기와 가해 수단의 위험성에 따라 죄의 등급을 더한다. 이 하나를 부러뜨린 것 이상을 절상이라고 하는데(투11.1의 주) 원칙적으로 가해수단을 구분하지 않고 처벌이 같다. 절상은 이 또는 뼈를 부러뜨린 것을 의미하므로 골절상이라고 할 수 있는데, 신체기관의 중요성에 따라 5등급으로 구분한다.

II. 투구상해의 죄

1. 손발으로 구타한 죄(1단계 투구상죄)

투송률1(302조)
1. 싸우다가 사람을 구타한 자는 태40에 처한다. 〈손발로 사람을 치는 것을 말한다.〉

1단계 투구상죄는 싸우다가 사람을 손발로 구타한 것이다. 주는 "손발로 사람을 치는 것을 말한다."고 해석했으나, 일단 타물을 사용하지 않고 친 경우 모두 손발로 구타한 것과 같다. 예를 들면 머리로 받거나 두발을 손으로 잡아당기거나 옷깃을 움켜잡아 당긴 것도 손발로 구타한 것과 같다. 다시 말하면 머리로 받거나 수염이나 두발을 잡아당기거나 옷깃을 잡아당기거나 목을 조른 자는 손발로 구타한 자와 마찬가지로 태40에 처한다.

2. 경상해 및 타물로 구타한 죄(2단계 투구상죄)

투송률1(302조)
2. 사람을 상해한 자 및 타물로 구타한 자는 장60에 처한다. 〈피가 보인 것이 상해이다. 손발이 아닌 그 밖의 모든 것을 타물이라고 한다. 만약 무기라도 날로 구타하지 않았다면 또한 같다.〉

(1) 경상해
본죄의 상해는 손발로 구타하여 발생한 것으로, 피가 보이는 정도부터 상처의 크기가 가로세로가 1촌 미만인 것이 이에 해당한다(투

1.1의 주 및 소).

(2) 타물 구타

타물은 손발이 아닌 다른 물건 모두를 가리킨다. 만약 무기라도
날로 구타하지 않았으면 타물과 같다. 즉 싸울 때 무기를 가지고 있
더라도 날로 공격하지 않고 그 밖의 다른 부분으로 구타하면 모두
타물의 예와 같다는 것을 말한다. 이 밖에 끓는 물이나 불로 사람을
상해하려 했으나 상해에 이르지 않은 경우(투2.1의 소), 뱀·벌·전갈
따위로 물게하거나 쏘게 하는 경우(투2.2의 소), 축산이 사람을 상해
한 경우(구12.3의 소), 위력으로 사람을 결박한 경우(투8.1의 소) 등
은 각각 타물로 구타한 것과 같다.

3. 타물로 상해하거나 두발을 뽑은 죄(3단계 투구상죄)

투송률1(302조)
3. 타물로 상해한 것 및 두발을 뽑은 것이 사방 1촌 이상이면 장80
에 처한다.

(1) 구성요건

1) 타물 상해

타물로 사람을 구타했다는 것은 손발 외에 다른 물건으로 구타한
것이다. 상해의 크기가 사방 1촌 이상인 경우와 미만인 경우로 구분
한다.

2) 두발을 뽑은 것

사방 1촌은 두발이 뽑혀서 모발이 없는 곳을 재서 가로세로의 길이가 각각 1촌이 되는 것이다. 만약 형태가 일정하지 않으면 둘레 4촌을 사방 1촌으로 한다. 그러나 두발을 뽑은 것이 사방 1촌이 되지 않는 경우에는 다만 타물로 구타한 법에 따른다. 수염을 뽑으면 역시 두발에 준하여 처벌한다.

(2) 처벌

타물 상해와 두발을 뽑은 것 사방 1촌 이상은 장80. 두발을 뽑은 것이 사방 1촌 이하면 타물로 구타한 죄와 같이 장60에 처한다.

4. 출혈의 상해를 입한 죄 및 무기의 날로 공격한 죄(4단계 투구상죄)

투송률1(302조)

4. 만약 귀나 눈에서 피가 나거나 내상을 입혀 피를 토한 때에는 각각 2등을 더한다.

투송률3(304조)

1. (a) 싸우다가 무기의 날로 사람을 치거나 쏘았는데 맞지 않은 때에는 장100에 처한다. 〈병기의 날이라는 것은 화살·칼·창 따위의 날을 말한다. 만약 구타한 죄가 무겁다면 구타한 법에 따른다.〉

(1) 귀·눈에서 출혈이 있는 경우

귀·눈에서 출혈이 있거나 내상으로 출혈이 있다면, 손발로 구타한 경우에는 장80에 처하고, 타물로 구타한 경우에는 장100에 처한다. 사람의 머리와 얼굴을 구타하여 눈이나 귀에서 피가 나거나 사람의 신체를 구타하여 내상을 입혀 피를 토하게 한 것이다. 코를 구타하여 피가 났다면 다만 상해의 죄와 같다. 사람을 구타하여 하혈하게 하였다면 피를 토하게 한 예와 같다.

(2) 무기의 날로 공격한 경우

1) 구성요건
이 죄의 요건은 싸우면서 무기의 날로 사람을 치거나 쏘았으나 맞지 않은 것이다. 무기의 날은 화살촉이나 칼의 날, 여러 종류의 무기의 날을 말한다. 단 뭉툭한 창이나 끝이 좌우로 갈라진 창 등으로 공격한 것은 무기의 날로 공격한 것에 속한다. 무기의 날로 사람을 공격하여 상해를 입힌 경우 그렇지 않은 경우보다 형이 더 무거운 것은 말할 필요도 없는데, 이 경우 무기의 날이 아니라도 사람을 살해할 만한 쇠붙이의 날이면 무기의 날과 같다.

2) 처벌
찍거나 베고 쏘거나 찔렀는데 맞지 않은 때에는 장100에 처한다. 다만 본조의 죄가 더 무거우면 그 조항에 따라 죄준다. 가령 싸우다가 무기로 소공친 형이나 누나를 치거나 쏘았는데 맞지 않았으면 본조(투26)의 구타한 죄에 따라 도1년에 처하고, 이 조항의 베거나 쏜 죄에 따르지 않는다. 상해한 경우도 같다.

5. 경절상 및 끓는 물이나 불로 상해한 죄(5단계 투구상죄)

투송률2(303조)
1. 싸우다가 사람을 구타하여 이를 부러뜨리거나, 귀나 코를 훼손

하거나, 한쪽 눈을 다치게 하거나[眇], 손가락이나 발가락 하나를 부러뜨리거나, 〈눈을 다치게 하였다는 것은 시력을 훼손하였으나 여전히 사물이 보이는 것을 말한다.〉 또는 뼈에 금이 가게 하거나 끓는 물이나 불로 사람을 상해한 자는 도1년에 처한다.

(1) 구성요건
요건은 경절상을 입히거나 끓는 물이나 불로 사람을 상해한 것이다.

1) 경절상
경절상은 다섯 가지이다.

① 이 하나를 부러뜨린 것.

② 귀나 코를 훼손한 것. 사람의 귀나 코의 구멍을 훼손하거나 이 지러뜨린 것을 말하는데, 사람의 입이나 눈을 훼손하거나 이지러뜨린 것 역시 같다.

③ 눈 하나의 시력을 훼손한 것. 눈을 때려 다치게 하여 시력에 손상을 입혔으나 그래도 사물이 보이는 것을 말한다.

④ 손가락이나 발가락 하나를 부러뜨린 것.

⑤ 뼈에 금이 가게 한 것. 구타로 인하여 뼈에 금이 갔지만 부러지지는 않은 것이다.

2) 끓는 물이나 불로 사람을 상해한 것
끓는 물이나 불로 사람을 공격하여 화상을 입힌 것이다. 만약 끓는 물이나 불로 공격했으나 화상을 입지 않았다면 타물로 구타한 법에 따른다. 동이나 철을 녹인 쇳물로 사람을 상해하였다면 끓는 물이나 불로 사람을 상하게 한 것에 비한다.

(2) 처벌

각각 도1년에 처한다.

6. 중절상 및 두발을 전부 자른 죄(6단계 투구상죄)

투송률2(303조)

2. 싸우다가 사람을 구타하여 이 2개 이상 또는 손가락이나 발가락 2개 이상 부러뜨리거나 두발을 전부 자른 자는 도1년반에 처한다.

(1) 구성요건

이 단계의 죄는 싸우다가 사람을 골절상한 것이 2개 이상인 경우와 사람의 두발을 전부 자른 것을 포함한다.

1) 골절상

이 경우의 골절상은 이를 두 개 이상 또는 손가락이나 발가락을 두 개 이상 등 부러뜨린 경우이다. 여기에서 이상이라 한 것은 부러진 것이 더 많더라도 역시 죄를 더하지 않는다는 것이다. 단 사람을 구타하여 손가락 10개를 모두 부러뜨려 물건을 집을 수 없게 되었다면, 두 손을 못 쓰게 만든 것이므로 사람을 구타하여 독질에 이르게 한 죄에 따라 유3000리에 처한다. 아마도 발가락 열 개 모두를 부러뜨려 사람이 설 수 없게 된 것도 같다고 해석해야 할 듯하다.

2) 두발을 완전히 자른 경우

두발을 전부 자르지 않아서 여전히 상투를 올릴 수 있는 경우는 두발을 뽑은 것이 사방 1촌 이상인 것과 같이 장80에 처한다. 만약 싸우다가 사람의 두발을 전부 잘라서 자기가 가졌으면 적도율(적39)

의 "본래는 다른 이유로 사람을 구타하였으나 그로 인해 그 재물을 빼앗은 경우에는 장물을 계산해서 강도로 논하되, 사죄에 이른 경우 가역류에 처한다."는 규정에 의거한다.

(2) 처벌
각각 도1년반에 처한다.

7. 날붙이로 상해한 죄 및 중상해죄(7단계 투구상해죄)

투송률3(304조)
2. 또한 싸우다가 날붙이로 상해하거나 〈날붙이라는 것은 쇠붙이의 날이면 크든 작든 살인할 만한 것은 다 포함된다는 것을 말한다.〉 사람의 늑골을 부러뜨리거나 두 눈을 훼손하거나 낙태시킨 자는 도2년에 처한다. 〈낙태는 보고 기한 안에 태아가 죽으면 비로소 처벌한다는 것을 말한다. 만약 보고 기한이 지난 뒤에 죽은 경우에는 본조의 구타상해죄에 따라 논한다.〉

(1) 날붙이로 공격해서 상해한 죄
싸우면서 날붙이로 사람을 찍거나 베거나 쏘거나 찔러 상해한 자는 도2년에 처한다.

(2) 중상해죄
중상해는 사람의 늑골을 부러뜨린 것, 두 눈을 훼손한 것, 낙태를 포함한다.

1) 구성요건

① 사람의 늑골을 부러뜨린 것. 싸우다가 사람을 구타하여 늑골을 부러뜨린 것을 말한다.

② 양쪽 눈을 훼손한 것. 두 눈을 훼손하여 그 시력을 손상하였으나 그래도 사물이 보이는 것을 말한다.

③ 낙태시킨 것. 임신 중인 부인을 구타하여 태아가 낙태된 것을 말한다. 낙태의 본질은 모체의 손상에 있으며, 태아는 반사적인 보호를 받을 뿐이다. 낙태는 모체의 보고 기한 안에 아이가 죽은 것을 말하며, 그 경우에 한하여 낙태죄로 처벌한다. 만약 보고 기한이 지난 뒤에 태아가 죽으면 구타하여 상해한 죄에 따라 논한다. 즉 태아가 상해를 입었지만 임부의 보고 기한이 지난 뒤에 죽으면 구타하여 상해한 죄에 따른다. 또한 보고 기한 안에 낙태되었으나 태아가 아직 모습을 갖추지 않은 때는 구타하여 상해한 법에 따르며, 이 때 낙태에 대한 죄는 없다.

2) 처벌

각각 도2년에 처한다.

3) 낙태죄와 신분범의 가감

① 낙태는 상해의 하나로 간주하므로 만약 신분으로 인해 죄를 가감할 때는 도2년을 기준으로 한다. 즉 친속·귀천 등을 구타하여 낙태시켰다면 각각 도2년에서 가감하되, 모두 임부와의 관계를 기준으로 하고 태아와의 관계는 묻지 않는다. 여기서 임부를 중심으로 죄를 정한다는 것은 가해인과 모체의 신분을 기준으로 가감한다는 뜻인데, 이는 모체를 행위의 객체로 삼기 때문이다. 태아와의 관계를 묻지 않는다는 것은 태아의 신분으로 가해인과의 존비관계를 정하지

않는다는 뜻이다. 만약 태아를 행위 객체로 삼거나 태아에 의거하여
가해인과 신분관계를 정하면 태아에 대한 살해죄가 성립하게 되는데
이 경우 태아의 신분을 사칭하기 쉽기 때문이다. 예를 들면 처·첩
또는 비가 통간하여 임신하고 남편의 자식이라고 사칭하기 쉽고, 그
리하여 친속관계 또는 주인·가천관계가 성립하여 가해인의 죄를 거
짓으로 무겁게 할 수 있다.

② 만약 임부를 구타한 죄가 무겁다면 골절상죄와 같이 처벌한다.
가령 누나를 구타하여 낙태시켰다면 투송률 27.1조에는 "형이나 누
나를 구타한 자는 도2년반에 처하며, 골절상을 입힌 자는 유3000리
에 처한다."고 규정되어 있고, 또 투송률 11.1조의 주에서는 "골절상
은 이 하나를 부러뜨린 것 이상을 말한다."고 하였다. 그런데 일반인
낙태는 도2년에 해당하여 이를 부러뜨린 죄(도1년)보다 무겁기 때문
에, 누나를 구타하여 낙태시켰다면 유3000리에 처한다.

③ 낙태죄의 처벌은 태아가 모체의 보고 기한 내에 죽은 것을 처
벌조건으로 한다. 그러나 모체도 손상을 입을 가능성이 있는데, 이
때 낙태와 모체의 다른 상해는 무거운 쪽에 따라 처벌한다. 즉 낙태
의 형이 무거운 경우 낙태죄로 처벌하고 다른 상해의 형이 무거우면
다른 상해에 따라 죄를 과한다. 만약 낙태가 처벌조건을 갖추지 못
하면 모체가 받은 다른 상해의 죄를 받는다.

8. 지체를 부러뜨리거나 어긋나게 한 죄(8단계 투구상해죄)

투송률4(305조)

1. (a) 싸우다가 구타하여 사람의 지체를 부러뜨리거나 어긋나게
   한 자 및 한쪽 눈을 실명하게 한 자는 도3년에 처하고, 〈지체를
   부러뜨렸다는 것은 팔다리의 뼈를 부러뜨린 것이며, 지체를 어

굿나게 했다는 것은 팔다리의 뼈가 어긋나고 틀어져 제자리를 벗어난 것이다.〉 (b) 보고 기한 안에 평시처럼 회복된 때에는 각각 2등을 감한다. 〈다른 조항에서 부러지거나 어긋난 것이 평시처럼 회복되었다는 것은 이것에 준한다.〉

(1) 구성요건

이 죄의 구성요건은 지체를 부러뜨리거나 어긋나게 한 것과 한 쪽 눈을 실명케 한 것의 두 가지를 포함한다. 지체는 사람의 팔이나 다리를 가리킨다.

① 이 죄의 구성요건 중 하나는 사람의 팔이나 다리를 부러뜨리거나 팔이나 다리의 뼈를 어긋나게 한 것이다. 단 지체가 이전부터 오그라져 있는 폐질자의 지체를 구타하여 하나를 부러뜨린 때는 고의로 구타하여 지체 하나를 부러뜨린 것으로 간주하여 죄를 1등 더한다. 이 경우 음이 있는 사람은 음에 의해 형을 감하거나 속할 수 있다. 원래 고의로 사람을 구타하여 폐질이 되게 하였다면 유형에 처하고 형을 감하거나 속할 수 없는데(명11.3), 이 경우는 원래 폐질이었고 구타로 인해 폐질이 되게 한 것이 아니므로 감형하거나 속하는 것을 허락하는 것이다.

② 한쪽 눈을 실명하게 하였다는 것은 한쪽 눈의 시력을 잃어버려 완전히 사물을 볼 수 없는 것을 말한다.

(2) 처벌

도3년에 처한다. 단 보고 기한 안에 평시처럼 회복되면 각각 2등을 감한다. 사람의 뼈를 부러뜨리거나 어긋나게 하거나 한 죄의 보고 기한은 50일이다(투6.1). 만약 이 기한 안에 부러지거나 어긋난 뼈가 평시처럼 회복되면 2등을 감하여 도2년에 처한다. 또한 가해자

와 피해자 사이에 존비귀천의 신분관계가 있어 죄형이 다른 경우에
도 서로 싸우다가 구타하여 부러뜨렸거나 어긋난 것이 보고 기한 안
에 평시처럼 회복되면 모두 달리 정한 본죄의 형에서 2등을 감한다.

9. 지체 골절상이나 실명이 두 가지 이상인 경우의 죄(9단계 투구 상해죄)

투송률4(305조)
2. 만약 싸우다가 구타하여 사람의 지체를 부러뜨리거나 어긋나게
   하거나 한쪽 눈을 실명하게 한 손상이 두 가지 이상인 때 및 본
   래 장애가 있는데 독질에 이르게 한 때, 또는 혀를 자른 때 및 사
   람의 생식 기능을 훼손하여 못쓰게 한 때는 유3000리에 처한다.

(1) 구성요건

이 죄의 구성요건은 손상한 것이 두 가지 이상인 경우, 본래 장애
가 있는 자를 구타하여 독질에 이르게 한 경우, 혀를 자르거나 사람
의 생식기능을 훼손한 경우를 포함한다.

① 손상한 것이 두 가지 이상이라는 것은 사람을 구타하여 한쪽
눈을 멀게 하고 또 지체의 하나를 부러뜨린 것 따위를 말한다. 물론
사람의 두 눈을 멀게 하거나 사람의 지체 두 개를 부러뜨린 것도 여
기에 포함된다.

② 본래 장애가 있는데 구타하여 독질에 이르게 했다는 것은, 가
령 본래 한쪽 눈이 멀어 잔질인 자를 구타하여 다시 한쪽 눈을 멀게
함으로써 독질이 되게 하거나, 또는 다리 한쪽이 부러져 폐질인데
다시 다른 다리를 부러뜨려 독질이 되게 한 것 따위를 말한다. 본래
독질인 자를 구타하여 장애가 있는 기관을 훼손한 것은 그대로 앞의

두 가지 이상을 손상한 것으로 논한다.

③ 혀를 잘랐다는 것은 완전히 말을 할 수 없게 한 것을 말한다. 혀를 잘랐지만 말은 할 수 있으면 골절상의 죄(투2.1의 소)에 따라 처벌한다.

④ 사람의 생식 기능을 훼손하여 못쓰게 하였다는 것은, 생식 기능을 완전히 상실케 한 것을 말한다. 생식기가 훼손되었지만 후사를 잉태시킬 수 있다면 상해죄로 처벌한다.

(2) 처벌
각각 유3000리에 처한다.

Ⅲ. 투구상해죄의 통칙

1. 고의상해

투송률5(306조)
2. 싸움으로 인하지 않고 고의로 사람을 구타하여 상해한 때에는 싸우다가 구타하여 상해한 죄에 1등을 더한다.
3. 비록 싸움으로 인했더라도 시간이 지난 뒤에 상해한 때에는 고의상해의 법에 따른다.

(1) 구성요건
싸움으로 인하지 않고 고의로 사람을 구타하여 상해한 것이다. 다시 말하면 구타와 상해가 싸우고 다툼으로 인한 것이 아니고 이유 없이 사람을 구타 상해한 것을 말한다. 또한 싸움으로 인한 것이라도 싸움이 끝난 뒤에 상해한 것은 고의상해로 간주한다. 즉 성내어 다툰 뒤에 각기 분산하여 소리가 서로 들리지 않을 만큼 멀리 떨어진 곳으로 갔다가 또 와서 상해한 경우 고의로 상해한 법에 따른다.

(2) 처벌

투구상죄에 1등을 더한다. 예를 들면 고의로 주먹으로 구타하였는데 다치지 않은 것은 싸우다 구타한 때의 태40에 1등을 더하여 태50에 해당하는 것과 같은 것이다.

2. 쌍방이 서로 구타한 경우의 처벌 원칙

투송률9(310조)
1. 싸우다가 쌍방이 서로 구타하여 상해한 때에는 각각 경중에 따라서 쌍방 모두 법대로 논한다.
2. 뒤에 구타했고, 반격의 사유가 정당한 자는 2등을 감한다. 〈사망에 이른 때에는 감하지 않는다.〉

(1) 쌍방이 동시에 구타한 죄

싸우다가 쌍방이 서로 구타하여 상해한 경우 쌍방 모두 법대로 논한다. 이것은 비단 상해한 경우만이 아니라 상해가 없을 때에도 역시 같다. 가령 갑·을 두 사람이 싸우다가 서로 구타하여 상해하였는데, 갑은 구타하였지만 상해하지 않았다면 투송률 1.1조에 의거하여 태40에 처하고, 을은 구타하여 상해하였으면 투송률 1.2조에 의거하여 장60에 처하는 것 따위이다. 쌍방이 신분관계인 경우에도 각각 본조의 법에 의거한다. 가령 갑은 양인이고 을은 노비인 경우, 갑은 구타하여 상해하였으면 투송률 19.2b조에 의거하여 일반인을 범한 죄에서 2등을 감하여 태40에 처하고, 을은 구타하였지만 상해하지 않았다면 투송률 19.1b조에 의거하여 일반인을 범한 죄에 2등을 더하여 장60에 처한다. 쌍방이 존비·귀천 관계여서 가감해야 할 경우에도 각각 본조에 의거하여 죄를 논하며, 만약 신분이 처벌 배제사유가 되어 죄를 논하지 않은 경우에는 그대로 처벌하지 않는다.

(2) 뒤에 구타한 자의 사유가 정당한 경우의 처벌

먼저 구타당하고 이에 대항하여 뒤에 구타한 자는 2등을 감한다. 가령 갑이 먼저 을을 구타하였으나 상해하지 않았으면, 갑은 태40에 처해야 한다. 을은 구타당하여 항거하다가 갑을 구타하여 상해한 경우, 사유가 정당하므로 구타해서 상해한 죄의 형 장60에서 2등을 감하여 태40에 처한다. 이 원칙은 존비·귀천 사이에 서로 구타한 경우에도 그대로 적용된다. 단 을이 구타하여 갑이 사망에 이르게 된 때는 감하지 않는다.

3. 조부모·부모를 위한 정당방위와 과잉방위의 죄

투송률34(335조)

1. 조부모·부모가 타인에게 구타를 당해 자·손이 즉시 반격하여 그를 구타하였다면 골절상이 아닌 경우는 논하지 않는다.
2. 골절상인 경우는 일반인을 구타하여 골절상을 입힌 죄에서 3등을 감하고,
3. 사망에 이른 때에는 일반 법률에 의거한다. 〈자·손이 처음부터 싸움에 수종하지 않은 경우를 말한다.〉

(1) 정당방위

조부모·부모가 타인에게 구타당해 자·손이 즉시 현장에서 반격하여 그를 구타한 경우, 골절상 이상의 상해가 아니라면 논하지 않는다. 즉 조부모·부모를 위한 정당방위의 경우 위법성 배제가 상당히 폭넓게 인정된다. 그러나 이 경우에도 두 가지 조건을 전제로 한다. 첫째, '즉시'라는 조건이다. 즉 바로 현장에서의 행위만 정당방위로 인정된다. 이 조문에서 '즉시 현장에서[율문은 即, 소는 當即]'라고 명기한 것은, "싸움이 끝나고 흩어진 뒤에 구타하여 상해한 행위는 고의로 상해한 법에 따른다."는 투송률 5.2조의 규정이 적용됨을 밝힌 것으로 보아도 좋을 것이다. 둘째, 골절상 이하의 경우에만 위법성이 완전히 배제된다. 골절상인 경우는 일반인범에서 3등을 감하므로, 정당방위가 부분적인 위법성 배제 사유가 된다. 그러나 모두 자·손이 처음부터 싸움에 참여하지 않은 경우에 한하며, 처음부터 싸움에 참여한 경우는 수범과 종범으로 구분하여 처벌한다.

(2) 과잉 방위의 죄

공격자에 대한 반격이 골절상 이상이 아닌 경우 논하지 않는다. 만약 골절상인 경우는 싸움으로 인한 골절상죄에서 3등을 감한다. 사망에 이른 경우는 3등을 감하지 않고, 일반적인 법에 따라 교형에 처한다. 병장기나 다른 날붙이를 사용하여 살해한 경우는 참형에 처한다(투5.1b).

IV. 투구상해죄의 책임 시한[保辜]

투송률6(307조)

1. 죄를 유보하는 것[保辜]은, 손과 발로 사람을 구타하여 살상한 경우 기한이 10일, 타물로 사람을 구타하여 상해한 경우 20일, 날붙이[刃] 및 끓는 물이나 불로 사람을 상해한 경우 30일, 지체를 부러뜨리거나 어긋나게 한 경우 및 뼈를 부순 경우 50일이다. 〈구타와 상해가 반드시 함께여야 하는 것은 아니다. 다른 조항에서 구타해서 상해한 것 및 살상한 것은 각각 이에 준한다.〉

2. 기한 안에 사망한 때에는 각각 살인에 의거해서 논하며, 만약 기한이 지난 뒤 및 비록 기한 내일지라도 다른 이유로 사망한 때에는 각각 본조의 구타상해의 법에 따른다. 〈다른 이유라는 것은 별도로 다른 장애가 더해져 사망한 경우를 말한다.〉

1. 보고 기한

(1) 보고 기한

1) 가해 도구에 따른 보고 기한

① 손발로 사람을 구타하여 살상한 경우 보고 기한은 10일이다. 손발로 사람을 구타한 경우, 상해가 있든 없든 10일 안에 피해자가 사망하거나 상해가 발생하면 각각 그 결과가 구타로 인한 것이라고 판단하여 죄를 묻는다는 뜻이다.

② 타물로 사람을 구타하여 상해한 경우 보고 기한은 20일이다. 손발이 아닌 다른 물건으로 구타하여 사람을 상해한 경우 20일의 기한 안에 발생하는 결과에 대해서 죄를 묻는다는 뜻이다. 다른 물건은 손발보다 위험의 정도가 크므로 보고 기한이 긴 것이다.

③ 날붙이[끼] 및 끓는 물이나 불로 사람을 상해한 경우 보고 기한은 30일이다. 날이 선 날붙이 및 끓는 물이나 불은 더 위험한 물건이므로 보고 기한이 타물보다 더 길다.

2) 피해 정도에 따른 보고 기한

지체를 부러뜨리거나 어긋나게 한 경우 및 뼈를 부순 경우 보고 기한은 50일이다. 뼈를 부러뜨리거나 신체를 어긋나게 하거나 뼈에 금이 가게 한 경우 손발이든 타물이든 불문하고 모두 보고 기한은 50일이다. 이 경우는 가해한 도구의 위험 정도에 따라 보고 기한의 장단을 정한 위의 세 가지와 달리 상해의 정도가 무겁기 때문에 보고 기한을 길게 정한 것이다.

(2) 보고 기한 안에 회복된 경우

싸우다가 구타하여 사람의 지체를 부러뜨리거나 어긋나게 한 자 및 한쪽 눈을 멀게 한 자는 도3년에 처한다. 단 보고 기한 안에 평시처럼 회복된 때에는 각각 2등을 감한다(투4.1). 즉 사람의 뼈를 부러뜨리거나 어긋나게 하거나 한쪽 눈을 멀게 한 경우는 보고 기한이 50일이니(투6.1), 기한 내에 뼈마디가 평시처럼 회복된 때 및 눈이 사물을 볼 수 있게 된 때에는 모두 2등을 감하여 도2년에 처한다.

(3) 보고 기한 내와 기한 외의 사망

기한 안에 사망한 때에는 각각 살해한 것으로 논하지만, 기한이 지난 뒤 및 비록 기한 내일지라도 다른 이유로 사망한 때에는 각각 본래의 구타하여 상해한 처벌법에 따른다(투6.2). 다른 이유라는 것은 별도로 다른 질환이 더해져 사망한 경우를 말한다(투6.2의 주). 가령 사람을 구타하여 머리에 상처가 났는데 풍이 머리의 상처로 들어가 풍으로 인하여 사망에 이른 경우 등은 역시 살해한 것으로 논하지만, 머리의 상처로 인해 풍을 얻은 것이 아니라 별도의 다른 병으로 인하여 사망했다면 이것이 다른 이유가 되며, 각각 해당 신분인에게 적용될 본조의 투구상의 법에 의거하여 처벌한다.

기한 안에 사망한 때에는 각각 살해한 것으로 논한다는 것은, 보고 기한 안에 피해자가 사망한 때에는 각 신분에 따라 규정한 본조의 살해죄에 따라서 단죄한다는 것을 말한다. 기한이 지난 뒤라는 것은, 가령 손발로 사람을 구타한 경우 보고가 10일이니 누계하여 1000각이 지났다면 이것을 기한이 지난 경우라고 한다.

2. 보고 기한의 적용 범위

구타와 상해가 반드시 함께 있어야 하는 것은 아니다. 다른 조항의 구타와 상해 및 살해는 각각 투송률 6.1조의 규정에 준한다.

구타와 상해가 반드시 함께 있어야 하는 것은 아니라는 것은, 구타 및 상해 각각 보고 기한이 10일임을 말한다. 그렇지만 사람을 상해한 것은 대개 반드시 구타로 인한 것인데 지금 반드시 함께 있어야 하는 것은 아니라고 말한 것은, 넘어뜨리거나 엎어뜨려서(투35.2) 또는 공갈·핍박하여 상해(적14.3)한 경우도 있는데, 이것은 곧 구타로 인한 것이 아닌데도 상해나 손상이 있는 경우이다. 이 경우에도 보고 기한을 10일로 하여 죄를 정한다. 다른 조항의 구타와 상해 및 살해는 각각 이에 준한다는 것은, 모든 조항에서 사람을 구타하거나 또는 사람을 상해하거나, 고의살인(투5.2)·투구살인(투5.1)·모살(적9.3) 및 강도(적34.1)하여 살상이 있을 경우 보고는 모두 이에 준한다는 것을 말한다.

V. 구타·상해죄의 공범

투송률7(308조)

1. (a) 같이 모의하여 사람을 함께 구타하여 상해한 때에는 각각 가해한 것이 무거운 자를 중죄로 하며, 주모자는 1등을 감하고, 수종자는 또 1등을 감한다. (b) 만약 주모자가 손을 댄 것이 무겁다면 나머지는 각각 2등을 감한다. (c) 사망에 이른 때에는 사인을 야기한 바에 따라 중죄로 한다.

2. 단 같이 모의하지 않은 경우는 각각 구타·상해·살해한 바에 따라 논한다. 만약 각각 가해한 것을 구분할 수 없는 때에는 나중에 가해한 자를 중죄로 한다.

3. 만약 어지럽게 구타하여 상해하였는데 선후와 경중을 알 수 없을 때에는 주모자 및 처음 싸움을 시작한 자를 중죄로 하고, 나머지는 각각 2등을 감한다.

공동으로 구타·상해·살해한 죄는, 공동으로 모의하여 구타·상해·살해한 경우 또는 모의 없이 공동으로 구타·상해·살해한 경우 각 사람이 져야 할 형사적 책임에 대한 규정이다. 또한 공범은 같이 모의한 자와 모의하지 않은 자로 나누고, 다시 각각 가해자가 분명한 경우와 분명하지 않은 경우로 나눈다. 이에 대해서는 『당률총론』 8장 공범에서 상론하였다. 여기서는 중복을 피하기 위해 율문과 소문을 간단히 요약한다.

1. 공동으로 모의하여 구타·상해한 경우

(1) 가해자를 분명히 구분할 수 있는 경우
상해와 치사로 나눈다.

1) 상해

다시 두 가지 정형으로 나눈다.

① 함께 모의하여 사람을 구타하여 상해하였는데 원래 모의한 자의 손댄 것이 무겁지 않다면, 모두 손을 댄 것이 무거운 자를 중죄로 하며, 주모자는 1등을 감하고 수종자는 또 1등을 감한다.

② 만약 주모자가 손을 댄 것이 무겁다면 나머지는 모두 2등을 감한다.

2) 치사

다시 두 가지 정형으로 나눈다.

① 치사의 원인을 판별할 수 있을 때는 사망 원인 제공자를 중죄로 하고, 원래 모의한 자는 1등을 감하며, 나머지는 모두 2등을 감한다.

② 원인을 판별할 수 없을 때는 뒤에 손댄 자를 중죄로 하고, 원래 모의한 자는 1등을 감하며, 나머지는 2등을 감한다.

(2) 가해자를 분명히 구분할 수 없는 경우

구타·상해의 선후와 경중을 알 수 없을 때는 모의의 주모자를 중죄로 하고, 나머지는 모두 2등을 감한다. 가해자를 분명히 구분할 수 없을 때는 먼저 모의한 자를 중죄로 하고 나머지 수종자는 모두 2등을 감한다.

2. 모의하지 않고 공동으로 구타·상해한 경우

모의하지 않고 공동으로 구타·상해한 경우 동심 일체적 의사가 없으므로 원칙적으로 각자가 가해한 바에 따라서 형사적 책임을 진다. 단 가해한 바를 구분할 수 없는 경우와 어지럽게 구타하여 상해한 경우 어떻게 처리할 것인가 하는 문제가 있다.

(1) 각자의 가해한 바를 알 수 있는 경우

이 때는 원칙적으로 각자가 구타하여 발생한 상해 또는 살해에 대해 형사적 책임을 진다. 가령 갑·을·병·정이 모의하지 않고 싸움으로 인하여 함께 한 사람을 구타하여 상해하였는데, 갑은 머리를 구타하여 상해하고, 을은 다리를 구타하여 부러뜨리고, 병은 손가락을 구타하여 부러뜨리고, 정은 구타하였지만 상해를 입히지 않았는데, 머리의 상처로 사망에 이른 경우를 예로 들면 각자가 받을 형은 다음과 같다.

머리를 구타하여 상해한 갑은 살인죄를 받아 죽음으로 죗값을 해야 하며(투5.1a), 을은 지체를 부러뜨린 것으로 도3년에 해당하고(투4.1a), 병은 손가락을 부러뜨린 것으로 도1년에 해당하며(투2.1), 정은 구타하였지만 상해하지 않았으므로 태40에 해당한다(투1.1).

(2) 각자의 가해한 바를 알 수 없는 경우

각자의 가해한 바를 알 수 없는 경우는 뒤에 가해한 자를 중죄로 한다. 가령 4인이 공동으로 한 사람을 구타하여 사망에 이르렀는데 누구의 가해가 사망의 원인이 되었는지 알 수 없는 경우 맨 뒤에 가해한 자를 중죄로 하여 교형에 처하고, 나머지는 2등을 감하여 도3년에 처한다.

3. 어지럽게 구타하여 상해한 경우의 공범

어지럽게 구타하여 상해하였는데 선후와 경중을 알 수 없을 때에는 주모자 및 처음 싸움을 시작한 자를 중죄로 하고, 나머지는 각각

2등을 감한다. 가령 사람들이 무리를 지어 함께 싸우다 어지럽게 구타하여 사람이 사망에 이르렀지만 가해의 선후와 경중도 알 수 없는 경우, 같이 모의하여 구타하였으면 주모자를 중죄로 하고, 함께 모의하지 않고 구타하였으면 처음 싸움을 시작한 자를 중죄로 하며, 그 밖의 나머지 가해자는 각각 2등을 감하여 도3년에 처한다. 가령 사망에 이르지 않고 단지 지체 2개가 부러졌다면(투4.2), 주모자 또는 싸움을 시작한 자는 유3000리에 처하고, 나머지는 2등을 감하여 도2년반에 처한다.

VI. 투구상으로 논하는 상해의 죄

1. 개설

율에는 싸우다 구타하여 상해한 것은 아니더라도, 상해가 발생한 경우 그 결과를 중시하여 투구상으로 논하는 죄들이 있다. 투구상으로 논하는 범행에는, 사람을 속여서 상해에 이르게 한 경우(사24), 위협 또는 폭력으로 타인을 시켜 사람을 구타하여 상해한 경우(투8.2), 고의로 입고 쓰고 마시고 먹는 것을 제거하여 사람이 사망이나 상해에 이른 경우(적14.2), 공갈·협박으로 두렵게 하여 사람을 상해한 경우(적14.3) 등이 있다.

2. 사람의 귀·코 등 구멍에 물건을 넣은 행위

적도율14(261조)
1. 물건을 사람의 귀·코 및 구멍 속에 넣어 신체기관의 정상적인

기능에 지장을 준 자는 장80에 처한다.

(1) 구성요건

귀·코 및 기타 신체의 구멍은 모두 신체의 기능을 유지하는 데 중요한 곳이다. 따라서 함부로 그 속에 물건을 넣어 다른 사람의 신체기관의 정상적인 기능에 지장을 준 자는 처벌한다. 여기서 기능에 지장을 주었다는 것은 일시적으로 기능에 불편함을 느끼는 정도를 포함하는 것 같다. 사람의 구멍 속에 물건을 넣어 살상한 때에는 투구살상으로 논하기 때문이다.

(2) 처벌

신체기관의 정상적인 기능에 지장을 준 자는 장80에 처한다. 단 본조의 구타죄가 이보다 무거운 경우에는 투구죄의 처벌법을 적용하고, 또한 본조에서 구타가 죄가 되지 않는 경우에는 역시 처벌하지 않는다. 또한 이로 인해 사람을 살상한 때에는 각각 투구살상으로 논한다.

3. 의복·음식물을 제거하여 상해한 죄

적도율14(261조)
2. 만약 고의로 사람이 입고 쓰고 마시고 먹을 것을 제거함으로써 사람을 상해한 자는 각각 투구상으로 논한다.

(1) 구성요건

고의로 사람에게서 입고 쓰고 마시고 먹을 것을 제거함으로써 사람을 상해한 것이다. 예를 들면 겨울에 사람의 의복을 빼앗거나 또는 높은 곳에 올랐거나 말을 탔는데 사사로이 사다리나 고삐를 제거하거나, 또는 굶주리고 목마른 사람에게서 음식을 빼앗아버림으로써 그로 인해 사람을 상해한 것이다.

(2) 처벌

각각 투구상죄로 논한다(투1~33). 투구상죄는 일반인을 상해한 때와 존비·귀천 관계에 있는 신분인을 상해한 때 각각 차등이 있을 뿐만 아니라, 존장에 대해서는 구타 또는 상해한 것만으로 사형에 처해야 하는 경우가 있는가 하면, 비유나 천민에 대해서는 비록 살해했더라도 사형에 처하지 않는 경우가 있다.

4. 공갈·협박에 의한 상해의 죄

적도율14(261조)

3. 공갈·협박하여 사람을 두렵게 하여 상해에 이르게 한 자는 각각 그 정상에 따라 고·투·희상으로 논한다.

공갈·협박해서 다른 사람으로 하여금 두렵게 하여 상해한 경우 그 책임형식에 비추어 그 죄와 형을 논한다. 또한 신분관계에 따라 정해진 본조(투2~33)의 규정에 비추어 형을 과한다.

① 만약 위험한 곳을 디디거나 물가 절벽에 서있는데 고의로 공갈·협박하여 사람을 떨어지게 하거나 빠지게 하여 상해에 이른 때에는 고의로 상해한 법(투5.1b)에 따라 논한다.

② 만약 싸우다가 공갈·협박하여 상해에 이른 때에는 투구상의 법(투5.1a)에 따라 논한다.

③ 만약 힘겨루기 놀이를 하다가 공갈·협박하여 사람으로 하여금

두렵게 하여 상해에 이른 때에는 희상(투37.1a)으로 논하므로 투구
상죄에서 2등을 감한다.

5. 위세나 폭력으로 사람을 제압하여 결박한 죄

투송률8(309조)

1. (a) 위세 또는 폭력으로 사람을 제압하여 결박한 때에는 각각 싸
우다 구타한 것으로 논하고, (b) 결박해서 구타·상해한 경우는
각각 투구상해의 죄에 2등을 더한다.

위세나 폭력으로 사람을 제압하여 결박한 것은 본질상 싸우다가
타물로 구타한 것으로 간주한다. 투송률 1.2조에 의거하면 타물로
구타한 경우 손발로 구타한 죄(태40)에 2등을 더한다. 따라서 사람을
결박하였으나 구타하지는 않았으면 싸우다가 손발로 구타한 죄에 2
등을 더하여 장60에 처하고, 만약 상해하였으면 장80에 처한다. 묶어
서 타물로 구타하였으면 장80에 처하고, 이로 인해 상해하였으면 장
100에 처한다.

6. 위세나 폭력으로 사람을 시켜 때리고 친 죄

투송률8(309조)

2. 곧 위세 또는 폭력으로 타인을 시켜 사람을 구타하게 하여 사
망·상해에 이르게 한 때에는 비록 가해하지 않았더라도 그대로
위세나 폭력을 행사한 자에게 중죄를 주고, 직접 가해한 자는 1
등을 감한다.

(1) 위세나 폭력을 행사하여 타인을 시켜 사람을 구타한 경우

위세나 폭력으로 사람을 시켜 다른 사람을 구타하거나 상해하거나 사망에 이르게 한 경우는 위세나 폭력을 행사한 사람이 직접 가해하지 않았어도 그대로 중죄로 하고, 가해한 자는 1등을 감한다. 가령 갑이 위세나 폭력을 행사하여 을을 시켜 병을 구타하여 살해하였다면, 갑은 직접 가해하지 않았어도 그대로 사죄를 과하고, 을은 1등을 감하여 유3000리에 처한다. 또한 손가락이나 발가락 하나를 부러뜨렸다면, 갑은 직접 가해하지 않았어도 도1년에 처하고, 을은 1등을 감하여 장100에 처한다.

(2) 문사[問事]의 처벌

감림관이 문사를 시켜 죄 없는 백성에게 장을 치게 하였고, 문사는 적법하게 처벌하는 장을 치다가 사망에 이르렀다면, 관인은 살인죄를 받고 문사는 죄를 받지 않는다. 만약 문사를 시켜 타물이나 손발로 구타하게 하여 사망에 이르게 하였다면 관인은 위세나 폭력으로 살인한 죄를 받고, 문사는 가해한 자이므로 1등을 감하여 처벌한다. 문사는 신문 단계에서 죄수를 장으로 치는 이속이다(『자치통감』 권177, 5528쪽).

7. 속임수에 의한 상해의 죄

사위율24(385조)
사람을 속여서 상해에 이르게 한 자는 투구상으로 논한다. 〈나루의 물이 깊은 수렁이거나 교량과 배가 썩어서 무너질 것을 알고도 속여서 사람을 건너게 한 것 따위를 말한다.〉

(1) 구성요건

이 죄의 요건은 사람을 속여서 상해에 이르게 것이다. 예를 들면 나루의 물이 깊은 수렁이거나 교량과 배가 썩어서 무너질 것을 알면서도 속여서 사람을 건너게 한 것과 같은 경우를 말한다.

(2) 처벌

투구상으로 논한다. 예를 들면 팔다리 하나를 부러뜨린 죄는 도3년에 해당한다. 이 죄도 가해자와 피해자가 존비귀천 관계가 있는 신분범이면 역시 각각 투송률의 해당하는 조항의 처벌법에 따른다. 사람을 속여서 위험에 빠뜨렸으나 상해가 발생하지 않은 때는 사람을 구타했으나 상해를 입히지 않은 것으로 논하므로 태40에 해당한다(투1.1).

8. 절도하다가 과실로 사람을 살상한 죄

적도율42(289조)

1. 절도로 인해 과실로 사람을 살상한 자는 투구살상으로 논하되, 사죄에 이른 때에는 가역류에 처한다. 〈재물을 취득했든 취득하지 못했든 같다. 재물의 주인이 도적을 찾아서 뒤쫓다가 다른 이유로 사망한 경우는 그렇지 않다.〉

2. 단 함께 절도하다가 범행 현장에서 살상이 있었다면 강도로 논하며, 같이 간 사람이 살상한 정을 알지 못한 때에는 다만 절도의 법에 의거한다.

(1) 절도로 인해 과실로 사람을 살상한 죄

1) 구성요건

이 죄의 요건은 절도하다가 과실로 사람을 살상한 것이다. 재물을
취득했든 취득하지 못했든 같다. 단 이 때 살상은 반드시 절도와 인
과관계가 있어야 한다. 즉 재물의 주인이 물건을 찾기 위해 뒤쫓다가
다른 이유로 사망한 경우는 이에 해당하지 않는다. 예를 들면 재물의
주인이 재물을 찾아 절도한 도적을 뒤쫓다가 말에서 떨어지거나 구덩
이에 빠져 사망하게 된 것처럼, 다른 이유로 사망한 경우 도둑은 단
지 절도죄만으로 처벌하고 살상에 대해서는 처벌하지 않는다.

2) 처벌

① 살상한 자는 투구살상(투1~5)으로 논하되 사죄에 이른 경우에
는 가역류에 처하는데, 재물을 취득했든 취득하지 못했든 같다. 원래
투구살상과 과실살상은 그 책임형식이 다르지만, 단 도적은 엄하게
징벌하는 까닭에 과실살상에 대해서도 속동으로 죄를 면하는 것을
허용하지 않는 것이다. 다시 말하면 본래 절도할 의도가 있었으므로
속동을 징수하는 보통 살상죄(투38)와는 달리, 투구살상으로 논하되
살상한 죄가 사죄에 이른 때에는 가역류에 처한다. 단 이 죄를 범하
고 자수하면 도죄는 면할 수 있고 과실살상은 속동으로 죗값을 치루
는 것이 허용된다(명37.6의 소).

② 이 죄는 도죄와 과실살상죄의 두 죄가 함께 발각된 경우(명
45.1)에 해당한다. 따라서 살상죄가 무겁다면 말할 것도 없지만, 단
장물을 계산한 도죄가 무겁다면 마땅히 도죄에 따라 죄를 준다.

(2) 함께 절도하다가 사람을 살상한 죄

1) 구성요건

이 죄의 요건은 함께 절도하다가 범행 현장에서 사람을 살상한 것이다. 다시 말하면 함께 절도를 행하면서 강도를 모의하지 않았는데 범행할 때에 당해서 사람을 살상한 경우에 강도로 논한다는 것을 말한다. 이 경우 사전에 결코 모의가 없었는데 범행 당시에 어떤 사람이 살상하였다면 이 사정을 안 사람은 모두 강도로 논한다. 반드시 범행에 임해서 강도할 것을 모의하지 않았더라도 그리고 직접 살상에 참여하지 않았더라도 이 죄를 주는데, 이는 대개 절도하다가 살상한 것을 무겁게 징벌하기 위한 것이다.

2) 처벌

① 함께 절도로 인해 범행 현장에서 살상이 있을 경우 수범·종범을 나누지 않고 강도로 논한다.

② 같이 갔던 사람이 살상한 정을 알지 못했다면 단지 절도의 법에 의거하여 처벌한다. 즉 같이 갔던 사람은 원래 절도를 모의하였으므로 살상한 사정을 알지 못했다면 단지 절도죄의 수범·종범으로 구분해서 처벌한다.

제4절 오·희·과실살상의 죄

Ⅰ. 오살상의 죄

투송률35(336조)

1. 싸우다가 착오로 옆에 있는 사람을 구타하여 상상한 경우에는 투살상으로 논하고, 사죄에 이른 때에는 1등을 감한다.
2. 또한 싸우다가 넘어지거나 엎어져 옆에 있는 사람을 사망·상해에 이르게 한 때에는 희살상으로 논한다.
3. 만약 착오로 자신을 돕는 자를 살상한 때에는 각각 2등을 감한다.

1. 개설

오살상은 싸우다 착오로 상대방의 옆 사람을 구타하여 살상한 것으로 이른바 객체의 착오이다. 싸우다가 넘어지거나 엎어져 옆 사람을 사망이나 상해에 이르게 한 것도 오살상의 하나이다. 단 만약 옆 사람이 자기를 도우려는 사람이면 죄를 감한다. 책임 형식은 오살과 유사하나 처벌이 현저히 다른 경우도 있는데, 모의해서 살해하려고 하다가 착오로 본래 목적했던 대상과는 다른 사람을 살해한 경우가 그렇다.

2. 싸우다가 오살상한 죄

싸우면서 구타하다가 착오로 상대방의 옆 사람을 살상한 경우 투구살상으로 논하고, 사죄에 이른 때에는 1등을 감한다. 가령 갑이 을과 싸우다가 날붙이나 몽둥이로 을을 치려하였는데 잘못해서 병에게 적중하여 병이 상해를 입은 때에는 투구상해로 논하고, 살해된 경우 투구상해죄에서 1등을 감한다. 이 경우 과실로 논하지 않고 투구살상으로 논하는 것은 그가 원래 해칠 마음을 가졌기 때문이다.

3. 싸우다가 넘어지거나 엎어져 옆 사람을 살상한 죄

(1) 구성요건
이 죄의 요건은 싸우며 사람을 가격하다가 손·발을 잘못 놀려 넘어지거나 엎어져 옆 사람을 사망·상해에 이르게 한 것인데, 옆 사람이 자기를 돕는 사람인 경우에는 죄를 감한다.

(2) 처벌

1) 자기를 돕지 않은 자를 살상한 경우
살상된 사람이 자기를 돕지 않는 자인 때는 희살상으로 논한다. 희살상죄는 투구살상죄에서 2등을 감하므로(투37.1a), 싸우다가 넘어지거나 엎어져 옆 사람을 사망에 이르게 한 죄는 도3년에 해당하고, 지체 하나를 부러뜨린 죄는 도2년에 해당한다.

2) 자기를 돕는 자를 살상한 경우
살상된 사람이 자신을 돕는 자인 경우는 희살상죄에서 2등을 감한다. 희살상죄는 투구살상죄에서 2등을 감하므로, 가령 갑이 을과 함께 병을 구타하다가 갑이 넘어지거나 엎어져 을을 눌러서 사망에 이르게 한 경우는 투구살죄의 교형(투5.1a)에서 4등을 감하여 도2년에 처한다. 지체 하나를 부러뜨린 때는 투구상죄의 도3년(투4.1a)에서 4등을 감하여 도1년에 처한다. 단 싸우다가 넘어지거나 엎어져 자기를 돕는 부모 혹은 기친 존장을 살상한 경우는 투구살상죄에서 4등을 감하면 과실로 살상한 죄보다 가볍게 되므로 모두 과실로 살상한 죄를 적용한다. 가령 넘어지거나 엎어져 자기를 돕던 부모를 살해한 경우, 투구살죄에서 4등을 감하면 도2년이 되어 부모를 과실로 살해한 죄 유3000리(투28.1b)보다 가볍게 되므로 과실로 살해한 죄에 따라 처벌한다.

4. 모살의 오살상죄

살해를 모의하여 실행하다가 객체를 착오하여 오살상한 경우에는 고살상으로 논한다. 가령 몇 사람이 같이 모의하여 갑을 살해하려 했는데 밤중에 서두르다가 결국 잘못해서 을을 살해한 것과 같은 경우를 말한다. 이것은 본래 모살(적9)이며, 싸우다 구타한 것과는 다르다. 싸우다 구타한 것은 상호간에 서로 맞서 대항하는 것이지만 모살은 모의해서 살해한 것이다. 처음부터 죽일 마음을 가졌던 것이니 비록 착오로 을을 살해했다 하더라도 원래의 정상은 싸운 것이 아니다. 그러므로 만약 갑을 죽였다면 모살죄를 과하지만 착오로 을을 살해했으니 고살죄(투5.1b)로 논하는 것이다.

II. 희살상의 죄

투송률37(338조)

1. (a) 사람을 희살상한 때에는 투구살상죄에서 2등을 감하고, 〈힘 겨루기로 함께 놀이하면서 죽어도 좋다고 동의한 경우를 말한다.〉 (b) 비록 동의하였더라도 날붙이로 겨루거나 또는 높은 곳

에 오르거나 위태한 곳을 밟거나 물속에 들어가기로 겨루다가
살상한 때에는 오직 1등만 감한다.
2. 만약 관품은 없지만 속할 수 있는 자가 범한 때에는 과실의 법에
따라 속동을 징수한다. 〈다른 조항에서 고의범이 아니면 관품이
없지만 속할 수 있는 자는 모두 이에 준한다.〉
3. 단 서로 동의하지 않은 경우 및 기친존장·외조부모·남편·남편의
조부모에 대한 경우는 비록 동의했더라도 모두 놀이한 것이 될
수 없으므로 각각 투구살상의 법에 따른다.

1. 희살상의 죄

(1) 구성요건

이 죄의 요건은 죽거나 상해를 입더라도 서로 화를 내거나 원망하
지 않을 것을 흔쾌히 동의하고 함께 힘으로 겨루다가 결국 사망이나
상해에 이르게 된 것이다. 이 경우 함께 힘겨루기로 사람을 살상한
것에 대해서 미필적 고의가 있다고 간주한다.

(2) 처벌

가해자는 투구살상죄에서 2등을 감해서 처벌한다. 만약 가해자와
피해자 사이에 귀천·존비·장유의 관계가 있으면 각각 본조의 투구
살상죄에서 2등을 감한다. 또한 관품이 없지만 음이 있는 자나 노·
소·폐질자가 범한 때는 죄를 속동으로 죄를 면하는데, 단 투구살상
죄에서 2등을 감한 형에 대해 속동을 거두지 않고 과실치사상의 법
(투38)에 따라 속동을 거둔다. 가령 과실로 사람을 살해한 경우 동
120근으로 속하는 것이 원칙인데, 희살로 2등을 감한 것에 대해 속
동을 징수하면 동 60근으로 속하게 되어 형평이 맞지 않으므로, 과
실치사의 경우와 같이 속하고 투구살상죄에서 감한 형에 대해서 속

하지 않는다. 속동은 피해자의 집에 들인다.

2. 희살상죄 처벌의 특례

(1) 위험한 힘겨루기에 대한 처벌

죽거나 상해를 입더라도 서로 화를 내거나 원망하지 않을 것을 흔쾌히 동의하고 함께 겨루었더라도, 날붙이로 겨루거나 또는 높은 곳에 오르거나 위험한 곳을 밟거나 물속에 들어가기로 겨루다가 살상한 때에는 투구살상죄에서 1등을 감한다. 즐겁게 놀면서 날붙이로 겨루거나, 높고 험한 곳에 오르거나 혹은 위험한 곳에 임하거나 얇은 얼음을 밟거나 혹은 물속에 들어가는 등 위험한 행위는 당연히 서로 경계해야 하는데, 함께 겨루다가 마침내 살상에 이르렀다면 비록 서로 흔쾌히 동의했다 하더라도 원래 정이 살상에 이르러서는 안 되므로, 오직 1등만 감하는 것이다.

(2) 동의하지 않은 희살상 및 기친존장·외조부모·남편·남편의 조부 모에 대한 희살상

겨루는 자가 원래 동의하지 않았다면 투구살상의 법에 따라 처벌하며, 기친존장·외조부모·남편·남편의 조부모 등과 같은 존장과는 함께 힘을 겨루기를 해서는 안 되므로 설령 비록 동의했다고 하더라도 역시 모두 투구살상의 법에 따라 처벌한다. 따라서 가령 기친존장과 함께 겨루다가 지체 하나를 부러뜨렸다면 투송률 27.2조에 의거하여 교형에 처한다.

III. 과실살상의 죄

투송률38(339조)
과실로 사람을 살상한 때에는 각각 그 정상에 의거해서 속동으로
논한다. 〈이·목이 미치지 못해서, 생각이 미치지 못해서, 함께 무거
운 물건을 들다가 힘으로 제어하지 못해서, 또는 높은 곳에 오르거
나 위험한 곳을 밟고 섰다가 발이 미끄러져서, 짐승을 사격하다가
살상하기에 이른 것 따위는 모두 그러함을 말한다.〉

1. 구성요건

이 죄의 요건은 과실로 사람을 살상한 것이다. 요컨대 부주의로
인해서 사람을 사망 혹은 상해에 이르게 한 것을 말하는데, 주에서
열거하고 소에서 해석한 과실의 예는 여섯 가지이다.

① 이·목의 감각이 미치지 못해서 사람을 살상한 경우. 가령 벽돌
이나 기와를 던지거나 화살이나 탄환을 쏠 때 귀로 사람의 소리를
듣지 못하고 눈으로 사람이 나타난 것을 보지 못하여 사람을 살상하
기에 이르게 된 것이다.

② 생각이 미치지 못해서 사람을 살상한 경우. 본래 궁벽한 곳이
어서 당연히 사람이 없을 것으로 알고 기와나 돌을 던졌는데 착오로
사람을 살상하게 된 것을 말한다.

③ 함께 무거운 물건을 들다가 힘으로 제어하지 못해서 사람을 살
상하기에 이른 경우.

④ 높은 곳에 오르거나 위험한 곳을 밟고 섰다가 발이 미끄러져
사람을 살상하기에 이른 경우.

⑤ 짐승을 사격하다가 잘못해서 사람을 살상하기에 이른 경우.

⑥ 함께 도적을 잡다가 착오로 옆에 있는 사람을 살상한 경우.

2. 처벌

각각의 살상을 조사해서 투구살상으로 간주하여 형을 정한 뒤, 그 형에 상당하는 속동(명1~5)을 징수하며, 그 속동은 피해자의 집에 들인다. 단 일부 특수한 정형, 특히 조부모·부모 및 기친 등의 친속을 살상한 경우(투28.1b, 27.4c)에는 비록 과실로 범했더라도 속을 허용하지 않고 반드시 실형에 처해야 하는 경우가 있으며, 이 경우 관인은 반드시 관당 처분해야 한다.

IV. 업무상 과실살상의 죄

1. 공사 중 과실살인의 죄

천흥률21(244조)

2. (a) 만약 짓거나 허무는 것이 있는데 신중하게 대비하지 않아 착오로 사람을 살해한 경우 도1년반에 처하되, (b) 공장(工匠)과 주사는 각각 책임질 바에 따라 죄준다.

(1) 구성요건

이 죄의 행위 요건은 보수·신축하거나 허물고 무너뜨리는 공사를 하는데 안전의 예방을 신중히 하지 않아 과오로 인명을 살해한 것이다. 이 죄는 과실범이다. 행위의 주체는 공장과 주사이며, 각각 말미암은 바에 따라 처벌한다. 즉 사고가 공장의 지휘로 말미암을 수도 있고, 주사의 처분으로 말미암을 수도 있으므로 각각 그 말미암은 바에 따라 처벌하며, 연좌법은 적용하지 않는다. 또한 오직 인명을 살해한 때만 처벌하고, 상해한 경우에는 죄가 없다.

(2) 처벌

이 요건에 해당하는 자는 도1년반에 처한다. 이는 과실살인이지만 통상의 과실살인과 달리 속동으로 죄를 면하는 것을 허용하지 않는다.

2. 의사의 업무상 과실살상의 죄

잡률7(395조)

1. 의사가 사람을 위해 약을 조합하거나 약봉에 복용 방법을 기록하거나 침을 놓는데 착오로 본방(本方)대로 하지 않아 사람을 살해한 때에는 도2년반에 처한다.
2. 의사가 고의로 본방대로 하지 않아 사람을 살상한 때에는 고살상으로 논하고, 사람을 상해하지 않았더라도 장60에 처한다.

(1) 의사의 업무상 과실살상의 죄

1) 개설

이 죄는 본래 과실범인데 다만 의업으로 인해 과실이 있는 경우이므로 과실에 따라 속동으로 죄를 면하는 법(투38)에 따르지 않는다. 단 관이 있는 자는 관당하거나 속동을 징수하고 죄를 면한다. 착오로 본방과 같지 않게 해서 사람을 상해한 경우에는 과실의 법에 따라 속동을 징수한다. 또 약을 매매하는데 착오로 본방과 같지 않게 하여 사람을 살상한 경우 마땅히 속할 수 있다고 해석해야 한다.

2) 구성요건

이 죄의 요건은 의사가 사람을 위해 약을 조합하거나 약봉에 약명과 복용의 방법을 기록하거나 침을 놓는데 착오로 본방대로 하지 않아 사람을 사망에 이르게 한 것이다. 의사가 사람을 위해 탕약을 조합할 때에는 주약(主藥)과 보약(補藥)을 적당한 분량으로 적절히 조합해야 하고, 약명과 함께 차갑게·뜨겁게·천천히·빨리 등 복용방법을 기록해야 하는데, 이를 본방대로 하지 않은 것이다. 본방이란 고금의 약방(藥方)이나 본초학을 말한다.

3) 처벌

의사는 도2년반에 처한다. 이는 피해자가 신분관계가 없는 사람인 경우에 대한 것이다. 만약 피해자가 특별신분인이면 처벌이 다르다. 즉 착오로 본방대로 하지 않아 친속 존장을 살상한 경우에는 각각 그 존장에 대한 과실살상죄가 도2년반보다 무거우면 무거운 것에 의거하여 형을 과한다. 예를 들면 백숙부모를 과실로 살해한 죄는 도3년(투27.3), 조부모·부모를 과실로 살해한 죄는 유3000리, 상해한 죄는 도3년(투28.1), 부곡·노비가 주인을 과실로 살해한 죄는 교형, 상해한 죄는 유형(투22.1)에 해당하므로 이에 따라 형을 과한다. 그러나 피해자에 대한 살인죄가 도형2년반에 이르지 않는 경우는 살해한 죄에서 3등을 감한다. 가령 착오로 본방대로 하지 않아 옛 노비를 살해한 때에는 그 살인의 죄 도2년(투36.2)에서 3등을 감하여 장100에 처한다.

(2) 의사의 업무상 고의살상의 죄

1) 구성요건

이 죄의 요건은 의사가 고의로 옛 법에 따르지 않고 본방을 증감해서 사람을 살상한 것이다. 단 여기서 고의라고 한 것은 약의 처방에 대한 것이지 살인의 고의가 아니다.

2) 처벌

① 상해가 없더라도 처벌하는데, 일반인에 대해 범한 때에는 장60에 처한다. 존비·귀천 관계의 사람에 대해 범한 때에는 구타하였으나 상해하지 않은 죄(투11.1, 26, 27.1 등)와 같이 처벌한다.

② 살상이 있는 경우는 고살상죄로 논한다.

3. 매약자의 업무상 과실살상의 죄

잡률7(395조)

3. 약을 파는데 본방대로 하지 않아 사람을 살상한 경우 의사의 죄와 같다.

약을 파는 자는 병을 치료하는 자를 가리키는 것이 아니라 일상적으로 약만 파는 자를 말한다. 약을 파는 자가 착오로 본방대로 하지 않은 업무상 과실죄 및 고의로 본방대로 하지 않은 죄와 그 처벌은 의사에 대한 것과 같다.

제5절 친속 투살상의 죄

Ⅰ. 친속신분 투구살상의 죄

1. 시마·소공·대공친 사이의 투구살상의 죄

투송률26(327조)

1. (a) 8촌[시마]형·누나를 구타하였다면 장100에 처하고, (b) 6촌 [소공]·4촌[대공]형·누나를 구타하였다면 각각 차례로 1등씩 더하며, (c) 존속이면 또 각각 1등을 더한다. (d) 상해가 무거운 때에는 각각 일반 투구상죄에 차례로 1등씩 더하고, (e) 사망에 이른 때에는 참형에 처한다. (6) 만약 4촌형·누나를 구타한 죄가 일반 투구상죄에 준해서 유3000리에 해당하는 때에는 교형에 처한다.

2. (a) 만약 존장이 비유를 구타하여 골절상을 입힌 경우 존장이 시마친이면 일반인을 범한 죄에서 1등을 감하고, (b) 소공친·대공친이면 차례로 1등씩 감하며, (c) 사망에 이른 때에는 교형에 처한다. (d) 만약 4촌제·매 및 4촌형·제의 자·손을 구타하여 살해한 때에는 유3000리에 처하며, (e) 만약 날붙이로 살해하거나 고의로 살해한 때에는 교형에 처한다.

(1) 비유가 존장을 범한 경우

1) 구타

① 8촌형·누나를 구타한 자는 장100에 처한다. 독자의 이해를 돕기 위해 시마형·자를 8촌형·누나라고 풀어썼으나, 이는 내친에만 해

당하며, 외친은 시마형·자가 반드시 8촌이 아닐 수 있다. 이하에서 소공형·자를 6촌형·누나로, 대공형·자를 4촌형·누나로 풀어쓴 것도 마찬가지이다.

② 6촌·4촌형·누나를 구타한 경우 8촌형·누나를 구타한 죄에 각각 차례로 1등을 더하니, 6촌형·누나를 구타한 것은 도1년, 4촌형·누나를 구타한 죄는 도1년반에 해당한다.

③ 존속은 또 각각 1등을 더하니, 시마친존속을 구타한 죄는 도1년, 소공친존속을 구타한 죄는 도1년반에 해당한다. 대공친존속은 단지 남편의 조부모 및 남편의 백숙부모만 있을 뿐인데, 남편의 조부모를 구타한 죄는 교형에 해당하고(투29.1), 남편의 백숙부모를 구타한 경우에는 남편이 범한 죄(27.2)에서 1등을 감하여 도2년반을 과한다(투33.1).

2) 중상

상해가 무거운 경우에는 각각 일반인 구타상해죄에 차례로 1등을 더한다. 상해가 무겁다는 것은 일반인의 투구상죄가 장100에 해당하는 경우를 말한다.

① 8촌형·누나를 타물로 구타하여 내상으로 피를 토하게 한 경우는 일반인의 투구상죄가 장100(투1.4)에 해당하므로 여기에 1등을 더하여 도1년에 처한다.

② 6촌형·누나에 대해 범한 경우 도1년반, 4촌형·누나에 대해 범한 경우에는 도2년에 처한다.

③ 존속의 경우는 또 1등을 더하므로, 시마친존속은 도1년반에 해당하고, 소공친존속은 도2년에 해당한다.

단 이상의 경우 모두 죄를 더하더라도 더해서는 사죄에 이르지는 않는다(명56.3)는 원칙에 따른다. 가령 소공친존속을 구타하여 팔다리 둘을 부러뜨린 경우 일반인의 투구상죄(유3000리, 투4.2)에 3등을 더하면 사죄가 되는데, "더하여 사형에 이른다."는 율문이 없으므로 죄는 유3000리에 그친다. 다만 "4촌형·누나를 구타하여 일반인 투구상해죄에 준해서 유3000리에 해당하는 때에는 교형에 처한다."는 조문이 있으므로 이 경우 사형에 처한다. 가령 일반인의 지체를 부러뜨리거나 어긋나게 하거나 눈 하나를 멀게 한 것이 두 가지 이상인 경우, 이전의 장애에 더하여 독질에 이르게 한 경우, 혀를 자른 것 및 생식기능을 훼손한 경우는 유3000리에 해당하는데(투4), 4촌형·누나에게 이 같은 죄를 범한 때에는 교형에 처한다.

3) 살해
시마친 이상 대공친 이하의 형·누나 및 존속을 구타하여 살해한 죄는 참형에 해당한다.

(2) 존장이 비유를 범한 경우

1) 골절상
존장이 비유를 구타하여 골절상을 입힌 경우 시마친비유는 일반인의 죄에서 1등을 감하고, 소공친·대공친비유는 차례로 1등씩 감한다. 골절상은 이 하나 이상을 부러뜨린 것을 말하는데(투27.2의 소), 조문에서 골절상이라고 적시한 것은 골절상이 아니면 처벌하지 않는다는 것을 분명하게 언급한 것이다. 달리 말하면 존장이 비유를 범한 것은 골절상부터 조문이 있으니 구타하더라도 골절상이 아니면 죄가 되지 않는다는 것이다. 따라서 시마친비유를 구타하여 손가락이나 발가락 하나를 부러뜨린 경우 일반인 골절상죄의 도1년(투2.1)에서 1등을 감하여 장100에 해당하고, 소공친비유는 2등을 감하여 장90, 대공친은 3등을 감하여 장80에 해당한다. 구타해서 상해한 것이 골절상 이상이면 이 같은 방식에 준하여 감한다.

2) 살해

존장이 비유를 구타하여 살해한 죄는 교형에 해당한다. 다만 4촌제·매나 4촌형·제의 자·손을 구타하여 살해한 죄는 유3000리, 날붙이로 살해하거나 고의로 살해한 죄는 교형에 해당한다.

(3) 주의사항

① 대공 이상 존장이나 소공존속을 구타한 경우, 남편을 구타한 경우 및 시마친 이상의 친속을 살해한 경우는 십악의 불목을 적용한다(명6.8의 주). 또한 소공존속, 4촌형·누나를 살해한 자는 은사령이 내리면 사형은 면하지만 유2000리에 처한다(단21.2와 소).

② 4촌형·제의 증·현손을 구타한 경우 일반인의 투구상죄와 같이 처벌한다. 왜냐하면 이들은 오등 친속의 범위를 벗어나기 때문이다(투27.4a의 주와 소).

2. 기친 사이의 투구살상의 죄

투송률27(328조)
1. (a) 형·누나를 구타한 자는 도2년반에 처하고, (b) 상해한 때에는 도3년, (c) 골절상을 입힌 때에는 유3000리, (d) 날붙이로 상해한 때 및 팔다리를 부러뜨린 때, 또는 한쪽 눈을 실명하게 한 때에는 교형, (e) 사망에 이르게 한 때에는 모두 참형에 처하고, (f) 욕한 때에는 장100에 처한다.
2. 백숙부모·고모·외조부모를 범한 경우는 각각 1등씩 더한다.

3. 만약 과실로 살상한 때에는 각각 본조의 살상죄에서 2등을 감한다.

4. (a) 만약 제·매 및 형·제의 자·손이나 〈증손·현손의 경우는 각각 본복에 따라 논한다.〉 외손을 구타하여 살해하였다면 도3년에 처하고, (b) 날붙이로 살해하거나 고의로 살해한 때에는 유2000 리에 처한다. (c) 과실로 살해한 때에는 각각 논하지 않는다.

(1) 의의

기친은 대공친 이하보다 특별하므로 별도의 조문이 있으며, 살상한 죄도 비교적 무겁다. 단 소공친 중 일부는 기친의 예를 적용한다.

(2) 기친비유가 존장을 범한 경우

1) 형·누나를 범한 경우

형·누나는 아주 가까운 친속이므로 이들을 범한 경우 특히 무겁게 처벌한다.

① 형·누나를 구타한 죄는 도2년반(14등)에 해당하여, 일반인을 범한 경우의 태40(4등)보다 10등이 무겁다.

② 상해를 입힌 죄는 도3년에 해당한다.

③ 골절상을 입힌 죄는 유3000리에 해당한다. 여기서 골절상은 이를 부러뜨리거나 손가락이나 발가락의 골절상을 가리킨다. 따라서 형·누나의 이 또는 손·발가락 하나를 부러뜨린 자는 유3000리에 처한다.

④ 날붙이로 상해하거나 팔다리를 부러뜨리거나 또는 한쪽 눈을 실명시킨 죄는 교형에 해당한다.

⑤ 구타하여 사망에 이른 때에는 모두 참형에 처한다.

⑥ 욕한 때에는 장100에 처한다.

⑦ 과실로 살상한 경우는 각각 위의 살상죄에서 2등을 감하니, 과실로 날붙이로 상해한 죄는 도3년에 해당하고 이 하나를 부러뜨린 죄는 도2년반에 해당한다.

2) 백숙부모·고모·외조부모를 범한 경우

백숙부모·고모는 부친의 형·제·자·매로 부모를 대신할 수 있는 존친이므로 이들을 범한 죄는 형·누나를 범한 죄보다 각각 1등을 더하여 무겁게 처벌한다. 외조부모는 친속 등급은 소공친이지만 모친의 부모로 특별히 존숭해야 할 친속이므로 이들을 범한 것은 기친을 범한 것과 같이 처벌한다.

① 백숙부모·고모·외조부모를 구타한 죄는 도3년에 해당하여, 일반인을 범한 경우의 태40보다 11등이 무겁다.

② 상해한 죄는 유2000리에 해당하는데, 역시 일반인을 범한 경우의 장60보다 11등이 무겁다.

③ 단 조문에 "더하여 사형에 이른다."는 명문이 없으므로(명56.3) 골절상의 경우 형·누나를 범한 죄 유3000리에 1등을 더하지 않고 그대로 유3000리로 처벌하는 데 그친다.

④ 욕한 때에는 도1년에 처한다.

⑤ 과실로 살상한 경우 형·누나를 범한 경우와 같이 각각 위의 해당하는 살상죄에서 2등을 감한다.

⑥ 백숙부모·고모·형·누나·외조부모를 살해한 경우 십악의 악역(명6.4의 주)을 적용하고, 비록 은사령이 내리더라도 모두 사면되지 않는다(단21.2).

⑦ 7품 이상의 관인이 기친 이상 존장 및 외조부모를 과실로 살해한 때는 유죄 이하를 1등 감하는 특전을 받을 수 없고, 8·9품 관인은 속동으로 죄를 면하는 특전을 받을 수 없다(명11.3).

(3) 기친존장이 비유를 범한 경우

기친존장이 기친비유를 범한 때에는 살해한 것부터 죄를 묻는다. 기친존장이 기친비유를 범했다는 것은 형·누나가 동생을, 백숙부가 조카를 범한 것을 가리킨다. 단 형·제의 손과 자신의 외손은 본래 기친이 아니지만 정의가 두텁기 때문에 본조에서는 특별히 기친과 같이 죄를 묻는다.

① 제·매 및 형·제의 자·손이나 외손을 구타하여 살해한 자는 도3년에 처한다. 형·제의 자는 기복을 입고, 형·제의 손은 소공복을 입으며, 자신의 외손은 시마복을 입지만, 존장이 이들을 살해한 죄는 다 같이 도3년에 해당한다. 그러나 형·제의 증손·현손을 범한 경우는 각각 본복에 의거하여 논한다. 즉 형·제의 증손은 시마복을 입는 친속이고 형·제의 현손은 단문복을 입는 친속으로 친속관계가 이미 소원해져 은정이 이에 따라 줄어들기 때문에 본복에 따라 논하니, 증손·현손을 구타해서 살해한 죄는 일반인과 같이 교형(투5.1a)에 해당한다.

② 기친존장이 기친비유를 날붙이로 살해하거나 고의로 살해한 때에는 유2000리에 처한다.

③ 기친존장이 기친비유를 과실로 죽인 경우는 각각 죄를 논하지 않는다.

3. 조부모·부모와 자·손 사이의 투구살상의 죄

투송률28(329조)

1. (a) 조부모·부모에게 욕한 자는 교형에 처하고, 구타한 때에는 참형에 처하며, (b) 과실로 살해한 때에는 유3000리에 처하고, 과실로 상해한 때에는 도3년에 처한다.

2. (a) 만약 자·손이 가르침이나 명령을 위반하여 조부모·부모가 구타하여 살해한 때에는 도1년반에 처하고, 날붙이로 살해한 때에는 도2년에 처하며, (b) 고의로 살해한 때에는 각각 1등을 더한다. (c) 만약 적모·계모·자모·양부모가 살해한 때에는 또 1등을 더한다. (d) 과실로 살해한 때에는 각각 논하지 않는다.

(1) 개설

조부모·부모는 지존이어서 자·손이 이들을 범한 경우 극형에 처한다. 예컨대 자·손이 조부모·부모에 대해 욕한 때에는 교형에 처하는데, 일반인에 대해 욕한 것은 죄의 구성요건이 되지 않는다. 자·손이 조부모·부모를 구타한 때에는 참형에 처하니, 일반인을 구타한 죄의 태40과는 비교할 필요도 없다. 이와는 반내로 조부모·부모가 자·손에게 가해한 것은 살해한 것부터 죄를 물으며, 최고형도 도형에 해당할 뿐이다.

본 조항에서 적시된 부모는 친부모 외에 적모·계모·자모 및 양부모가 있는데, 원칙적으로 다 같은 부모이다. 단 적모·계모·자모 및 양부모가 자·손을 살해한 경우 친부모가 살해한 경우에 한해서 죄를 1등을 더하며, 개가 또는 출가 등의 정황에 따라 친속의 등급이 달라진다.

① 친부모라는 것은 본생이면 모두 친부모이다. 즉 출가한 모친이나 출처된 모친, 그리고 자기를 낳은 첩은 그대로 친모이다(투30의 소와 44의 문답).

② 적·계·양모가 개가한 때는 기친존속과 같고, 출처된 때는 남과 같다.

③ 조부모도 적·계·자조모와 및 양조부모가 있다고 해석해야 한다. 즉 본생부 또는 양부의 적·계·자모 및 양부모가 있을 수 있는 것

이다.

④ 계부와 계자의 사이에 범한 경우(투32), 적자가 부의 첩을 범한 경우 및 서자가 생모 외의 부의 다른 첩을 범한 경우(투31), 외조부모와 외손 사이에 범한 경우(투27)에 대해서는 각각 해당 조문이 있어 그 법에 따르므로, 이 조항과는 무관하다.

(2) 자·손이 조부모·부모를 범한 경우

자·손이 조부모·부모를 범한 것은 욕한 것과 구타한 것 두 단계뿐이다. 왜냐하면 구타한 것만으로 5형 20등 가운데 최고형인 참형에 해당하기 때문이다.

① 조부모·부모에게 욕한 자는 교형에 처한다. 자·손이 조부모·부모에게 순종하지 않고 함부로 욕한 것은 교형에 해당하는데, 역시 조부모·부모가 친히 들어야 욕이 성립하며(투11.1b의 주), 십악의 불효에 포함된다(명6.7의 주①).

② 조부모·부모를 구타한 자는 참형에 처한다. 자·손들이 공동으로 조부모·부모를 구타한 경우 수범·종범의 구분 없이 모두 참형에 처한다. 이 범행은 십악의 악역(명6.4의 주)에 포함된다.

③ 과실로 조부모·부모를 살해한 자는 유3000리에 처하고, 상해한 자는 도3년에 처한다. 상해는 상처의 크기를 한정하지 않는다. 조부모·부모를 과실로 살상한 경우 자·손은 관품이나 음으로 죄를 감하거나 속할 수 없으며 제명하고 유배하는 것을 법대로 한다(명11.2c와 2f, 명11.3). 단 이 처분을 하는 과실상해는 일반인의 투구상죄에 준해서 도형 이상인 경우에 한한다(명11.3의 소).

(3) 조부모·부모가 자·손을 살해한 경우

조부모·부모가 자·손을 범한 경우 살해한 것에 한해서 죄를 묻는다. 다시 말하면 조부모·부모가 자·손에게 가해한 것은 살해가 아니면 상해의 정도와 관계없이 죄가 성립하지 않는다는 뜻이다.

1) 살해
① 자·손이 가르침이나 명령을 위반하여 조부모·부모가 구타하여 살해한 죄는 도1년반에 해당한다. 가르침이나 명령은 일의 크기에 관계없이 따를 수 있는데도 고의로 어긴 것을 말한다(투47). 이 때 날붙이를 사용했다면 죄는 도2년에 해당한다.
② 조부모·부모가 자·손을 고의로 죽인 때에는 앞의 죄에 각각 1등을 더한다. 즉 가르침이나 명령을 위반하지 않았는데 고의로 살해한 경우, 손발이나 타물로 살해했다면 도2년, 날붙이로 살해했다면 도2년반에 처한다.

2) 적모·계모·자모·양부모가 자식을 살해한 경우
적모·계모·자모·양부모가 살해한 경우 친생부모가 살해한 죄에 1등씩 더한다. 즉 고의로 날붙이를 사용하여 살해했다면 친생부모의 죄 도2년반에 1등을 더하여 도3년에 처하고, 가르침이나 명령을 위반하여 날붙이로 살해했다면 도2년에 1등을 더하여 도2년반에 처하며, 구타하여 살해한 때에는 도1년반에 1등을 더하여 도2년에 처한다.

3) 과실살해
조부모·부모가 과실로 자·손을 살해한 경우 각각 죄를 논하지 않는다. 즉 자·손이 가르침이나 명령을 위반하여 조부모·부모가 가법에 따라 처벌하다가 뜻밖에 사망에 이르게 되었다면 죄가 성립하지 않는다. 여기서 조부모·부모는 친생부모만이 아니라 적모·계모·자모·양부모가 모두 포함된다.

II. 처·첩과 남편 및 남편의 친속 사이의 구타·상해·살해의 죄

1. 남편과 처·첩, 처와 첩 사이에 상해·살해한 죄

투송률24(325조)

1. (a) 처를 구타·상해한 때에는 일반인을 범한 죄에서 2등을 감하고, 사망에 이른 때에는 일반인으로 논한다. (b) 첩을 구타한 것이 골절상 이상이면 처를 범한 죄에서 2등을 감한다.
2. 만약 처가 첩을 구타·상해·살해했다면 남편이 처를 구타·상해·살해한 것과 같다. 〈모두 반드시 처·첩이 고해야 처벌한다. 곧 사망에 이른 때에는 다른 사람이 고하는 것을 허용한다. 처를 살해한 것은 십악의 불목이 된다.〉
3. 과실로 살해한 때에는 각각 논하지 않는다.

투송률25(326조)

1. 처가 남편을 구타하였다면 도1년에 처하고, 만약 구타하여 상해가 무거운 때에는 일반인의 투구상죄에 3등을 더하며, 〈반드시 남편이 고해야 처벌한다.〉 사망에 이른 때에는 참형에 처한다. (b) 잉 및 첩이 범한 때에는 각각 1등을 더하고, 〈더하는 것은 더하여 사형에 이른다.〉 (c) 과실로 살·상한 때에는 각각 2등을 감한다. (d) 곧 잉 및 첩이 남편에게 욕한 때에는 장80에 처한다.
2. (a) 만약 첩이 처를 범한 때에는 남편을 범한 경우와 같다. (b) 잉이 처를 범한 때에는 첩이 범한 경우에서 1등을 감한다. (c) 첩이 잉을 범한 때에는 일반인을 범한 경우에 1등을 더한다.
3. 살해한 때에는 각각 참형에 처한다. 〈다른 조항에서 율문이 없는 경우 잉은 첩과 같다.〉

(1) 남편과 처·잉·첩 사이에 범한 경우의 죄

1) 남편이 처·잉·첩을 범한 경우

(a) 남편이 처를 범한 경우

① 구타·상해한 때에는 일반인을 범한 죄에서 2등을 감한다. 율에서 남편과 처는 오누이에 비유하므로 남편이 처를 상해한 경우 일반인을 범한 죄에서 2등을 감한다.

② 살해한 때에는 일반인을 범한 것과 같이 교형에 처한다. 날붙이로 살해하거나 고의로 살해했다면 참형에 처한다.

③ 과실로 살해한 경우는 죄를 논하지 않는다.

(b) 남편이 잉·첩을 범한 경우

① 남편이 잉·첩을 범한 경우는 골절상 이상부터 죄를 주며, 처를 범한 죄에서 2등을 감한다. 따라서 일반인을 범한 죄에서 4등을 감한다. 잉과 첩은 구분하지 않는다.

② 사망에 이른 때에는 도3년에 처한다. 처를 살해한 죄는 일반인을 범한 것과 같이 교형에 해당하는데, 여기서 2등을 감하므로 도3년이 되는 것이다. 다만 첩을 고의로 살해한 경우 은사령이 내려도 그대로 제명 처분한다(명18.1a의 소).

③ 과실로 살해한 때에는 죄를 논하지 않는다.

2) 처·잉·첩이 남편을 범한 경우

(a) 처가 남편을 범한 경우

① 처가 남편을 구타한 때에는 도1년에 처한다. 또한 구타하여 상

해가 무거운 때에는 일반인상해죄에 3등을 더한다. 가령 일반인을 타물로 사람을 구타하여 내상을 입혀 피를 토하게 한 죄는 장100에 해당하는데(투1.2), 이에 3등을 더하므로 도2년이 된다. 다만 반드시 남편이 고해야 처벌한다.

② 사망에 이르게 한 때에는 참형에 처한다.

③ 과실로 살상한 때에는 각각 2등을 감한다. 즉 과실로 살해한 죄는 도3년에 해당하는데, 이 죄는 관이나 음으로 감하거나 속할 수 없으므로 반드시 실형에 처한다(명11.3). 또한 가령 처가 남편의 팔다리 하나를 부러뜨린 것은 일반인이 범한 죄에 3등을 더하여 유3000리에 해당하지만 과실인 때에는 2등을 감하여 도2년반이 되며, 이 죄 역시 관이나 음으로 감하거나 속할 수 없으므로 실형에 처한다.

(b) 잉·첩이 남편을 범한 경우

잉은 5품 이상의 관인의 첩으로 관품이 있다. 첩은 관품이 없으며 서인 이상이면 둘 수 있다.

① 잉·첩이 남편을 구타·상해한 때에는 처가 범한 죄에 1등을 더한다. 따라서 일반인을 범한 죄에 4등을 더하며, 잉과 첩을 구분하지 않는다. 또한 통상적으로 죄를 더해서는 사죄에 이르지 않지만(명56.3), 이 경우는 더하여 사죄에 이를 수 있다. 가령 남편을 구타하여 팔다리 하나를 부러뜨리거나 한쪽 눈을 실명하게 한 것은 일반인끼리 범한 경우 도3년인데(투4.1a) 잉·첩이 남편에게 이 죄를 범한 때에는 4등을 더하므로 교형에 처해야 한다. 이 경우 더해서는 사형에 이르지 않는다(명56.3)는 원칙이 적용되지 않는다.

② 살해한 때에는 각각 참형에 처한다.

③ 과실로 살상한 때에는 각각 2등을 감한다. 따라서 잉·첩이 남편의 팔다리 하나를 부러뜨린 것은 교형에 해당하므로 과실로 범한

경우 2등을 감하여 도3년이 되며, 이 이하의 상해죄는 각각 해당하는 형에서 2등을 감하니 그 죄가 유형에 해당하면 도2년반이 되고, 도3년에 해당하면 도2년이 된다. 이들 죄도 역시 관이나 음으로 감하거나 속할 수 없으므로 반드시 실형에 처한다(명11.3). 또한 잉·첩이 남편에게 욕한 때에는 장80에 처한다.

(2) 처와 잉·첩 사이에 범한 경우의 죄

1) 처가 잉·첩을 범한 경우
① 처가 잉·첩을 구타·상해·살해한 때에는 남편이 처를 구타·상해·살해한 경우와 같이 일반인을 범한 죄에서 2등을 감한다. 서로 욕한 때에는 죄를 논하지 않는다.
② 과실로 살해한 때에는 모두 죄를 논하지 않는다.

2) 잉·첩이 처를 범한 경우
① 첩이 처를 범한 때에는 남편을 범한 경우와 같이, 구타한 죄는 도1년반에 해당하고, 구타하여 상해가 무거운 때에는 일반인을 범한 죄에 4등을 더하며, 더하여 사죄에 이른다. 상해하여 사망에 이른 때에는 참형에 처한다. 과실로 살상한 때에도 역시 남편을 범한 경우와 같다고 해석해야 한다.
② 잉이 처를 범한 때에는 첩이 범한 죄에서 1등을 감한다. 상해하여 사망에 이른 때에는 참형에 처한다. 과실로 살상한 때에는 역시 첩이 처를 범한 죄에서 1등을 감한다.

(3) 잉과 첩 사이에 범한 경우의 죄
① 첩이 잉을 범한 때에는 일반인을 범한 죄에 1등을 더한다. 살

해한 때에는 참형에 처한다.

② 잉이 첩을 범한 경우에 대해서는 규정이 없는데, 당연히 일반인을 범한 것과 같고 사망에 이른 때에도 역시 같다고 해석된다.

(4) 주의사항

남편이 처·잉·첩을 구타·상해한 때나 처·잉·첩이 남편을 구타·상해한 때, 또는 처·잉·첩이 서로 범한 때에는 반드시 피해자가 고해야 처벌한다. 곧 외부인이 고발한 것은 죄를 묻지 않는다. 다만 사망에 이른 때에는 다른 사람이 고하는 것을 허용하는데 이 경우 다른 사람은 친소를 구분하지 않는다.

2. 처·첩과 남편의 친속이 서로 구타·상해·살해한 죄

투송률29(330조)

1. (a) 처·첩이 남편의 조부모·부모에게 욕한 때에는 도3년에 처하고, 〈반드시 시부모가 고해야 처벌한다.〉 구타한 때에는 모두 교형에 처하며, 상해한 때에는 모두 참형에 처한다. (b) 과실로 살해한 때에는 도3년에 처하고, 상해한 때에는 도2년반에 처한다.
2. (a) 곧 조부모·부모가 자·손부를 구타하여 폐질이 되게 한 때에는 장100에 처하고, 독질이 되게 한 때에는 1등을 더하며, 사망에 이른 때에는 도3년에 처하고, (b) 고의로 살해한 때에는 유2000리에 처한다. (c) 자·손의 첩을 범한 때에는 각각 2등을 감한다. (d) 과실로 살해한 때에는 각각 논하지 않는다.

(1) 의의

조부모·부모와 자·손의 처·첩과의 관계는 의로써 결합된 것으로 자연적으로 결합된 자·손과의 관계와 비교할 수 없다. 그러므로 처·

첩이 남편의 조부모·부모를 범한 경우 자·손인 남편이 범한 것과 같을 수 없다. 물론 그렇다고 해서 처·첩이 남편의 방계친속을 범한 것과는 같지 않다.

(2) 처·첩이 남편의 조부모·부모를 욕하거나 구타한 죄

① 처·첩이 남편의 조부모·부모에게 욕한 때에는 도3년에 처한다. 자·손인 남편이 범한 경우 죄가 교형에 해당하는 것과 비교하면 차이가 큰 편이다. 또한 이 죄는 반드시 시부모가 고발해야 처벌하는데, 자·손이 조부모·부모를 범한 때에는 조부모·부모가 고발해야 처벌한다는 조문이 없다.

② 구타한 때에는 교형에 처하고, 상해한 때에는 모두 참형에 처한다. 즉 처·첩이 공동으로 남편의 조부모·부모를 구타·상해한 때에는 수범·종범을 구분하지 않고 교·참형에 처한다.

③ 과실로 살해한 때에는 도3년에 처하고, 과실로 상해한 때에는 도2년반에 처한다. 이 경우 처·첩에게 관품이나 음이 있더라도 죄를 감하거나 속할 수 없다(명11.3).

④ 처·첩이 남편의 조부모·부모를 살해한 때에는 모두 참형에 처하고, 죄를 감하거나 속할 수 없다는 것은 말할 필요도 없지만, 또한 십악의 악역에 포함된다(명6.4의 주).

(3) 조부모·부모가 자·손의 처·첩을 구타·상해·살해한 죄

1) 구성요건

조부모·부모가 자·손의 처·첩에게 가해한 때에는 구타하여 폐질이 되게 한 경우부터 죄를 묻는다. 다시 말하면 조부모·부모가 자·손의 처·첩을 구타하여 상해하더라도 폐질에 이르지 않은 것까지는 위법성이 배제되어 처벌하지 않는다. 폐질은 호령(습유228쪽)에 의하면 지적장애[癡]·발성장애[瘂]·왜소증[侏儒]과 허리·척추 장애[腰脊折]와 팔다리 하나를 못 쓰는 장애를 가리키고, 독질은 두 눈 모두 실명하거나, 팔다리의 두 쪽을 못 쓰는 장애를 가리킨다. 과실로 살해했다면 각각 논하지 않는다.

2) 처벌

(a) 조부모·부모가 자부·손부를 범한 경우

① 조부모·부모가 자부·손부를 구타하여 폐질이 되게 한 때에는 장100에 처하고, 독질이 되게 한 때에는 1등을 더하여 도1년에 처하며, 사망에 이른 때에는 도3년에 처한다.

② 고의로 살해한 때에는 유2000리에 처한다. 고의 살해했다는 것은 자·손이 죄가 없는데도 함부로 살해한 것을 말한다.

③ 과실로 살해한 것은 죄를 논하지 않는다.

(b) 조부모·부모가 자·손의 첩을 범한 경우

조부모·부모가 자·손의 첩을 범한 것은 각각 처를 범한 것에서 2등을 감한다.

① 조부모·부모가 자·손의 첩을 구타하여 폐질이 되게 한 때에는 장80에 처하고, 독질이 되게 한 때에는 장90에 처하며, 사망에 이른 때에는 도2년에 처한다.

② 고의로 살해한 때에는 도2년반에 처한다.

③ 과실로 살해한 것은 논하지 않는다.

3. 형의 처와 남편의 제·매가 서로 구타한 죄

투송률31(332조)

1. (a) 형의 처를 구타하거나 남편의 제·매를 구타하였다면 각각 일 반인을 구타한 죄에 1등을 더한다. (b) 만약 첩이 범한 때에는 또 1등을 더한다. 〈사망에 이른 때에는 각각 일반인의 법에 의 거한다.〉

(1) 의의

예(『예기』권2, 58~59쪽)에서는 형수와 시동생 사이에 서로 안부를 묻는 것을 허락하지 않는데, 이는 혐의를 피하기 위한 것이다. 그런데 도 형의 처를 구타하거나 남편의 제·매를 구타했다면, 예의와 공경이 무너진 것이므로 율에서 특별히 죄와 형을 규정해 둔 것이다.

(2) 형의 처와 남편의 제·매가 서로 구타·상해한 죄

형수와 제·매가 서로 구타·상해한 때에는 각각 일반인을 구타·상 해한 죄에 1등을 더한다. 즉 형수는 비록 장친(長親)이고 제·매는 비 유이지만 제·매가 형수를 범하거나 형수가 제·매를 범한 때에는 다 같이 일반인에 1등을 더해서 처벌한다. 이는 친속이 서로 범한 경우 존비장유에 따라 차등적으로 처벌하는 일반원칙의 예외에 속한다. 사망에 이른 때에는 각각 일반인의 법에 의거한다.

(3) 형의 첩과 남편의 제·매가 서로 구타·상해한 죄

형의 첩이 남편의 제·매를 구타한 때에는 일반인을 범한 죄에 2등 을 더한다. 남편의 제·매가 형의 첩을 구타한 때에는 일반인을 범한 죄와 같다. 사망에 이른 때에는 각각 일반인의 법에 의거한다.

4. 적·서자와 서모가 서로 구타·상해·살해한 죄

투송률31(332조)

2. (a) 만약 첩이 남편의 다른 첩의 자식을 구타하였다면 일반인을 범한 죄에서 2등을 감하고, (b) 처의 자식을 구타하였다면 일반인을 범한 것으로 논한다.

3. (a) 만약 처의 자식이 아버지의 첩을 구타·상해하였다면 일반인을 범한 죄에 1등을 더하고, (b) 첩의 자식이 아버지의 다른 첩을 ˙구타·상해하였다면 또 2등을 더한다. 〈사망에 이른 때에는 각각 일반인의 법에 의거한다.〉

(1) 의의

처·첩의 신분은 특별히 다르며, 그 영향은 적자·서자에게도 미친다. 예컨대 적자가 아버지의 첩을 범한 경우 아버지를 존중하기 위해 일반인을 범한 죄에 1등을 더하고, 서자가 범한 경우에는 또 2등을 더한다. 그렇지만 이는 아버지의 처(친모, 적모)를 범한 것에 비하면 큰 차이가 있다.

1) 첩과 처의 자식이 서로 범한 죄

(a) 첩이 처의 자식을 범한 경우

첩이 처의 자식을 구타·상해한 때에는 일반인을 범한 죄로 논한다. 첩은 서모로 비록 모라고 칭하지만 처를 여군(女君)으로 칭하며 존중해야 하기 때문에, 그 소생의 자식을 구타한 때에는 비유를 구타한 것과 달리 일반인을 구타한 죄와 같게 하는 것이다.

(b) 처의 자식이 아버지의 첩을 범한 경우

처의 자식이 아버지의 첩을 구타·상해한 때에는 일반인에 1등을 더한다. 사망에 이른 때에는 각각 일반인의 법에 의거한다.

2) 첩과 다른 첩의 자식이 서로 범한 죄

(a) 첩이 남편의 다른 첩의 자식을 범한 경우

첩이 남편의 다른 첩의 자식을 구타한 때에는 일반인을 범한 죄에서 2등을 감한다. 첩과 다른 첩의 자식은 신분이 대등하기 때문에 처의 자식을 구타한 것에 비해 죄를 받는 것이 다소 가벼운 것이다. 사망에 이른 때에는 각각 일반인의 법에 의거한다.

(b) 첩의 자식이 아버지의 다른 첩을 범한 경우

첩의 자식이 아버지의 다른 첩을 구타한 때에는 일반인에 3등을 더한다. 가령 만약 첩의 자식이 아버지의 다른 첩을 구타하여 이 하나를 부러뜨린 때에는 일반인을 범한 죄의 형 도1년에(투2.1) 3등을 더하여 도2년반에 처한다.

5. 처와 남편의 기친 이하 친속이 서로 범한 죄

투송률33(334조)

1. (a) 처가 남편의 기친 이하 시마친 이상의 존장을 구타하거나 욕했다면 각각 남편이 범한 죄에서 1등을 감한다. 〈죄를 감하여 일반인을 구타한 죄보다 가벼울 경우는 일반인 투구상해죄에 1등을 더한다.〉 (b) 첩이 범한 때에는 감하지 않는다. (c) 사망에 이른 때에는 각각 참형에 처한다.
2. (a) 처가 비속을 구타·상해하였다면 남편이 구타·상해한 것과 죄가 같으나, 사망에 이른 때에는 교형에 처한다. 만약 남편의 형·제의 자식을 구타하여 살해하였다면 유3000리에 처하고, 고

의로 살해한 때에는 교형에 처한다. (b) 첩이 범한 경우는 각각
일반인 투구상의 법에 따른다.

3. (a) 만약 존장이 비유의 부인을 구타·상해하였다면 일반인을 범
한 죄에서 1등을 감하고, (b) 첩을 범한 경우는 또 1등을 감하되,
(c) 사망에 이른 때에는 교형에 처한다.

(1) 처·첩이 남편의 존장을 범한 죄

1) 처가 남편의 존장을 범한 경우

처가 남편의 기친 이하 시마친 이상의 존장을 구타·욕한 때에는
각각 남편이 범한 죄에서 1등을 감한다. 다만 죄를 감하여 일반인을
구타한 죄보다 가벼워질 경우에는 일반인을 투구하여 상해한 죄에 1
등을 더한다. 가령 남편이 고의로 8촌형·누나를 구타하여 팔다리 하
나를 부러뜨린 죄는 유2500리에 해당하므로, 처가 범한 경우는 1등
을 감해서 도3년이 된다. 그런데 일반인을 고의로 구타하여 팔다리
하나를 부러뜨린 죄는 유2000리에 해당하므로 처의 죄는 일반인을
범한 때보다 가벼워지게 된다. 그래서 이런 경우에는 일반인을 범한
죄에 1등을 더하여 유2500리 처하는 것이다. 또한 비록 남편의 죄에
서 1등을 감한다고 하였으나 만약 본조에서 복제에 따라 죄가 무겁
게 정해져 있으면 그것에 따라 논한다. 가령 남편의 백숙부모는 대
공존속이고 그를 구타하여 늑골을 부러뜨린 것은 일반인에 4등을 더
하므로 유2500리에 해당하는데(투26.1), 만약 1등을 감하면 도3년이
된다. 그러나 명례율 49.2조의 "해당 조항에 비록 죄의 등급이 정해
져 있더라도 그 행한 바가 무거운 때에는 당연히 무거운 것에 따른
다."고 한 원칙에 따라 그대로 유2500리에 처한다. 사망에 이른 때에
는 참형에 처한다.

2) 첩이 남편의 존장을 범한 경우

첩이 남편의 존장을 범한 때에는 남편의 범한 죄에서 감하지 않는
다. 사망에 이른 때에는 참형에 처한다.

(2) 처·첩이 남편의 비속을 범한 죄

1) 처가 남편의 비속을 범한 경우

처가 남편의 비속을 구타하여 상해한 죄는 남편이 구타한 경우와
죄가 같다. 가령 남편의 4촌형·제의 손은 시마친인데, 남편이 시마
친 비유를 구타한 것이 골절상 이상이면 일반인을 범한 죄에서 1등
을 감하므로(투26.1) 처가 범한 경우도 역시 1등을 감한다. 사망에
이른 때에는 교형에 처한다. 단 남편의 형·제의 자식을 구타하여 사
망에 이른 때에는 유3000리에 처하고, 고의로 살해한 때에는 교형에
처한다.

2) 첩이 남편의 비속을 범한 경우

첩이 남편의 범한 경우에는 각각 일반인 투구상의 법에 따른다.

(3) 존장이 비유의 처·첩을 구타·상해·살해한 죄

1) 존장이 비유의 처를 구타·상해한 경우

기친 이하 시마친 이상의 존장이 비유의 처를 구타·상해한 때에는
일반인을 구타·상해한 죄에서 1등을 감한다. 사망에 이른 때에는 교
형에 처한다.

2) 존장이 비유의 첩을 구타·상해한 경우

기친 이하 시마 이상의 존장이 비유의 첩을 구타·상해한 때에는 일반인을 구타·상해한 죄에서 2등을 감한다. 사망에 이른 때에는 교형에 처한다.

(4) 남편의 비유가 처·첩을 구타·상해·살해한 죄

이 조항에는 남편의 비유가 처·첩을 구타·상해·살해한 경우에 대해서 특별한 규정이 없으나, 응당 친속이 서로 범한 경우에 대한 규정(투26, 27)에 의거해서 복제에 따라 죄를 과하는 것으로 해석된다. 다만 앞에서 설명한 바와 같이 처·첩과 남편의 제·매가 서로 구타·상해·살해한 경우에 대해서는 율에 별도의 규정이 있다(투31.1).

6. 처·첩과 죽은 옛 남편의 조부모·부모 사이의 살상죄

투송률30(331조)

1. (a) 처·첩이 사망한 옛 남편[故夫]의 조부모·부모를 구타하거나 욕한 때에는 각각 시부모를 구타·욕한 죄에서 2등을 감하고, (b) 골절상을 입힌 때에는 가역류에 처하며, (c) 사망에 이른 때에는 참형에 처한다. (d) 과실로 살상한 때에는 일반인의 투구상죄에 의거하여 논한다.
2. (a) 그러나 옛 시부모가 자·손의 옛 처·첩을 구타하여 골절상 이상이면 각각 일반인을 범한 죄에서 3등을 감하고, (b) 사망에 이른 때에는 교형에 처한다. (c) 과실로 살해한 때에는 논하지 않는다.

(1) 처·첩이 사망한 옛 남편의 조부모·부모를 구타·상해·살해한 죄

1) 사망한 옛 남편의 조부모·부모

사망한 옛 남편이란 남편이 죽어 개가한 부인에게 해당하는 말이며, 쫓겨나거나 합의 이혼한 부인에게는 해당하지 않는다(적8의 주와 소; 투송30.1의 소). 사망한 옛 남편을 출생한 모는 개가했거나 출처되었거나 또는 과처·첩으로 남편의 집에서 수절하고 있거나 모두 그대로 모이다. 그러나 사망한 옛 남편의 적·계·자모 및 양부모는 사망한 옛 남편의 부모가 되지 않는다(투30의 문답). 남편이 사망한 뒤 출가한 처·첩과 옛 남편의 조부모·부모와의 관계는 처·첩과 남편의 조부모·부모 사이의 관계의 연장이다. 따라서 전자가 후자를 범한 경우 일반인을 범한 때보다 형이 무겁다.

2) 행위와 처벌

① 처·첩이 사망한 옛 남편의 조부모·부모에게 구타·욕한 때에는 각각 시부모를 구타·욕한 죄에서 2등을 감한다. 즉 구타한 때에는 시부모를 구타한 죄인 교형에서 2등을 감하여 도3년에 처하고, 욕한 때에는 시부모에게 욕한 죄인 도3년에서 2등을 감하여 도2년에 처한다.

② 처·첩이 사망한 옛 남편의 조부모·부모를 구타하여 골절상을 입힌 때에는 가역류에 처한다.

③ 처·첩이 사망한 옛 남편의 조부모·부모를 구타하여 사망에 이르게 한 때에는 참형에 처한다. 단 처·첩이 공동으로 범한 때에는 수범·종범을 구분하여 처벌한다.

④ 과실로 살상한 때에는 일반인의 법으로 논한다. 가령 살해한 때에는 일반인의 법에 따라 동 120근으로 속하고, 상해한 때에는 상해한 정도에 따라 각각 일반인을 상해한 경우 속하는 법(투1~4; 명

2~4)에 의거한다.

(2) 옛 시부모가 자·손의 옛 처·첩을 상해·살해한 죄

1) 자·손의 옛 처·첩

자·손의 옛 처·첩은 자·손이 죽고 그 처·첩이 출가한 경우에 해당하는 말이다. 여기서 자·손은 친생 자·손에 한한다. 이 관계도 남편의 조부모·부모와 자·손의 처·첩 사이의 관계의 연장이다. 따라서 전자가 후자를 범한 경우 일반인을 범한 때보다 형이 가벼우며, 구타하여 상해한 경우 골절상 이상부터 죄를 준다.

2) 행위와 처벌

① 옛 시부모가 자·손의 옛 처·첩을 구타하여 상해한 것이 골절상 이상이면 각각 일반인을 범한 죄에서 3등을 감한다. 가령 손·발가락을 부러뜨린 경우, 일반인을 범한 죄가 도1년에 해당하므로(투2.1) 여기서 3등을 감하여 장80에 처한다. 팔·다리 하나를 부러뜨린 경우, 일반인을 범한 죄가 도3년에 해당하므로(투4.1) 여기서 3등을 감하여 도1년반에 처한다.

② 구타하여 사망에 이른 때에는 교형에 처한다. 또한 원래 조문에 구타하여 사망에 이른 것만 말하고 고의로 살해한 경우에 대해서는 언급이 없으므로, 설령 고의로 살해했더라도 그대로 교형에 처한다.

③ 과실로 살해한 때에는 죄를 논하지 않는다.

Ⅲ. 의제 친속 사이의 구타·상해·살해의 죄

1. 계부와 계자 사이에 범한 죄

투송률32(333조)

1. (a) 처의 전 남편의 자식을 구타·상해한 경우에는 일반인을 범한 죄에서 1등을 감하고, (b) 동거인 경우는 또 1등을 감하며, (c) 사망에 이른 때에는 교형에 처한다.
2. 계부를 구타·상해한 경우는 〈예전에는 동거였으나 지금은 이거 (異居)인 경우를 말한다.〉 시마친존속을 범한 죄와 같고, 동거인 경우는 1등을 더한다. 〈다른 조항의 계부는 이에 준한다.〉

(1) 계부의 종류와 의의

1) 계부의 종류

계자는 처의 전 남편의 자식을 가리키고 계부는 모친이 남편이 사망한 뒤 개가한 남편을 가리킨다. 특별한 언급은 없지만 모친이 쫓겨나거나 이혼한 뒤 개가한 남편은 법률적인 계부가 아니다. 계부는 동거계부와 전에는 동거였으나 지금은 이거인 이거계부와 동거인 적인 없는 계부의 3종으로 나눈다.

(a) 동거계부

동거는 단순히 함께 거주한다는 개념이 아니라 처의 전 남편의 자식에게 대공친 이상의 친속이 없고, 계부 역시 대공친 이상의 친속이 없으며, 계부가 자신의 재산으로 계자를 위해 가묘를 세워 생부의 제사를 받들게 하는 조건이 갖추어 질 때에 비로소 성립하는 관계이다. 이 경우 계부는 기친존장이 된다.

(b) 이거계부

계부에게 친생자가 생기거나 또는 대공친 이상의 친속이 생기게 되면 비록 계속 동거하고 있더라도 역시 이거계부로 간주한다.

(c) 남남 관계의 계부

동거인 적인 없는 경우의 출가한 모친의 남편은 남남이다. 즉 만약 앞의 동거계부와 같은 조건의 동거인 적은 없는 계부는 이거계부로 간주하지 않으며, 따라서 일반인의 법례를 적용한다.

2) 의의

당률에서 계모와 계부의 지위는 현격한 차이가 있다. 즉 자식이 계모를 범하거나 계모가 자식을 범한 것은 친생 부모·자식 사이의 범행과 함께 투송률 28.2조에 규정되어 있는데, 자식이 계모를 범한 때에는 친모를 범한 때와 같아(명52.4) 욕한 것만으로 교형에 해당하고 구타한 것은 참형에 해당한다. 이에 반해서 계모가 자식을 범한 때에는 살해한 것부터 죄를 주되 친모가 범한 것에 1등을 더할 뿐이다. 그렇지만 계부와 계자 사이의 범행은 이와는 별도로 투송률 32조에 규정되어 있는데, 계자가 계부를 구타한 죄는 동거인 경우 시마존속을 구타한 것에 2등을 더하여 도1년반, 이거인 경우 1등을 더하여 도1년에 해당하며, 계부가 계자를 범한 경우 이거계부이면 일반인에서 1등을 감하고 동거인 때는 2등을 감할 뿐이니, 계모와 계부의 형법상 지위는 커다란 차이가 있는 셈이다. 계모와 계부는 다같이 부·모의 배우자인데도 계자와의 형법적 관계를 이같이 현저하게 달리 정한 것은 남계 중심 사회의 부를 중시하고 모를 경시하는 관념이 법에 반영되었기 때문이다. 바꾸어 말하면 부를 중시하는 관념은 그 후처에게 미치고, 모를 경시하는 관념은 그 후부(後夫)에게 미치는 것이다.

(2) 구성요건과 처벌

1) 계자를 구타해서 상해·살해한 죄

이거계부가 계자를 구타하여 상해한 때에는 일반인을 구타하여 상해한 죄에서 1등을 감하며, 동거계부는 또 1등을 감한다. 가령 이거계부가 계자를 구타하여 독질에 이르게 하거나 혀를 자르거나 생식기능을 훼손한 때에는 일반인을 범한 죄 유3000리(투4.2)에서 1등을 감하여 도3년에 처하며, 동거계부라면 도2년반에 처한다. 구타하여 사망에 이른 때에는 동거·이거를 구분하지 않고 교형에 처한다.

2) 계부를 구타·상해·살해한 죄

이거계자가 계부를 구타·상해한 때에는 시마친 존속을 범한 것과 같이 처벌하고, 동거계부는 1등을 더하며, 사망에 이른 때에는 각각 참형에 처한다. 즉 이거계부는 시마친 존속과 같으므로 구타한 죄는 도1년에 해당하고, 구타하여 상해한 죄가 무거운 때에는 각각 일반인을 범한 죄에 1등을 더하며, 동계계부는 2등을 더하고, 사망에 이른 때에는 참형에 처한다. 상해한 죄가 무겁다는 것은 죄가 장100에 해당하는 경우를 말한다.

동거계부는 기복을 입지만 본래 친속이 아니므로 범한 경우에도 정복의 친속과 같게 하지 않고 다만 시마친 존속을 범한 죄에 1등을 더한다. 따라서 계자가 동거계부를 구타한 것은 도1년반에 해당하며, 상해가 무거운 때에는 일반인을 범한 죄에 3등을 더하는 것이다.

(3) 주의사항

1) 통례
위의 처벌법은 다른 조항도 이에 준한다. 즉 다른 조항, 즉 계부의 시체를 절단한 죄(적19), 땅을 파다 계부의 시체를 발견하고 다시 매장하지 않은 죄(적20) 등도 이 조항의 처벌법에 준한다.

2) 친속관계와 죄의 적용
율에서 계부는 시마친 존속과 같다고 규정하고 있으므로 계부가 계자를 살해하려고 모의하거나 판 경우는 당연히 십악의 불목(명6.8의 주①)에 해당한다. 단 전 남편의 자식에 대해서는 시마친 비속과 같다고 말하지 않았으므로, 계부가 계자를 구타한 것은 일반인에 준하여 죄를 감하고 시마친 비속을 범한 죄를 적용하지 않는다.

3) 계자의 처
계자의 처는 계부에 대해 상복을 입지 않지만, 만약 남편의 계부를 범하는 일이 있으면 투송률 33.1a조의 "처가 남편의 기친 이하 시마친 이상 존장을 범한 때에는 남편이 범한 죄에서 1등을 감한다."는 규정에 따른다.

2. 스승과 제자 사이에 범한 죄

투송률32(333조)
3. 현재 학업을 받고 있는 스승을 구타·상해하였다면 일반인을 범한 죄에 2등을 더하고, 사망에 이른 때에는 각각 참형에 처한다. 〈유가의 학업을 받고 있으며, 사학이 아닌 것을 말한다.〉

(1) 구성요건

이 죄의 요건은 현재 배움을 받고 있는 스승을 범한 것이다. 다만 율에서 스승은 홍문관·국자감 및 주·현학 등에서 유가의 경학을 가르치는 박사를 말하며, 사학의 교사는 아니다.

(2) 처벌

제자가 스승을 구타·상해한 때에는 일반인을 범한 죄에 2등을 더한다. 만약 박사가 높은 관품을 겸대하고 있는 때에는 누가해서 처벌한다. 예를 들면 관품이 없는 박사를 구타한 때에는 일반인을 구타한 죄(태40)에 2등을 더하여 장60에 처하고, 9품 이상을 가진 박사이면 장80, 5품의 박사를 구타한 때에는 누가해서 도2년에 처한다. 사망에 이른 때에는 참형에 처한다.

제6절 관인을 구타·상해·살해한 죄

I. 의의

당률이 규정한 관인의 형법상 지위는 서민에 대하여 우월하다. 특히 황제의 명을 직접 시행하는 제사(制使)는 모든 인민에 대해서, 황제를 대신하여 민을 다스리는 자사·현령 등의 지방장관은 그 지배 대상이 되는 인민들에 대해 형사상 지위가 월등하게 우월하다. 지방장관들의 경우에는 관인 본인뿐만 아니라 그의 부모 및 처·자까지 서민에 대해 형법상 지위가 우월하다. 또한 관부의 장관은 그 관부에 속한 이·졸은 말할 것도 없고 좌직에 대해서 형법상 지위가 우월하며, 좌직은 이·졸에 대해서 형법상 지위가 우월하다. 이처럼 지방 장관과 관부의 장관 및 좌직에게 형법상 우월한 지위를 부여하는 것은 이들은 바로 황제를 대신하여 인민을 지배하는 자들이기 때문이다. 이것이 당률의 중요한 특징 가운데 하나이며, 또한 율을 통해 바라볼 수 있는 중국역사의 하나의 중요한 단면이다.

II. 장관 및 좌직을 구타·상해·살해한 죄

1. 장관을 구타·상해·살해한 죄

투송률11(312조)

1. (a) 제사·본속부주·자사·현령을 구타한 자 및 이·졸이 본부의 5품 이상 장관을 구타한 때에는 도3년에 처하고, 상해한 때에는 유2000리에 처하며, 골절상을 입힌 때에는 교형에 처한다. 〈골절상은 이를 부러뜨린 것 이상을 말한다.〉 (b) 만약 6품 이하 장관을 구타하였다면 각각 3등을 감하되, 감한 죄가 가벼운 때에는 일반인 투구상죄에 1등을 더하고, (c) 사망에 이른 때에는 참형에 처한다. (d) 욕한 때에는 각각 구타한 죄에서 3등을 감한다. 〈반드시 몸소 들어야 욕이 성립한다.〉

투송률12(313조)

좌직 및 통속되는 바의 관인이 장관을 구타·상해한 때에는 각각 이·졸이 장관을 구타하여 상해한 죄에서 2등을 감하되, 감한 죄가 일반인 투구상죄보다 가벼운 때에는 일반인의 투구상죄에 1등을 더하고, 사망에 이른 때에는 참형에 처한다.

(1) 제사·본속부주·자사·현령을 구타·상해·살해한 죄

1) 객체와 주체

이 죄의 행위 요건은 일반인 사이의 구타·상해·살해와 다르지 않다. 다만 행위의 객체 또는 주체에 따라 형이 일반인의 투구상죄와 달라질 수 있으므로 객체와 주체의 범주를 분명하게 해석해야 한다.

(a) 객체가 제사인 경우

제사란 칙을 받든 특정 명칭의 사인 및 담당 관리 가운데에서 뽑아 사인으로 파견한 자를 의미한다(명6.6의 주⑦ 소). 태황태후·황태후·황후 및 황태자의 영사(令使)를 범한 경우도 역시 같은데, 단 제사를 범한 때보다는 1등을 감한다(명51.2). 행위주체는 마땅히 관인과 서인 모두 포함된다고 해석해야 한다.

(b) 객체가 본속부주인 경우

군방령(습유382~384쪽)에 따르면 왕·공 이하 및 3품 이상 문·무직 사관이 3품 이상의 훈관을 겸대한 경우 부(府)를 세워주고 친사·장내를 지급하는데, 이 친사·장내가 섬기는 주인을 본속부주라고 한다. 국관(國官)·읍관(邑官)이 그가 속해 섬기는 친왕·공주에 대한 경우도 부주와 같다. 따라서 행위주체는 친사·장내·국관·읍관이다.

(c) 객체가 자사·현령인 경우

자사는 지방행정 구역인 주의 장관이다. 군사적으로 중요한 곳에는 자사 대신 도독을 두었는데, 도독도 당연히 자사의 범주에 포함된다. 주의 아래에 현이 있는데, 현령은 그 장관이다. 행위주체는 해당 주·현에 속한 서인이다.

2) 행위와 처벌

① 위의 객체들을 구타한 주체들은 도3년에 처한다.

② 상해한 때에는 유2000리에 처한다.

③ 골절상을 입힌 때에는 교형에 처한다. 골절상은 이 하나를 부러뜨린 것 이상의 상해를 말하는데, 그 이상의 상해죄는 모두 포함된다. 즉 사람을 구타하여 이를 부러뜨리거나 귀나 코를 훼손하거나 한쪽 눈의 시력을 훼손하거나 손·발가락 하나를 부러뜨리거나 또는 뼈가 부서지거나 끓는 물이나 불로 사람을 상해한 것은 모두 도1년에 해당하므로, 위의 행위 주체들이 객체들에게 이 이상의 상해를 입힌 때에는 교형에 처한다.

④ 사망에 이른 때에는 참형에 처하며, 또한 십악의 불의(명6.9의 주①)를 적용한다.

⑤ 욕한 경우 구타한 죄에서 3등을 감하여 도1년반에 처하는데, 다만 반드시 객체가 몸소 들어야 비로소 욕이 성립한다(투11.1b의 주와 소).

(2) 이·졸이 본관부의 장관을 구타·상해한 경우

1) 주체와 객체

이 죄의 행위 요건은 역시 일반인 사이의 구타·상해·살해와 다르지 않으나, 행위의 주체 또는 객체에 따라 형이 일반인의 투구상죄와 다르다.

(a) 행위주체

행위주체는 소속 관부의 이와 졸인데, 이는 유외관 이하를 말하고 졸은 서사(庶士)·위사(衛士) 따위를 가리킨다. 서사는 하급 이속의 총칭이다(『천성력역주』권30, 718쪽). 해당 관부에 속한 공호·악호 및 공해호·관노비는 이·졸과 같다(적5.1의 주).

(b) 행위객체

행위객체는 본부의 장관을 가리키는데, 5품 이상과 6품 이하로 구분한다. 장관은 중앙과 지방의 관부의 장관을 가리킨다. 단 상서성 육부의 상서는 비록 상서성에 속해 있지만 장관의 법례를 적용한다(명6.9의 주②의 소). 6품 이하 장관이란 하진(下鎭)의 장 및 수주(戍主) 또는 여러 능묘의 서, 지방의 여러 감의 서 등의 6품 이하 장관을 가리키며, 비록 시·감에 예속되어 있더라도 해당 감·서에 인장이 있어 별도로 정안(正案)을 기초하여 행사하는 경우는 모두 해당 관부의 장관이 된다.

2) 처벌

(a) 이·졸이 5품 이상 장관을 범한 때

이·졸이 5품 이상 장관을 범한 죄는 모두 서인이 자사·현령을 범한 죄와 같다.

(b) 이·졸이 6품 이하의 장관을 범한 때

이·졸이 6품 이하의 장관을 구타한 죄는 서민이 자사·현령을 범한 죄에서 각각 3등을 감한다.

① 구타한 때에는 도3년에서 3등을 감하여 도1년반, 상해한 때에는 유2000리에서 3등을 감하여 도2년에 처한다.

② 골절상을 입힌 경우는 교형에서 3등을 감하여 도2년반에 해당하지만, 단 감한 죄가 일반인의 투구상죄보다 가벼운 경우에는 일반

인의 투구상죄에 1등을 더한다. 가령 일반인이 고의로 6품의 장관을 구타하여 늑골을 부러뜨린 죄는 도2년반에 해당하는데 사죄에서 3등을 감하면 또한 도2년반이 되어 형이 같다. 이 경우 투송률 10.2c조의 주에 "더할 것을 계산하여 본죄보다 무거운 때에는 곧 반드시 더해야 한다."고 규정한 원칙에 의거하여 일반인의 투구상죄에 1등을 더하여 도3년이 되고, 또 투송률 15.3조에 "유외관 이하가 9품 이상을 구타·상해하였다면 각각 일반인의 구타·상해죄에 2등을 더한다."고 규정되어 있으므로, 2등을 더하여 유2500리에 처해야 한다.

③ 구타로 인하여 사망에 이른 때에는 참형에 처한다.

④ 6품 이하 장관에게 욕한 죄는 구타한 죄에서 3등을 감하므로 장90에 해당하는데, 역시 본인이 직접 들어야 죄가 성립한다.

(3) 좌직 및 통속되는 바의 관인이 장관을 구타한 죄

1) 구성요건

이 죄의 요건은 좌직 및 통속되는 바의 관인이 장관을 구타·살상한 것이다.

좌직은 해당 관부의 9품 이상 직사관을 말한다. 통속되는 바의 관인은, 이를테면 성·시·감은 국·서를 관할하고, 주는 현을 관할하고, 진은 수를 관할하며, 위는 모든 절충부를 관할하는데, 관할되는 바의 관부의 관인을 가리킨다. 장관은 상서성 육부의 상서, 시·감의 소경·소감 이상, 국자감의 사업 이상과 소윤, 모든 위의 장군 이상, 천우부의 중랑장 이상, 모든 솔부의 부솔 이상, 모든 절충부의 과의 이상, 왕부의 사마와 모든 주의 별가 이상을 말한다. 여기서 지칭하는 관함은 대개 차관이지만 형법상 지위는 장관과 같다. 따라서 형법상 지위로 말하면 장관은 한 관부에 2인 이상이 있는 셈인데, 혹 장관

1인만 있는 경우도 있다.

2) 처벌

좌직이나 통속되는 바의 관인이 장관을 구타·상해한 때에는 각각 이·졸이 장관을 구타하여 상해한 죄에서 2등을 감한다. 단 감한 죄가 일반인의 투구상죄보다 가벼운 때에는 일반인의 투구상죄에 1등을 더한다.

(a) 골절상 이상일 때

따라서 가령 이·졸이 장관을 구타하여 골절상을 입힌 때에는 교형에 처하므로,

① 좌직 및 통속되는 바의 관인이 5품 이상의 관장에게 같은 죄를 범한 경우 2등을 감하여 도3년에 처한다.

② 만약 6품 이하의 장관을 범한 경우는 3등을 감하여 도1년반에 처해야 한다.

(b) 감한 죄가 일반인의 투구상죄보다 가벼운 때

감한 죄가 일반인의 투구상죄보다 가벼운 때에는 일반인끼리의 구타죄에 1등을 더한다.

① 가령 좌직이 6품 이하의 장관을 구타하여 이 둘을 부러뜨렸다면 이·졸이 장관을 범한 죄인 사형에서 5등을 감하여 도1년반에 처해야 하는데, 일반인끼리 구타하여 이 둘을 부러뜨린 것 역시 도1년반이 된다. 이 경우 투송률 10.2c조의 주에 "더할 것을 계산하여 본죄보다 무거운 때에는 곧 반드시 더해야 한다."고 규정한 원칙에 의거하여 1등을 더하여 도2년에 처한다.

② 또한 좌직 및 통속되는 바의 관인이 5품 이상의 장관을 구타하

였다면 각각 이·졸이 구타한 죄에서 2등을 감한다. 예를 들면 이·졸이 5품 이상의 장관을 구타하여 골절상을 입힌 것은 사형에 해당하고, 좌직이 같은 죄를 범한 것은 2등을 감하여 도3년이 된다. 또한 늑골을 부러뜨린 경우 본래의 죄가 도2년인데(투3.2) 투송률 16조의 "6품 이하의 관이 5품 이상의 관을 구타·상해한 때에는 일반인의 투구상죄에 2등을 더한다."는 규정에 따라서 도3년이 되며, 본조에서 "감한 죄가 본죄보다 가벼운 때에는 일반인의 투구상죄에 1등을 더한다."고 하였으므로 유2000리에 처해야 한다.

(c) 사망한 경우
사망에 이른 때에는 참형에 처한다.

2. 본속부주·자사·현령의 조부모·부모 및 처·자를 구타·상해한 죄

투송률13(314조)
본속부주·자사·현령의 조부모·부모 및 처·자를 구타한 자는 도1년에 처하고, 상해가 무거운 때에는 일반인 투구상죄에 1등을 더한다.

(1) 구성요건
이 죄의 요건은 친사·장내가 자신이 속한 부주(府主)의 조부모·부모 및 처·자를 구타·상해하거나 주·현의 민이 자사·현령의 조부모·부모 및 처·자를 구타·상해한 것이다.

(2) 처벌
① 구타한 때에는 도1년에 처한다.
② 상해한 죄가 일반인을 상해한 죄에 준하여 도1년보다 무거운

때에는 1등을 더한다. 가령 손·발가락 하나를 부러뜨리거나 이 하나를 부러뜨린 경우 일반인의 투구상죄가 도1년에 해당하므로, 여기에 1등을 더하여 도1년반에 처한다. 부주·자사·현령의 조부모·부모가 만약 의귀라면, 의귀를 구타한 죄의 형 도2년(투15.1)에 1등을 더하여 도2년반에 처한다.

3. 이·졸이 좌직을 구타·상해한 죄

투송률11(312조)

2. 만약 이·졸이 좌직을 구타한 때에는 도1년에 처하고, 상해가 무거운 때에는 일반인의 투구상죄에 1등을 더하며, 사망에 이른 때에는 참형에 처한다.

(1) 구성요건

이 죄의 요건은 해당 관부에 속한 이·졸이 좌직을 구타하여 상해한 것이다.

(2) 처벌

① 이·졸이 좌직을 구타하여 상해한 죄는 도1년에 해당한다.

② 상해한 것이 무거운 때에는 일반인의 투구상죄에 1등을 더한다. 가령 고의로 타물로 좌직을 구타하여 상해한 경우 일반인의 투구상죄라면 장90에 해당하는데(투1.2 및 투5.1b) 9품 이상이므로 2등을 더하여 도1년이 되고(투15.3), 좌직이기 때문에 또 1등을 더하여 도1년반에 처하게 된다.

③ 사망에 이른 때에는 참형에 처한다.

Ⅲ. 유외관 이하가 관인을 구타·상해·살해한 죄

투송률15(316조)

1. 유외관 이하가 의귀를 구타한 때에는 도2년에 처하고, 상해한 때에는 도3년에 처하며, 골절상을 입힌 때에는 유2000리에 처한다.
2. (a) 유외관 이하가 5품 이상을 구타·상해한 때에는 의귀를 구타·상해한 죄에서 2등을 감하되, (b) 만약 감한 죄가 일반인의 투구상죄보다 가벼운 때에는 일반인의 투구상죄에 2등을 더한다.
3. 유외관 이하가 9품 이상을 구타·상해한 때에는 일반인의 투구상죄에 2등을 더한다.

1. 의의

유외관 이하가 관인을 범한 경우, 의귀를 범한 죄를 정해 놓고 5품 이상은 여기서 2등을 감하고, 9품 이상은 일반인의 투구상죄에 2등을 더하는 방식으로 죄를 적용한다. 이는 유외관 이하가 일반 관인을 범한 경우에 관한 규정이며, 만약 관직이나 황제의 친속 등 관인 자신이 가진 신분으로 인해 가중할 것은 반드시 누가한다. 또한 천인이 관인을 범한 경우 유외관 이하 서인이 범한 때보다 가중 처벌한다. 다만 본조에 더하여 사형에까지 이를 수 있는 경우에만 비로소 사형에 처할 수 있다(명56.3).

2. 요건 및 처벌

(1) 유외관 이하가 의귀를 범한 경우

유외관 이하는 훈품 이하 서인까지를 말한다. 의귀는 문무직사관

3품 이상, 산관 2품 이상 및 작 1품을 말한다(명7.6의 주).

유외관 이하가 의귀를 구타한 때에는 도2년에 처하고, 상해한 때에는 도3년에 처하며, 골절상을 입힌 때에는 유2000리에 처한다. 팔이나 다리 하나를 부러뜨린 때에는 유2500리에 처하고, 팔이나 다리 두 개를 부러뜨린 때에는 유3000리에 처한다. 단 율에 "더하여 사죄에까지 이를 수 있다."는 조문이 없으므로 그 이상의 상해를 입혔더라도 사형에 처하지는 않는다.

사망에 이른 때에는 일반인에 대한 법에 따른다(투15.3의 소). 일반인의 투구상죄에서 투구살은 교형, 고살은 참형에 해당한다(투5.1).

(2) 유외관 이하가 5품 이상 관을 범한 경우

유외관 이하가 5품 이상 관을 구타·상해한 때에는 의귀를 구타·상해한 죄에서 2등을 감한다. 따라서 구타한 때에는 도1년에 처하고, 상해한 때에는 도2년에 처하며, 골절상을 입힌 때에는 도2년반에 처한다.

단 죄를 감해서 일반인의 투구상죄보다 가벼운 경우에는 일반인의 투구상죄에 2등을 더한다. 가령 유외관 이하가 5품 이상 관을 구타하여 팔이나 다리 하나를 부러뜨린 경우 의귀를 구타한 죄 유2500리에서 2등을 감하면 도2년반이 되는데, 곧 감한 죄가 일반인의 투구상죄인 도3년보다 가벼우므로 2등을 더하여 유2500리에 처한다.

구타하여 사망에 이른 때에는 일반인에 대한 법에 따른다.

(3) 유외관 이하가 6품 이하 9품 이상 관을 범한 경우

유외관 이하가 6품 이하 9품 이상 관을 구타·상해한 때에는 일반인을 구타·상해한 죄에 2등을 더한다. 따라서 유외관 이하가 9품 이상 6품 이하의 관인을 구타한 때에는 장60에 처하고, 상해한 때에는 장80에 처하며, 타물로 구타한 때에는 장80에 처하고, 상해한 때에는 장100에 처한다. 구타하여 사망에 이른 때에는 일반인에 대한 법에 따른다.

IV. 관인이 관인을 구타·상해한 죄

1. 유내 비관이 고관을 구타·상해한 죄

투송률16(317조)
1. (a) 유내 9품 이상 관이 의귀를 구타한 때에는 도1년에 처하고,
   (b) 상해가 무거운 때에는 일반인의 투구상죄에 2등을 더한다.
2. 유내 9품 이상 관이 5품 이상 관을 구타·상해한 때에는 일반인의 투구상죄에 2등을 더한다.
3. 만약 5품 이상 관이 의귀를 구타·상해한 때에는 일반인의 투구상죄에 2등을 더한다.

(1) 유내 9품 이상 6품 이하 관이 의귀를 범한 경우

구타한 때에는 도1년에 처하고, 구타하여 중상을 입힌 때에는 일반인을 구타하여 상해한 죄에 2등을 더한다. 여기서 중상은 타물로 일반인을 구타하여 내상으로 토혈하게 한 것을 말하고, 그 죄가 장100에 해당하므로(투1.4), 의귀를 구타하여 중상을 입힌 때에는 2등을 더하여 도1년반에 처한다.

(2) 유내 9품 이상 6품 이하 관이 의귀가 아닌 5품 이상을 구타·상해한 경우

일반인을 구타·상해한 죄에 2등을 더한다. 따라서 구타한 때에는 장60에 처하고, 중상을 입힌 때에는 도1년반에 처한다.

(3) 5품 이상으로 의귀가 아닌 관이 의귀를 구타·상해한 경우

역시 일반인을 구타·상해한 죄에 2등을 더한다.

2. 감림관이 통속하는 바의 관인을 구타한 죄

투송률17(318조)

1. 감림관사가 통속하는 바의 관인 및 관할 구역 내의 고관을 구타한 때에는 일반인의 투구상죄와 같은 죄로 처벌한다.

감림관과 통섭하는 바의 속관 및 관할 구역 내의 관인 가운데 감림관보다 품계가 높은 관인이 서로 구타한 경우 모두 일반인이 서로 구타한 경우와 같이 처벌한다. 감림관은 관할 구역을 통섭하는 모든 관부의 장관이나 모든 관청에서 그 사안을 판정하는 판관을 가리키며(명54.1), 속관이나 관할 구역 내의 관인은 품계를 고려하지 않는다. 가령 주의 참군사가 5품 이상의 훈관을 가진 주 내의 현령을 구타한 경우, 현령은 주 내에 통속되는 관이므로 설령 관품이 높더라도 위의 규정에 준하여 각각 일반인을 구타한 법과 같이 처벌한다. 절충부 및 진·수는 군사 계통의 관부이지만 주에 속한 경우에는 역시 통속하는 범위 내에 포함되는 것으로 간주한다.

3. 관품이 같은 사람이 서로 구타한 죄

투송률17(318조)

2. 관품이 같은 사람이 서로 구타한 때에는 일반인의 투구상죄와 같은 죄로 처벌한다.

6품 이하 9품 이상, 5품 이상으로 의귀가 아닌 관, 의귀는 모두 관품이 같은 것으로 간주한다. 의귀는 직사관 3품 이상, 산관 2품 이상, 작 1품 이상을 말하며, 훈관은 의귀에 포함되지 않는다. 이 같은 범주의 사람끼리 서로 구타한 경우 모두 일반인이 서로 구타한 경우와 같이 처벌한다. 가령 훈관 종5품상 기도위가 정2품 상주국을 구타한 경우, 상주국은 비록 2품이지만 원래 의귀가 아니므로 일반인을 구타한 죄를 준다.

제7절 양인·천인 및 주인·가천인 사이의 살상죄

I. 양인·천인 및 천인 사이의 살상죄

투송률19(320조)

1. (a) 부곡이 양인을 구타·상해한 때에는 일반인 사이에 범한 죄에 1등을 더하고, 〈관호는 부곡과 같다. 더하는 경우 더하여 사죄에 이른다.〉 (b) 노비가 범한 때에는 또 1등을 더한다. (c) 만약 노비가 양인을 구타하여 지체를 부러뜨리거나 어긋나게 한 때 및 한 쪽 눈을 실명하게 한 때에는 교형에 처하고, (d) 사망에 이른

때에는 각각 참형에 처한다.

2. (a) 그러나 양인이 타인의 부곡을 구타·상해·살해한 때에는 일반인을 범한 죄에서 1등을 감하고, (b) 노비를 범한 때에는 또 1등을 감하며, (c) 만약 부곡을 고의로 살해한 때에는 교형에 처하고, 노비를 고의로 살해한 때에는 유3000리에 처한다.

3. 만약 부곡과 노비가 서로 구타·상해·살해한 때에는 각각 부곡이 양인과 서로 구타·상해·살해한 경우의 법에 의거한다. 〈다른 조항에서 양인·부곡·노비가 사사로이 서로 범하였는데, 본조에 해당하는 조문이 없을 경우에는 모두 이에 준한다.〉

4. 서로 재물을 침해한 때에는 이 율을 적용하지 않는다.

1. 천인이 양인을 구타·상해·살해한 죄

(1) 부곡이 양인을 구타·상해·살해한 죄

1) 구성요건

이 죄의 요건은 부곡이 주인이나 주인의 친속이 아닌 일반 양인을 구타·상해·살해한 것이다. 부곡은 상급 천인이다. 부곡이라 한 경우는 부곡의 처 및 객녀도 같다(명47.1의 주). 즉 부곡의 처라면 양인이든 객녀든 구분하지 않고 모두 부곡과 같다. 관호도 부곡과 같다. 관호는 사농시에 예속되며, 주·현에 호적이 없다(명47.1의 소).

2) 처벌

부곡이 양인을 구타·상해한 때에는 일반인 사이의 구타·상해죄에 1등을 더하며, 더하여 사형에 이를 수 있다. 즉 부곡이 양인을 구타하여 손상한 것이 두 가지 이상이거나, 기존의 장애에 더하여 독질에 이르게 하거나, 혀를 자르거나 생식기능을 훼손시킨 경우, 일반인 사이의 범행이라면 유3000리에 해당하는데(투4.2) 부곡이 범한 것이므로 여기에 1등을 더하여 사형에 처한다. 이는 더하는 것은 사죄에 이르지 않는다(명56.3)는 율의 통칙을 따르지 않는 예이다. 구타 상해하여 사망에 이른 때에는 참형에 처한다.

(2) 노비가 양인을 구타·상해·살해한 죄

1) 구성요건
이 죄의 요건은 노비가 주인이나 주인의 친속이 아닌 일반 양인을 구타·상해·살해한 것이다. 노비는 관·사노비를 구분하지 않는다.

2) 처벌
노비가 양인을 구타·상해한 때에는 일반인 사이의 구타·상해죄에 2등을 더한다. 단 노비가 양인을 구타하여 지체를 부러뜨리거나 어긋나게 한 경우 및 한 쪽 눈을 실명하게 한 때에는 교형에 처한다. 이는 일반인 사이에 범한 경우 도3년에 해당한다(투3.1). 따라서 만약 노비가 양인을 구타하여 상해한 것이 양인 사이의 죄에 준하여 유형에 해당할 때에는 모두 교형에 처한다. 구타하여 사망에 이르게 한 때에는 참형에 처한다.

2. 양인이 천인을 구타·상해·살해한 죄

(1) 양인이 타인의 부곡을 구타·상해·살해한 죄
양인이 타인의 부곡을 구타하여 상해하거나 살해한 때에는 일반인을 상해·살해한 죄에서 1등을 감한다. 예를 들면 구타하여 살해한 때에는 교형(투5.1)에서 1등 감하여 유3000리에 처하고, 팔다리 하나를 부러뜨린 때에는 도3년(투4.1)에서 1등 감하여 도2년반에 처하는 것 따위이다. 그러나 싸움으로 인한 것이 아니라 고의로 타인의 부곡을 살해한 때에는 교형에 처하며, 이 경우 일반인 살상죄에서 1등을 감한다는 원칙이 적용되지 않는다. 모의해서 살해한 때에도 역시 교형에 처한다.

(2) 양인이 타인의 노비를 구타·상해·살해한 죄

양인이 타인의 노비를 구타하여 상해·살해한 때에는 일반인을 구타하여 상해·살해한 죄에서 2등을 감한다. 예를 들면 구타하여 살해한 때에는 일반인의 투구살죄 교형에서 2등을 감하여 도3년에 처하고, 팔다리 하나를 부러뜨린 때에는 일반인의 투구상죄 도3년에서 2등을 감하여 도2년에 처한다. 단 고의로 살해한 때에는 동직에 따르지 않고 유3000리에 처한다.

3. 부곡과 노비가 서로 구타·상해·살해한 죄

(1) 개설

부곡과 노비가 서로 구타·상해·살해한 경우에는 부곡과 양인과 서로 구타하여 상처를 입히거나 살해한 경우의 법에 따른다. 다시 말하면 부곡이 노비를 범한 때에는 일반인의 투구상죄에서 1등을 감하고 노비가 부곡을 범한 때에는 일반인의 투구상죄에 1등을 더한다.

(2) 부곡이 노비를 구타·상해·살해한 죄

부곡이 노비와 싸우다가 구타하여 살해한 때에는 유3000리에 처하고, 팔다리 하나를 부러뜨린 때에는 도2년반에 처하며, 이 하나를 부러뜨린 때에는 장100에 처한다. 단 부곡이 노비를 고의로 살해한 때에는 양인이 부곡을 범한 때와 마찬가지로 교형에 처한다.

(3) 노비가 부곡을 구타·상해·살해한 죄

노비가 부곡을 구타하여 훼손한 것이 두 가지 이상이거나 기존의 장애에 더하여 독질이 되게 하거나 혀를 잘랐거나 생식기능을 훼손한 때에는 교형에 처한다. 팔다리 하나를 부러뜨린 때에는 유2000리에 처하고, 이 하나를 부러뜨린 때에는 도1년반에 처한다. 이상은 모두 위의 부곡이 양인을 범한 경우와 같다. 따라서 구타하여 살해한 경우도 형이 같다고 해석된다.

4. 통례

양인·부곡·노비가 서로 구타·상해·살해한 경우의 처벌은 3급으로 나누어 1등씩 체감한다. 만약 다른 조항에서 양인·부곡·노비가 사사로이 서로 범한 것에 대한 명확한 규정이 없는 경우 모두 이에 준한다. 즉 사람을 살해하려고 모의하거나(적9), 땅을 파다가 시체가 나왔는데 다시 묻지 않은 경우(적20)와 같이 양인·부곡·노비가 서로 범한 것에 대해 언급이 없는 경우 모두 이 조항의 가감하는 법에 따른다.

II. 주인과 천인 사이의 살상죄

1. 주인이 자신의 노비를 살해한 죄

투송률20(321조)

1. 노비에게 죄가 있는데 그 주인이 관사에 요청하지 않고 살해한

때에는 장100에 처하고,

2. 죄가 없는데도 살해한 때에는 도1년에 처한다. 〈기친 및 외조부모
   가 살해한 때에는 주인과 같다. 아래 조항의 부곡도 이에 준한다.〉

(1) 구성요건

노비는 축산과 같은 소유물(적1의 소)이므로 주인에게 그 처분권
이 있다. 따라서 노비는 재물과 같이 매매·상속·양도할 수도 있다.
단 노비도 인간이어서 축산과 같이 함부로 도살할 수는 없기 때문에
주인이 노비를 가해한 경우 처벌하기도 하지만, 오직 살해한 때에만
죄를 물을 뿐이다. 이 죄는 이처럼 특별하기 때문에 죄의 주체와 객
체, 구성요건에 대해 살펴보아야 한다.

1) 주체

이 죄의 주체는 주인과 주인의 기친 및 외조부모를 포함한다. 주
인은 호적을 같이 하는 양인 이상으로 가산을 분배받을 몫이 있는
자는 모두 주인이다(적7의 소). 대개 기친 및 외조부모는 특별한 친
속이므로 주인으로 간주된다.

2) 객체

이 죄의 객체는 주인이 소유한 노비이다.

3) 행위

관사에 요청하지 않고 스스로 함부로 살해한 것을 구성요건으로
삼는데, 단 노비에게 죄가 있는지 없는지를 구분할 뿐이다. 죄가 없
다는 것은 죄나 과실이 전혀 없다는 것이다.

(2) 처벌

노비에게 죄가 있는데 관사에 요청하지 않고 살해한 주인은 장100에 처한다. 노비에게 죄가 없는데도 주인이 고의로 살해한 때에는 도1년에 처한다. 따라서 노비에게 죄가 있거나 과실로 살해한 경우 죄를 묻지 않으며, 상해한 경우 역시 죄가 없다.

2. 주인이 부곡을 살해한 죄

투송률21(322조)
1. (a) 주인이 부곡을 구타하여 사망에 이른 때에는 도1년에 처하고, (b) 고의로 살해한 때에는 1등을 더한다.
2. 단 부곡이 과오를 범하여 처벌하다가 사망에 이른 때 및 과실로 살해한 때에는 각각 논하지 않는다.

(1) 구성요건

1) 행위

이 죄는 부곡에게 과오가 없는데 주인이 살해한 것을 구성요건으로 한다. 즉 부곡이 과실이나 죄를 범하여 처벌하다가 사망에 이른 경우 및 과실로 상해한 경우에는 각각 논하지 않는다.

2) 주체

이 죄의 주체인 주인은 노비를 살해한 주체와 마찬가지로 기친 및 외조부모를 포함한다(투20의 주).

3) 객체

주인이 소유한 부곡과 부곡처 및 객녀이다. 객녀는 부곡의 딸이다.

(2) 처벌

구타하여 살해했다면 도1년에 처한다. 고의로 살해했다면 1등을 더한다. 고의로 살해했다는 것은 본심에서 고의로 살해한 것이다.

3. 첩과 부곡·노비가 서로 구타·상해·살해한 죄

(1) 개설

첩과 남편 집의 부곡·노비가 서로 구타·상해·살해한 경우에 대해서는 율문이 없고 문답(투21의 문답)으로 해석한 것만 있다. 이 경우도 당연히 죄에 경중이 있는데, 단 자식이 없는 첩과 자식이 있는 첩을 구분하여 논한다. 또한 주인의 총애를 입어 자식이 있는 객녀 및 비에 대한 언급이 있다.

(2) 첩과 남편 집의 부곡·노비가 서로 범한 경우

첩과 남편 집의 부곡과 서로 구타·상해한 때에는 첩과 남편의 다른 첩의 자식이 서로 범한 경우(투31.3)에 견주어서 처벌한다. 따라서 첩이 남편 집의 부곡을 구타·상해한 때에는 다른 첩의 자식을 구타·상해한 경우와 같이 일반인을 구타한 죄에서 2등을 감하고, 부곡이 첩을 구타·상해한 때에는 첩의 자식이 아버지의 다른 첩을 구타·상해한 경우와 같이 일반인을 구타·상해한 죄에 3등을 더한다. 단 사망에 이르게 한 때에는 각각 일반인에게 적용하는 규정에 따른다. 또한 만약 첩이 남편 집의 노비를 구타·상해한 때에는 부곡을 범한 죄에서 1등을 감하고, 노비가 주인의 첩을 구타·상해한 때에는 부곡이 범한 죄에 1등을 더한다.

(3) 자식이 있는 첩이 부곡·노비와 범한 경우

자식이 있는 첩의 경우 그 자식이 가주(家主)가 된 때에는 주인의 예에 따른다. 이는 원래 어머니의 법적 지위는 자식 아래로 내려가지 않기 때문이다. 그러나 자식이 집의 가주가 되지 않은 때에는 주인의 기친과 같다.

(4) 자식을 낳은 객녀·비와 부곡·노비가 서로 범한 경우

객녀나 비는 비록 주인의 자식을 낳았더라도 여전히 천인이므로, 이들이 부곡·노비와 서로 범한 경우 별도로 죄를 더하지 않고 다 같이 일반인으로 논한다.

4. 부곡·노비가 주인을 범한 죄

투송률22(323조)

1. (a) 부곡·노비가 과실로 주인을 살해한 때에는 교형에 처하고, (b) 과실로 상해하거나 욕한 때에는 유형에 처한다.
2. (a) 만약 부곡·노비가 주인의 기친 및 외조부모를 구타한 때에는 교형에 처하고, (b) 상해한 때에는 모두 참형에 처하며, (c) 욕한 때에는 도2년에 처하고, (d) 과실로 살해한 때에는 구타한 죄에서 2등을 감하며, 상해한 때에는 또 1등을 감한다.

(1) 의의

사천인은 주인의 재물로 축산과 같으므로, 사천인이 주인을 범한 행위는 설령 과실이라도 중형에 처한다. 즉 사천인이 주인을 과실로 살해한 죄는 교형에 해당하는데, 이는 자·손이 조부모·부모를 과실로 살해한 경우의 유3000리(투28.1)보다 현저하게 무거운 것이다. 사천인이 주인을 범한 때는 부곡과 노비를 구분하지 않는데, 주인이 사천인을 범한 경우 부곡과 노비를 구분하여 차등을 두는 점과 차이가 있다. 또한 사천인이 죄의 주체가 될 때는 기친 및 외조부모를 범한 죄가 주인을 범한 것보다 가볍지만, 사천인이 객체가 될 때는 주인과 기친 및 외조부모는 구별하지 않는다.

(2) 부곡·노비가 주인을 범한 죄

사천인이 주인을 과실로 살해한 때에는 교형에 처한다. 부곡·노비는 종복이므로 주인을 섬기는데 반드시 삼가고 공경하는 마음을 가져야 한다. 그러므로 비록 과실로 살해했더라도 교형에 처하는 것이다. 과실로 상해하거나 욕한 때에는 각각 유형에 처한다. 사천인이 범한 유죄는 거리를 말하지 않은데, 이는 천인의 범한 유죄는 거리에 관계없이 모두 장200으로 형을 대체하기 때문이다(명47.2). 욕은 대상자가 직접 들어야 욕한 죄가 성립한다(투11.2의 주).

사천인이 주인을 구타한 죄는, 율문에 명확한 언급이 없지만 유추해서 참형에 처할 수 있다. 왜냐하면 사천인이 주인을 과실로 살해한 경우 자·손이 조부모·부모를 범한 경우보다 무겁게 처벌하는데, 자·손이 조부모·부모를 구타한 죄는 참형에 해당하기 때문이다.

(3) 부곡·노비가 주인의 기친 및 외조부모를 범한 죄

부곡·노비가 주인의 기친 및 외조부모를 구타한 때에는 교형에 처한다. 구타하여 상해한 때에는 모두 참형에 처하며, 수범·종범을 구분하지 않는다. 욕한 때에는 도2년에 처한다. 단 대상자가 직접 들어야 욕한 죄가 성립한다(투11.2의 주). 과실로 살해한 죄는 구타한 죄에서 2등을 감하여 도3년에 해당하지만 장200으로 대체해서 집행하며, 과실로 상해한 죄는 또 1등을 감하여 도2년반에 해당하는데, 장180으로 대체한다.

5. 천인과 옛 주인 사이의 살상죄

투송률36(337조)

1. (a) 부곡·노비가 옛 주인에게 욕한 때에는 도2년에 처하고, (b) 구타한 때에는 유2000리에 처하며, (c) 상해한 때에는 교형에 처하고, (d) 살해한 때에는 모두 참형에 처한다. (e) 과실로 살상한 때에는 일반인 과실살상에 의거하여 논한다.
2. (a) 만약 옛 주인이 옛 부곡·노비를 구타하여 골절상 이상을 입혔다면, 부곡에게 가해한 때에는 일반인을 범한 죄에서 2등을 감하고, 노비에게 가해한 때에는 또 2등을 감한다. (b) 과실로 살해한 때에는 각각 논하지 않는다.

(1) 부곡·노비가 옛 주인에게 욕하거나 구타·상해·살해한 죄

1) 요건

옛 주인은 부곡·노비를 방면해 준 원래의 주인이다(적8.2). 옛 주인은 가장 및 분배받을 재산의 몫이 있는 동거친속을 가리키며, 주인과 별도로 거주하는 친속은 포함되지 않는다. 이 경우 노비·부곡은 주인에 의해 방면되었으므로 그 은혜를 고려하여 구타하거나 욕한 경우 죄를 더하는 것이다. 옛 주인에 포함되지 않는 주인의 친속과 서로 범한 경우는 모두 일반인의 법에 의거한다.

2) 행위와 처벌

부곡·노비가 옛 주인에게 욕한 때에는 도2년에 처하고, 구타한 때에는 유2000리에 처하며, 상해한 때에는 교형에 처하고, 살해한 때에는 모두 참형에 처한다. 과실로 살해하거나 상해한 때에는 일반인법에 의거하여 논하며, 속동은 피해자의 집에 준다.

(2) 옛 주인이 옛 부곡·노비를 상해·살해한 죄

옛 주인이 옛 부곡을 구타하여 상해한 경우 골절상 이상부터 죄를 주되, 부곡은 일반인을 범한 죄에서 2등을 감하고, 노비는 또 2등을 감한다. 가령 옛 주인이 옛 부곡의 이를 부러뜨린 경우 일반인을 범한 죄가 도1년에 해당하므로(투2.1) 여기서 2등을 감하여 장90에 처하며, 옛 노비에게 가해한 때에는 또 2등을 감하여 장70에 처한다. 옛 주인이 옛 부곡·노비를 과실로 살해한 때에는 각각 논하지 않는다.

단 옛 주인이 옛 부곡·노비의 재물을 침범한 때에는 죄를 감하지 않으며, 옛 주인이 강도하다가 옛 부곡·노비를 살상한 때에도 감하지 않는다. 침신범은 인격에 대한 침해이기 때문에 죄를 감하지만, 재물은 인격과 무관하기 때문에 침재범은 감하지 않는 것이다.

III. 천인과 주인의 친속 사이의 살상죄

1. 개설

천인은 주인뿐만 아니라 그 친속에 대해서도 형법상 지위가 현저하게 낮다. 친속이 천인을 범한 경우 골절상 이상부터 죄를 주지만,

거꾸로 천인이 친속을 범한 경우는 구타한 것부터 무겁게 처벌한다. 친속이 천인에게 가해한 경우 시마·소공친을 합해서 한 등급으로 하고, 대공친을 또 한 등급으로 간주한다. 거꾸로 천인이 친속을 범한 경우는 시마친을 구타한 것을 기본으로 하고, 소공·대공친은 1등씩 더한다. 기친은 주인과 같으므로(투20.2의 주) 여기의 친속에는 포함되지 않는다.

2. 시마·소공·대공친의 부곡·노비를 살상한 죄

투송률23(324조)
1. (a) 시마·소공친의 부곡·노비를 구타하여 골절상 이상을 입힌 경우 각각 일반인의 부곡·노비를 살상한 죄에서 2등을 감하고, (b) 대공친은 또 1등을 감한다.
2. 과실로 살해한 때에는 각각 논하지 않는다.

(1) 시마·소공친의 부곡·노비를 상해한 경우

시마·소공친의 부곡·노비를 구타하여 상해한 경우 골절상 이상부터 죄를 주며, 각각 일반인의 부곡·노비를 상해한 죄에서 2등을 감한다. 즉 일반인의 부곡을 구타하여 골절상을 입힌 경우 양인을 범한 죄 도1년에서 1등을 감하여 장100이 되므로(투19.2), 여기서 다시 2등을 감하면 장80이 된다. 또 구타하여 늑골을 부러뜨린 경우 양인을 범한 경우의 도2년(투3.2)에서 3등을 감하면 장100이 된다. 노비에게 가해한 경우 부곡에게 가해한 죄에서 또 1등을 감하므로, 시마·소공친의 노비를 구타하여 골절상을 입힌 죄는 도년에서 4등을 감하여 장70에 해당한다.

(2) 대공친의 부곡·노비를 상해한 경우

대공친의 부곡·노비를 구타하여 상해한 경우 역시 골절상 이상부터 죄를 주되 시마·소공친의 부곡·노비를 범한 죄에서 또 1등을 감한다. 즉 대공친의 부곡을 구타하여 골절상을 입힌 때에는 일반인을 범한 죄에서 모두 총 4등을 감하여 장70에 처하고, 대공친의 노비를 구타하여 골절상을 입힌 때에는 또 1등을 감하여 장60에 처한다. 골절상 이상을 입힌 경우도 이 같은 예에 따라 처단한다.

(3) 과실로 살상한 경우

시마친 이상의 부곡·노비를 과실로 살상한 경우 각각 죄를 논하지 않는다.

3. 부곡·노비가 주인의 시마친 이상을 구타·상해·살해한 죄

투송률22(323조)

3. (a) 부곡·노비가 주인의 시마친을 구타한 때에는 도1년에 처하고, 상해한 죄가 이보다 무거운 때에는 각각 일반인을 범한 죄에 1등을 더한다. (b) 소공·대공친을 범한 때에는 차례로 1등씩 더하고, 〈더하는 것은 더하여 사형에 이른다.〉 (c) 사망에 이르렀다면 모두 참형에 처한다.

(1) 부곡·노비가 주인의 시마친을 구타·상해·살해한 경우

부곡·노비가 주인의 시마친을 구타한 때에는 도1년에 처한다. 상해한 죄가 이보다 무거운 때에는 각각 일반인을 범한 죄에 1등을 더한다. 상해한 죄가 이보다 무겁다는 것은 일반인을 범한 죄에 1등을 더한 죄가 도1년보다 무거운 경우를 말한다. 가령 부곡이 타물로 주인의 시마친을 구타하여 내상을 입혀서 피를 토하게 하였다면, 일반인의 투구상죄인 장100(투1.4) 1등을 더하여(투19.1) 도1년이 되는데, 주인의 시마친을 범한 죄는 또 1등을 더하므로 도1년반에 처한다. 만약 노비가 고의로 주인의 시마친을 타물로 구타하여 상해하였다면, 일반인의 투구상죄로 장90에 해당하므로(투1.3) 2등을 더하여(투19.1) 도1년이 되는데, 또 1등을 더하므로 도1년반에 처해야 한다.

(2) 부곡·노비가 주인의 소공·대공친을 범한 경우

소공·대공친을 범한 때에는 차례로 1등씩 더한다. 가령 노비가 타물로 소공친을 구타하여 상해한 때에는 시마친을 범한 죄 도1년반에 1등을 더하여 도2년에 처하고, 대공친을 범한 때에는 2등을 더하여 도2년반에 처한다.

(3) 주인의 친속을 범한 천인의 처벌에 대한 특례

1) 가중처벌의 특례

천인이 주인의 시마·소공·대공친을 범한 경우 일반인을 범한 죄에 더해서 처벌하는데, 더하는 경우 사형에 이를 수 있다. 가령 부곡이 주인의 대공친을 구타하여 팔다리를 부러뜨린 경우, 일반인 사이의 범죄라면 도3년에 해당하는데(투4.1) 부곡이 범한 것이므로 1등을 더하여 유2000리가 되며, 주인의 대공친은 여기에 3등을 더하여 교형에 처한다. 부곡·노비가 시마·소공친을 범한 경우 각각 해당하는 죄에 따라서 더하여 사죄에 이른 경우는 교형에 처한다.

2) 수범·종범

부곡·노비가 주인의 시마친·소공친·대공친을 범하여 사망에 이른 때에는 모두 참형에 처하며, 수범·종범의 구분이 없다.

3) 과실살상

부곡·노비가 주인의 시마·소공·대공친을 과실로 살상한 경우에 대해서는 율문이 없으므로 당연히 일반인을 범한 것과 같이 속으로 논한다고 해석해야 한다.

제2장
자유에 대한 죄

　현행『형법각론』에서는 자유에 대한 죄로 협박의 죄, 체포와 감금
의 죄, 약취와 유인의 죄, 강요의 죄, 강간과 추행의 죄를 논하고 있
다. 당률에는 약취와 유인의 죄와 강요의 죄에 대한 조문은 있으나
협박의 죄와 체포와 감금의 죄에 상당하는 조문이 없다. 또한 추행
의 죄에 대한 조문은 없고 강간의 죄에 대한 조문은 있다(잡22.5a).
단『당률각론』에서는 강간을 간죄에 포함시켜 논해야 한다. 왜냐하
면 모든 정형의 간죄에서 강제한 경우는 단지 1등을 가중할 뿐이기
때문이다(잡22.5a의 소).

제1절 약취와 유인의 죄

I. 개설

약취와 유인의 죄는 사람을 약취 또는 유인하여 자기 또는 제3자의 지배하에 둠으로써 개인의 자유를 침해하는 죄로, 현대 형법에서도 하나의 장(31장)으로 설정하고 11개 조항(제287~296조)을 두고 있을 만큼 중요하게 취급하고 있다. 당률에도 이와 관련된 죄를 규정한 조항이 적지 않은데(적45~49), 유인의 죄와 유사하지만 성격이 다른 합의매매의 죄(적45.3)도 있어 양상이 복잡하다. 합의매매는 서로 합의하여 자신의 몸을 파는 행위로, 현대 형법에는 없는 죄이다.

당률의 약취·유인·합의매매의 죄는 객체에 따라서 양인·부곡·노비·친속으로 구분하여, 양인을 표준으로 하고(적45.1~3) 부곡은 양인에서 1등을 감하며(적45.4), 노비는 재물과 동일시하여(적46) 강도·절도로 논한다. 또한 행위의 목적에 따라서 노비로 삼은 경우와 부곡으로 삼은 경우 및 처·첩·자손으로 삼은 경우로 나누어 죄에 차등을 두는데, 노비로 삼은 죄가 가장 무겁고, 부곡으로 삼은 죄가 다음으로 무거우며, 처·첩·자손으로 삼은 죄는 비교적 가볍다.

II. 양인·부곡을 약취·유인·합의매매한 죄

적도율45(292조)

1. 사람을 약취하거나 약매(略賣)하여 〈합의하지 않았다면 약(略)이 된다. 10세 이하는 비록 합의했더라도 역시 약취와 처벌이 같

다.〉 노비로 삼은 자는 교형에 처하고, 부곡으로 삼은 자는 유 3000리에 처하며, 처·첩·자손으로 삼은 자는 도3년에 처한다. 〈그로 인해 사람을 살상한 때에는 강도와 처벌이 같다.〉

2. 유인[和誘]한 경우는 각각 1등을 감한다.

3. (a) 만약 합의하여 노비로 판 자는 모두 유2000리에 처하고, (b) 팔려다가 팔지 못한 때에는 1등을 감한다. 〈다음 조항은 이에 준한다.〉

4. 만약 타인의 부곡을 약취·유인 및 합의매매한 자는 각각 양인에 대한 죄에서 1등을 감한다.

1. 사람을 약취·유인·합의매매한 죄

(1) 사람을 약취·약매한 죄

1) 사람을 약취·약매한 죄

(a) 구성요건

이 죄의 요건은 사람을 약취하거나 약매한 것이다. 여기서 사람은 양인을 가리킨다. 약취는 책략을 써서 사람을 강제로 취하는 것을 말한다. 약매는 사람을 약취해서 파는 것을 말한다. 10세 이하는 아직 견식이 적어 쉽게 속아 넘어가므로, 비록 합의해서 취하거나 팔았더라도 역시 약취·약매와 같이 처벌한다.

(b) 처벌

양인을 약취·약매한 동기와 목적에 따라 형이 다르다.

① 양인을 약취해서 노비로 삼거나 노비로 판 자는 교형에 처한다.

② 양인을 약취해서 부곡으로 삼은 것에 대해 믿을 만한 증거가

있거나 신문해서 실제로 노비로 삼지 않은 것이 확실한 때에는 유 3000리에 처한다.

③ 처·첩·자손으로 삼은 자는 도3년에 처하며, 동생·조카로 삼은 자도 역시 같다.

(c) 주의사항

① 감림·주수가 관할하는 구역 내에서 양인·부곡을 약취한 때에는 죄가 성립한 경우 제명하고, 죄가 성립했는데 은사령이 내린 경우 면소거관하며(명18.2 및 문답), 은강령이 내린 때에는 면관한다 (명18.2의 주).

② 감림·주수하는 구역 내에서 약취의 죄를 범한 자는 청장·감장의 특전을 받을 수 없다(명9.2, 10의 소).

2) 약취·약매로 인한 살상의 죄

(a) 구성요건

이 죄는 사람을 약취하거나 약취해서 파는 과정에서 약취 당하는 사람이 저항하여 살상한 것을 요건으로 하지만, 주변의 사람을 살상한 경우도 포함한다.

(b) 처벌

약취·약매하다가 사람을 살상한 자는 강도와 같은 법으로 처벌한다.

3) 약취 미수의 죄

약취 미수란 약취하려 했으나 사람을 취하지 못했고, 그 과정에서 상해도 없는 것이다. 이에 대해서는 본조에 해당하는 조문이 없다.

단 소에서 강도하다가 재물을 획득하지 못한 죄(적35.1)를 유추해서 적용한다고 해석하면서, 율에 비록 해당 조문이 없더라도 해석하는 관사는 반드시 죄상을 철저히 조사해서 해악의 경중을 헤아려 유사한 법으로 처단해야 한다는 점을 강조하고, 약취 미수에 대해서 다음과 같은 처단의 방법을 제시하였다.

① 양인을 약취해서 노비로 삼으려 했지만 성공하지 못하고 사람을 상해하지도 않았다면 강도하였으나 재물을 얻지 못한 것(적34.1)과 같이 도2년에 처한다.

② 부곡으로 삼으려고 했지만 성공하지 못하고 사람을 상해하지도 않았다면 도1년반에 처한다.

③ 처·첩·자손으로 삼으려고 했지만 성공하지 못하고 사람을 상해하지도 않았다면 도1년에 처한다.

(2) 양인을 유인한 죄

1) 구성요건
이 죄의 요건은 서로 합의하여 양인을 유인해서 노비 또는 부곡 또는 처·첩·자손으로 삼은 것이다.

2) 처벌
양인을 약취한 죄에서 1등을 감한다. 따라서 양인을 유인하여 노비로 삼은 자는 유3000리에 처하고, 부곡으로 삼은 자는 도3년에 처하며, 처·첩 및 자·손으로 삼은 자는 도2년반에 처한다. 유인하였으나 성공하지 못한 것은 율에 조문이 없으나 마땅히 성공하지 못한 약취죄에서 1등을 감한다고 해석된다.

(3) 양인을 합의매매한 죄

1) 구성요건
이 죄의 요건은 판 쪽과 팔린 쪽이 합의해서 양인을 타인의 노비 또는 부곡, 또는 처·첩·자손으로 판 것이다. 판 사람과 팔린 사람은 죄에 수범·종범의 구분이 없다. 단 여러 사람이 함께 타인을 팔았다면 당연히 수범·종범을 구분하는 법에 따른다(명42.2). 이는 팔린 사람의 동의를 거쳐 판 사람이 그 사람을 팔아넘긴 것이므로 이는 필요적 공범이다. 이 때 산 사람은 적도율 48.1조의 "합의해서 판 것을 알면서 산 자는 판 자의 죄에서 1등을 감한다."는 규정에 의거해서 죄를 과한다.

2) 처벌
합의해서 양인을 팔아서 노비로 삼은 경우 판 자와 팔린 자 모두 유2000리에 처한다. 다만 위의 예에 준하여 부곡으로 삼은 경우 1등을 감하고, 처·첩 혹은 자손으로 삼은 경우 2등을 감한다.

3) 합의매매 미수의 죄
팔려고 하였지만 아직 팔지 못한 때에는 각각 1등을 감한다. 팔지 못했다는 것은, 매매는 성립했으나 사람을 넘겨주지 않은 것이다.

2. 타인의 부곡을 약취·유인·합의매매한 죄

(1) 타인의 부곡을 약취한 죄
역시 타인의 부곡을 약취한 죄는 양인을 약취한 죄에서 1등을 감한다. 따라서 부곡을 약취하여 노비로 삼은 자는 유3000리, 부곡으로 삼은 자는 도3년, 처·첩·자손으로 삼은 자는 도2년반에 처한다.

(2) 타인의 부곡을 유인한 죄

1) 타인의 부곡을 유인한 죄
타인의 부곡을 유인한 죄는 약취한 죄에서 각각 1등을 감한다. 따라서 부곡을 유인하여 노비로 삼은 자는 도3년, 부곡으로 삼은 자는 도2년반, 처·첩·자손으로 삼은 자는 도2년에 처한다.

2) 타인에게 유인된 부곡의 죄
이에 관한 율문은 없고 본조의 문답에 해석이 있다.

(a) 구성요건
부곡·객녀가 타인에게 유인되어 그의 처·첩·자손이 되고자 주인을 배반하고 떠난 것이 이 죄의 요건이다.

(b) 처벌
유인한 자를 수범으로 하고 유인된 자를 종범으로 하여, 유인한 자는 도2년에 처하고, 유인된 자는 유인한 자의 죄에서 1등을 감하므로(명42.1) 부곡이 타인에게 유인되어 그의 처·첩·자손이 된 자는 도1년반에 처한다.

(3) 타인의 부곡을 합의매매한 죄
타인의 부곡과 서로 합의하여 또 다른 타인에게 판 죄는 양인을 합의매매한 죄에서 1등을 감한다. 따라서 타인의 부곡과 동의하여 팔아서 노비로 삼은 자는 유형에서 1등을 감해 도3년에 처하고, 부

곡으로 삼은 자는 도2년반에 처하며, 처·첩·자손으로 삼은 자는 도2
년에 처한다.

(4) 시마친 이상 친속의 부곡·객녀를 약취하거나 유인한 죄

율에 조문이 없고 본조의 소에 해석이 있다. 친속의 부곡은 영(호
령, 습유262쪽)에 "주인을 바꿔 섬기게 되면 새 주인은 의복·음식의
값을 헤아려 준다."는 규정이 있으므로, 일반인의 부곡과 같을 수 없
다. 그러므로 친속의 부곡·객녀를 약취하거나 유인한 경우 친속의
재물을 훔친 경우 타인의 재물을 훔친 죄에서 차례로 감하는 방법을
채택하여(적40.1), 시마친·소공친의 부곡이면 타인의 부곡을 약취·
유인한 죄에서 1등, 대공친의 부곡이면 2등, 기친의 부곡이면 3등을
감해서 처벌한다. 따라서 시마·소공친의 부곡을 약취하여 타인의 노
비로 삼은 자는 도3년, 대공친의 부곡이면 도2년반, 기친의 부곡이면
도2년에 처한다. 타인의 부곡이나 처·첩·자손으로 삼은 죄도 같은
방식으로 죄가 산출된다.

Ⅲ. 노비를 약취·유인한 죄

적도율46(293조)

1. (a) 타인의 노비를 약취한 자는 강도로 논하고, 유인한 자는 절
   도로 논한다. 각각 죄는 유3000리에 그친다. 〈감림·주수라도 역
   시 같다.〉 (b) 만약 노비가 별도로 재물을 가진 때에는 당연히
   강도·절도의 법에 따르고, 누계해서 죄주어서는 안 된다.
2. (a) 만약 도망한 노비를 획득하여 관에 보내지 않고 판 자는 유
   인한 것으로 논하고, (b) 숨긴 때에는 1등을 감하여 처벌한다.

3. (a) 만약 사사로이 노비로부터 자·손을 사거나 걸취한 자는 절도
   에 준하여 논하고, (b) 노비가 자·손을 타인에게 주거나 판 때에
   는 같은 죄를 준다. 〈비록 양인으로 삼았더라도 역시 같다.〉

1. 노비를 약취·유인한 죄

(1) 의의

노비는 축산 재물과 같으므로(적43.1의 주), 노비를 약취하거나 화
유한 죄에 대해서는 양인·부곡과는 별도로 규정해서 강도·절도로
논한다. 단 노비는 인적 성질이 있으므로 그 처벌법은 강도·절도와
조금 다르다.

(2) 노비를 약취한 죄

노비를 약취한 자는 강도로 논하되, 죄의 최고형은 유3000리이다.
당시의 노비 값은 적도율 43조의 소에 예시된 바에 따르면 최하 5필
에서 최고 60필이다. 그런데 강도죄는 10필이면 최고형인 교형에 해
당하므로 10필 이상의 가치가 있는 노비를 약취한 경우 죄가 모두
교형에 해당하게 되지만, 모두 더하여 사형에 이른다는 조문이 없으
므로 유3000리에 처하는데 그친다. 감림·주수가 관할 대상의 노비를
약취한 경우 죄를 가중하는 것이 원칙이지만(적36) 역시 이 경우도
최고형은 유3000리이다.

(3) 노비를 유인한 죄

노비를 유인하여 주인을 떠나게 한 자는 절도로 논한다. 역시 노
비 값을 장물로 계산하여 절도죄에 준하여 처벌한다. 유인된 노비는
종범으로 삼아 유인한 자의 죄에서 1등을 감한다(명42.1).

(4) 약취·유인된 노비가 재물을 가진 경우의 벌

만약 약취·유인된 노비가 몸에 걸친 의복을 제외하고 별도로 재물을 가진 때에는 별도의 강도·절도죄를 적용하며, 노비 값에 재물을 더해 누계해서 죄를 주지 않는다. 단 이는 약취·유인의 죄와 강도·절도의 죄가 함께 발각된 것에 해당하므로 명례율 45.1a①조의 "두 개 이상의 죄가 함께 발각된 경우 무거운 것으로 논한다."는 원칙이 적용된다. 따라서 즉 약취한 경우 재물의 평가액이 1척이면 죄는 도3년에 해당하고, 2필마다 1등씩 가중하여 형을 정하되, 노비를 약취한 죄와 비교하여 무거운 한 쪽에 따라서 처벌한다. 또한 유인한 경우 재물의 평가액이 1척이면 죄는 장60에 해당하고, 1필마다 1등을 더하고, 5필이면 도1년, 5필마다 1등을 더하되, 노비를 유인한 죄와 비교하여 무거운 쪽에 따라서 처벌한다.

노비가 별도로 재물을 가지고 있는데 약취·유인한 사람이 재물을 가진 것을 알지 못했다면 단지 약취한 죄에 따라 처벌하고, 장물에 대해서는 처벌하지 않아야 한다. 만약 노비에게 별도의 재물이 있는 것을 약취·유인한 사람이 알았다면 비록 노비가 스스로 재물을 가지고 갔더라도 각각 강도·절도의 법에 따라 처단한다.

양인 혹은 부곡·객녀를 약취하거나 유인하였는데 의복 외에 재물을 가진 때에도 또한 강도·절도와 처벌이 같다. 취득해서 자신이 착복하지 않은 경우 양인·부곡은 자신의 자재를 가질 수 있으므로 처벌하는 범위에 넣지 않는다.

이 죄는 강도·절도로 논하므로 노비 값과 노비가 가진 재물의 2배를 추징한다(명33.3, 53.4의 소).

2. 도망한 노비를 팔거나 숨긴 죄

(1) 구성요건

도망한 노비를 체포해서 취득하였다면 영(포망령, 습유730쪽)에 따라 5일 안에 관사로 보내야 한다. 영을 위반하고 5일 안에 보내지 않고 사사로이 팔거나 숨긴 것이 이 죄의 요건이다.

(2) 처벌

1) 노비를 판 죄

도망 노비를 취득해서 판 자는 노비를 유인한 죄로 논하며, 장물을 계산해서 절도(적35)의 법에 의거하여 죄준다.

2) 도망한 노비를 숨긴 죄

도망한 노비를 취득해서 사사로이 숨긴 자는 판 자의 죄에서 1등을 감한다.

3. 사사로이 노비로부터 자·손을 사거나 걸취한 죄

(1) 구성요건

이 죄의 요건은 노비로부터 주인 몰래 그 자·손을 사거나 요청해서 취득한 것이다. 사거나 요청해서 취득한 자가 그들을 양인으로 삼았더라도 역시 천민으로 삼은 것과 죄가 같다.

(2) 처벌

1) 산 자의 죄
사거나 혹은 요청해서 취득한 노비 값을 평가하여 장물을 계산해서 절도에 준하여 논한다.

2) 자식을 판 노비의 죄
자식을 팔거나 요청에 응해서 자식을 준 노비도 사거나 요청해서 취득한 자와 죄가 같다.

IV. 친속 비유를 노비로 약매한 죄

적도율47(294조)
1. (a) 기친 이하 비유를 노비로 약매한 자는 모두 투구살과 같은 법으로 처단하고, 〈상복이 없는 비유 역시 같다.〉 (b) 곧 합의해서 판 때에는 각각 1등을 감한다.
2. 단 그 밖의 친속을 판 자는 각각 일반인을 합의해서 팔거나 약매한 법에 따른다.

1. 자·손과 기친 이하 비유를 노비로 약매한 죄

(1) 구성요건

1) 행위
약매는 동의 없이 강제로 판 것을 말한다.

2) 객체

① 객체는 기친 이하의 비유이다. 조문만을 보면 기친 이하 비유는 기친 이하 시마친 이상 친속의 비유를 의미하는 것처럼 보이지만, 정작 소를 보면 내포가 많이 다르다. 즉 이 조항의 기친 이하 비유는 제·매와 자·손 및 형·제의 자·손, 외손, 자·손의 부인 및 4촌 제·매까지 포함한다.

② 상복이 없는 비유도 기친 비유와 같다. 상복이 없는 비유는 자식이 없는 자신의 첩이나 자·손의 첩을 가리킨다.

③ 처는 비록 상복으로 기친이지만 비유와 같을 수는 없으므로, 처를 비로 판 경우는 기친비유를 판 죄를 적용하지 않는다.

(2) 처벌

① 기친 이하의 비유를 판 자는 모두 투구살과 같은 법으로 처단한다. 가령 제·매와 다투다가 살해한 죄는 도3년에 해당하고(투27.4) 자·손을 살해한 죄는 도1년반에 해당하므로(투28.2), 만약 제·매를 노·비로 약매한 자는 도3년에 처하고, 자·손을 노·비로 약매한 자는 도1년반에 처한다. 이 죄는 십악의 불목을 적용한다(명6.8의 주①). 상복이 없는 비유를 약매한 죄는 기친 이하 비유를 판 죄와 같지만 불목을 적용하지는 않는다.

② 처를 판 자는 이혼시키고, 일반인을 약매한 죄(적45.1)를 적용하여 교형에 처한다(적47.2의 문답1).

2. 자·손과 기친 이하 비유를 합의하여 매매한 죄

기친 이하 비유 및 상복이 없는 비유를 합의하여 판 자는 약매의 죄에서 1등을 감해서 처단한다. 가령 제·매를 합의하여 판 자는 도2

년반에 처하고, 자·손을 합의하여 판 자는 1년에 처한다. 팔린 사람은 처벌하지 않는데, 비유는 존장의 처분을 받아야 하기 때문이다(적47.2의 문답2).

3. 그 밖의 친속 비유를 판 죄

(1) 객체

이 죄의 객체는 그 밖의 친속이다. 그 밖의 친속이란 오복의 범위 안에 친속 가운데 투구살죄가 사형에 해당하는 친속을 가리키는 것으로 대공 이하의 친속이 바로 그러하다. 단 대공친 비유인 4촌제·매와 4촌형·제의 자·손은 투구살의 죄가 유3000리에 해당하므로, 오히려 위의 기친 이하 비유에 포함된다.

(2) 처벌

각각 일반인을 약매·화매한 법에 의거하여 처단하며(적45), 십악의 불목(명6.8의 주①)을 적용한다. 그로 인해 살상한 경우 역시 강도와 같은 법으로 처벌한다(적45.1의 주). 합의하여 판 경우는 팔린 사람도 역시 처벌한다(적47.2).

V. 약취·유인·합의매매된 사람임을 알면서 매입한 죄

적도율48(295조)
1. 양인 또는 부곡·노비를 약취·유인 또는 서로 합의해서 팔았다는 것을 알면서 산 자는 각각 판 자의 죄에서 1등을 감한다.
2. 조부모·부모가 자·손 및 자·손의 첩, 또는 자신의 첩을 팔았다

는 것을 알면서 산 자는 각각 판 자의 죄에 1등을 더한다. 〈여러 번 전매되었더라도 정을 알면서 샀다면 각각 처음 산 자와 죄가 같다. 비록 살 때 정을 알지 못하고 산 뒤에 알았더라도 고하지 않은 경우 정을 안 것으로 논한다.〉

1. 약취·유인된 양인임을 알면서 산 죄

(1) 구성요건

약취되거나 유인되거나 서로 합의해서 팔린 정을 알고 산 것이 이 죄의 요건이다. 처음 산 자만이 아니라, 여러 번 전매되었더라도 정을 알고 산 자는 처음 산 자와 죄가 같다. 비록 살 때 실정을 알지 못하고 산 뒤에 알았더라도 말하지 않은 자는 정을 안 것으로 논한다. 만약 처음 샀을 때 약취·유인되거나 서로 합의해서 팔린 정을 알지 못하고 사서 취득한 뒤에 알게 되었더라도 곧바로 자수하고 고해야 한다. 자수하거나 고하지 않은 자는 정을 안 것으로 논하여 각각 처음 산 자와 마찬가지로 처벌한다. 자수한 자는 처벌하지 않는다.

(2) 처벌

약취·유인되거나 합의해서 팔린 것을 알면서 산 자는 각각 판 자의 죄에서 1등을 감한다. 가령 양인이 약취되어 팔린 것을 알면서 사서 노비로 삼은 자는 교형에서 1등을 감하여 유3000리에 처한다. 그 양인을 사서 부곡·객녀로 삼았다면 1등을 감해서 도3년에 처하고, 처·첩·자손으로 삼았다면 또 1등을 감해서 도2년반에 처한다.

2. 약취·유인된 부곡·노비임을 알면서 산 죄

(1) 약취·유인된 노비를 산 죄

1) 약취된 노비임을 알면서 산 죄

약취된 노비임을 알면서 산 자는 판 자의 죄에서 1등을 감한다. 노비를 약취한 것은 강도로 논하되, 죄의 최고형은 유3000리이다. 따라서 견 10필을 강도한 죄는 교형에 해당하지만(적34.1b) 이 죄의 최고형은 유3000리이므로 10필 이상의 가치가 있는 약취된 노비를 산 죄는 유3000리에서 1등을 감하여 도3년에 처한다.

2) 유인된 노비임을 알면서 산 죄

노비를 유인하여 주인을 떠나게 한 것은 절도로 논하므로 이를 산 자의 죄도 절도죄에서 1등을 감한다.

(2) 약취·화유된 부곡임을 알면서 산 죄

약취·유인된 부곡을 산 자의 죄는 부곡을 약취·화유하여 판 자의 죄에서 1등을 감한다. 따라서 약취된 부곡을 산 자는 도2년반, 유인된 부곡을 산 자는 도2년에 처한다.

3. 조부모·부모가 자·손 등을 판 것을 알면서 산 죄

(1) 구성요건

이 죄의 조부모·부모가 자·손 및 자·손의 첩 또는 판매자 자신의 첩을 판 것을 알고 산 것이다. 이 죄도 역시 여러 번 전매되었더라도 그 정을 알고 샀다면 각각 처음 산 자와 같다. 비록 살 때 정을 알지 못하고 산 뒤에 알았더라도 말하지 않은 자는 정을 안 것으로 논한다.

(2) 처벌

각각 판 자의 죄에 1등을 더한다. 일반인을 약취해서 판 죄(적 45.1)는 원래 무겁기 때문에 산 자는 판 자의 죄에서 1등을 감해서 처단한다. 그렇지만 조부모·부모가 자·손 등을 판 죄는 원래 가볍기 때문에(적47.1) 산 자의 죄는 판 자의 죄에 1등을 더한다. 가령 조부모·부모가 자·손을 노비로 팔았다면 투구살죄와 마찬가지로 도1년 반에 해당하므로, 알면서 산 자는 여기에 1등을 더해 도2년에 처한다. 산 자가 팔린 사람을 부곡으로 삼았다면 1등을 감해서 도1년, 처·첩·자손으로 삼았다면 또 1등을 감해서 장100에 처한다.

VI. 망인·착인의 죄

1. 망인의 죄

사위율14(375조)
1. 양인을 망인하여 노비·부곡·처·첩·자손으로 삼은 자는 사람을 약취한 것으로 논하되 1등을 감한다.
2. 부곡을 망인하여 노비·부곡·처·첩·자손으로 삼은 자는 또 1등을 감한다.
3. 노비 및 재물을 망인한 자는 절도에 준하여 논하되 1등을 감한다.

(1) 개설

자기의 처·첩·자손·부곡·노비 및 재물이 아님을 분명히 알면서 타인 및 타인의 부곡·노비 및 재물이 자기의 것이라고 주장하는 것을 망인이라 한다. 수신(隨身)은 부곡과 같다(사14.3의 문답). 만약 착오로 말미암은 것이면 착인이 된다(잡13). 또 공·사전을 망인한 것은 별도로 규정이 있다(호17). 관호·관노비의 망인에 관해서는 율에 조문이 없는데 이는 아마도 '관호·관노비를 허위로 제(除)·거(去)·사(死)·면(免)한 죄'(사15.1)를 적용할 수 있기 때문인 것 같다. 공악·잡호·태상음성인은 양인에 비한다.

(2) 요건 및 처벌

망인한 객체의 신분에 따라 처벌이 다르고, 어떤 신분으로 망인했는가에 따라 처벌이 다르다.

1) 양인을 자기의 노비·부곡 및 처·첩·자손으로 망인한 죄

본래 양인인 것을 알면서 자기의 노비·부곡 및 처·첩·자손으로 망인한 자는 모두 약취(적45)로 논하되 1등을 감하므로 그 처벌은 다음과 같다.

① 양인을 자기의 노비로 망인한 자는 약취한 죄(교형)에서 1등을 감하여 유3000리에 처한다.

② 양인을 자기의 부곡으로 망인한 자는 약취한 죄(유3000리)에서 1등을 감하여 도3년에 처한다.

③ 양인을 자기의 처·첩·자손으로 망인한 자는 약취한 죄(도3년)에서 1등을 감하여 도2년반에 처한다.

2) 타인의 부곡을 자기의 노비·부곡으로 망인한 죄

타인의 부곡을 자기의 노비 또는 부곡으로 망인한 자는 각각 모두 약취로 논하되 1등을 감하므로, 그 처벌은 다음과 같다.

① 타인의 부곡을 자기의 노비로 망인한 자는 부곡을 약취하여 노비로 삼은 죄(유3000리)에서 1등을 감하여 도3년에 처한다.
② 타인 부곡을 자기의 부곡으로 망인한 자는 부곡을 약취하여 부곡으로 삼은 죄(도3년)에서 1등을 감하여 도2년반에 처한다.
③ 타인의 부곡·객녀를 자신의 처·첩·자손으로 망인한 자는 부곡·객녀를 약취하여 처·첩·자손으로 삼은 죄(도2년반)에서 1등을 감하여 도2년에 처한다.

3) 타인의 노비 및 재물을 자기의 것으로 망인한 죄
타인의 노비 및 재물을 자기의 것으로 망인한 자는 절도에 준하여 논하되 1등을 감해서 처벌한다.

(3) 망인 미수죄

1) 망인 미수죄 규정
망인을 시도하였으나 취득하지 못한 미수죄에 대해서 율에는 조문이 없고, 본조의 소(사14.3의 소)에 감림·주수 및 감림·주수가 아닌 자의 망인에 관한 처단 방법을 논한 것만 있다.

2) 감림·주수 망인 미수죄
감림·주수가 망인했으나 취득하지 못한 때에는 사위율 12.1조의 주에 적시된 법례에 준해서 각각 망인한 죄에서 2등을 감한다.

3) 감림·주수가 아닌 관사의 망인 미수죄
감림·주수가 아닌 관사가 망인했으나 취득하지 못한 경우 재물이 많은 때에는 착인하였으나 취득하지 못한 죄(잡13.3)에 따라 논한다.

재물을 착인한 죄는 1필이면 태10, 5필마다 1등씩 더하되 최고형은 장100이며, 취득하지 못한 때에는 각각 2등을 감한다. 따라서 취득하지 못한 경우 10필이면 태10, 5필마다 1등씩 더하되, 최고형은 장80이 된다.

2. 착인의 죄

잡률13(401조)

1. (a) 양인을 착인하여 자신의 노비로 삼은 자는 도2년에 처하고, 부곡으로 삼은 자는 1등을 감한다. (b) 부곡을 착인하여 노로 삼은 자는 장100에 처한다.
2. 노비 및 재물을 착인한 자는, 장물을 계산하여 1필이면 태10에 처하고, 5필마다 1등씩 더하되, 죄는 장100에 그친다.
3. 얻지 못한 자는 각각 2등을 감한다.

(1) 양인 및 타인의 부곡·노비·재물을 자기의 노비·부곡·재물로 착인한 죄

1) 요건

착인은 망인(사14)을 과실로 범한 것이다. 다시 말하면 망인은 분명히 알면서 인지하는 것으로 그 죄질은 사기와 유사하지만, 착인은 착오로 인지하는 것이다. 예를 들면 어떤 사람이 길을 잃거나 또는 도망하는 양인·부곡·노비를 거두어 머물게 하거나 관으로 보내거나 또는 망실한 재물을 사람이 습득하였는데, 다른 어떤 사람이 착오로 그것이 자기의 부곡·노비 또는 재물이라고 인지하는 것을 말한다.

2) 처벌

① 양인을 자신의 노비로 착인한 자는 도2년에 처하고, 부곡으로 착인한 자는 1등을 감하여 도1년반에 처한다.

② 타인의 부곡을 자기의 노로 착인한 자는 장100에 처한다. 타인의 부곡처를 자기의 비로 인지한 경우에는, 그녀가 원래 양인 여자인데 부곡처가 되었더라도 그대로 부곡에 대한 처벌법에 의거한다.

③ 타인의 노비나 재물을 자기의 것으로 착인한 자는 장물을 계산하여 1필이면 태10에 처하고, 5필마다 1등씩 더하되 최고형은 장100이다.

(2) 양인 및 타인의 노비·부곡·처·첩을 자기의 노비·부곡·처·첩으로 착인한 죄

이 죄를 규정한 율문은 없고, 본조의 소(잡13.3의 소)에 처단방법을 논한 것만 있다.

① 양인·부곡·노비를 자신의 자손으로 착인한 자는 정을 헤아려 보면 가벼우므로 '마땅히 해서는 안 되는데 행한' 죄의 가벼운 쪽(잡62.1)에 따라 태40에 처한다.

② 타인의 처·첩이나 딸을 자신의 처·첩으로 착인한 자는 정과 이치가 모두 무거우므로 '마땅히 해서는 안 되는데 행한' 죄의 무거운 쪽(잡62.1)에 따라 장80에 처한다. 다만 착인한 처·첩을 취한 경우에는 다분히 통간한 정이 있을 것이므로 간죄를 처벌하는 법(잡22)에 따라 형을 과한다.

(3) 착인했으나 취지 못한 죄

양인·부곡·노비·재물을 자기의 노비·부곡·재물로 착인했으나 취득하지는 못한 자는 착인하여 취득한 죄에서 각각 2등을 감해서 처벌한다. 따라서 양인을 자기의 노비로 착인하였으나 취득하지 못한 자는 도1년, 타인의 부곡을 자기의 노비로 착인하였으나 취득하지 못한 자는 장80에 처한다. 타인의 노비 및 재물을 자기의 것으로 착인하였으나 취득하지 못한 자는 장물의 가치가 11필이면 태10, 그 이상은 5필마다 1등을 더하여 46필이 되면 최고형인 장80필에 처한다.

제2절 강요의 죄

I. 인질의 죄

적도율11(258조)

1. 노리거나 피하려는 바가 있어 사람을 잡아서 인질로 삼은 자는 모두 참형에 처한다.
2. 부사(部司)나 이웃이 알거나 또는 보면서 인질을 보호하기 위해 범인을 가격하지 않은 때에는 도2년에 처한다. 〈인질이 기친 이상 친속 및 외조부모인 경우에는 자신은 피하고 체포하지 않는 것을 허용한다.〉

1. 인질의 죄

재물을 노리거나 죄를 피하기 위하여 사람을 잡아서 인질로 삼은 자는 참형에 처한다. 재물을 노린다는 것은 몸값을 구하는 것이고, 죄를 피한다는 것은 체포되는 것을 거부하기 위한 것이다.

2. 인질을 보호하기 위해 가격하지 않은 죄

(1) 요건

1) 주체

주체는 부사(部司)나 이웃 또는 기친 이상 친속 및 외손이 아닌 가인과 친속을 포함한다. 부사는 사건이 발생한 지역의 촌정 이상을 말한다. 이웃은 피해자 집 주위의 집 주위 4가를 가리킨다. 오직 기친 이상 친속 및 외조부모가 인질이 된 경우 인질의 기친 이상 친속이나 외손만은 피하고 체포하지 않는 것을 허용하지만, 이끌고 간 무리가 모두 피하는 것은 허용하지 않는다.

2) 행위

알거나 보면서 인질을 보호하기 위하여 인질범을 가격하지 않은 것이다. 다시 말하면 사람이 인질로 잡혀 있는 것을 알거나 보았으면 인질의 기친 이상 친속 및 외손이 아닌 자는 모두 반드시 체포하기 위해 가격해야 하는데 피하고 가격하지 않은 것이다.

(2) 처벌
각각 도2년에 처한다.

II. 양인을 노비로 삼아 부채의 저당물로 사용한 죄

잡률12(400조)
1. (a) 거짓으로 양인을 노비로 삼아 부채에 대한 저당물[質]로 사용

한 자는 각기 스스로 판 죄에서 3등을 감하고, (b) 정을 알고도
취한 자는 또 1등을 감한다.

2. 그대로 노임을 계산하여 부채를 제한다.

1. 구성요건

이 죄의 기본 요건은 양인을 노비로 속여 부채의 저당물로 사용한
것이다. 이 죄는 필요적 공범으로, 저당물로 사용한 자나 저당물로
받은 자 모두 죄를 받는데, 받은 자는 1등을 감한다. 노비는 원래 재
물로 간주하므로(호43.4a의 소 및 적1.1의 소) 팔거나 저당물로 사용
할 수 있다. 따라서 거짓으로 양인 또는 비유를 노비로 삼아 부채의
저당물로 삼은 것이 기본 요건이 된다. 이들을 저당물로 받은 사람
은 정을 안 때에 한하여 죄가 성립한다.

2. 처벌

이 죄에 대한 처벌은 두 가지로 나누어 보아야 한다.

(1) 일반 양인을 노비로 삼아 저당물로 사용한 죄

거짓으로 일반 양인을 노비로 삼아 부채의 저당물로 사용한 자는
서로 합의하여 양인을 노비로 판 죄 유2000리(적45.3)에서 3등을 감
하여 도2년에 처한다. 이 사람을 저당물로 받은 자는 또 1등을 감하
여 도1년반에 처한다.

(2) 비유를 노비로 삼아 부채의 저당물로 사용한 죄

거짓으로 비유를 노비로 삼아 부채의 저당물로 사용한 죄는 비유

를 판 죄(적47)에서 3등을 감한다. 비유를 강제로 판 죄는 투구살죄
와 같고 합의하여 판 죄는 강제로 판 죄에서 1등을 감하므로, 비유를
노비로 삼아 부채의 저당물로 삼은 죄도 강제와 합의에 따라 각각 3
등을 감한다고 생각된다.

(3) 특별처분

거짓으로 양인을 노비로 삼아 부채의 저당물로 사용한 것은 당연
히 효력이 없다. 또한 저당물을 받은 사람이 만약 정을 알았다면 1일
에 견 3척으로 계산하여 사역한 일수만큼의 채무를 변제한다.

III. 방면한 부곡·노비를 다시 천인으로 삼은 죄

호혼률11(160조)
1. 부곡을 방면하여 양인으로 삼고 이미 방면한다는 문서를 주고
   서, 다시 억눌러 노비로 삼은 자는 도2년에 처하고,
2. 억눌러 부곡으로 삼거나 노비를 방면하여 양인으로 삼고, 다시
   억눌러 노비로 삼은 때에는 각각 1등씩 감한다.
3. 양인으로 방면한 노비를 억눌러 부곡으로 삼거나, 노비를 방면
   하여 부곡으로 삼았다가 다시 억눌러 노비로 삼은 때에는 또 1
   등씩 감한다.
4. 각각 본래의 신분으로 회복시킨다.

1. 개설

부곡·노비의 방면은 주인이 허락하거나 스스로 속금을 내서 이루

어진다(적8.2의 소 참조). 호령(습유261쪽)에 의하면 "노비를 방면하여 양인이나 부곡·객녀로 삼는 것은 모두 허용한다. 모두 가장이 주관하여 손수 쓴 문서를 지급하되 장자 이하가 차례로 서명하고 그대로 본래 속한 현에 문서로 보고해서, 주인의 호적에서 삭제하고 그들 자신의 호적을 등재한다."고 하였다. 이 같이 방면했다가 다시 억눌러 노비로 삼은 경우 그 정형에 따라 형이 다르다.

2. 요건과 처벌

① 부곡·객녀를 방면하여 양인으로 삼고 이미 방면하는 문서를 주고서 다시 강제로 노·비로 삼은 자는 도2년에 처한다.

② 부곡·객녀를 방면하여 양인으로 삼았다가 다시 억눌러 부곡·객녀로 삼은 자 도1년반에 처한다.

③ 노비를 방면하여 양인으로 삼았다가 다시 억눌러 노비로 삼은 자 역시 도1년반에 처한다.

④ 노비를 방면하여 양인으로 삼았다가 억눌러 부곡으로 삼은 자는 도1년에 처한다.

⑤ 노비를 방면하여 부곡으로 삼았다가 억눌러 노비로 삼은 자는 역시 도1년에 처한다.

위의 경우 모두 본래의 신분으로 회복시킨다.

3. 주의사항

율문에는 규정된 것이 없으나, 천인의 방면과 혼인에 관한 사례에 대해서 문답으로 해석한 것이 있는데, 다음과 같이 간단히 정리할 수 있다.

① 객녀·비를 양인으로 방면한 뒤 머무르게 하여 첩으로 삼은 자는 무죄이다.

② 양인 여자가 부곡처가 된 경우는 그 남편이 사망하고 복상이 끝난 뒤에는 마음대로 떠날 수 있다. 그럼에도 불구하고 그대로 억눌러 첩으로 삼거나 부곡·노와 짝지어 준 경우 다음과 같이 처벌한다. ⓐ 부곡처가 가고자 하는데 놓아주지 않은 자는 '마땅히 해서는 안 되는데 행한' 죄(잡62)의 무거운 쪽에 따라 장80에 처하고, 부곡처는 마음대로 떠나게 해야 한다. ⓑ 부곡처를 남편의 주인이 억눌러 첩으로 삼은 때에도 마찬가지로 처벌한다. ⓒ 억눌러 다른 부곡과 짝지어준 자는 노비를 방면하고 다시 도리어 억눌러 부곡으로 삼은 자와 같이 도1년에 처한다. ⓓ 노와 짝지어 준 자는 노에게 양인 여자를 처로 삼게 한 자(호42.1)와 같이 도1년반에 처하고, 그 여자를 호적에 올려 비로 삼은 때에는 유3000리에 처한다(호42.3).

위의 각 항 모두 양자가 서로 원한 경우는 죄가 없다. 다만 본래 양인인 자는 본인이 원하더라도 노와 혼인할 수 없다.

제3장
사생활의 평온에 대한 죄

현행 형법은 사생활의 평온에 대한 범죄로 비밀침해의 죄(제35장)와 주거침입의 죄(제36장)를 두고 있다. 비밀침해의 죄는 개인의 사생활의 비밀을 보호하기 위한 법이다. 주거침입의 죄는 사생활에 필요한 장소의 평온을 보호하기 위한 법이다.

당률에서 사생활의 평온에 대한 죄에 해당하는 것은 무고의 죄, 친속·주인 또는 주인의 친속을 고·무고한 죄, 야간 주거침입의 죄를 들 수 있다.

제1절 무고의 죄

Ⅰ. 총설

1. 현행 형법의 무고죄

무고죄란 타인으로 하여금 형사처분 또는 징계처분을 받게 할 목적으로 공무소 또는 공무원에 대하여 허위의 사실을 신고함으로써 성립하는 범죄를 말한다.

무고죄의 본질에 관해서는 ① 피무고자가 부당한 형사처분이나 징계처분을 받는 것을 방지하기 위한 형법적 규정이라는 의미에서 개인적 법익침해설, ② 국가의 형사권 또는 징계권의 보호를 위한 형법적 규정이라는 의미에서 국가적 법익침해설, ③ 국가의 형사 또는 는 징계권의 보호뿐만 아니라 피무고자 개인의 이익을 보호하기 위한 형법적 규정이라는 의미에서 절충설이 대립하고 있다.

2. 당률의 무고죄

당률에서 무고죄의 보호법익은 개인의 안전에 치중되어 있다고 말할 수 있다. 그 이유는 두 가지로 설명할 수 있다. 하나는 무고죄의 처벌법이 반좌를 채택하고 있는 점이다. 다시 말하면 타인으로 하여금 형사처분 또는 징계처분을 받게 할 목적으로 관에 허위의 사실을 신고하는 자에게는, 그의 신고로 말미암아 피무고자가 받을 수 있는 형사처분 또는 징계의 고통과 위험을 고한 자에게 그대로 돌려줌으로써 고한 자에게 무고에 대한 응분의 대가를 치르게 할 뿐만 아니라, 무고하는 경우 응분의 대가를 받을 수 있다는 경고를 함으로써 무고를 차단하여 개인이 무단히 형사처분을 받거나 징계처분을 받을 위험으로부터 보호하려는 것이 이 죄의 일차적 목적이다. 다른 하나는 무고죄가 국가 사법행정의 규정들을 포괄하는 단옥률에 있지 않고 개인의 다툼과 송사에 관한 규정을 포괄하는 투송률에 있다는 점이다.

그렇다고 무고죄가 전적으로 개인의 법익을 보호하는 것만을 목적으로 하는 것은 아니고, 역시 국가의 적정한 형사행정을 고려한 점도 있다. 예컨대 두 개 이상의 사안을 고하였는데 무거운 사안이 사실인 경우 무고죄를 면제한다는 규정 등이 바로 그러하다. 그러나 적어도 우선순위로 말한다면 개인의 안전을 일차적 목적으로 하여 규정된 범죄라고 해야 한다. 2인 이상을 고하였는데 단지 1인에 대해 고한 것이 사실이 아니면 무고한 것이 비록 사실인 것보다 가벼 더라도 여전히 그 죄로 반좌한다는 것이 바로 그 반증이다. 이것이 바로 본서에서 무고죄를 '국가적 법익에 대한 죄의 편'에 두고 있는 현행 『형법각론』의 체제와 달리 '개인적 법익에 대한 죄의 편'에 두는 까닭이다.

II. 무고의 죄

투송률41(342조)

1. (a) 타인을 무고한 자는 각각 반좌한다. (b) 만약 진상을 조사하여 탄핵해야 할 관인이 사사로움을 품고서 탄핵을 사실대로 하지 않은 때에도 역시 이와 같다. 〈① 반좌로 받는 죄는 피무고인이 받을 수도 있었던 형에 준하며, ② 무고된 죄가 사죄이고 피무고인에 대한 형이 아직 집행되지 않은 때에는 1등을 감하는 것을 허락한다. ③ 단 본래 장형으로 대체하거나 속해야 할 자를 무고한 경우에는 장형·속동의 법에 의거한다. ④ 만약 관인 및 음이 있는 자를 무고한 경우에는 일반법에 따른다.〉

2. (a) 만약 두 개 이상의 죄를 고하였는데 무거운 사안이 사실이거나 경중이 같은 몇 가지 사안 가운데 단 하나의 사안이라도 사실이면 무고의 죄를 면제하되, (b) 무거운 사안이 거짓이면 사실만큼 제하고 남는 죄를 반좌한다. (c) 만약 죄가 최고형에 이른 때에는 무고한 것이 비록 많더라도 반좌하지 않는다.

3. 단 2인 이상을 고했다면 비록 사실인 자가 많더라도 그대로 허위인 자에 대한 것으로 반좌한다. 〈2인 이상을 고하였는데 단 1인에 대해 고한 것이 사실이 아니고 그 죄가 비록 가볍더라도 그대로 반좌한다는 것을 말한다.〉

1. 구성요건

(1) 객관적 구성요건

1) 주체

본죄의 주체는 제한이 없다. 즉 관사도 본죄의 주체가 될 수 있으며, 특히 탄핵을 직무로 하는 관인이 사사로움을 품고 사건을 탄핵하면서 사실대로 하지 않은 경우도 처벌은 일반인과 같다.

2) 행위의 대상

행위의 대상은 원칙적으로 주·현 등 행정관사 또는 그 관인이며, 군부 및 군인에게 고하는 것은 허용되지 않는다. 단 모반 및 대역 등 기밀 사건은 군부에도 고할 수 있다(투52.1). 또 표를 올려 황제에게 사람의 죄를 고할 수 있으므로 행위의 대상은 황제도 될 수 있다. 단 이 경우의 처벌은 특별하다.

3) 행위 요건과 처벌 기준

타인의 죄를 신고할 때에는 반드시 연·월을 명확히 기입하고 사실을 적시해서 진술해야 하며, 혐의만을 말해서는 안 된다(투54.1). 이를 어기고 사실이 아닌 허위를 신고하는 것이 이 죄의 요건이다. 단 진술한 바가 거짓이지만 그로 인해 더 무겁거나 경중이 비슷한 다른 범죄를 검거하게 된 경우 무고죄를 면제하는데, 고한 것과 사실이 유사하다면 무고죄를 면제하고 유사하지 않다면 무고죄로 논한다. 그러므로 사안이 유사한 것과 유사하지 않은 것을 구분해서 무고죄의 처벌 기준을 정할 필요가 있게 된다.

(a) 유사하지 않은 경우

가령 어떤 사람이 말을 훔쳤다고 고했는데 조사하여 사사로이 전을 주조한 것(잡3)을 찾아낸 것과 같은 경우는 고한 사안이 찾아낸 범죄 사실과 종류가 다른 것에 해당하며, 이는 그대로 말을 훔쳤다고 무고한 죄가 된다. 또한 어떤 사람이 사사로이 금병기인 쇠뇌를 가지고 있다고 고했는데 옥관이 조사하여 갑옷을 찾아낸 경우 쇠뇌와 갑옷은 비록 똑같이 법으로 사유가 금지된 무기(천20.2)이지만, 명목과 종류가 완전히 달라 분간하기 어려운 것이 아니므로 바로 무고죄로 논한다.

(b) 유사한 경우

가령 어떤 사람이 나귀를 절도했다고 고하였는데 조사하여 절도한 말을 찾아낸 경우, 노새·말·나귀는 그 종류와 명목이 서로 유사하므로 고한 것이 비록 정확히 일치하지 않지만 무고죄를 면제한다.

(2) 주관적 구성요건

일반적으로 무고는 타인에게 미운 감정이 있어 허위로 죄를 범했다고 신고하는 것이다. 더구나 진상을 조사하여 탄핵하는 것을 직무로 하는 관인이 이 죄를 받는 것은 사사로움을 품고서 사건을 탄핵할 때 사실대로 하지 않은 것에 따른다. 가령 타인을 증오하기 때문에 또는 그의 붕당이나 친척을 미워하여 사사로움을 품고서 거짓됨을 꾸며내어 탄핵하는 경우 모두 무고와 같은 법으로 처벌한다.

2. 처벌

(1) 전부 무고

1인 또는 수인을 고했는데 고한 바가 전부 무고인 것을 말한다. 1인에 대한 고발이 전부 무고이면 고한 자는 반좌하는데, 그 형은 무고당한 사람에게 씌우려고 한 죄의 형에 준한다. 즉 무고한 죄의 경중에 준하여 무고한 사람에게 반좌한다. 만약 무고한 바가 여러 명인데 고한 죄들이 전부 무고인 경우 그 중 가장 무거운 죄로 반좌한다. 이는 다시 네 가지로 나누어 보아야 한다.

1) 무고한 것이 사죄인 경우

무고한 것이 사죄인 경우 무고당한 자의 형이 아직 집행되지 않은 때에는 1등을 감하는 것을 허용한다. 단 만약 타인을 모반·대역으로 무고한 자는 비록 아직 형이 집행되지 않은 상태에서 그것이 거짓임을 인정했더라도 죄를 감해서는 안 된다.

2) 피무고자가 장형으로 대체하거나 속할 수 있는 자인 경우

피무고자가 본래 형벌을 장형으로 대체하거나 속할 수 있는 자이면 무고한 자도 장형으로 대체하거나 속하는 법에 따른다.

① 부곡·노비의 유형은 원래 장200으로 대체하므로(명47.2) 부곡·노비가 유죄를 범했다고 무고한 경우 무고한 자도 역시 장200에 준하여 반좌한다. 또한 단정(單丁)이어서 장형으로 대체해야 할 자(명27)를 무고한 자도 역시 처결된 장형에 따라 반좌한다.

② 70세 이상 노인, 15세 이하 소인, 폐질자는 형을 속하므로(명30.1), 이들을 무고하여 반좌할 자 또한 속하는 법에 따른다.

3) 관인이나 음이 있는 자를 무고한 경우

만약 관인이나 음이 있는 자를 무고한 경우에는 일반 법률에 따른다. 가령 백정이 7품관을 유형에 해당하는 죄를 범한 것으로 고한 경우, 그것이 사실이라면 그 관인은 1등을 감하고(명10) 관으로 죄를 당하지만(명17.1), 그것이 거짓이라면 무고한 백정은 유죄를 받게 된다. 또 음이 있는 사람을 고한 경우, 그것이 사실이면 죄를 범한 사람은 죄를 감하거나 속할 수 있지만(명11), 그것이 거짓이면 무고한 백정은 피무고자가 받을 수 있었던 죄의 실형을 받게 된다.

4) 1인을 여러 죄로 무고한 경우

1인을 여러 죄로 고했는데 전부 무고인 경우, 무고당한 사람이 실제로 죄를 범했다고 가정하면 그 중에서 다만 하나의 무거운 것으로 논하므로(명45.1a①), 반좌할 때도 역시 그와 같이 한다.

(2) 부분 무고의 처벌
두 종류로 구분한다.

1) 1인을 여러 죄로 고하였는데 그 중에 무고한 것이 있는 경우

① 만약 두개의 죄 이상을 고했는데 무거운 사안이 사실이거나 형량이 같은 몇 개의 죄를 고했는데 단 하나의 사안이라도 사실이라면 무고의 죄를 면제한다.

② 가벼운 사안이 사실이고 무거운 사안이 거짓이면, 무거운 것에서 가벼운 것만큼 제하고 남은 죄로 반좌한다.

③ 죄가 최고형에 이른 때에는 무고한 것이 비록 많더라도 반좌하지 않는다. 이것은 다시 두 종류의 정형으로 나눈다.

ⓐ 1죄만 고했는데 그 죄가 장물로 형을 정하는 것이고 고한 장물 중에 사실과 허위가 있는 경우, 만약 사실의 부분으로 그 형이 이미 율에 정한 최고형에 이르렀다면 설령 허위 부분이 사실 부분보다 많더라도 반좌하지 않는다.

ⓑ 2죄를 고했는데 그 중 1죄가 사실이고 그것이 최고형에 해당하면 다른 1죄가 무고라도 반좌하지 않는다.

2) 2인 이상의 죄를 고하였는데 몇 사람은 사실이고 몇 사람은 허위인 경우

이 경우 비록 사실인 사람이 많더라도 오히려 허위인 사람의 죄로 반좌하며, 그 죄가 사실인 사람의 죄에 비해 가볍고 무거운 것을 불문한다. 가령 어떤 사람이 갑·을·병·정 네 사람의 죄를 고하여 3인의 사안이 모두 도죄 이상으로 사실이고 1인의 사안이 태죄로 거짓인 경우, 사실인 사람이 많고 죄가 무겁다고 하여 반좌를 면제해서는 안 되며 그대로 태죄에 따라 반좌해야 한다. 여러 사람에 대해서 동일한 죄로 고한 경우는 문제가 비교적 간단하다. 그러나 같지 않은 죄로 무고하고 사실인 것과 허위인 것이 섞여 있는 경우 당연히 무고된 여러 사람 중의 가장 무거운 형을 과한다. 무고된 사람마다 여러 죄가 있고, 사실인 것과 허위인 것이 있는 경우는 그 중 1인이 받을 수 있는 가장 무거운 죄로 반좌한다(명45.1a①).

III. 무고죄의 특별 처분 및 통칙

1. 무고죄의 특별 처분

투송률 42(343조)
고한 사안이 사소하고 거짓인데 옥관이 그 고한 것으로 인해 무거운 사안 및 같은 정도의 사안을 찾아낸 때에는, 만약 그 사안들의 종류가 같으면 그 무고죄를 면제하고, 그 사안들의 종류가 다르면 본래의 무고죄에 의거하여 논한다.

고한 사소한 사안이 거짓인데 옥관이 그 고발로 인해 더 무거운 사안 및 경중이 같은 사안을 조사하여 찾아낸 경우, 만약 그 사안과 유사하다면 그 죄를 면제하고, 그 사안과 다르다면 본래의 무고죄에 의거하여 논한다. 가령 어떤 사람이 나귀를 절도했다고 고하였는데 조사하여 말을 절도한 것을 찾아내었다면 그 말의 값이 더 비싸므로 이것이 바로 더욱 무거운 사안을 찾아낸 것이 된다. 경중이 같은 사안이라는 것은, 가령 어떤 사람이 갑의 말을 절도했다고 고하였는데 조사하여 을의 노새를 절도한 것을 찾아냈다면 그 값이 서로 비슷하므로 이것이 경중이 같은 사안이 된다. 사안과 유사하다는 것은 노새·말·나귀와 같이 그 종류와 명목이 서로 유사한 경우를 말하며, 이 경우 고한 것이 비록 거짓이더라도 무고한 죄를 면제한다. 사안이 다르다는 것은 어떤 사람이 말을 절도했다고 고했는데 조사하여 사사로이 주전한 것(잡3)을 찾아 낸 것 따위를 말하며, 이 경우 그대로 말을 절도했다고 무고한 죄를 받는다. 이 조항은 고장(告狀)에 의거하여 장물을 조사하는 것을 위해 만든 율문이고, 옥관이 고장 외의 죄를 찾아낸 것에 대한 예(단12)와는 다르다. 단 유사하다는 것은 그 형상이 구별하기 어려운 것을 말하며, 이 경우 원래의 정이 무고가 아니므로 그 무고죄를 면제할 수 있다. 그러나 예컨대 쇠뇌를 사유하고 있다고 고했는데 옥관이 갑옷을 찾아낸 경우는, 명목과 종류가 완전히 달라 유사한 것이 아니므로 그대로 무고죄로 처벌한다.

2. 유죄 이하를 무고하고 실토한 때의 처벌

투송률43(344조)

1. 타인의 유죄 이하를 무고하고 피무고인에게 아직 고문을 가하지 않았는데 고한 사람이 허위임을 인정한 때에는 1등을 감한다.
2. (a) 만약 피무고인이 이미 고문을 받은 때에는 감하지 않는다. (b) 증인을 고문한 때에도 역시 그렇다. (c) 〈기친존장·외조부모·남편·남편의 조부모를 무고한 때 및 노비·부곡이 주인의 기친·외조부모를 무고한 때에는 비록 허위를 인정하더라도 각각 감하지 않는다.〉

(1) 의의

이 조항은 투송률 41조의 보충규정으로, 무고임을 실토할 때에는 무고한 바의 죄에서 1등을 감해서 반좌한다는 원칙이다.

(2) 처벌

무고하고 허위임을 실토하면 1등 감한다. 그 요건은 다음과 같다.

① 타인의 유죄 이하를 무고한 것이어야 한다. 즉 타인의 유죄 이하를 무고하였으나 무고당한 사람에게 아직 고문을 가하지 않았는데 고한 사람이 스스로 잘못을 인정했을 때에는 1등을 감해서 반좌할 수 있다. 다만 모반·대역은 원래 사죄이므로 비록 고문하지 않았더라고 당연히 감하지 않는다.

② 반드시 조부모·부모·기친존장·외조부모·남편 및 남편의 조부모를 무고한 것이 아니어야 하고, 또 노비·부곡이 주인과 주인의 기친·외조부모를 무고한 것이 아니어야 한다. 이들을 무고한 경우에는 비록 무고임을 실토하더라도 감하지 않는다.

③ 무고당한 사람이나 증인이 고문받기 전에 고한 사람이 스스로 허위임을 실토해야 한다. 만약 앞서 무고당한 사람이 이미 고문을 받은 경우에는 고문장의 다소에 관계없이 감해서는 안 된다. 또한 비록 무고당한 사람을 고문하지는 않았으나 증인을 고문한 뒤에 무고를 인정한 때에도 죄를 감하지 않는다. 비록 판결이 끝난 뒤라도 피무고인이나 증인이 고문을 당하지 않았다면 무고를 실토하는 것으로 1등을 감할 수 있다. 물론 판결된 사안이 이미 황제에게 상주되거나, 도형이나 유형이 이미 집행되거나, 피무고인이 손상을 입은 때에는 비록 고문을 당한 것과 마찬가지이므로 무고를 실토하더라도 무고죄를 감하지 않는다. 태·장형이 이미 집행되었다면 감할 수 없는 것은 말할 필요도 없다.

Ⅳ. 특수한 무고죄

1. 모반·대역을 무고한 죄

투송률40(341조)

1. 모반 및 대역을 무고한 자는 참형에 처하고, 따른 자는 교형에 처한다.
2. (a) 만약 일의 내용을 잘 살필 수 없었고, 원래의 정이 무고하려는 것이 아닌 때에는 황제의 결정을 청한다. (b) 만약 잘 살필 수 없는 모대역·모반을 고한 자도 역시 그렇게 한다.

(1) 구성요건

이 죄의 요건은 모반이나 대역을 무고한 것이다. 즉 모반이나 대역이 아님을 알면서도 고의로 꾸며내서 고한 것을 말한다. 단 사태의 정황이 살피기 어려운 것이고, 원래의 정상이 거짓으로 꾸며낸 것이 아닌 경우에는 황제의 결정을 청한다. 예를 들면 별도의 칙명을 받아 열병을 하거나 혹은 종묘를 수리하려고 하는데, 열병하는 것을 보고 이것을 반역하려는 것이라고 의심하고 종묘를 수리하는 것을 보고 대역하는 것이라고 의심하는 것과 같이, 본래의 정상이 처음부터 무고하려는 것이 아닌 경우에는 아뢰어 황제의 명에 따른다. 또한 정확히 살필 수 없는 모대역(적1)·모반(謀叛)(적4)을 고한 경우도 역시 황제의 결정을 청한다.

(2) 처벌

① 모반·대역을 무고한 자는 참형에 처하며, 종범은 교형에 처한다.
② 사태의 정황이 살피기 어려운 것이고, 원래의 정상이 거짓으로

꾸며낸 것이 아닌 경우에는 아뢰어 황제의 명에 따른다.

③ 정확히 살필 수 없는 모대역·모반을 고한 경우에도 역시 아뢰어 황제의 명에 따른다.

④ 피무고자가 처단되기 전에 무고인이 거짓임을 실토하더라도 1등을 감한다는 일반법을 적용하지 않는다.

2. 표를 올려 타인을 무고한 죄

투송률41(342조)

4. 만약 표를 올려 타인을 고하여 이미 황제에게 아뢴 사안에 사실이 아닌 것이 있는데, 반좌해야 하는 죄가 가벼우면 상서를 속이고 사실대로 하지 않은 죄에 따라 논한다.

(1) 구성요건

이 죄는, 표를 올려 타인의 죄를 고하였는데, 그것에 사실이 아닌 부분이 있는 것과 황제에게 아뢴 것을 요건으로 한다.

(2) 처벌

무고반좌의 법에 따른다. 단 반좌할 죄가 황제에게 거짓을 상주한 죄보다 가벼울 경우에는 상서를 속여 사실대로 하지 않은 죄에 따라 논한다. 즉 반좌할 죄가 상서를 사실대로 하지 않은 죄보다 가볍다면 상서를 사실대로 하지 않은 죄(사7.1)에 따라 도2년에 처한다. 단 기본적인 무고죄의 규정에 의거하여 반좌해서는 안 될 경우에는 죄가 없다. 가령 갑이 표를 올려 을을 형량이 같은 두 가지 죄로 고했는데 하나는 사실이고 다른 하나는 거짓인 경우 율에 따르면 이미 반좌가 면제되므로, 갑에게는 상서를 속여 사실대로 하지 않은 죄가 없는 것이다.

3. 본속부주·자사·현령을 무고한 죄

투송률 49(350조)
본속부주·자사·현령을 무고한 자는 무고한 바의 죄에 2등을 더한다.

(1) 구성요건

이 죄의 요건은 본속부주·자사·현령을 무고한 것이다. 본속부주·
자사·현령은 특별해서 모살죄(적5), 투구살상죄(투11) 등에 대한 특
별 규정이 있는데, 무고의 죄도 특별하다. 이 조항은 단지 무고에 대
해 죄준다는 규정이다. 따라서 사실을 고하는 것은 무죄이다. 다만
본속부주·자사·현령이 시마 이상 친속인 경우 무고한 사람은 당연
히 친속을 무고한 법에 의거하여 처벌하며, 만약 존장이면 무고한
죄와 고한 죄 가운데 무거운 쪽에 따라서 논한다.

(2) 처벌

무고한 죄에 2등을 더한다. 가령 1년의 도죄로 무고하였다면 도2
년에 처한다. 만약 제명(명18)·면관(명19)·면소거관(명20) 처분해야
할 죄로 무고하였으면 역시 제명·면관·면소거관을 도죄에 비하는
법(명23.1)에 준하여 죄를 더한다.

4. 타인의 고장을 거짓으로 작성한 죄

투송률55(356조)
1. (a) 타인 대신 고장[辭牒]을 작성하는데 정상을 더하여 고하려는
   바와 같지 않게 한 자는 태50에 처한다. (b) 만약 증가시킨 죄가
   태50보다 무거우면 무고죄에서 1등을 감한다.

2. (a) 만약 고용되어 타인의 죄를 무고한 자는 자신이 무고한 것과 같고, 장죄가 무거운 경우에는 좌장으로 논하되 2등을 더한다.
  (b) 고용한 자는 교령법에 따른다.
3. (a) 만약 고한 내용이 사실이면 고용된 자는 좌장으로 논하고,
  (b) 고용한 자는 처벌하지 않는다.

(1) 타인 대신 고장을 작성하는데 정상을 더한 죄

1) 구성요건

이 죄의 요건은 타인 대신 고장을 작성하는데, 고하려는 것보다 정상을 증가시킨 것이다. 다시 말하면 타인에게 고용되어 고장을 작성하는데. 고장을 작성한 사람이 고하는 자와 상의하지 않고 죄상을 더한 것이다. 만약 고하는 자가 더하도록 시킨 경우 고하는 자의 무고죄가 된다.

2) 처벌

① 죄상을 더한 작성자는 태50에 처한다.

② 만약 죄상을 증가시킨 죄가 태50보다 무거우면 무고한 죄에서 1등을 감한다. 가령 피고인의 죄가 도1년에 해당하는데 고장을 작성하면서 정상을 더하여 도1년반에 이르게 했다면 반년을 더한 것이 되는데, 더한 반년의 도죄는 장100으로 대체될 수 있으며(명56.4) 여기서 1등을 감하므로 장90에 처한다.

③ 고용되어 받은 재물을 좌장의 장물로 계산한 죄가 무고한 죄보다 무거운 때에는 좌장으로 논하여 처단한다.

(2) 고용되어 타인의 죄를 고한 죄

1) 구성요건
이 죄의 요건은 고용되어 타인의 죄를 고한 것이다. 이 경우 고한 것이 사실이든 무고이든 다 같이 처벌하는데, 다만 그 형이 다르다. 고용한 사람은 무고인 경우에 처벌하고 사실이면 처벌하지 않는다.

2) 처벌

(a) 무고인 경우
① 고용된 자는 자신이 무고한 것과 같이 처벌한다. 고용되어 받은 재물을 좌장의 장물로 계산 죄가 무고의 죄보다 무거운 경우에는 좌장으로 논하되 2등을 더한다. 가령 견 10필을 받고 고용되어 타인을 도1년반의 죄로 무고한 경우 좌장으로 논하면 10필은 도1년에 해당하는데, 이에 2등을 더해 도2년에 처한다.

② 고용한 자는 교령법에 따른다. 즉 투송률 56.1조의 "교령한 자를 종범으로 한다."는 규정에 의거하여 고용해서 무고한 죄에서 1등을 감해 그대로 도1년에 처한다.

(b) 만약 고한 내용이 사실로 드러난 경우
① 고용된 자는 받은 재물을 좌장의 장물로 계산하여 죄를 논한다. 가령 견 10필을 받고 타인의 죄를 고했는데, 고한 내용이 사실이면 도1년에 처한다.

② 고용한 자는 처벌하지 않는다. 고한 것이 사실이므로 고용한 자는 죄가 없다.

5. 사람을 교령하여 무고한 죄

투송률56(557쪽)

1. 사람을 교령하여 고하게 했는데, 고한 일이 거짓이어서 반좌해야 하거나 사실이어서 상을 주어야 하면, 모두 고한 자를 수범으로 하고 교령한 자를 종범으로 한다.

2. (a) 만약 다른 사람을 교령하여 자신의 시마친 이상 친속을 고하게 하거나, 부곡·노비를 교령하여 그 주인을 고하게 한 자는 각각 고한 자의 죄에서 1등을 감하고, 교사된 자는 율대로 논하며, (b) 만약 다른 사람을 교령하여 자·손을 고하게 한 자는 고한 바의 죄에서 1등을 감한다. 〈비록 무고라도 또한 같다.〉

(1) 사람을 교령하여 무고한 죄의 수범·종범

사람을 교령하여 고하게 했는데, 고한 일이 거짓이어서 반좌해야 하거나 사실이어서 상을 주어야 하는 경우에는, 모두 고한 자를 수범으로 하고 교령한 자를 종범으로 하여 처벌한다. 따라서 무고로 처벌할 때는 종범은 수범의 죄에서 1등을 감한다(명42.1). 상 줄 때는 대략 장100의 예에 따른다. 가령 다른 사람을 교령하여 장100의 죄로 고한 것이 거짓이라면 고한 자는 수범이 되어 장100에 해당하며, 교령한 자는 종범이 되어 장90에 해당하니, 곧 종범은 수범의 죄에서 1/10을 감한다. 따라서 상을 주는 경우에도 준해서, 종범의 상은 수범의 상에서 1/10을 감한다.

(2) 사람을 교령하여 자신의 친속을 고·무고한 죄

만약 사람을 교령하여 자신의 시마친 이상 친속을 고하게 한 때에는(투44-46) 고한 죄에서 1등을 삼해서 처벌한다. 단 시마친 이상 친속을 고한 경우, 만약 친속이 존장이면 처벌이 무겁고 비유이면 처벌이 가볍다. 따라서 교령한 자는 각각 고한 자의 죄에서 1등을 감한다. 교사된 자는 율대로 논한다. 다시 말하면 교사되어 시마친 이상 친속이나 주인을 고한 자는 각각의 고한 죄를 받는다.

(3) 사람을 교령하여 자신의 자·손을 고·무고한 죄

만약 사람을 교령하여 자·손을 고하게 한 자는, 원래 자·손을 무고하는 것도 죄가 없으므로(투46.2), 각각 고한 바의 죄에서 1등을 감하여 처벌한다. 비록 무고라도 마찬가지로 고한 바의 죄에서 1등을 감해서 처벌한다. 사람을 교령하여 외손이나 자손의 부인·첩 및 자신의 첩을 고·무고하게 한 경우 역시 고한 바의 죄에서 1등을 감해서 처벌하는데, 그 이유는 자·손과 마찬가지로 무고한 경우도 죄가 없기 때문이다(투46.2).

(4) 타인의 사람을 교령하여 자신의 주인을 고·무고하게 한 죄

혹은 타인의 부곡·노비를 교령하여 그 주인을 고하게 한 자는 고한 것이 사실이든 무고이든 각각 고한 자의 죄에서 1등을 감해서 처벌한다. 부곡·노비가 주인을 고했다면 모두 교형에 처하므로(투48.1a), 교령한 자는 유형에 처한다. 다른 사람의 부곡·노비를 교령하여 그 주인의 친속을 고하게 한 경우는 율문은 없지만, 그 주인의 기친 및 외조부모를 고하게 한 자는 '해서는 안 되는데 행한 죄의 무거운 쪽'(잡62.2)에 따라 처벌하고, 대공친 이하 시마친 이상 친속을 고하게 했다면 '해서는 안 되는데 행한 죄의 가벼운 쪽'(잡62.1)에 따라 처벌한다.

6. 죄수가 타인을 허위로 끌어들여 공범으로 삼은 죄

단옥률7(475조)

죄수가 감금되어 있으면서 망령되이 타인을 끌어들여 공범으로 삼은 때에는 무고로 논한다. 만약 본래 범한 것이 비록 사죄이더라도 그대로 유형·도형을 장으로 대체하거나 속하는 법에 준한다.

(1) 구성요건

이 죄의 요건은 죄수가 감금되어 있으면서 타인을 허위로 끌어들여 공범으로 삼은 것이다. 예컨대 절도하다가 발각된 자가 허위로 타인을 함께 절도하였다고 끌어들이거나 살인한 자가 허위로 같이 범행하였다고 타인을 끌어들이는 것과 같은 따위를 말한다. 이는 죄수가 타인에게 죄를 뒤집어씌우는 것을 금지하기 위해 규정한 것으로, 죄수가 다른 사건을 고할 수 없도록 한 것(투51.1)과 같은 이유이다.

(2) 처벌

무고로 논한다. 단 만약 본래 범한 것이 사죄이면 유형·도형을 장형으로 대체하거나(명29.2a와 소) 속하는 법에 준한다. 본래 범한 죄가 사형에 해당하면 더해서 처벌할 수 없기 때문에 유형·도형을 장형으로 대체하는 법에 준하며, 속할 수 있는 자는 곧 유형·도형을 속하는 법에 준한다.

7. 타인의 부모가 사망하였다고 거짓으로 고한 죄(사22의 문답)

타인의 부모가 사망하였다고 거짓으로 관에 고한 자는 '마땅히 해서는 안 되는데 행한' 죄(잡62)의 무거운 쪽에 따라 장80에 처한다.

부모가 사망하였다고 하면 자식으로서는 지극한 슬픔이다. 갑자기 거짓으로 알려서 타인에게 거애하게 한 경우 알린 자의 정상을 논하면 잘못이 적지 않다. 따라서 율·영에는 비록 해당하는 처벌법이 없지만 이렇게 처벌하는 것이다.

제2절 친속·주인 또는 주인의 친속을 고·무고한 죄

Ⅰ. 개설

명례율 46조에는 동거자 또는 대공 이상 친속 및 외조부모·외손, 또는 손부, 남편의 형·제 및 형·제의 처에게 죄가 있어 서로 숨겨주거나, 부곡·노비가 주인을 위하여 숨겨주어도 모두 죄를 논하지 않고, 사건을 누설하거나 소식을 은밀히 전하더라도 역시 처벌하지 않으며, 소공친 이하가 서로 숨겨주었다면 일반인이 서로 숨겨준 죄에서 3등을 감한다는 법례가 규정되어 있다. 이것이 이른바 서로 숨겨주는 것을 허용한다(相容隱)는 원칙인데, 이는 당률 전체에 관통해서 적용된다. 따라서 이러한 원칙에 반하여 친속 및 주인을 관에 고한 자는 처벌하는데, 친속을 고한 죄는 투송률 44~46조에, 부곡·노비가 주인 및 주인의 친속을 고한 죄는 투송률 48조에 규정되어 있다. 친속·주인 또는 주인의 친속을 무고한 죄는 별도의 죄명이 없고, 고한 죄에 가중해서 처벌하도록 규정되어 있다. 조부모·부모 및 주인을 무고한 죄에 대해서는 조문이 없다. 이 경우는 고한 죄가 이미 교형에 해당하여, 그보다 정이 무거운 무고에 대해서는 처벌 규정을 둘 필요가 없기 때문이다.

II. 친속을 고·무고한 죄

1. 조부모·부모를 고한 죄

투송률44(345조)

1. 조부모·부모를 고한 자는 교형에 처한다. 〈연좌할 죄나 모반 이상
   이 아닌데도 고의로 고한 것을 말한다. 다음 조항도 이에 준한다.〉
2. 만약 적·계·자모가 그 부를 살해하거나 양부모가 그 본생부모를
   살해했다면 모두 고하는 것을 허락한다.

(1) 구성요건

1) 행위

이 죄의 요건은 고의로 고한 것이다. 만약 조부모·부모가 법을 위
반하거나 과실을 범하면 이치로 간언해야 하며, 받아들이지 않더라
도 더욱더 공경하고 효를 해서 기쁘게 한 뒤 다시 간해서 죄에 빠지
지 않도록 해야 할 뿐 관에 고해서는 안 된다. 고의로 고했다는 것
은, 그 의도가 나쁜 데에 있어 조부모·부모를 죄에 빠뜨리고자 하여
고의로 그를 고한 것을 말한다. 만약 신문을 받는 중에 피할 수 없어
변명하다가 조부모·부모를 끌어들였을 경우에는 본 조문의 조부모·
부모를 고한 죄에 해당되지 않는다.

2) 죄명의 제한

고한 것이 연좌되는 죄나 모반(謀叛) 이상의 죄가 아니어야 한다.
연좌되는 죄는 모반·대역(적1) 및 모반하여 길을 나선 것이다(적4).
모반 이상의 죄는 모반하였으나 길을 나서지 않은 것과 대역을 모의

하고 실행하지 않은 것[謀大逆]이다. 이 죄를 범한 자는 모두 신하되기를 거부한 자에 해당하므로 조부모·부모가 이 죄를 범하고 그 자·손이 고하더라도 고죄가 성립하지 않으며, 본복으로 기친 이상인 자가 체포하여 고하여도 모두 자수한 자와 같은 법(명37.3의 주)으로 처분한다. 만약 고의로 이러한 죄 이외의 다른 죄를 고한 경우에는 조부·부는 자수와 같은 법을 적용하고, 고한 자·손은 교형에 처한다.

3) 객체

객체는 통상 친생부모 및 조부모이지만, 양부모와 적모·계모·자모에 대해서도 모두 고할 수 없다. 다만 율은 예외적으로 적·계·자모가 그 부를 살해하거나 양부모가 그 본생부모를 살해한 때에는 고하는 것을 허용한다. 만약 적모·계모가 친생 서모를 살해했다면 또한 고해서는 안 된다.

(2) 처벌

각각 교형에 처한다. 십악의 불효(명6.7의 주①)를 적용한다.

2. 기친 존장을 고·무고한 죄

투송률45(346조)

1. (a) 기친존장·외조부모·남편·남편의 조부모를 고한 자는 고한 것이 비록 사실이더라도 도2년에 처한다. (b) 단 고한 사안이 도2년보다 무거운 때에는 고한 바의 죄에서 1등을 감하며, 〈범한 바는 비록 논해서는 안 되는 것이라도 고한 자는 오히려 처벌한다.〉 (c) 만약 무고인데 고한 사안이 도2년보다 무거운 때에는 무고한 바의 죄에 3등을 더한다.

3. 만약 서로 숨겨줄 수 있는 관계[相容隱]가 아니면 고발된 자는 율대로 논한다. 만약 모반·모대역·모반을 고한 자는 각각 처벌하지 않는다.

4. 단 침범당해서 스스로 소를 제기하는 것은 허락한다. 〈아래 조항도 이에 준한다.〉

(1) 기친존장·외조부모·남편 및 남편의 조부모를 고한 죄

1) 구성요건

이 죄의 요건은 기친존장, 외조부모·남편, 남편의 부모·조부모를 고한 것이다. 반드시 모반·모대역·모반 이외의 범죄를 고한 것에 한하는데, 그 이유는 부모에 대한 경우와 같다. 난 기친존상 등이 비유의 재물을 침탈하거나 그 신체를 구타한 경우 비유는 스스로 소를 제기할 수 있다.

2) 처벌

고한 자는 비록 고한 내용이 사실이라도 도2년에 처한다. 고한 바의 죄가 무거운 경우에는 고한 바의 죄에서 1등을 감해서 처벌한다. 가령 기친존장이 견 25필을 절도하였다고 고하였다면 그 죄는 도3년(적35.2)에 해당하는데, 이 경우 존장은 자수한 것과 같은 법으로 처분하여 죄를 면하고, 비유는 고한 바의 죄에서 1등을 감해 도2년반에 처한다.

기친 이하 친속이 혹 나이가 80세 이상, 10세 이하이거나 또는 독질인 경우에는 비록 죄를 범해도 논해서는 안 되지만(명30.2), 비유가 이들을 고했다면 처벌한다.

(2) 기친존장·외조부모·남편 및 남편의 조부모·부모를 무고한 죄

이 죄의 요건은 기친존장·외조부모·남편 및 남편의 조부모·부모를 무고한 것이다. 단 기친존장 등의 죄가 사실이더라도 고한 죄가 도2년에 해당하기 때문에, 무고죄는 무고한 바의 죄에 3등을 더해서 도2년보다 무거운 경우에만 적용된다.

3. 대공·소공·시마친존장을 고·무고한 죄

투송률45(346조)

2. (a) 대공친존장을 고한 자는 기친존장을 고한 죄에서 1등씩 감하고, 소공·시마친존장을 고한 자는 2등씩 감하며, (b) 무고인데 고한 사안이 고죄보다 무거운 때에는 무고한 바의 죄에 1등을 더한다.

3. 만약 서로 숨겨줄 수 있는 관계[相容隱]가 아니면 고발된 자는 율대로 논한다. 만약 모반·모대역·모반을 고한 자는 각각 처벌하지 않는다.

4. 단 침범당해서 스스로 소를 제기하는 것은 허용한다. 〈아래 조항도 이에 준한다.〉

(1) 대공친존장을 고·무고한 죄

1) 대공친존장을 고한 죄

대공친존장을 고한 죄의 요건은 기친존장을 고한 경우와 같다. 대공친존장을 고한 자는 기친존장을 고한 죄에서 1등을 감해서 도1년 반에 처한다.

2) 대공친존장을 무고한 죄

대공친존장을 무거운 사안으로 무고한 자는 무고한 바의 죄에 1등을 더해서 처벌한다. 단 대공친존장을 고한 경우 사실이더라도 죄가 도1년반에 해당하기 때문에, 무고죄는 무고한 바의 죄에 1등을 더해서 도1년반보다 무거운 경우에만 적용된다.

(2) 소공·시마친존장을 고·무고한 죄

1) 소공·시마친존장을 고한 죄

죄의 요건은 대공친존장을 고한 경우와 같다. 소공·시마친존장을 고한 자는 기친존장을 고한 죄에서 2등을 감해서 도1년에 처한다.

2) 소공·시마친존장을 무고한 죄

소공·시마친존장을 무거운 사안으로 무고한 자는 무고한 바의 죄에 1등을 더해서 처벌한다. 단 소공·시마친존장을 고한 경우 사실이더라도 죄가 도1년에 해당하기 때문에, 무고죄는 무고한 바의 죄에 1등을 더해서 도1년보다 무거운 경우에만 적용된다.

4. 기친 이하 비유를 고·무고한 죄

투송률46(347조)

1. (a) 시마친·소공친 비유를 고한 자는 비록 고한 것이 사실이더라도 장80에 처하고, 대공친 이상이면 차례로 1등씩 감한다. (b) 무고인데 고한 바의 죄가 고죄보다 무거운 때에는 기친비유이면 무고한 바의 죄에서 2등씩 감하고, 대공친비유이면 1등씩 감하며, 소공친 이하는 일반인을 무고한 것으로 논한다.

2. 자·손·외손, 자·손의 부인·첩 및 자신의 첩을 무고한 자는 각각
   논하지 않는다.

(1) 기친 이하 비유를 고한 죄

시마·소공친에는 외척·인척으로 복이 있는 자도 이에 포함한다. 이들은 원래 서로 숨겨 주어도 죄를 감할 수 있으므로(명46) 허물이 있어도 고해서는 안 되며, 고한 자는 비록 고한 것이 사실이라도 처벌한다. 시마·소공친비유를 고한 자는 장80에 처한다. 대공친 이상 비유를 고한 자는 1등을 감해서 장70에 처하며, 기친비유를 고한 자는 또 1등을 감해서 장60에 처한다. 자·손·외손과 자·손의 부인·첩을 고한 자는 무고와 사실을 가리지 않고 죄를 논하지 않는다.

(2) 기친 이하 비유를 무고한 죄

① 기친비유를 무고한 자는 무고한 바의 죄에서 2등을 감해서 처벌한다. 단 고죄가 장60에 해당하므로 2등을 감해서 장60보다 무거운 죄로 무고한 경우에 한하여 무고죄를 적용한다. 예를 들면 기친비유를 장90에 해당하는 죄로 무고한 자는 무고한 바의 죄에서 2등을 감해서 장70에 처한다.

② 대공친비유를 무고한 자는 무고한 바의 죄에서 1등을 감해서 처벌한다. 단 고죄가 장70에 해당하므로 1등을 감해서 장70보다 무거운 죄로 무고한 경우에 한하여 무고죄를 적용한다. 예를 들면 대공친비유를 장90에 해당하는 죄로 무고한 자는 무고한 바의 죄에서 1등을 감해서 장80에 처한다.

③ 소공친 이하 비유를 무고한 자는 일반인을 무고한 것으로 논한다. 따라서 소공친 이하 비유를 무고한 자는 죄에 제한이 없이 무고한 바의 죄로 반좌한다.

(3) 자·손·외손 및 자·손의 부인·첩, 또는 자신의 첩을 무고한 경우의 처분

자·손·외손 및 자·손의 부인·첩, 또는 자신의 첩을 무고한 자는 각각 죄를 논하지 않는다. 증손·현손의 부인·첩을 무고한 자도 또한 같다(명52.1). 또한 무고에 대해 원래 죄를 묻지 않으므로 사실을 고한 자도 역시 죄주지 않는다. 고발된 사람은 고한 사람과 서로 숨겨줄 수 있는 자이므로(명46.1a) 모두 자수와 같은 법을 적용한다(명37.3a).

(4) 남편이 처·첩을 무고한 경우에 대한 처분(투46의 문답)

① 남편이 만약 처를 무고한 경우에는, 구타하여 살상한 죄(투24.1a)를 유추해서 적용하여, 무고한 죄에서 2등을 감해서 처벌한다. 남편이 첩을 무고한 때에는 죄를 논하지 않는다.

② 처가 첩을 무고한 죄는 남편이 처를 무고한 죄와 같다.

5. 특별처분

① 대공친 이상 존장 및 소공친존속을 고하거나 처·첩이 남편을 고한 것은 모두 각각 불목에 포함된다(명6.8의 주②).

② 기친존장·외조부모·남편과 남편의 조부모, 대공친존장은 서로 숨겨줄 수 있는 관계이므로(명46.1a) 피고자는 자수한 것과 같이 죄를 면한다.

③ 서로 숨겨줄 수 있는 관계가 아닌 존장, 즉 소공친·시마친존장은 서로 숨겨주는 것이 완전히 용납되는 관계가 아니므로(명46.2) 고의 내용이 사실이면 고발된 자는 각각 율에 의거하여 처단한다.

④ 존장을 고했는데 사실과 허위가 포함되어 있는 경우 무거운 죄

를 가벼운 죄에 병합한 뒤 1등을 감하여 처단한다. 가령 기친존장이 30필을 절도하였다고 고하였는데, 검사하여 보니 25필은 절도한 것이 사실이고 5필은 거짓인 경우는 '가벼운 것을 무거운 것에 병합해서 누계하여 처벌[倂滿]'할 수 있는 것에 해당하므로(명45.3b), 무고한 죄(도2년반)의 5필을 사실을 고한 죄(도2년) 25필에 더하여 30필의 절도를 고한 죄(유2000리)에서 1등을 감해서 도3년에 처한다.

III. 천인이 주인 및 주인의 친속을 고·무고한 죄

투송률48(349조)

1. (a) 부곡·노비가 주인을 고했다면, 모반·모대역·모반죄가 아니면 모두 교형에 처하고, 〈고발된 자는 자수와 같은 법을 적용한다.〉 (b) 주인의 기친 및 외조부모를 고한 때에는 유형에 처하고, 대공 이하 친속은 도1년에 처하며, (c) 무고한 죄가 무거운 때에는 시마친은 일반인을 무고한 죄에 1등씩 더하고, 소공·대공친은 차례로 1등씩 더한다.
2. (a) 만약 노비가 원래 양인이었다고 소를 제기하면서 거짓으로 주인이 압박하였다고 말한 때에는 도3년에 처하고, (b) 부곡은 1등을 감한다.

1. 부곡·노비가 주인을 고한 죄

부곡·노비가 모반·모대역·모반 아닌 죄로 주인을 관에 고한 때에는 수범·종범을 구분하지 않고 모두 교형에 처한다. 주인은 같은 호적 내의 양인 이상으로 재산을 분배받을 수 있는 자이다(적7.1의 소). 고발된 주인은 자수와 같은 법을 적용한다. 원래 부곡·노비는 주인을 위해 그 죄를 숨겨 주어야 하므로(명46.1b) 고발된 주인은 자수와 같은 법을 적용해서 처분하는 것이다(명37.3a). 즉 부곡·노비가 주인이 범한 사죄 이하의 죄를 관에 고한 경우, 주인은 자수한 때와 같이 죄를 면하고 부곡·노비는 교형에 처한다.

2. 부곡·노비가 주인의 기친 이하 친속을 고·무고한 죄

(1) 부곡·노비가 주인의 기친 이하 친속을 고한 죄
① 주인의 기친 및 외조부모를 고한 부곡·노비는 유형에 처한다. 여기서 유형의 거리를 말하지 않은 것은 부곡·노비가 범한 유죄는 모두 장200으로 대체해서 집행하기(명47.2) 때문이다.

② 내공친 이하의 친속을 고한 자는 도1년에 처하며, 역시 장120으로 대체해서 집행한다.

③ 고발된 친속은 고발된 것이 사실이면 율과 같이 처벌한다. 부곡·노비와 주인의 친속은 서로 숨겨줄 수 있는 관계가 아니기 때문이다.

(2) 부곡·노비가 주인의 기친 이하 친속을 무고한 죄
① 부곡·노비가 주인의 기친 및 외조부모를 무고한 것에 대해서는 규정이 없다. 부곡·노비가 주인의 기친 및 외조부모를 고한 죄가 이미 유형에 해당하는데, 율에 죄를 더하여 사죄에 이른다는 조항이 없어 고한 죄가 이미 최고형에 이르기 때문이다.

② 주인의 대공친을 무고한 부곡·노비는 무고한 바의 죄에 3등, 주인의 소공친이면 2등, 주인의 시마친이면 1등을 더해 처벌한다. 그런데 고한 죄는 모두 도1년에 해당하므로, 대공친은 장90 이상의 죄로, 소공친은 장100 이상의 죄로, 시마친은 도1년 이상의 죄로 무고

한 경우에 무고죄를 적용한다.

3. 부곡·노비가 양인이었다고 소를 제기하면서 거짓으로 주인이 압박하였다고 말한 죄

노비가 본래 양인이라고 소를 제기하면서 거짓으로 주인의 압박에 의해 부곡·노비가 되었다고 말한 때에는 도3년에 처하고, 부곡이 그렇게 한 때에는 1등을 감해서 도2년반에 처한다. 이는 부곡·노비가 본래 양인이라는 증거가 없는데 양인이었다고 소송하고 주인의 압박으로 천인이 되었다고 거짓으로 말한 경우에 처벌하는 규정이다. 이처럼 주인을 무고한 것과는 처벌을 달리하는 것은 부곡·노비가 스스로 소를 제기할 수 있는 길을 열어주기 위한 것이다. 따라서 이 경우 거짓으로 소를 제기한 것이 아니면 처벌하지 않는다고 해석해야 한다.

제3절 야간 주거 침입의 죄

Ⅰ. 야간에 이유 없이 타인의 집에 들어간 죄

적도율22(269조)

1. 밤에 이유 없이 타인의 집에 들어간 자는 태40에 처한다.
2. (a) 주인이 즉시 살해한 때에는 논하지 않으나, (b) 만약 침범한 것이 아님을 알면서 살상한 때에는 투구살상죄에서 2등을 감한다. (c) 단 이미 붙잡았는데 살상한 때에는 각각 투구살상으로 논하고, 사망에 이른 때에는 가역류에 처한다.

1. 야간에 이유 없이 타인의 집에 들어간 죄

야간에 이유 없이 함부로 타인의 집에 들어간 자는 태40에 처한다. 각루법(刻漏法)에 의거하여 주루(晝漏)가 다한 것을 야간으로 하고, 야루(夜漏)가 다한 것을 주간으로 한다. 집은 해당 집의 건물이나 院의 안을 말한다.

2. 주인이 침입자를 살상한 죄

① 주인이 당시, 즉 바로 그 시점에 살해하였다면 죄를 논하지 않는다.
② 만약 침범한 섯이 아님을 일면서도 살상한 때에는 투구살상죄에서 2등을 감한다.
③ 이미 붙잡아 억류한 뒤에 살상한 때에는 각각 투구살상죄로 논한다. 사죄에 이른 때에는 가역류에 처한다.

제4장
재산에 관한 죄

I. 개설

1. 현행 형법의 재산에 관한 죄

현행 형법은 재산에 관한 범죄로 절도와 강도의 죄(제38장), 사기와 공갈의 죄(제39장), 횡령과 배임의 죄(제40장), 장물에 관한 죄(제41장), 손괴의 죄(제42장) 및 권리행사를 방해하는 죄(제37장)를 두고 있는데, 이는 침해방법에 따라 분류한 것이다.

절도와 강도의 죄는 상대방의 의사에 의하지 않고 재산을 취득함으로써 성립하는 범죄이다. 이에 반하여 사기와 공갈의 죄는 상대방의 하자 있는 의사에 의하여 재물을 교부받거나 재산상의 이익을 취득함으로써 성립하는 범죄이다. 횡령과 배임의 죄는 신임관계에 위배하여 재물을 영득하거나 재산상의 이익을 취득함으로써 성립하는 범죄이다. 손괴의 죄는 재물의 효용을 해하는 것을 내용으로 하는 범죄이다.

2. 당률의 재산에 관한 죄

당률도 현행 형법과 마찬가지로 절도(적35)와 강도(적34)의 죄, 사기와 공갈의 죄, 횡령과 배임의 죄, 손괴의 죄 등을 두고 있다. 그러나 장물에 관한 죄 및 권리행사를 방해하는 죄에 대해서는 별도의 조항이 없다. 단 장물에 관한 죄는 별도의 조항은 없지만 각 본조에서 불법적인 물건 또는 사람임을 알고 사거나 숨겨준 자는 가중해서 처벌한다는 규정을 두고 있다. 권리행사를 방해하는 죄는 불법 점거로 타인의 토지를 몰래 경작하거나(호16, 19) 공공의 산과 들의 물건을 공력을 들여 취한 것을 침해한 죄(적44) 같은 유사 규정이 없는 것은 아니나, 물권 또는 채권의 보호에 관한 조문은 없다.

제1절 도죄(盜罪)

Ⅰ. 총설

1. 도죄의 내포

도죄는 투구살상죄와 마찬가지로 가장 보편적인 범죄로 율의 조항이 가장 많아서 적도율에만 관련 조항이 20여 개나 된다. 그 가운데 절도죄(적35)와 강도죄(적34)는 도죄의 보통죄명인데, 그 처벌 규정은 기타 재산범죄의 준거가 되기도 한다. 그리하여 어떤 죄행의 경우에는 도죄로 논하는[以盜論] 방식을 적용하여 진정 도죄로 처벌하고 어떤 죄행의 경우에는 도죄에 준하여 논하는[準盜論] 방식을 적용하여 본조의 형만으로 처벌하는데 그치기도 한다. 본조의 형만으로 처벌한다는 것은 제명·면관이나 배장 등의 부가형은 과하지 않는다는 뜻이다(명53.2).

또한 죄의 주체를 중시하는 것으로 감림·주수의 도죄(적36)와 친속의 재물을 절·강도한 죄(적40, 41)가 있다. 이 밖에 고의로 타인의 가옥을 불태우고 절도한 죄(적37), 공갈로 타인의 재물을 취한 죄(적

38), 본래 다른 이유로 사람을 구타하고 재물을 탈취한 죄(적39), 사인의 재물·노비를 관의 재물·노비와 바꾼 죄(적43), 이미 공력을 들인 산야의 물건을 함부로 취한 죄(적44)도 도죄에 포함된다.

2. 도죄의 성립

적도율53(300조)

도둑질은 공취(公取)든 절취(竊取)든 모두 도죄가 된다. 〈기물 따위는 반드시 옮겨야 하고, 우리에 묶어두거나 가두는 것 따위는 반드시 본래 있던 곳에서 벗어나야 하며, 돌아다니거나 나는 것 따위는 반드시 제어되어야만 도죄가 성립한다. 만약 축산의 짝이나 무리가 따라왔다면 합하여 계산하지 않지만, 만약 그것을 자기에게 들이거나, 어미를 훔쳤는데 새끼가 따라온 경우는 모두 합해서 계산한다.〉

이 조항에서는 "공취든 절취든 모두 도죄가 된다."고 정의하였다. 또 이 조문에 대한 소는 공취에 대해서 "도를 행한 사람이 공공연히 취하는 것이다."라고 해석하고, 절취에 대해서는 "기회를 틈타 몰래 그 재물을 절취하는 것을 말한다."고 해석하였다. 바꾸어 말하면 도죄는 공개적이거나 또는 몰래 타인의 재물을 불법적으로 취득하여 점거하는 행위라는 것이다. 또한 타인의 점유를 침범하여 자기의 점유로 옮겼을 때에도 도죄는 성립한다. 그렇지만 재물은 원래 대소·경중 등의 형상, 또는 성질의 다름이 있고, 또 재물의 소재도 다양하다. 따라서 한마디로 "도죄가 성립한다."고 말하더라도 행위자의 사실적 지배하에 어느 시점에 들어갔는가에 대한 판단, 즉 기수와 미수의 판단은 구체적인 사정에 의해 다를 수밖에 없다. 그러므로 적도율 53조의 주는 재물의 대표적인 예로 기물 및 동전·비단의 부류,

주옥·보화의 부류, 목석·중기의 부류, 말·소의 부류, 매·개의 부류를 들고, 각각 도죄의 기수에 달하는 시기를 제시하고, 다시 그 소에서 구체적으로 해석하였다.

① 기물의 부류는 반드시 옮겨져 있어야 도죄가 성립한 것으로 본다. 즉 기물 및 동전·비단 같은 것들은 반드시 옮겨 본래 있던 곳에서 벗어나 있어야 한다는 것을 말한다. 그중 주옥·보화와 같은 것은 손에 넣어서 숨기는 것을 근거로 삼으며, 설령 아직 가져가지 않았어도 그렇다. 그러나 목·석이나 기타 무거운 기물과 같이 사람의 힘으로 감당할 수 있는 바가 아니어서 반드시 수레에 실어야 할 것은, 비록 본래 있던 곳에서 옮겼어도 아직 수레에 싣지 않은 동안에는 여전히 도죄가 성립하지 않는다. 단 물건에는 크고 작음이 있으니 사건의 처리에 임하여 개개의 사안의 성질을 고려하여 판단해야 한다.

② 우리에 가두어 두거나 묶어두는 것 등은 반드시 항상 있던 곳에서 벗어나야 한다. 즉 말·소·낙타·노새와 같은 것들은 반드시 우리 및 묶어 가두어 둔 곳에서 벗어나야 한다는 것을 말한다.

③ 풀어놓으면 날아다니거나 뛰어다니는 것 등은 반드시 제어되어야 한다. 이는 대개 매·개와 같은 것을 말하며, 반드시 자기가 오로지 제어해서 자유롭지 못하도록 한 때에 도죄가 성립한다.

이상과 같은 요건에 따라 도죄가 성립한 때에는 적도율 34조(절도)와 35조(강도)의 '재물을 취득한 죄'로 논하여 장물의 수에 따라 죄를 정하며, 장물을 헤아리지 않는 도죄(적23~33)이면 해당 조항에 정한 죄를 받게 된다. 그러나 절도를 시도했으나 재물을 취득하지 못한 경우 절도라면 태50, 강도라면 도2년을 받게 된다.

단 주의할 것은 가령 말 한 필을 훔쳤는데 별도로 짝 따위가 따라온 경우 합하여 계산해서 처벌해서는 안 된다. 그렇지만 짝을 쫓아서 따라왔는데 마침내 자신의 소유로 한 경우 및 그 어미를 훔쳤는데 새끼가 따라온 경우에는 모두 합하여 계산해서 처벌한다.

또한 도죄의 객체는 장소의 이전이 가능한 것에 한하므로 토지는 도죄의 객체가 될 수 없다. 즉 전지(田地)는 위의 예와 같이 옮길 수 있는 재물이 아니어서 몰래 경작한 행위나 공·사전을 망인한 것과 같은 토지 관련 도죄는 진정한 도죄와 같을 수 없으므로, 호혼율에 별도의 규정을 두었다(호16·17 및 그 소).

3. 장물을 계산하지 않는 도죄의 처벌원칙

적도율33(280조)

장물을 계산하지 않고 처벌 규정을 정한 도죄인데, 죄를 감한다는 언급이 있어 일반절도죄보다 가볍게 된 경우, 장물을 계산하여 죄가 일반절도죄보다 무겁다면 일반절도죄로 논하되 1등을 더한다.

적도율 23조 대사(大祀)의 신이 쓰는 물품을 절도한 죄부터 32조 관·사의 말이나 소를 절도하여 도살한 죄까지는 장물을 계산해서 죄를 정하지 않고 절도의 목적물마다 별도의 처벌 규정을 두고 있다. 그런데 각 조문에는 역시 감하는 곳이 있어 죄가 가벼워질 수 있다. 그렇지만 장물을 계산하지 않는 죄는 모두 응당 무겁게 죄를 받아야 하기 때문에 별도로 처벌 규정을 정한 것이므로, 만약 죄를 감한 것이 일반절도죄보다 가볍게 될 경우에는 각각 반드시 장물을 계산하여 일반절도죄로 논하되 1등을 더한다. 가령 타인의 말이나 소를 절도하여 도살한 죄는 도2년반인데(적32), 만약 말과 소의 장물 값이 견 20필인 경우 일반절도죄로 계산하면 도2년반에 해당하지만(적35), 말·소를 절도하여 도살한 죄는 장물을 계산하지 않고 죄의 등급을 정했기 때문에 일반절도죄에 1등을 더하여 도3년에 처한다. 또한 죄를 감한다는 언급이 있어 일반절도죄보다 가볍게 될 경우도 있는데, 이 경우도 마찬가지이다. 예컨대 시신을 넣는 관을 절도한 자는 도2년반에 처하지만, 의복을 절도한 자는 1등을 감한다(적30)고 규정되어 있으므로 죄는 도2년에 해당한다. 그런데 가령 시신을 넣은 관에서 절도한 의복의 가치가 견 20필이라면 일반절도죄에 의거하면 도2년반이 되어 관 속의 의복을 절도한 죄(적35)가 일반절도죄보다 가볍게 되므로, 이 같은 경우 일반절도죄에 1등을 더해서 역시 도3년에 처한다. 또한 만약 황태자가 입고 쓰는 물품을 절도하거나 중·소사(中·小祀) 등에 쓰이는 물품을 절도했다면 비록 죄를 감할 수 있더라도, 역시 장물을 계산하지 않고 정한 처벌 규정, 즉 감한 죄가 일반절도죄보다 가볍게 될 경우 일반절도죄에 1등을 더한다는 규정을 적용한다.

4. 도죄의 공범

적도율50(297조)

1. 함께 강·절도한 경우에는 장물을 합산해서 논한다.
2. (a) 조의자 및 수종자가 강·절도를 행했고 자기 몫을 받지 않은 경우나, 자기 몫은 받았지만 행하지 않은 경우는 각각 본래의 수범·종범을 구분하는 법에 의거한다. (b) 만약 조의자가 범행을 행하지 않고 자기 몫을 받지도 않은 경우에는 바로 행한 사람 중에서 행동을 지시한 자를 수범으로 하고, 조의자를 종범으로 하며, 사죄에 이른 경우에는 1등을 감한다. (c) 수종자가 행하지 않고 자기 몫도 받지 않은 경우에는 태40에 처하며, 강도의 경우는 장80에 처한다.
3. 만약 본래 함께 모의하지 않고 서로 우연히 만나 함께 절도한 경우에는 그 당시에 행동을 지시한 자를 수범으로 하고, 나머지를 모두 종범으로 하여 처벌한다. 〈함께 강도한 경우에는 죄에 수범·종범의 구분이 없다.〉

4. 주인이 부곡·노비를 보내서 강·절도하게 하였다면 비록 강·절도한 물건을 취득하지 않았더라도 그대로 수범으로 한다. 만약 부곡이나 노비가 스스로 강·절도한 뒤 주인이 그 정을 알고서 재물을 받았다면 강도든 절도든 모두 절도의 종범으로 한다.

(1) 개설

명례율에서 정한 공범은 조의자를 수범으로 하고 수종자는 1등을 감한다(명42.1). 단 공동으로 도죄를 범한 경우 강도는 원칙적으로 수범·종범을 구분하지 않고, 실행 여부와 장물의 분배를 고려하여 죄를 논한다.

(2) 공동 도죄의 수범·종범

공동으로 범한 도죄는, 처음부터 공동으로 모의하여 범한 경우와 모의 없이 우연히 만나 공동으로 범한 경우로 구분해서 죄를 논한다.

1) 공동으로 모의하고 함께 범한 경우

공동으로 모의하고 함께 범한 경우에는 조의자와 수종자가 있는데, 조의자는 본래 모의를 주도한 자이다. 단 율은 장물의 분배 및 동행을 중시하므로 수범·종범에 관한 통례를 다소 수정한다.

① 조의자가 범행 현장에 갔지만 몫을 받지 않았거나 몫은 받았지만 가지 않았고, 수종자도 역시 범행 현장에 갔지만 몫을 받지 않았거나 몫을 받았으나 가지 않았으면, 각각 본조(적50.2)의 수범·종범으로 구분하는 법에 의거하여 처벌한다. 다시 말하면 만약 조의자가 범행 현장에 갔지만 자기 몫을 받지 않았거나 몫은 받았지만 가지 않았거나, 수종자도 역시 갔지만 몫을 받지 않았거나 몫은 받았지만 가지 않은 때에는, 비록 간 것과 몫을 받은 것에 다름이 있지만 조의

자 1인만 수범으로 하고 나머지는 종범으로 하여 처벌한다.

② 조의자가 범행 현장에 가지도 않고 또 몫을 받지도 않았으면, 곧 현장에 간 사람 중에서 범행을 지휘한 자를 수범으로 하고 조의 자는 종범으로 하며, 사죄에 이른 때에는 1등을 감한다. 가령 갑이 절도할 것을 조의하였으나 범행 현장에 가지 않고 절도한 바의 재물에서 몫을 받지도 않았고 을·병·정 등은 같이 갔는데 을이 범행을 지휘했다면, 을은 마땅히 수범이 되고 갑은 가지 않았으므로 종범이 된다. 단 갑은 종범이지만 강도하여 죄가 사형에 이른 때에만 1등을 감하여 유3000리에 처하며, 유죄 이하이면 감해서는 안 된다. 절도의 수종자가 가지도 않고 또 몫도 받지 않은 때에는 태40에 처하고, 강도의 경우는 장80에 처한다.

2) 우연히 만나 공동으로 범한 경우

본래 함께 모의하지 않고 서로 우연히 만나 함께 절도를 범한 경우에는, 때에 임해서 범행을 지휘한 자를 수범으로 하고 나머지는 모두 종범으로 하여 처벌한다. 이 경우 사전에 조의한 자가 없으므로 범행을 지휘한 사람을 수범으로 삼는다. 단 우연히 만나 강도한 때에는 비록 함께 모의하지 않았더라도 모두 수범·종범의 구분이 없다.

(3) 주인이 천인을 시켜 절도하거나 천인 스스로 범한 정을 알면서 재물을 받은 죄

1) 주인이 사천을 시켜 절도를 행한 죄

(a) 주인이 천인을 시켜 절도를 행한 경우

주인이 자기 집의 부곡·노비를 시켜 절도하였다면 비록 절도한 바의 물건을 취득하지 않았어도 주인은 그대로 행한 절도의 수범이 되고, 부곡·노비는 종범이 된다. 통례에 의하면 조의자가 가지 않고 몫을 받지도 않았으면 현장에 가서 범행을 지휘한 자를 수범으로 삼고 수종자는 종범이 된다. 그러나 여기서는 주인이 자기의 천인을 시킨 것이므로 비록 몫을 받지 않고 또 가지 않았어도 그대로 주인을 수범으로 삼는 것이다. 만약 주인이 자기의 천인을 시켜 강도했다면 수범·종범으로 구분하지 않는다.

(b) 주인이 천인을 보내 도적을 따르게 한 경우(적50.4의 문답)

주인이 함께 모의하지 않았으나 부곡·노비를 보내 타인을 따라 절도하게 한 경우 그 주인은 비록 천인을 시켰더라도 원래 절도를 모의한 사람과 같을 수 없으므로 부곡·노비가 얻은 장물을 계산하여 종범으로 처벌한다. 가령 노비가 다른 사람을 따라 절도한 재물이 모두 견 50필인데 노비가 10필을 나누어 받았다면, 노비는 50필의 절도죄에 대한 종범으로 도3년에 처하며, 주인은 10필의 절도죄에 대한 종범으로 도1년에 처한다. 만약 그 노비가 따라가서 강도했을 때는 노비는 수범과 같은 형을 받고 그 주인이 몫을 받았으면 역시 같으며, 몫을 받지 않았으면 마땅히 장80에 처한다.

2) 주인이 천인이 강·절도한 정을 알면서 재물을 받은 경우

부곡·노비가 스스로 강·절도를 범했는데 뒤에 주인이 그 정을 알면서 재물을 받았으면 강도·절도 모두 절도의 종범으로 하여 처벌한다(적50.4b). 가령 부곡 등이 먼저 강도·절도해서 재물을 얻었는데 주인이 뒤에 정을 알면서 견 5필을 받았으면 장100에 처한다.

5. 모의와 달리 행한 도죄

적도율51(298조)

1. (a) 강도를 함께 모의하였는데 때가 되어서는 범행 현장에 가지 않고 범행 현장에 간 자가 절도를 한 경우, 함께 모의한 자가 자기 몫을 받았다면 조의자는 절도죄의 수범으로 하고, 그 밖의 사람은 모두 절도죄의 종범으로 한다. (b) 만약 자기 몫을 받지 않았다면 조의자는 절도죄의 종범으로 하고, 그 밖의 사람은 모두 태50에 처한다.

2. (a) 만약 절도를 함께 모의하고 때가 되어서 범행 현장에 간 자가 강도하였는데, 만약 가지 않은 자의 경우 조의하고 몫을 받았다면 정을 알았든 몰랐든 모두 절도죄의 수범으로 삼으며, (b) 조의자가 몫을 받지 않았고 수종자가 자기 몫을 받았다면 모두 절도죄의 종범으로 삼는다.

(1) 강도를 모의하고 절도를 범한 경우

이 경우는 그대로 절도죄를 적용하며, 공동으로 모의한 사람이 전부 동행했다면 본래의 수범·종범으로 구분해서 처벌한다. 단 공모자 가운데 동행한 사람과 가지 않은 사람이 있고, 간 사람과 가지 않은 사람 중에서 다시 각각 몫을 받은 사람과 받지 않은 사람이 있을 때에는 수범·종범의 구분 방법을 수정한다.

1) 공모자가 몫을 받은 경우

이 때는 조의자를 절도의 수범으로 하고, 나머지를 절도의 종범으로 삼는다. 가령 갑·을·병·정이 강도를 함께 모의하였으나, 모의를 주동한 갑은 범행 현장에 가지 않았는데 갔던 사람이 절도를 하였고 갑은 비록 가지 않았으나 자기 몫을 받았다면, 갑은 원래 주동하였으므로 절도죄의 수범으로 하고 나머지 범행 현장에 갔던 자들은 모두 절도죄의 종범으로 삼는다.

2) 공모자가 몫을 받지 않은 경우

조의자가 자기 몫을 받지 않았다면 절도죄의 종범으로 삼고, 수종자가 자기 몫을 받지 않았다면 모두 태50에 처한다. 이들을 태50에 처하는 것은 원래 강도를 모의했기 때문에 현장에 가지도 않고 재물을 얻지도 못한 절도죄의 종범의 형인 태40(적50.1)에 1등을 더하여 태50에 처하는 것이다.

(2) 절도를 모의하고 범한 강도

만약 함께 절도를 모의하였으나 범행 때가 되어서는 범행 현장에 가지 않았는데 범행 현장에 간 자가 강도한 경우, 간 사람은 수범과 종범으로 나누지 않고 처벌한다(명43.3). 강도는 죄에 수범·종범이 없는 까닭에 간 사람은 수범·종범을 구분할 필요가 없고 또 몫을 받았는지 여부도 논할 필요가 없다. 가지 않은 자는 강도에 대해서는 인식하지 못하였으므로 책임이 없다.

1) 조의자

조의자가 범행 현장에 가지 않고 몫을 받았으면 정을 알았든 몰랐든 모두 절도죄의 수범이 되고, 몫을 받지 않았으면 절도죄의 종범이 된다.

2) 수종자

수종자가 비록 가지 않았더라도 몫을 받았다면 또한 절도의 종범으로 논한다. 모의의 수종자가 가지 않았고 몫도 받지 않았다면, 절

도하려 했으나 재물을 얻지 못한 죄의 처벌법에 따라 태40(적35.1)에
처한다.

6. 도죄의 상습범

적도율52(299조)

1. 도죄를 범하고 단죄된 뒤에도 여전히 다시 도죄를 범하여 전후
   로 세 번 도형에 해당하는 죄를 범한 자는 유2000리에 처한다.
   세 번 유형에 해당하는 죄를 범한 자는 교형에 처한다. 〈세 번
   도죄는 단지 사면된 뒤에 처벌된 것만을 헤아린다.〉
2. 단 친속 간의 도죄에 대해서는 이 율을 적용하지 않는다.

(1) 상습범의 요건

1) 단죄된 뒤 범행

도죄를 범하고 도형 또는 유형으로 단죄된 뒤에 다시 도죄를 세
번 범하여 도형 또는 유형의 죄를 받은 경우이다. 도죄는 절도와 강
도를 포함한다. 판결이 나기 전에 은강령·여(慮)에 따라 감형을 거친
경우에는 3범의 범위에 넣지 않는다. 바꾸어 말하면, 본래 범한 것이
비록 유형 또는 도형에 해당하더라도 은강령이나 여를 거쳐 유형이
나 도형에 이르지 않는 경우에는 3범의 범위에 넣지 않는다. 단 은강
령이 내려 사형이 유형 또는 도형으로 감형된 경우는 3범의 범위에
넣는다.

2) 대상의 제한

친속이 서로 범한 도죄가 아니어야 한다. 친속 사이의 도죄는 원

칙적으로 일반범에서 감하므로(적40, 직53의 주) 3범의 범위에 포함하지 않는다. 친속은 시마 이상 친속이거나 대공 이상과 혼인한 집을 말한다. 따라서 가령 4촌형·제의 부인의 친가나 4촌형·제의 아들·딸과 혼인한 가에서 범한 도죄는 도·유형에 해당하더라도 모두 3범의 범위에 포함하지 않는다.

(2) 상습범의 처벌
① 도형에 해당하는 도죄를 세 번 범한 자는 유2000리에 처한다.
② 유형에 해당하는 도죄를 세 번 범한 자는 교형에 처한다.

7. 특별 처분하는 도죄

도죄는 간죄와 함께 가장 파렴치한 범죄로 관인, 특히 감림·주수의 처벌은 매우 엄하다. 감림·주수가 스스로 도죄를 범하면 가중처벌하고(적36), 또 제명·면관 처분하며(명18.2, 19), 청장·감장·속장의 특전을 받을 수 없다(명9~11). 감림·주수가 아닌 관인 및 관친이 도죄를 범한 경우 역시 감장·속장의 특전을 받을 수 없다(명11.3). 도관·불사의 삼강과 도사·여관·승·니가 서로 도죄를 범한 경우 일반인으로 논하고, 이들이 관·사의 천인에 대해 도죄를 범한 경우도 역시 일반인으로 논한다(명57.3의 주 및 소).

율은 사유재산의 보호를 중시하므로, 이를 침해한 범행에 대해서는 존비귀천 관계 및 노소·장애인의 수형 능력을 고려하지 않고 처분하는 규정이 적지 않다. 예컨대 천인의 재물을 침해한 자는 양인의 재물을 침해한 것과 같이 처벌한다. 존장이 비유의 재물을 침해한 경우, 비유는 존장을 관에 고할 수 있다(투45.5). 80세 이상 10세이하가 도죄를 범한 경우 죄를 면제하지는 않지만 반드시 동으로 속하게 한다(명30.2).

도죄를 범한 자에 대한 처벌은 엄중하고 그 규정이 치밀하다. 예컨대 절도하다가 과실로 살상한 자는 투구살상으로 논하고(적42.1), 세 번 절도를 범한 자는 가중처벌한다(적52). 관할 지역 내에 도둑을 용인한 관사는 처벌한다(적54, 천5 참조). 도죄를 관에 고하였는데 고발된 사람이 실토하지 않은 경우 통상의 범죄와는 달리 반고하지 않으며(단10.1), 고발한 것이 사실이 아니더라도 반좌하지 않는다(투54.2). 군부는 통상의 범죄에 대한 고장(告狀)을 수리할 수 없지만, 도죄의 경우는 군부도 자수 및 고장을 접수하여 처리하는 것을 허용한다(투52.1, 54.3). 제삼자도 모두 도둑을 체포해서 결박할 수 있다(포3.1). 강·절도의 피해를 고했는데 구조하지 않은 이웃[隣里]과 관사는 처벌한다(포6). 도둑은 장물의 배를 배상해야 한다(명33.1a).

II. 절도

1. 절도죄

적도율35(282조)
1. 절도는 재물을 취하지 못했다면 태50에 처하고,
2. 재물을 취한 것이 견 1척이면 장60에 처하며, 1필마다 1등을 더해서 5필이면 도1년에 처하고, 5필마다 1등을 더하되, 50필이면 가역류에 처한다.

(1) 요건
절도는 형적을 감추고 얼굴을 숨기며 타인의 재물을 절취하는 것

(적35의 소), 또는 기회를 틈타 몰래 그 재물을 훔치는 것이다(적53.1
의 소).

(2) 처벌
율은 재물을 취득하지 못한 경우와 취득한 경우에 따라(적53) 형
을 달리한다.

1) 재물을 취득한 경우

(a) 장물과 형
취득한 재물의 가치를 평가하여 견 1척에 해당하면 장60에 처하
고, 1필마다 1등을 더해서 1필 1척이면 장70에 처하며, 차례로 더해
서 장물이 5필이 되면 더 이상 척을 논하지 않고 바로 도1년에 처한
다. 또 이 때부터는 5필마다 1등을 더하여 40필이 되면 유3000리에
처하고, 50필이면 가역류에 처한다.

(b) 장물 계산법
한 곳에서 1차 절도한 것은 문제될 것이 없으나, 여러 번 절도한
것은 명례율(45.2)의 규정에 따라 누계하고 절반하여 죄를 정한다.
즉 한 집에서 여러 번 절도하였거나 한 번에 여러 집에서 절도한 경
우에는 장물을 모두 누계한 뒤에 이를 절반(倍)하여 논한다. 절반한
다(倍)는 것은 2척을 1척으로 간주하는 것을 말한다. 만약 한 곳의 장
물이 많아 누계하고 절반하더라도 가중되지 않는 경우에는 단지 한
곳의 무거운 쪽에 따라서 죄를 준다.

(c) 배장

모두 장물의 배를 추징한다(명33.1의 주와 소).

2) 재물을 취득하지 못한 경우

절도를 시도했으나 재물을 취득하지 못한 자는 태50에 처한다. 재물을 취득하지 못했다는 것은 취한 재물의 가치가 1척 미만인 것을 의미한다. 바꾸어 말하면 취득한 재물의 가치가 반드시 1척이 차야 비로소 장60에 처하고, 이 수가 차지 않으면 재물을 취득하지 못한 것으로 간주하여 그대로 태50에 처한다.

2. 소·말을 절도하여 도살한 죄

적도율32(279조)
관·사의 소나 말을 절도하여 도살한 자는 도2년반에 처한다.

소나 말은 군국에 사용되는 것이기 때문에 다른 가축과는 다르다. 만약 소나 말을 절도하여 도살한 자는 도2년반에 처한다. 만약 도죄의 장물에 준하여 도2년반보다 무거운 경우, 장물의 가치가 견 20필 이상인 경우 일반 도죄(적35.2)로 논하되 1등을 더한다. 그러나 야크[犛牛]와 같이 지역의 풍속에 경작이나 운반에 사용하지 않는 것을 절도해서 도살한 경우에는 장물을 계산해서 일반 도죄로 논한다.

3. 감림·주수의 절도죄

적도율36(명조)
감림·주수가 스스로 감림·주수하는 재물을 절도하거나 감림·주수하는 사람의 재물을 절도한 때에는 〈만약 친왕의 재물을 감림·주수하면서 스스로 절도한 것도 같다.〉 일반 도죄에 2등을 더하고, 30필이면 교형에 처한다. 〈본조에 이미 더한다는 규정이 있는 경우에는 역시 거듭하여 더한다.〉

(1) 구성요건
이 죄의 요건은 두 가지이다.

하나의 요건은 감림관·주수관이 스스로 감림·주수하는 재물을 절도한 것이다. 가령 좌장고의 재물은 곧 태부시의 경·승이 감림관이 되고, 좌장서의 영·승이 감사관이 되며, 현재 창고를 지키고 있는 자가 주수가 되는데, 이들 자신이 창고의 재물을 절도한 때에는 감림·주수가 스스로 절도한 것이 된다. 본조의 주에 "혹은 친왕의 재물을 감림·주수하면서 스스로 절도한 것도 같다."고 해석하였는데, 친왕은 황제의 형제와 황제의 아들을 가리킨다(봉작령, 습유304쪽). 이들에게 나누어 준 봉국은 별도의 국가로 간주하므로, 그 재물을 감림·주수하는 관 스스로 절도한 것도 관물을 절도한 죄와 같다고 해석한 것이다.

다른 하나의 요건은 감림·주수가 감림·주수하는 바의 재물을 절도한 것이다. 예를 들어 주·현의 관인이 관할 구역 내에 있는 사람의 재물을 절도하였다면 이것이 감림·주수하는 바의 재물을 절도한 것이 된다.

(2) 처벌

1) 가중 처벌
일반 도죄에 2등을 더하고, 30필이면 교형에 처한다. 이렇게 가중 처벌하는 것은 지키고 보호해야할 책무를 지닌 자가 스스로 절도한 것이어서 엄하게 징벌하기 때문이다.

2) 본조에 더하는 규정이 있는 경우
본조에 더한다는 규정이 있는 경우에는 역시 거듭하여 더한다. 즉 감림·주수가 감림·주수하는 바의 장물을 계산하지 않고 형이 정해진 물건을 절도한 경우, 원래 일반인이 범한 때에도 장물을 계산하여 정해진 형보다 무거우면 일반 도죄로 논하고 여기에 1등을 너하는데, 이 같이 해당 조문에 이미 더한다는 것이 있으면 여기에 또 2등을 더하여 처벌한다. 가령 양경 무고의 무고령이 스스로 금병기를 훔치고 그 가치가 견 20필에 해당하는 경우, 일반 도죄에서 견 20필은 도2년반에 해당하여(적35.2) 금병기 도죄의 도2년(적28.1)보다 무겁기 때문에 일반인이 금병기를 절도한 때에도 1등을 더하여 도3년에 처하며(적33), 감림·주수는 여기에 또 2등을 더하여 유2500리에 처한다.

III. 강도

적도율34(281조)
1. (a) 강도는, 〈위협 또는 폭력으로 그 재물을 탈취하는 것을 말한다. ① 먼저 강박하고 뒤에 절도했든 먼저 절도하다가 뒤에 강박

했든 같다. ② 만약 타인에게 약을 탄 술이나 음식을 주어 광란하게 해서 재물을 취한 경우 역시 그렇다. ③ 만약 유실된 물품을 습득하고 재물의 주인을 구타하고 돌려주지 않거나 및 절도하다가 발각되어 재물을 버리고 도주하였는데 재물의 주인이 체포하려고 쫓아와서 그로 인해 서로 저항한 것 따위와 같이 사건에 연유가 있는 것은 강도가 아니다.〉 (b) 재물을 취득하지 못했으면 도2년에 처하고, 1척이면 도3년에 처하며, 2필마다 1등을 더하되, 10필이 되거나 사람을 상해한 때에는 교형에 처한다. 사람을 살해한 자는 참형에 처한다. 〈노비를 살상한 것도 같다. 재물의 주인이 아니라도 단지 절도로 인해 살상했다면 모두 그렇다.〉

2. 단 무기를 가진 자는 비록 재물을 취득하지 못했더라도 유3000리에 처하고, 5필이면 교형에 처하며, 사람을 상해한 때에는 참형에 처한다.

1. 강도

(1) 구성요건

1) 강도의 요건이 되는 행위

① 강도의 행위 요건은 위협 또는 폭력으로 타인의 재물을 탈취한 것이다. 가령 사람을 협박하였지만 폭력을 가하지 않거나, 혹은 직접 폭력을 사용하였지만 위협하지 않았더라도 겁박하여 재물을 약탈한 것은 강도이다.

② 먼저 강박하고 뒤에 절도했든 먼저 절도하다가 뒤에 강박했든 같다. 다시 말하면 먼저 위협을 가하고 난 다음에 재물을 취하거나 먼저 재물을 절도하다가 일이 발각된 뒤에 비로소 위협이나 폭력을 가한 것 따위는 모두 강도가 된다.

③ 만약 타인에게 약을 탄 술이나 음식을 주어 광란하게 해서 재물을 취한 것도 같다. 다시 말하면 만약 약을 탄 술을 타인에게 먹이거나 음식에 약을 넣어 혼미하게 해서 그의 재물을 취한 경우에도 강도의 법에 따른다.

2) 강도의 요건이 안 되는 경우

다음과 같이 사건이 연유가 있는 경우는 강도가 아니다. 사건에 연유가 있는 경우는 ⓐ유실된 물품을 습득하고서 재물의 주인을 구타하고 돌려주지 않거나 절도하다가 발각되어 재물을 버리고 도주하였는데 재물의 주인이 잡으려고 쫓아와 체포하는 것으로 인해 서로 저항하다가 살상한 경우나, ⓑ절도로 남의 재물을 취하였다가 재물의 주인이 인지하자 마침내 재물을 버리고 도주하였는데 주인이 쫓아와서 서로 저항한 경우의 살상 따위이다. 이러한 경우의 살상은 당연히 투구살상죄(투1~5) 및 체포에 저항한 자에 대한 처벌법(포2.4)에 따른다.

(2) 처벌

강도한 재물의 가치가 견 1척에 상당하면 도3년에 처하고, 2필마다 1등을 더하되, 10필이 되거나 사람을 상해한 경우에는 교형에 처한다. 강도하다가 살인한 자는 참형에 처한다. 강도는 죄에 수범·종범의 구분이 없다(명43.3). 단 시마친 이상 친속에 대한 강도는 친속이 서로 절도한 죄(적40)를 적용한다.

2. 강도의 특별죄명

(1) 재물을 얻지 못한 강도

강도 행위를 하였으나 재물을 취득하지 못한 자는 도2년에 처한다.

(2) 강도 살상죄

1) 구성요건

이 죄의 요건은 강도하다가 사람을 살상한 것이다. 노비를 살상한 것도 같다. 모든 조항에서 노비는 대부분 양인과 같지 않지만, 여기에서 노비를 살상한 것은 양인을 살상한 것과 같다. 또한 재물의 주인을 살상한 것이 아니라도 단지 절도로 인해 사람을 살상한 경우는 모두 이 죄를 적용한다. 즉 강도하다가 사람을 살상한 경우는 양인·천인을 불문하고 모두 재물의 주인을 살상한 처벌법을 적용한다.

2) 처벌

① 사람을 상해한 자는 교형에 처하고, 사람을 살해한 자는 참형에 처한다.

② 강도하다가 살상하고 자수하면 도죄는 면제하지만, 그대로 고살상의 죄를 과한다(명37.6a의 주).

(3) 무기를 가진 강도죄

1) 구성요건

이 죄의 요건은 무기를 가지고 강도한 것이다. 이는 가중죄명인데, 율은 무기를 가지고 강도한 것을 무겁게 처벌하므로 재물을 획득하지 못했더라도 그 형이 무거운 것이다.

2) 처벌

재물을 얻지 못했더라도 유3000리에 처하고, 5필이면 교형에 처한다. 사람을 상해한 때에는 참형에 처하는데, 재물의 획득 여부는 논하지 않는다.

IV. 강도로 논하는 범행

1. 방화 절도

적도율37(284조)
고의로 사람의 사·옥(舍·屋) 및 쌓아 모아둔 물건에 불을 지르고 절도한 자는 불에 타서 감손된 가치와 장물을 합산해서 강도로 논한다.

(1) 방화 절도

이는 고의로 사람의 사·옥 및 쌓아 모아둔 물건에 불을 지르고 절도한 것이다. 이 경우 불에 타서 감손된 가치와 절도한 장물을 합산해서 강도(적34)로 논하며, 10필이면 교형에 처한다.

(2) 무기를 소지하고 방화 절도하거나 주인을 상해한 경우

사람이 무기를 가지고 사람의 가옥에 불을 지르고 이어서 재물을 절도하거나 재물의 주인에게 화상을 입힌 경우에 대해서 문답으로 다음과 같이 해석하였다.

① 무기를 가지고 남의 사택에 불을 지른 경우, 잡률 44.1a조의 "고의로 관부의 건물 및 사가의 사택 또는 재물에 불을 지른 자는 도3년에 처한다."는 규정을 적용하여 도3년에 처한다.

② 그로 인해 재물을 절취했다면, 원래 훔칠 의도는 없었더라도 무기를 가지고 범행하여 먼저 위협이나 폭력을 쓰고 나중에 탈취한 것과 같으므로 장물을 계산해서 강도죄를 준다.

③ 불을 질러 만약 사람에게 화상을 입힌 경우는 강도로 사람을 상해한 법과 같이 처벌한다.

2. 다른 이유로 사람을 구타하고 재물을 탈취한 행위

적도율39(286조)

1. 본래 다른 이유로 사람을 구타하고 그로 인해 그의 재물을 탈취한 자는 장물을 계산해서 강도로 논하되, 사죄에 이른 때에는 가역류에 처한다.
2. 그로 인해 재물을 절취한 때에는 절도로 논하되 1등을 더한다.
3. 만약 살상이 있을 때에는 각각 고·투살상의 법에 따른다.

(1) 다른 이유로 사람을 구타하고 재물을 탈취한 행위

1) 구성요건

이 죄의 요건은, 본래 재물을 탐내는 마음이 없이 다른 이유로 사람을 구타하였으나 뒤에 재물을 탈취한 것이다. 다른 이유란, 예를 들면 다른 사람과 싸우다 구타하거나 혹은 죄인을 체포하는 것 등을 가리킨다(명률291, 白晝搶奪條). 재물을 탈취한 정황으로 보면 먼저 강박하고 나중에 절도한 것과 유사하나, 전자는 재물을 노린 고의가 없는 것이고 후자는 처음부터 재물을 노린 뜻이 있는 것이다.

2) 처벌

① 재물을 탈취하려 했으나 획득하지 못한 경우는 단지 고·투구법에 따른다. 다만 싸우다 구타한 것은 태40에 해당하고 고의로 구타

한 것은 태50으로 형이 너무 가볍다. 그러므로 1척 미만이라도 일단 재물을 탈취했으면 강도하였으나 재물을 취득하지 못한 것(적34.1)과 같이 도2년에 처한다. 애초에 재물을 탈취할 마음이 없었으므로 무기를 가졌더라도 역시 그 죄를 더하지는 않는다.

② 탈취한 재물의 가치가 견 1척에 상당하면 도3년에 처하고, 1필마다 1등을 더하되, 장물이 견 10필이면 원래 사형에 해당하지만, 애초에는 재물을 탈취할 마음이 없었으므로 가역류에 처한다.

③ 만약 살상이 있는 경우에는 각각 고·투구살상법에 따른다. 본래 구타로 인해 살상한 것이고 원래 재물을 탈취하려다가 상해한 것이 아니기 때문이다. 단 사람을 살해한 경우에는 참형에 처한다.

(2) 본래 다른 이유로 사람을 구타하고 재물을 절취한 행위

본래 다른 이유로 사람을 구타하다가 그의 재물을 절취한 자는, 살상이 없으면 절도로 논하되 1등을 더하고, 살상이 있을 때에는 정황에 따라 고·투구살상의 법에 따라 처벌한다.

(3) 감림관사가 다른 일로 구타하다가 재물을 탈취한 행위

감림관사가 감림 대상을 다른 일로 구타하다가 재물을 탈취한 때에는 강도로 논한다. 재물을 절취했다면 일반절도죄에 3등을 더하되, 사죄에 이른 때에는 가역류에 처한다(본조의 문답2).

V. 친속의 재물을 절도한 죄

1. 친속의 재물을 절도한 죄

적도율40(287조)

1. (a) 시마·소공친의 재물을 절도한 자는 일반인의 재물을 절도한 죄에서 1등을 감하고, (b) 대공친의 재물이면 2등을 감하며, (c) 기친의 재물이면 3등을 감한다.
2. (a) 절도하다가 살상한 때에는 각각 본조의 살상죄에 의거하여 논한다. 〈이것은 절도하다가 착오로 살해한 것을 말한다. (b) 만약 도모하는 바가 있어 고의로 기친 이하 비유를 살해한 때에는 교형에 처한다. 다른 조항은 이에 따른다.〉

(1) 친속의 재물을 절도한 죄

1) 구성요건

이 죄의 요건은 시마친 이상 친속의 재물을 절도한 것이다. 시마친 이상 친속은 동거하면서 재산을 공유하는 친속이 아니고 별거하면서 재산을 별도로 소유하는 친속을 가리킨다. 동거하면서 재산을 공유하는 친속 사이에는 도죄가 성립하지 않고 단지 비유가 사사로이 재물을 사용한 죄만 있다(호13). 비유가 존장의 집에서 강도한 경우는 일반인으로 논하고, 존장이 비유의 집에서 강도한 경우는 이 조항의 친속의 재물을 절도한 죄를 적용한다(적38.3).

2) 처벌

친소에 따라 일반 도죄에서 죄를 체감한다. 즉 시마·소공친의 재물을 절도한 경우에는 일반인의 재물을 절도한 죄에서 1등을 감하고, 대공친의 재물이면 2등을 감하고, 기친의 재물이면 3등을 감한다.

(2) 친속의 재물을 절도하다가 착오로 살상한 죄

1) 구성요건

이 죄의 요건은 친속의 재물을 절도하다가 그로 인해 착오로 사람을 살상한 것이다. 여기서 사람은 타인 또는 친속을 포함한다. 다만 타인과 친속은 살상했을 때 적용되는 죄가 다르다.

2) 처벌

친속의 재물을 절도하다가 친속을 살상한 경우 각각 본래의 살상죄에 따른다. 다만 본조의 주에 "이것은 절도하다가 착오로 살해한 것을 말한다."고 했듯이 절도하다가 착오로 살해한 경우만 투구살로 논한다. 이는 본래는 단지 재물을 노렸으나 절도하다가 착오로 사람을 살해한 것이므로 절도하다가 과실로 사람을 살해한 것과 마찬가지로 투구살의 죄에 따르는 것이다. 주에서 상해한 경우에 대해서는 말하지 않은 것은, 상해죄는 조금 가벼워 과실상해죄(투38)에 따르는 것을 허용하기 때문이다. 또한 친속의 재물을 절도하다가 착오로 상해한 경우 과실상해죄에 따라 속동을 거두어 주는 것을 허용하는데, 이는 일반 절도의 착오 상해에 대해 투상으로 논하는 것(적42.1)보다 가벼운 것이다. 다시 이를 정리해 보면 아래와 같다.

(a) 착오로 살해한 경우

착오로 살해한 경우는 각각 본조의 투구살의 죄에 의거한다. 즉 피살된 사람의 신분에 따라 죄를 과한다(투26~33).

(b) 착오로 상해한 경우

착오로 상해한 경우는 각각 과실상해죄에 의거한다.

(c) 절도와 오살상의 경합

절도하다가 오살상한 경우 절도죄와 오살상죄 가운데 하나의 무거운 것에 따라 형을 과한다. 다시 말하면 절도한 재물이 많아 절도죄가 오살상죄보다 무거우면 절도죄를 주고, 그렇지 않으면 오살상죄를 준다.

(3) 도모하는 바가 있어 기친 이하 비유를 고의로 살해한 죄

도모하는 바가 있어 고의로 기친 이하 비유를 살해한 자는 교형에 처한다. 기친비유를 고의로 살해한 죄는 유3000리에 해당하고(투27.4b) 대공친 이하 비유를 고의로 살해한 죄는 모두 교형에 해당하는데(투26.2c), 도모하는 바가 있어 고의로 살해한 것이므로 기친비유를 살해한 자도 교형에 처하는 것이다.

여기서 도모하는 바가 있다는 것은 재물을 절도하려고 기도한 것을 가리키며, 다른 조항에서 노리는 바가 있어 고의로 살해한 경우도 이에 준한다. 다른 조항이라는 것은 간죄(잡23)나 약취·유인의 죄(적45)에 관한 조항을 말하며, 단지 다투다가도 도모하는 바가 있어 기친 이하 비유를 고의로 살해했다면, 본조의 규정으로는 사죄에 이르지 않더라도 모두 교형에 처한다.

2. 동거하는 비유가 타인을 데리고 자기 집의 재물을 절도한 죄

적도율41(288조)

1. (a) 동거하는 비유가 타인을 데리고 자기 집의 재물을 절도한 때

에는 사사로이 재물을 사용한 것으로 논하되 2등을 더하며, (b) 타인은 일반 도죄에서 1등을 감한다.

2. (a) 만약 살상이 있을 때에는 각각 본죄의 법에 의거한다. (b) ⟨타인이 살상하였다면 비유가 설령 정을 알지 못했더라도 그대로 본래의 살상죄의 법에 따라 처벌한다[坐之].⟩

(1) 동거비유가 타인과 함께 자기 집의 재물을 절도한 죄

1) 구성요건

(a) 주체

이 죄의 주체는 동거하는 비유, 즉 함께 거주하는 자·손이나 제·조카 등을 말한다(호13 참조).

(b) 행위

이 죄의 행위 요건은 동거하는 비유가 타인과 함께 자기 집의 재물을 절도한 것이다. 타인은 별거하는 친속을 포함하는데 그 친속은 그대로 친속의 재산을 절도한 죄[적40]를 적용한다. 가족의 재산은 동거자들의 공유재산이므로 사적으로 함부로 재물을 사용했다면 그 행위는 절도에 가깝다. 즉 비유가 외인을 데리고 절도한 것은 본질상 절도인데 단지 벌을 경감할 뿐이다.

2) 처벌

① 동거비유는 사사로이 함부로 재물을 사용한 것으로 논하되 2등을 더한다. 호혼율 13.1조는, "동거하는 비유가 사사로이 함부로 재물을 사용한 때에는 10필이면 태10에 처하고, 10필마다 1등을 더하되, 죄의 최고형은 장100이다."라고 규정하고 있다. 따라서 비유가

타인을 데리고 자기 집의 재물을 절도한 경우 재물을 절도한 것이 비록 많더라도 죄의 최고형은 도1년반이다.

② 비유가 데리고 함께 절도한 타인은 일반 도죄에서 1등을 감한다. 그러나 수범·종범의 구분은 당연히 상례에 따른다(명43.1).

(2) 동거비유가 타인과 함께 자기 집의 재물을 절도하다가 살상한 죄

1) 구성요건
이 죄의 요건은 동거하는 비유가 타인을 데리고 자기 집의 재물을 절도하다가 이로 인해 사람을 살상한 것이다.

2) 처벌
살상과 오살상으로 구분한다.

(a) 살상
① 동거비유는 존장·비유를 고의로 살상한 법에 의거한다(투26 ~32). 설령 데리고 온 타인이 살상하고 비유가 정을 알지 못했더라도 그대로 본래의 고살상죄의 법에 따라 처벌한다. 단 '좌지(坐之)'라고 하였으므로 제명·면관·가역류의 법례를 적용하지는 않는다(명53.3).
② 타인은 강도살상죄의 법에 의거하여 처벌한다. 비유가 살상하고 타인이 정을 알지 못했더라도 역시 강도살상죄의 법에 따른다.

(b) 오살상
① 만약 타인이 존장을 착오로 살상한 경우 비유가 정을 알지 못했다면 또한 역시 과실살상의 법에 따라 처벌한다.
② 살상된 사람이 존장이 아닌 경우 비유가 살상의 정을 알지 못

했다면 단지 도죄를 주며, 살상에 대한 처벌은 없다.

③ 만약 비유가 정을 알았거나 자신이 착오로 살상한 경우에는 각각 본조의 살상죄의 법에 의거한다.

(3) 동거비유가 타인과 함께 집의 재물을 강도한 죄

① 비유가 타인과 함께 자기 집의 재물을 강도하다가 상해했는데 상해가 가볍다면 사사로이 자기 집의 재물을 사용한 죄로 논하되 4등을 더한다. 상해가 무겁다면 존장을 살상한 죄를 과한다.

② 타인은 강도살상의 죄를 과한다.

VI. 장물임을 알면서 자기 몫을 받은 죄

적도율49(296조)

1. 약취·유인 및 강도·절도한 것임을 알면서 몫을 받은 자는 각각 받은 것을 장물로 계산해서 절도죄에 준하여 논하되 1등을 감한다.
2. 도죄의 장물임을 알면서 고의로 산 자는 좌장으로 논하되 1등을 감한다.
3. 알면서 보관한 자는 또 1등을 감한다.

1. 약취·유인·강도·절도한 것임을 알면서 몫을 받은 죄

(1) 구성요건

이 죄의 요건은 약취·유인·강도·절도한 것임을 알면서 이로 인해 취득한 재물을 나누어 받은 것이다. 다시 말하면 양인·노비를 약취·유인하여 취득한 재물 및 강도·절도를 통해 취득한 재물이라는 사실의 정을 알면서 몫을 받은 것이다. 이는 처음부터 같이 모의하지 않은 것을 전제로 한다.

(2) 처벌

처음부터 함께 모의하지 않았기 때문에 받은 장물을 계산해서 도죄에 준하여 논하되 1등을 감한다. 장물은 취득한 죄를 구분하지 않는다. 따라서 가령 남이 강도한 것을 알면서 견 5필을 받았다면 절도죄(도1년, 적35.2)에서 1등을 감하여 장100에 처한다.

2. 훔친 장물임을 알면서 고의로 산 죄

(1) 구성요건

이 죄의 요건은 훔친 장물임을 알면서 고의로 산 것이다. 훔친 장물은 강도·절도를 막론한다.

(2) 처벌

좌장(잡1)으로 논하되 1등을 감한다. 가령 강도·절도의 장물인 것을 알면서 고의로 견 10필을 산 자는 장100에 처한다.

3. 도죄의 장물임을 알면서 고의로 보관한 죄

(1) 구성요건

이 죄의 요건은 도죄의 장물임을 알면서 고의로 보관한 것이다.

(2) 처벌

강도·절도의 장물인 것을 알면서 보관한 때에는 좌장으로 논하되

2등을 감한다. 따라서 가령 강도·절도의 장물인 것을 알면서 고의로 견 10필을 보관한 자는 장90에 처한다. 강도·절도 이외의 장죄 즉 왕법·불왕법·수소감림·좌장죄의 장물임을 알면서 고의로 사거나 보관한 경우 율에 죄의 등급이 없으면 '마땅히 해서는 안 되는데 행한' 죄(잡62)에 따르는데, 장죄가 유죄 이상이면 무거운 쪽에 따라 장80에 처하고, 도죄 이하이면 가벼운 쪽에 따라 태40에 처한다.

VII. 도죄로[以盜] 논하거나 도죄에 준하여 논하는 범행

1. 사인의 재물·노비·축산 등으로 관물을 바꾼 죄

적도율43(290조)
사인의 재물·노비·축산 따위를 〈다른 조문에서 별도로 노비를 언급하지 않은 경우에는 축산·재물과 같다.〉 관물과 바꾼 때에는 그 등가 부분을 계산하여 절도에 준하여[準盜] 논하고 〈관물이 싸더라도 또한 같다〉, 이익 본 것을 계산해서 절도로[以盜] 논한다. 〈단 노비를 바꾼 것이 장물을 계산하여 유인한 죄보다 무거우면 유인과 같은 법을 적용한다.〉

(1) 구성요건
이 죄의 요건은 사인의 재물·노비·축산 따위 및 물레방아·저점· 장원·사택·수레·배 등을 관물과 바꾼 것이다.

(2) 처벌
이 죄는 본래 하나의 행위이지만 처벌법이 다른 두 부분으로 나누어지는 경우도 있다. 즉 사물과 관물을 교환했는데, 만약 관물의 가치가 사물과 같거나 그 이하이면 관물의 가치를 계산하여 절도에 준하여 논하지만, 관물의 가치가 사물보다 높은 경우에는 등가 부분은 절도에 준하여 논하고 이익 본 부분은 절도로 논한다. 그런데 후자의 경우 명례율 45.3b조의 한 사건이 처벌법이 다른 2죄로 나누어질 경우 무거운 죄를 가벼운 죄에 병합해서 누계한다는 원칙에 따라 처단하므로, 먼저 등가 부분 및 이익 부분을 계산하고 무거운 죄의 가치를 가벼운 죄의 가치에 병합한 뒤 처단 방법을 결정해야 한다.

1) 관물의 가치가 사물과 같거나 그 이하인 경우

가령 사인의 노를 관노와 바꾸었는데, 두 노의 가치가 각각 견 5필로 같으면 그대로 절도에 준해서 논하여 도1년에 처한다(적35.2). 또한 가령 견 10필의 가치가 있는 사노로 견 5필의 가치가 있는 관노와 바꾸었더라도 역시 도1년에 처한다.

2) 관물의 가치가 사물보다 높은 경우

가령 견 1필의 가치가 있는 사물을 견 2필의 가치가 있는 관물과 바꾼 경우, 1필은 가치가 같아 절도에 준하여 논하므로 일반이나 감림·주수 다 같이 장60에 해당하고, 나머지 1필의 이익 부분은 절도로 논하므로 일반인은 장60에 처하는 동시에 배장을 추징하며, 감림·주수는 2등을 더하므로(적36) 장80에 해당한다. 그런데 이는 한 사건이 2죄로 나누어지는 경우이므로 죄가 무거운 절도의 1필을 죄가 가벼운 준도의 1필에 합하여 2필의 절도한 것에 준해서 장70으로 형을 정하되, 일반인의 경우는 절도로 논하여 처벌하는 동시에 배장을 추징하고, 감림·주수의 경우는 2등을 더해서 장90에 처하고 동시에 배장을 추징하며 스스로 절도하였으므로 제명 처분해야 한다(명53.3).

3) 관·사노비를 바꾼 죄가 유인의 죄보다 무거운 경우

사노비를 관노비와 바꾸었는데 장물을 계산한 도죄가 유인의 죄보다 무거우면 유인의 죄로 처벌한다. 가령 감림하는 관인이 견 30필의 가치가 있는 사노비를 견 60필의 가치가 있는 관노비와 바꾼 경우 그 이익을 계산하면 30필이 되며, 감림하는 관인 스스로 절도하였으므로 교형에 해당하게 된다(적36). 그렇지만 노비 유인에 관한 본조(적46.1a)에서 죄의 최고형은 유3000리이고 그 주에 비록 감림·주수라도 같다고 해석하고 있으므로, 유인한 죄와 같이 모두 유3000리에 처한다.

2. 힘들여 베거나 채취하여 쌓아놓은 산야의 물건을 함부로 취한 죄

적도율44(291조)
산야의 물건을 이미 힘을 들여 베어 놓았거나 쌓아 모아 두었는데, 함부로 가져간 자는 각각 절도로[以盜]로 논한다.

(1) 구성요건

이 죄의 요건은 초·목·약·석과 같은 주인 없는 산야의 물건을 사람이 공력을 들여 베거나 채취하여 쌓아놓았는데, 그 물건을 함부로 취한 것이다. 다시 말하면 타인이 먼저 점유하여 물건의 소유권을 취득하였는데 함부로 취한 것이다. 이는 본질상 도죄이므로 율은 절도로[以盜] 논한다.

(2) 처벌

각각 쌓아 둔 곳의 시가에 준하여(명34) 장물을 계산해서 절도죄(적35)에 의거하여 처벌한다.

3. 관·사의 전원에서 함부로 채소·과일 등을 먹은 죄

잡률53(441조)

1. (a) 관·사의 전원에서 함부로 채소·과일 등을 먹은 자는 좌장으로 논하고, (b) 버리거나 훼손한 자 또한 이와 같이 하며, (c) 만약 가지고 간 자는 절도에 준하여 논한다.
2. 주사가 준 때에는 1등을 더한다.
3. 강제로 가지고 간 자는 절도로[以盜] 논한다.
4. 주사는 즉시 말했다면 처벌하지 않는다.
5. 먹어서는 안 되는 관의 술이나 음식을 먹은 자 또한 이에 준한다.

(1) 관·사의 전원에서 채소·과일을 먹거나 버리거나 가지고 간 죄

1) 구성요건

(a) 주체

주체는 마땅히 주사가 아닌 사람에 한한다고 해석해야 한다. 단 버린 것은 주사가 포괄된다.

(b) 객체

관·사의 전원의 채소·과실 등은 모두 객체에 포함된다.

(c) 행위

행위 요건은 먹거나 버리거나 훼손하거나 가지고 간 것이다. 행위에 따라 처벌이 다르다.

2) 처벌

① 함부로 먹거나 버린 자는 좌장으로 논한다.

② 만약 가지고 간 자는 절도에 준하여 논한다.

이상은 모두 소비한 장물을 추징하여 각각 관이나 주인에게 돌려준다.

(2) 채소·과실 등을 강제로 가지고 간 죄

관·사의 전원에서 채소·과실 등을 위세 또는 폭력으로 강제로 가져간 자는 절도로[以盜] 논한다. 즉 장물을 계산하여 진정 절도와 같은 법으로 처단한다. 따라서 배장을 추징하고(명33.1c의 주) 장물이 5필이면 절도죄가 도1년에 해당하므로 면관 처분한다(명19.1의 주). 만약 감림·주사가 직접 강제로 취하였다면 일반 절도죄에 2등을 더하고(적36), 제명 처분하고(명18.2) 배장을 추징한다.

(3) 주사가 주어서 먹거나 가져간 죄

전원을 담당하는 주사가 채소나 과실 등을 주어 먹게 한 때에는 좌장죄에 1등을 더한다. 즉 1척이면 태30이고 1필마다 1등을 더한다. 가져가게 한 때에는 절도에 준해서 논하되 1등을 더한다. 따라서 1척이면 장70에 처하고 1필마다 1등을 더한다.

(4) 관의 술이나 음식을 함부로 먹은 죄

관의 술이나 음식을 함부로 먹었다는 것은 먹어서는 안 되거나 먹을 차례가 아닌데 먹은 것이다. 이 경우 함부로 먹은 자는 좌장으로 논하고, 버리거나 훼손한 자는 절도에 준하여 논하며, 강제로 가지고 간 자는 절도로 논한다. 만약 주사가 사사로이 가져갔다면 모두 감림·주수의 절도와 같이 처벌한다. 만약 주사가 아닌 자가 먹고 남은

것이 아닌데 가지고 간 경우 절도로 논하고, 강제로 가져간 경우에
는 강도의 법(적34)에 의거하여 처벌한다.

Ⅷ. 공·사전을 몰래 경작하거나 망인한 죄

1. 공·사전을 몰래 경작한 죄

호혼율16(165조)
1. 공·사전을 몰래 경작한 자는 1무 이하이면 태30에 처하고, 5무
   마다 1등을 더하며, 장100이 넘으면 10무마다 1등을 더하되, 죄
   는 도1년반에 그친다.
2. 황전은 1등을 감한다.
3. 강제로 경작한 때에는 각각 1등을 더한다.
4. 묘자(苗子)는 관·주인에게 돌려준다. 〈다음 조항의 묘자도 이에
   준한다.〉

(1) 공·사전을 몰래 경작한 죄

1) 구성요건
이 죄의 요건은 공·사전을 몰래 경작한 것이다. 전지는 옮길 수
없어 진정 도죄와 같지 않으므로 공전이나 사전을 몰래 경작한 것만
을 요건으로 삼은 것이다. 단 2항에 황전을 몰래 경작한 행위가 특별
죄명으로 규정되어 있는 점을 고려하면. 이 죄의 요건은 공·사전 가
운데 숙전을 몰래 경작한 것이라고 해석해야 한다. 단 장부에는 올
리지 않은 경우에 한한다. 만약 이미 적장에 올렸다면 다음 조항(호

17)의 몰래 교환하거나 팔아넘긴 죄, 즉 공·사전을 망인한 죄에 따라 처벌한다. 또한 이로 보면 몰래 경작한 것은 공·사전을 몰래 점거한 것일 뿐 그 소유권을 부인하지는 않는 것이다. 적에 올렸다는 것은 마땅히 관사에 문서로 보고했다는 것을 의미하는 것이라고 해석해야 한다.

2) 처벌

① 1무 이하이면 태30에 처하고, 5무마다 1등을 더한다. 장100이 넘으면 10무마다 1등을 더하되, 죄의 최고형은 도1년반이다. 즉 도경종한 것이 35무이면 장100에 해당하는데, 장100이 넘으면 10무마다 1등을 더하므로 55무가 넘으면 죄의 최고형인 도1년반이 된다.

② 묘자는 관·주인에게 돌려준다. 묘사는 씨앗 및 짚과 같은 수확물을 가리키는데, 모두 압수하여 관·주인에게 돌려준다.

(2) 특별죄명

1) 황전을 몰래 경작한 죄

공·사전 가운데 황전, 즉 적장에 등재되어 있으나 경작하지 않아 황폐한 땅을 도경한 자는 숙전을 몰래 경작한 죄에서 1등을 감한다.

2) 강제로 경작한 죄

강제로 경작한 자는 위의 죄에 각각 1등을 더하여 처벌한다. 따라서 숙전을 강제로 경작한 죄는 최고형이 도2년이 되고, 황전을 강제로 경작한 죄는 최고형이 도1년반이 된다.

(3) 주의사항

1) 여러 죄가 포함된 경우의 처벌

① 몰래 경작한 1가의 토지 중에 황전·숙전이 있고, 혹은 몰래 경작한 것과 강제로 경작한 것이 있어 죄의 등급이 다를 때에는 모두 명례율 45.3b조의 "무거운 죄를 가벼운 죄에 병합한다."는 원칙에 의거하여 처벌한다. 병합해서 죄가 가중되지 않을 때에는 오직 한 가지 무거운 것에 따라 처벌한다.

② 두 집 이상의 토지를 몰래 경작하였다면 단지 무거운 한 집에 따라 판결한다.

2) 친속의 전지를 몰래 경작한 경우의 처벌

만약 친속의 전지를 몰래 경작하여 죄를 받는 것은 각각 친속의 재물을 절도한 경우의 처벌하는 법(적40)에 준하며, 감할 때에도 친속의 등급에 따라 감한다.

3) 통례

묘자는 관·주인에게 돌려준다는 규정은 "망인하거나 몰래 교환하거나 팔아넘긴 경우"(호17), "사전을 침탈한 경우"(호18), "묘지를 몰래 경작한 경우"(호19) 등에도 적용하여 묘자는 관이나 주인에게 돌려준다.

2. 공·사전을 망인하거나 교환하거나 판 죄

호혼율17(166조)

공·사전을 망인하거나 또는 몰래 자기의 것과 교환하거나 타인에게 판 자는 1무 이하이면 태50에 처하고, 5무마다 1등을 더하며, 장 100이 넘으면 10무마다 1등을 더하되, 죄는 도2년에 그친다.

(1) 구성요건

이 죄의 요건은 공·사전을 망인하거나, 몰래 교환하거나 타인에게 판 것이다.

① 망인이란 공·사전을 자기의 토지라고 주장하는 것인데, 교섭·담판을 거쳐 이미 획득한 것을 말한다. 만약 아직 획득하지 못한 때에는 노비·재물 등을 망인했으나 아직 획득하지 못한 때의 처벌법 (사14.3)에 따라 죄준다.

② 교환했다는 것은 공·사전을 자기의 것 또는 제3자의 것과 교환한 것을 의미한다. 교환 또한 완전히 끝나야 한다. 완전히 교환되지 않았다면 역시 반드시 위와 같이 노비·재물 등을 망인했으나 아직 획득하지 못한 때의 처벌법에 준해서 죄준다.

③ 공·사전을 제3자에게 판 경우도 반드시 이미 팔아넘긴 상태여야 한다. 아직 팔지 못한 경우에는 역시 위와 같이 노비·재물 등을 망인했으나 아직 획득하지 못한 때의 처벌법(사14.3)에 따라 죄를 준다.

도죄는 옮길 수 있는 물건 즉 동산을 대상으로 해서 비로소 성립하는 것이다. 달리 말하면 이 세 가지 경우 객체가 부동산인 전지여서 원래 이동시킬 수 있는 물건이 아니므로 도죄가 성립할 수 없다. 이 때문에 장물을 계산할 수 없으므로 주형은 무의 수를 계산하여 정하고, 종형인 제명·면관이나 배장의 법례를 적용하지 않는다.

(2) 처벌

① 1무 이하이면 태50에 처하고, 5무마다 1등을 더하며, 장100이 넘으면 10무마다 1등을 더하되, 최고형은 도2년(50무 이상)이다.

② 묘자는 관이나 주인에게 돌려준다.

(3) 주의사항

1) 문서 없이 토지를 함부로 매매한 경우에 대한 처분

토지를 문서 없이 함부로 매매한 경우, 토지를 팔아 얻은 재물은 몰수하여 돌려주지 않고, 수확물은 토지의 주인에게 돌려준다. 영(전령, 습유631쪽)에는 "문서로 관사에 등기를 신청하지 않고 전지를 함부로 매매한 경우 토지를 팔아 얻은 재물은 몰수하고 돌려주지 않으며, 묘자나 산 토지에서 얻은 재물은 모두 토지의 원주인에게 돌려준다."고 규정되어 있다. 이는 함부로 매매하는 경우 마땅히 위령죄를 적용해야 하고 절취해서 판 것으로 논할 수 없다는 뜻이다.

2) 친속의 전지를 망인한 경우

친속의 전지를 자기의 것으로 망인하거나 교환하거나 판 경우는 역시 친속의 재물을 절취한 경우의 법(적40)에 준해서 처벌한다고 해석해야 한다.

3. 관에 있으면서 사전을 침탈한 죄

호혼율18(167조)
1. 관에 있으면서 사전을 침탈한 자는 1무 이하이면 장60에 처하고, 3무마다 1등을 더하며, 장100이 넘으면 5무마다 1등을 더하되, 죄는 도2년반에 그친다.
2. 원(園)·포(圃)는 1등을 더한다.

(1) 구성요건

이 죄의 요건은 관직을 가진 자가 위세를 부려 백성의 사전을 침탈한 것이다. 이 죄는 당연히 위 두 조항의 죄에 대한 가중죄명이다. 만약 관직에 있을 때 행한 침탈 및 교환 등의 일이 관직을 떠난 뒤에 발각되었다면 처벌은 모두 관직에 있을 때 범행한 것에 의거한다. 반드시 이 죄는 백성의 전지를 침탈한 것에 한하며, 관인의 전지를 침탈한 경우에는 백성들 사이의 법, 즉 위의 두 조항의 규정에 따른다. 현직 관리의 직분전을 사가의 토지와 교환하였다면 모두 호혼율 17조의 전지를 교환한 죄에 준하여 처벌한다.

(2) 처벌

① 침탈한 것이 1무 이하이면 장60에 처하고, 3무마다 1등을 더하며, 장100이 넘으면 5무마다 1등을 더하되, 최고형은 도2년반(32무 이상)이다.

② 수확물은 주인에게 귀속시키고 토지는 본래의 주인에게 돌려준다(호16.4의 주와 소).

(3) 침탈한 것이 원·포인 경우의 처벌

관직을 가진 자가 사가의 원·포를 침탈한 경우에는 전지를 침탈한 죄 1등을 더해 처벌한다. 원·포는 과실수를 심거나 채소를 재배하는 곳으로 울타리가 있는 곳을 말하며, 대개 일반 토지보다 비옥하므로 처벌이 무겁다. 전지와 원·포의 침탈은 죄의 등급이 다르므로, 침탈한 것에 두 가지가 포함된 경우 역시 명례율 45.3조의 병합해서 누계하는 법에 따라 처벌한다.

제2절 사기·공갈·횡령의 죄

Ⅰ. 사기의 죄

사위율12(373조)

1. 관이나 사인을 사기하여 재물을 취한 경우에는 절도에 준하여 논한다. 〈사기에는 온갖 방법이 있는데 모두 같다. 만약 감림·주수가 사기하여 취한 경우에는 당연히 절도의 법에 따르며, 아직 취득하지 못한 때에는 2등을 감한다. 아래 조항은 이에 준한다.〉

1. 사기로 재물을 취득한 죄

(1) 구성요건

1) 주체

주체는 감림·주수와 감림·주수가 아닌 자로 구분하는데, 감림·주수가 아닌 자에는 일반인이 포함된다. 감림·주수의 사기죄는 각각 감림·주수하는 대상을 사기하여 재물을 취득하는 것을 말한다.

2) 행위

관이나 사인을 사기하여 재물을 취득하는 것이다. 본조의 주에 "사기에는 온갖 방법이 있다."고 했듯이 사기의 행태와 정상은 다양하므로 조문에 구체적으로 적시하지 않은 것이다.

(2) 처벌

① 감림·주수가 아닌 자는 절도에 준하여 논한다. 즉 모두 절도 (적35)의 법에 준하여 죄를 주므로, 따라서 제명·면관·배장·가역류 의 법례를 적용하지 않으며(명53), 죄의 최고형은 유3000리이다.

② 감림·주수는 도죄의 처벌법에 따라 일반 절도죄에 2등을 더하 고 관이 있는 자는 제명한다.

(3) 사기 미수

감림·주수가 사기하였으나 재물을 취득하지 못한 경우에는 2등을 감해서 처벌한다. 즉 감림·주수가 이미 사기의 방법을 세우고 없는 사실을 꾸며 재물을 취득하고자 하였으나 아직 취득하지 못한 경우 는 모두 취하고자 한 장물에 준하되 죄는 2등을 감한다. 이는 일반 도죄의 법과 같지 않게 그 취득하지 못한 장물에 준하여 죄를 과한 것이다. 그러나 감림·주수가 아닌 자가 사기하였으나 아직 취득하지 못하였다면, 당연히 절도하였으나 재물을 취득하지 못한 경우의 처 벌법(적35.1)에 따라 장물을 계산하지 않고 다만 태50을 과한다.

2. 사기죄의 장물을 취득하거나 매입하거나 보관한 죄

사위율12(373조)
2. (a) 사기한 정을 알면서 취한 자는 좌장으로 논하고, (b) 알면서 산 자는 1등을 감하며, (c) 알면서 보관한 자는 2등을 감한다.

(1) 구성요건

이 죄의 요건은 사기해서 취한 재물임을 알고 취하거나, 고의로 매입하거나, 은밀히 보관한 것이다. 단 사기한 사람이 비록 감림·주수라도 일반인이 정을 알고도 취한 때에는 단지 좌장의 죄만을 받는다. 즉 사기한 사람이 감림·주수인가 아닌가를 막론하고 형이 같다.

(2) 처벌

1) 걸취한 자
사기한 재물의 정을 알고도 취한 자는 좌장으로 논한다.

2) 알고도 산 자
사기한 재물의 정을 알고도 산 자는 좌장으로 논하되 1등을 감한다.

3) 알고도 보관한 자
사기한 재물의 정을 알고도 보관한 자는 좌장으로 논하되 2등을 감한다.

4) 장물
이상의 장물은 주인에게 돌려준다.

3. 관·사의 문서를 위변조하여 재물을 구한 죄

사위율13(374조)
1. 거짓으로 관·사의 문서를 만들거나 내용을 증감하고, 〈문서라는 것은 초안 및 장부 등을 말한다.〉 사기하여 재물·상금을 구하거나 몰수·배상을 회피한 경우에는 절도에 준하여 논한다.
2. (a) 장물을 계산한 절도죄가 관문서 위조의 죄보다 가벼운 때에는 관문서를 위조한 죄의 법에 따른다. (b) 〈만약 사문서이면 단

지 속인 바에 따라 처벌한다.〉

(1) 구성요건

이 죄의 행위 요건은 문서 위조와 재물 사기의 두 단계로 나누어 해석할 수 있다.

1) 문서 위조

문서 위조는 관·사의 문서를 위조하거나 내용을 증감한 것이다. 관문서를 위조한 죄 및 내용을 증감한 죄는 사위율 8.1a조에 규정되어 있는데, 이 조항의 죄는 이를 수단으로 해서 사기로 재물을 취득한 것이다. 관문서는 초안 및 장부 따위를 말하며, 기타 공문서[符·牒·抄案 등]을 포함한다. 사문서를 위조 및 증감한 것에 대해서는 독립죄명이 없고, 그것을 수단으로 해서 사기로 재물을 취득한 죄만 있다. 다시 말하면 사인의 계약서 및 수령증·초안을 위조하여 재물을 구하거나 죄를 기피한 것 또는 연·월·일의 기한을 고친 것 따위는 단지 속이고 재물을 구한 죄에 따르며 관문서의 경우와 같이 처벌하지 않는다.

2) 재물 사기

재물 사기는 사기로 재물이나 상금을 구한 것 및 몰수·배상을 기피하고자 한 것이다. 다시 말하면 속이고 재물을 구하거나 상금을 구한 경우는 당연히 포함되고, 연좌되어 몰관되거나 사유가 금지된 물품이어 몰관되는 것을 기피한 경우 혹은 관·사의 기물을 손상한 것에 대한 배상을 기피한 경우 등도 속여서 기피한 것을 절도의 장물로 계산하여 절도에 준해서 처벌한다.

3) 성질

① 이 죄는 사위율 8.1a조의 관문서 위조죄의 가중죄명이므로, 장물을 계산하여 절도에 준하여 처벌될 죄가 장100보다 가벼운 경우는 관문서 위조죄의 법례에 따라 처벌한다.

② 만약 관문서인을 위조하여 문서에 날인했다면 그 죄가 유-2000리에 해당하므로, 장물을 계산하여 절도에 준해서 정한 형이 이보다 가벼운 경우는 관문서인 위조의 죄(사2.1)를 과한다.

③ 이 죄와 사위율 8.1b조의 죄는 다 같이 회피하고자 하는 바가 있어 관문서 위변조죄에 해당하지만, 전자는 회피하고자 한 바가 재산상의 이익을 꾀한 것이고 후자는 처벌 등의 회피를 꾀한 것이다.

④ 감림·주수가 아닌 자가 관·사문서를 위조하여 재물을 취득하려 했으나 얻지 못한 경우 역시 관문서 위조의 법(사8.1)에 따른다.

⑤ 감림·주수가 관·사문서를 위조하여 재물을 취득하려 했으나 얻지 못한 경우에는 절도에 준하여 죄를 논하되 2등을 감하며(사12.1의 주), 그 형이 만약 관문서 위조죄(사8.1)보다 가벼우면 역시 관문서 위조의 법에 따르게 한다.

(2) 처벌

① 장물을 계산한 절도죄가 관문서 위조의 죄보다 무거운 경우는 절도에 준해서 죄를 논한다(적35.2). 다만 감림·주수는 절도의 법에 따르며, 재물을 취득하지 못한 때에는 장물을 도죄에 준해 논한 죄에서 2등을 감한다(사12.1의 주).

② 장물을 계산한 절도죄가 관문서 위조의 죄보다 가벼운 경우는 관문서 위조의 법에 따른다(사8.1). 즉 장물을 도죄에 준해 받을 죄가 장100보다 가벼운 경우는 관문서 위조의 법에 따른다. 만약 사문서를 위조해서 사기한 경우는 단지 사기한 바에 따라 처벌한다.

4. 의료사기의 죄

사위율21(382조)
의사가 본방을 어기고 허위로 병을 치료하여 재물을 취득한 때에는
절도로[以盜] 논한다.

(1) 구성요건
이 죄의 요건은 의사가 본방을 어기고 허위로 병을 치료하면서 임
의로 약재의 분량을 더하거나 줄이는 방법으로 재물을 취득한 것이
다. 본방이라는 것은 고금의 약방(藥方) 및 본초 등의 의서에 기록된
처방을 말한다(잡7.1의 소).

(2) 처벌
취득한 재물을 절도(적35)의 장물로 계산해서 처벌한다. 단 감림
하는 관인과 일반인은 각각 적용되는 법이 다르다.

1) 감림관
감림관이 범한 경우는 적도율 36조에 의거하여 일반인의 죄에 2등
을 더하고 절도로[以盜] 논하므로 진범과 같다(명53.4 및 소). 이 죄
는 본래 사기로 재물을 취득한 것이지만(사12.1), 여기서는 특히 절
도로 논하므로 제명·면관·배장·감주가죄·가역류의 법례가 적용된다
(명53.4의 소).

2) 일반인
적도율 35조의 절도죄를 적용한다.

II. 공갈의 죄

적도율38조(285조)

1. (a) 공갈하여 타인의 재물을 취득한 자는 〈구두로 공갈한 것도 역시 같다.〉 절도에 준하여 논하되 1등을 더한다. (b) 공갈이 비록 두렵거나 꺼려할 정도는 아니나 재물의 주인이 두려워서 스스로 주었더라도 역시 같다. 〈대신 말을 전하고 재물을 받은 자는 모두 종범으로 처벌한다. 만약 타인에게 침해당해서 공갈로 배상을 요구한 경우는 일에 연유가 있는 부류이므로 공갈이 아니다.〉

2. 만약 재물을 아직 들이지 못한 때에는 장60에 처한다.

3. (a) 만약 시마친 이상이 스스로 서로 공갈한 경우, 존장을 범한 경우는 일반인으로 논하고, 〈강도도 역시 이에 준한다.〉 (b) 비유를 범했다면 각각 본조의 법에 의거한다.

1. 공갈로 타인의 재물을 취득한 죄

(1) 구성요건

① 공갈은 남의 범행을 알고 고발한다고 공갈하여 재물을 취하는 것을 말한다. 구두로 공갈하더라도 역시 문서로 한 것과 같다. 다만 공갈하였지만 사유가 있어 그렇게 한 경우는 공갈죄가 성립하지 않는다. 가령 갑이 을에 의해 밭의 작물을 밟히는 손해를 당했기 때문에 을을 공갈해서 피해를 배상받는 이외에 다른 재물을 받은 경우는 작물이 손상된 사유가 있기 때문에 공갈죄에 해당하지 않는다. 이 경우 손해 본 작물보다 더 받은 재물에 대해서는 감림·주사가 아닌 자가 사건으로 인해 재물을 받은 경우(잡1)에 해당하므로 좌장으로 논하여 죄준다.

② 대신 공갈의 말을 전해 두렵게 한 자도 이에 포함하되 종범으로 처벌한다. 가령 갑이 을·병을 보내 정에게 말을 전해서 공갈로 재물 5필을 취득하였다면 갑은 도1년반에 처하며, 을·병은 모두 각각 도1년에 처한다. 설령 몫을 받지 않았더라도 역시 공범이다.

(2) 처벌

율은 공갈을 강도보다 가벼운 것으로 간주하는 까닭에 절도에 준하여 논하되 1등을 더한다.

1) 재물을 취득한 경우

절도로 논하되 1등을 더해 처벌한다. 즉 1척이면 장70에 처하고, 1필마다 1등을 더해서 5필이면 도1년반에 처하며, 5필마다 1등을 더해서 35필이면 유3000리에 처한다. 단 도죄에 준하여 논하는 까닭에 죄는 유3000리에 그친다(명53.2). 그러나 절도죄의 최고형은 가역류인데, 공갈죄의 경우 절도죄에 1등을 더하는 중죄임에도 최고형이 유3000리로 규정된 점은 매우 불합리하다.

2) 재물을 취득하지 못한 경우

재물을 취득하지 못한 때에는 장60에 처한다. 공갈해서 재물을 취득하려 한 자는 그 다소에 관계없이 재물을 아직 들이지 않은 때에는 장60에 처한다.

2. 친속에게 공갈한 죄

(1) 비유가 존장에게 공갈한 죄

비유가 존장에게 공갈하였다면 일반인을 범한 것으로 논한다. 즉 비유가 존장에게 공갈하였다면 일반인에 대한 절도죄에 준해서 논하되 1등을 더하며, 친속이 서로 절도(적40)한 것처럼 죄를 감하지 않는다. 강도한 때에도 역시 일반인을 범한 것과 같이 감하지 않는다. 예를 들면 별거하는 기친 이하 비유가 존장의 집에서 강도 행위를 한 때에는 일반인의 집에서 강도를 한 것과 같이 처벌하고, 만약 살상하여 십악의 악역(명6.4의 주) 또는 불목(명6.8이 주①의 소)에 해당하면 그대로 십악을 적용한다.

(2) 존장이 비유에게 공갈한 죄

존장이 비유에게 공갈하였다면 친속의 재물을 절도한 죄(적40.1)를 적용한다. 즉 시마·소공친비유에게 공갈해서 재물을 취득한 때에는 일반인의 재물을 절도한 죄에서 1등을 감해 5필이면 도1년에 처하고, 대공친비유에게 공갈한 때에는 2등을 감해 5필이면 장100에 처하며, 기친비유에게 공갈한 때에는 3등을 감해 5필이면 장90에 처한다.

3. 감림관의 공갈죄

감림관이 관할 구역 내의 사람에게 공갈해서 재물을 취득한 때에는 강제로 뇌물을 요구하여 취한[强乞] 경우의 법(직50.3)에 따라 절도에 준해서 죄를 과해야 한다. 만약 유죄가 확실하다 것을 알고 공갈해서 재물을 취득한 경우에는 재물을 받고 법을 왜곡한 죄(직48.1a)에 따라서 처벌해야 한다.

III. 횡령의 죄

1. 횡령의 죄

잡률9(397조)

1. 맡긴 재물을 함부로 소비하거나 사용한 자는 좌장으로 논하되 1등을 감한다.
2. 거짓으로 죽거나 잃어버렸다고 말한 자는 사기로 재물을 취한 것으로 논하되 1등을 감한다.

(1) 맡긴 재물을 함부로 소비한 죄

타인이 맡긴 재물을 함부로 사사로이 소비하거나 사용한 자는 좌장으로 논하되 1등을 감해서 처벌한다. 사사로이 처분한 것 역시 같다. 재물은 축산을 포함한다.

(2) 맡긴 축산·재물을 소비하고서 거짓으로 죽거나 잃어버렸다고 말한 죄

축산이나 재물 등을 몰래 소비하거나 사용하였으면서 거짓으로 죽었거나 잃어버렸다고 말한 경우에는 사기로 재물을 취한 죄(사12.1)로 논하되 1등을 감한다. 사기로 재물을 취한 자는 절도에 준하여 논하는데, 감림·주수는 반드시 스스로 절도한 법에 따르므로(사12.1의 주) 일반인 절도죄에 2등을 더한다(적36). 따라서 감림·주수가 아닌 자는 취득한 재물이 1척이면 태50에 처하고, 매 1필마다 1등을 더하여 5필이면 장100에 처하며, 그 이상은 5필마다 1등을 더하되 50필이면 유3000리에 처한다. 감림·주수는 일반인의 죄에 2등을 더하여 처벌하는 동시에 배장을 징수하고 제명한다(명53.4의 소, 명18.2의 주 참조).

(3) 배상

맡긴 축산·재물을 함부로 소비하거나 사용한 자는 배상해야 하며, 죽었거나 잃어버렸다고 거짓말한 경우 역시 같다.

2. 매장물에 관한 죄

잡률59(447조)

타인의 토지 안에서 매장물을 습득하고서 숨기고 보내지 않은 자는 계산하여 주인에게 돌아갈 몫을 좌장으로 논하고 3등을 감한다. 〈만약 고기(古器)로 형상이 특이한 것을 습득하고 관에 보내지 않은 자의 죄 역시 이와 같다.〉

(1) 구성요건

이 죄의 요건은 타인의 토지 안에서 매장물을 얻고서 숨기고 주인에게 보내지 않은 것이다. 일반인이 타인의 토지에서 매장물을 얻었다면 잡령(습유855쪽)에 의거해서 토지의 주인과 반으로 나눠야 한다. 만약 숨기고 보내지 않았다면 처벌한다. 단 전지는 주인과 전작자(佃作者) 또는 기경인이 다를 경우가 있기 때문에 본조의 문답에 이에 관해 해석한 것이 있다.

1) 관의 전·택을 빌려서 타인에게 전작하게 한 경우

관의 전·택을 사인이 빌려서 타인에게 일시 전작을 준 경우에는 현재 거주하거나 전작하는 사람이 주인이 된다. 따라서 만약 전작인이나 기경인이 매장물을 얻었다면 현재의 주인과 반으로 나누어야 한다.

2) 사가의 전·택을 빌린 경우

사가의 전·택을 빌려서 타인에게 일시 전작을 준 경우, 전작인이 매장물을 습득했다면 본 주인과 반으로 나누어야 한다. 빌린 사람은 본 주인도 아니고 또 공력을 들이지도 않았기 때문에 몫을 얻을 수 없다.

(2) 처벌

좌장으로 죄를 논하되 3등을 감한다. 단 율은 고기를 중시하기 때문에 그 장물 계산 방법도 다른 물건과 같지 않다.

1) 통상의 물건

주인에게 돌아갈 몫, 즉 습득물의 반을 장물로 계산하고 좌장죄에서 3등을 감한다.

2) 고기[古器]

고기 중 형태와 기법이 특이한 것은 전부의 가격을 계산하여 장물로 삼는다. 고기는 종이나 솥[鼎] 같은 것으로 형태와 기법이 보통 것과 특이한 것을 얻었다면 잡령(습유855쪽)에 따라 관에 보내고 그 대가를 보상받아야 한다. 숨기고 보내지 않은 때에는 얻은 고기의 가치를 장물로 계산하여 좌장죄에서 3등을 감한다.

3. 유실물 습득에 관한 죄

잡률60(448조)

1. 유실물을 습득하고 5일 안에 관에 보내지 않은 자는 망실죄로 논하되, 유실물을 좌장의 장물로 계산하여 죄가 망실죄보다 무거운 때에는 좌장으로 논한다.

2. 유실물이 사물이면 좌장으로 논하되 2등을 감한다.

(1) 구성요건

이 죄의 요건은 유실물을 습득하고 만 5일 내에 관에 보내지 않은 것이다. 여기서 유실물은 어보·인·부·절 및 기타 잡다한 관물을 가리킨다. 유실물이 사물이면 죄를 논하는 방법과 죄의 등급이 다르다.

(2) 처벌

1) 관물인 경우

각각의 망실죄로 논한다. 구체적으로 말하면, 습득한 것이 대사의 신에게 바치는 물품 또는 어보와 황제가 입고 쓰는 물품이면 잡률 47.2조, 부·절·인 및 문의 열쇠이면 잡률 49.2조, 제서 및 관문서이면 잡률 50.2조, 장부이면 잡률 52.1조, 기타 관물이면 잡률 54.2조, 군의 기물이면 잡률 56.3조를 적용하여 죄를 논한다. 단 관에 보내지 않은 유실물을 좌장의 장물로 계산하여 죄가 해당 물건의 망실죄보다 무거운 경우에는 좌장으로 죄를 논한다.

2) 사물인 경우

좌장으로 죄를 논하되 2등을 감한다.

3) 물건에 대한 처분

관물이면 관에 돌려주고 사물이면 주인에게 돌려준다.

4. 계약을 위반하고 부채를 상환하지 않은 죄

잡률10(398조)

1. (a) 계약을 위반하고 부채를 상환하지 않은 것이 1필 이상으로 20일을 위반했다면 태20에 처하고, 20일마다 1등을 더하되, 죄는 장60에 그친다. (b) 30필이면 2등을 더하고, (c) 100필이면 또 3등을 더한다.
2. 각각 배상하게 한다.

(1) 구성요건

이 죄의 요건은 계약을 어기고 부채를 상환하지 않은 것이다. 단 여기서 부채란 이자를 받고 빌려준 재물이 아닌 것으로 영에 의거해서 관이 관여할 수 있는 것이거나 공·사의 재물에 손실을 입힌 것을 말한다. 영(잡령, 습유853쪽)에 따르면 관이나 사인이 이자를 받고 재물을 빌려준 것은 사적인 계약에 따르게 하며 관이 관여하지 않지만, 이율 및 이식 취득 방법에는 제한이 있다. 만약 위법하여 이식에 이식을 붙이거나 계약 외에 탈취한 것 및 이식을 내는 것이 아닌 부채 등은 관이 관여한다.

(2) 처벌

위반 액수와 일수에 따라 형에 차등이 있다.

① 1필 이상 30필 미만은 20일을 어겼다면 태20에 처하고, 20일마다 1등을 더하되, 죄는 장60에 그친다.

② 30필 이상 100필 미만은 2등을 더한다. 즉 20일을 어겼다면 태40에 처하고, 100일 어기고 상환하지 않았다면 장80에 처한다.

③ 100필 이상이면 또 3등을 더한다. 즉 100필 가치의 재물을 빚

지고 있는데 계약을 어긴 것이 만 20일이 되었다면 장70에 해당하고, 100일이 되도록 상환하지 않았다면 도1년에 해당한다.

(3) 주의사항

① 이 조항은 채무 불이행에 대하여 형사적 제재를 가하여 채무인의 청산을 최촉하는 것이다.

② 만약 기일이 다시 연장되거나 은사령이 내려 형이 면제된 다음에도 상환하지 않은 경우에는 모두 판결된 날짜나 은사령이 내린 날에 의거하여 죄를 처벌하는 것이 처음과 같다. 기일이 연장되었다는 것은 부채를 상환하지 않아 처벌을 받은 뒤에도 여전히 상환하지 않으면 다시 처음과 같은 죄를 과한다는 것이다. 은사령이 내리면 기일을 어기고 부채를 상환하지 않은 죄는 사면되지만 부채는 청산해야 하는데, 사면된 후에 그대로 상환하지 않은 경우 처음과 같이 죄를 과한다(명35.3).

5. 상환하지 않은 부채에 대해 계약을 초과하여 강제로 재물을 취한 죄

잡률11(399조)

채무를 지고 있으나, 관사에 알리지 않고 강제로 본래의 계약을 초과하여 재물을 취한 자는 좌장으로 논한다.

(1) 개설

빚을 지고서 계약을 위반하고 상환하지 않은 자는 형을 과한다. 빚을 진 사람의 모든 재산 및 신체, 심지어 호 내의 남자는 강제로 취할 수 있다고 영(잡령, 습유853쪽)에 규정되어 있다.

(2) 구성요건

이 죄의 요건은 계약을 어기고 상환하지 않은 부채에 대해 관사에 알리지 않고 강제로 재물을 취하되, 반드시 강제로 취한 재물이 본 계약의 재물의 가치를 초과한 경우이다. 다시 말하면 관사에 알리지 않고 강제로 차압한 재물이나 노비·축산의 가치가 본래 계약한 재물의 가치를 초과한 경우가 죄의 요건이 된다. 반대로 만약 차압한 재물의 가치가 본 계약의 채무 액수를 초과하지 않았다면 죄를 다스리지 않는다. 단 감림·주수가 이 죄를 범한 경우 관할 구역 내에서 강제로 매매하여 이익을 남긴 죄(직52.2b)에 준한다.

(3) 처벌

좌장으로 논한다. 구체적으로 말하면 부채 이외의 물품을 계산하여 좌장으로 논하며, 물품은 채무인에게 돌려주어야 한다.

제3절 손괴의 죄

I. 개설

당률에서 타인의 재물을 손괴하여 그 효용을 해하는 것을 내용으로 하는 범죄는 축산 살상의 죄와 재물 손괴의 죄의 두 종류가 있다.

축산 살상의 죄에는 ① 축산 살상의 죄(구8), ② 관·사의 축산이 관·사의 물건을 훼손하거나 먹기 때문에 도살한 죄(구9), ③ 시마 이상 친속의 말이나 소를 도살한 죄(구10), ④ 개나 다른 축산을 풀어 놓아 타인의 축산을 살상한 죄(구11)가 있다.

재물 손괴의 죄에는 ① 관·사의 축산을 풀어 놓아 관이나 사인의 물건을 손상한 죄(구14), ② 관·사의 기물 및 수목·농작물을 버리거나 훼손한 죄(잡54)가 있다. 또한 별도로 배상과 처벌의 유무에 관한 통례가 있다(잡57).

II. 축산 살상의 죄

1. 고의로 관이나 사인의 말·소를 도살한 죄

구고율8(203조)

1. (a) 고의로 관이나 사인의 말·소를 도살한 자는 도1년반에 처한다. (b) 장죄가 무겁거나 다른 축산을 살상한 때에는 감손된 가치를 계산해서 절도에 준하여 논하고, (c) 각각 감손된 가치를 배상하게 하며, (d) 가치가 감손되지 않은 때에는 태30에 처한다. 〈피가 보이거나 절름거리는 것을 상해한 것으로 간주한다. 만약 상해가 무거워 5일 안에 죽은 때에는 도살한 죄에 따른다.〉

(1) 구성요건

1) 객체

이 죄의 객체는 관이나 사인의 말과 소 또는 다른 축산이다. 관이나 사인의 말과 소는 그 쓰임이 중하다. 소는 농사의 기본이 되고, 말은 먼 길을 달리며 군수에 공급된다. 말과 소를 제외하고는 모두 다른 축산이 된다.

2) 행위

이 죄의 행위 요건은 고의로 관이나 사인의 말·소를 살상한 것이다. 피가 보이거나 절름거리는 것은 상해로 간주한다. 상해는 상처의 크기에 관계없이 피가 보이면 처벌하며, 피는 보이지 않아도 뼈마디가 어긋났다면 또한 상해로 간주하여 처벌한다. 상해가 무거워 5일 안에 죽은 때에는 역시 도살한 죄를 적용한다. 단 비록 축산을 도살할 뜻이 있었더라도 죽지 않았다면 그대로 상해가 되며, 반대로 다만 상해할 뜻만 가졌더라도 5일 내에 죽었다면 그대로 고의로 도살한 것이 된다.

(2) 처벌

1) 소·말을 살상한 경우

소·말을 고의 도살한 자는 도1년반에 처한다. 도살한 소·말을 절도죄의 장물로 계산해서 죄가 1도년반보다 무거운 때에는 절도에 준하여 논한다. 가령 말을 도살했는데 그 가치가 견 15필이면 절도죄에 준해서 도2년에 해당하므로(적35), 이 때에는 소·말을 도살한 죄를 적용해서 도1년반에 처하는 것이 아니라 도2년에 처한다.

2) 다른 축산을 살상한 경우

① 감손된 가치를 계산해서 절도죄에 준하여 논한다. 가령 축산의 가치가 견 10필인데 도살한 뒤에 그 가치가 견 2필이 되었다면 곧 8필의 가치가 감손된 셈이고, 혹 상해해서 그 가치가 견 9필이 되었다면 1필의 가치가 감손된 셈이 된다. 이 같은 경우 각각 8필 및 1필을 절도한 죄에 준하여 처단한다.

② 가치가 감손되지 않은 경우에는 태30에 처한다. 가령 원래 가

치가 견 10필인데 비록 살상했더라도 가치가 감손되지 않고 그대로 10필인 경우를 말한다.

(3) 특별처분

각각 감손된 가치를 배상하게 한다. 가령 축산을 도살하여 8필의 가치가 감손되었다면 8필을 배상케 하고, 상해해서 1필이 감손되었다면 1필을 배상케 한다. 만약 가치가 감손되지 않았으면 배상하지 않는다.

2. 착오로 축산을 살상한 죄

> 구고율8(203조)
> 2. 착오로 관이나 사인의 말·소를 살상한 때에는 처벌하지 않고, 다만 감손된 가치만을 배상하게 한다.

착오로 축산을 살상한 자는 처벌하지 않는다. 단 감손된 가치를 배상하게 한다. 착오로 살상했다는 것은 눈으로 미처 보지 못하거나, 마음속에 미처 의식하지 못한 경우, 혹은 축산을 매어 두거나 방목하는 장소가 아닌데서 과오로 살상한 경우, 혹은 맹수를 죽이려다 축산을 죽이거나 상해한 경우를 말한다. 즉 가해의 뜻이 조금도 없었으나 살상에 이른 경우를 말한다.

3. 주인이 자신의 말이나 소를 도살한 죄

> 구고율8(203조)
> 3. 주인이 자신의 말이나 소를 도살한 때에는 도1년에 처한다.

주인이 자신의 말이나 소를 도살한 때에는 도1년에 처한다. 고기
는 관에 몰수하지 않는다(명32.1의 문답). 주인이 말이나 소를 과오
로 도살하였다면 처벌하지 아니한다. 또한 주인이 다른 축산을 도살
하거나 말이나 소 또는 다른 축산을 상해한 경우 역시 처벌하지 않
는다(구10의 문답).

4. 관·사의 축산이 관·사의 물건을 훼손하거나 먹기 때문에 도살한 죄

구고율9(204조)

1. (a) 관·사의 축산이 관·사의 물품을 훼손하거나 먹기 때문에 그
   즉시 축산을 살상한 자는 각각 고의로 살상한 죄에서 3등을 감
   해서 처벌하고 축산의 감손된 가치를 배상하게 하며, (b) 축산의
   주인은 축산이 훼손한 바를 배상하게 한다. 〈임시로 도맡아 부
   린 자도 축산의 주인으로 간주한다. 다른 조항도 이에 준한다.〉
2. 단 축산이 사람을 들이받거나 물려고 하기 때문에 살상한 자는
   처벌하지 않고 배상하게 하지 않는다. 〈역시 그 즉시 살상한 것
   을 말한다. 곧 상황이 끝난 뒤라면 모두 고의로 살상한 것으로
   간주한다.〉

(1) 구성요건

이 죄의 행위 요건은 피해를 구제하기 위해 축산을 살상한 것으
로, 두 가지가 있다. 하나는 관·사의 축산이 관·사의 물건을 먹거나
들이받거나 차고 밟아서 훼손하기 때문에 살상한 것이다. 다른 하나
는 축산이 사람을 들이받았거나 문 적이 있는데 그 축산이 다가와서
사람을 들이받거나 물려고 하여 살상한 것이다. 단 당시에 축산을
살상한 것에 한한다. 즉 그 상황이 끝난 뒤에 살상한 것은 모두 고의

로 살상한 법에 따른다(구8.1).

(2) 처벌

위의 두 가지 조건에 따라 처벌이 다르다.

① 축산이 관·사의 물건을 먹거나 훼손하여 살상한 때에는 각각 고살상한 죄(구8.1)에서 3등을 감한다. 즉 그 말이나 소를 도살한 때에는 장90에 처한다. 또한 말이나 소를 상해하거나 그 외의 축산을 도살했다면 각각 감손된 가치를 장물로 계산하여 절도죄에 준해서 논하되 3등을 감한다. 단 도살된 소나 말의 가치를 절도죄의 장물로 계산하여 3등을 감해서 장90보다 무거운 때에는 역시 준도로 논하되 3등을 감한다. 가령 만약 도살된 말이나 소의 감손된 가치가 견 15필이면 절도죄의 도2년에서 3등을 감하여 장100에 처한다.

② 축산이 사람을 들이받았거나 문 적이 있는데, 만약 그 축산이 다가와서 사람을 들이받거나 물려고 할 때 즉시 살상한 경우에는 처벌하지 않으며 배상하지도 않는다. 축산의 주인은 사람을 공격하는 축산을 관리하지 않은 죄(구12)로 처벌한다.

(3) 배상과 주인에 관한 통례

1) 배상

① 축산의 주인은 축산이 먹거나 훼손한 물건의 가치를 배상하고, 물건의 주인은 살상으로 감손된 축산의 가치를 배상한다.

② 사람을 들이받거나 물어서 당시에 죽이거나 상해한 경우에는 처벌하지 않으며 배상하지도 않는다.

2) 주인에 관한 통례

이 조항에서 축산의 주인은 임시로 도맡아 부린 자도 포함되며, 다른 조항의 주인도 이에 준한다. 가령 갑이 소유한 말이나 소를 을에게 타도록 빌려주었는데, 그 말이나 소가 남의 물품을 훼손하거나 먹어버린 일이 있다면 곧 을이 마땅히 그 죄를 받아야 하고 손해를 배상해야 한다. 다른 조항, 즉 개가 타인의 축산을 살상한 경우(구11), 또는 사람을 공격하는 축산을 관리하지 않은 경우(구12) 등에서 원주인은 아니라 해도 죄는 모두 그 당시 축산을 도맡아서 부리고 있던 사람에게 있음을 말한다. 이 경우 원주인은 처벌하지 않고 배상하지도 않는다.

5. 시마 이상 친속의 말이나 소를 도살한 죄

구고율10(205조)
1. 시마 이상 친속의 말이나 소를 도살한 것은 주인이 직접 도살한 것과 같다.
2. 다른 축산을 도살한 경우에는 좌장으로 논하되, 죄는 장100에 그친다.
3. 각각 감손된 가치를 배상한다.

(1) 구성요건

1) 주체

시마 이상 친속이 주체의 범위이다. 시마 이상 친속이란 내외의 친속 중에 상복이 있는 자를 말한다.

2) 객체

시마 이상 친속의 소나 말, 기타 축산이 객체이다.

3) 행위

시마 이상 친속의 축산을 고의로 도살한 것이다. 반드시 고의로 도살해야 비로소 처벌하며, 상해하거나 과실로 도살한 때에는 그렇지 않다. 만약 상해가 무거워 5일 안에 죽게 된 경우 도살한 것과 같이 처벌한다(구8.1d의 주).

(2) 처벌과 배상

1) 처벌

① 시마 이상 친속의 말이나 소를 도살한 자는 주인이 직접 도살한 것(구8.3)과 같이 도1년에 처한다.

② 다른 축산을 도살한 때에는 좌장(잡1)으로 논하되, 죄의 최고형은 장100이다.

2) 배상

① 고의로 축산을 도살한 경우 각각 그 감손된 가치를 배상한다.

② 과오로 도살하거나 고의로 상해한 경우에는 배상하지 않는다.

6. 개나 다른 축산을 풀어놓아 타인의 축산을 살상한 죄

구고율11(206조)

1. (a) 개가 스스로 타인의 축산을 살상한 한 경우 개의 주인은 그 감손된 가치를 배상하고, (b) 그 밖의 축산이 서로 살상한 경우

감손된 가치의 반을 배상한다.

2. 만약 고의로 축산을 풀어서 다른 사람의 축산을 살상한 자는 각
각 고의로 살상한 죄로 논한다.

(1) 구성요건

이 죄의 요건은 고의로 축산을 풀어서 타인의 축산을 살상한 것이
다. 개는 본성이 돼지나 양을 잘 물고 소나 말은 각각 잘 들이받거나
차기 때문에, 고의로 풀어놓았을 경우 풀어놓은 자에게 책임을 묻되
각각 고의로 살상한 것과 같은 죄(구8.1a)로 처벌하는 것이다.

(2) 처벌과 배상

1) 처벌

축산을 풀어놓은 자는 고의로 도살한 자(구8.1a)와 마찬가지로 도
1년반에 처한다. 감손된 가치를 절도죄의 장물로 계산하여 죄가 도1
년반보다 무겁거나 또는 그 밖의 축산을 살상한 경우에는 감손된 가
치를 계산하여 절도죄(적35)에 준하여 논하고, 가치가 감소하지 않았
을 경우에는 태30에 처한다. 축산을 풀어서 축산끼리 서로 싸우다가
살상한 경우에는 '마땅히 해서는 안 되는 데 행한' 죄(잡62)의 무거운
쪽에 따라 장80에 처한다.

2) 배상

① 고의로 축산을 풀어서 타인의 축산을 살상한 경우 각각 감손된
가치를 배상한다(구8.1). 또 쌍방의 주인이 축산을 풀어서 축산끼리
서로 싸우다가 살상한 경우에는 각각 감손된 가치를 배상한다.

② 개가 스스로 타인의 축산을 살상한 경우 개의 주인은 그 감손

된 가치를 배상해야 한다. 개는 잘 물기 때문에 주인이 마땅히 그것을 막아야 하는데 주인이 막지 않았기 때문에 감손된 가치를 배상하는 것이다.

③ 개 외의 축산이 서로 살상한 경우 감손된 가치의 반을 배상한다. 가령 갑의 소가 을의 말을 들이받아 죽였는데, 그 말의 본래 가치가 견 10필이고 죽은 뒤 가죽과 고기의 가치가 견 2필이면 견 8필의 가치가 감손된 것이므로, 갑은 을에게 견 4필을 배상해야 한다.

III. 재물 손괴의 죄

1. 관·사의 축산을 풀어 놓아 관·사의 물건을 손상한 죄

구고율14(209조)
1. (a) 관·사의 축산을 풀어 놓아 관이나 사인의 물건을 손상하거나 먹게 한 자는 태30에 처하고, (b) 장죄가 무거운 때에는 좌장으로 논한다.
2. 과실인 때에는 2등을 감한다.
3. (a) 각각 손상한 것을 배상한다. (b) 만약 관의 축산이 관의 물건을 손상하거나 먹었다면 처벌은 하되 배상하지는 않는다.

(1) 관·사의 축산이 물건을 손상하거나 먹게 한 자에 대한 처벌
관·사의 축산을 풀어 놓아 관이나 사인의 물품을 손상하거나 먹게 한 자는, 손상하거나 먹은 것이 비록 적더라도 태30에 처한다. 손상하거나 먹은 것을 좌장의 장물로 계산한 죄가 태30보다 무거운 때에는 좌장으로 논한다. 가령 손상한 재물을 장물로 계산하여 2필 1척이 되었다면 태40에 해당한다. 손상한 물건은 관 또는 주인에게 배상한다. 단 관 또는 공해의 축산이 관물 또는 공해의 물건을 먹거나 훼손한 때에는 처벌하되 배상하게 하지 않는다.

(2) 과실로 관·사의 축산을 풀어놓아 물건을 손상한 경우

관·사의 축산을 고의로 풀어놓은 것이 아니라 도망하여 관·사의 물건을 손상하거나 먹은 경우에는 고의로 풀어놓은 죄에서 2등을 감해서 처벌한다.

2. 관·사의 기물 및 수목·농작물을 버리거나 훼손한 죄

잡률54(442조)
1. 관·사의 기물을 버리거나 훼손한 자 및 수목·농작물을 훼손하거나 벤 자는 절도에 준하여 논한다.
2. 만약 관물을 망실한 자 및 착오로 훼손한 자는 각각 3등을 감한다.

(1) 관·사의 기물 및 수목·농작물을 버리거나 훼손한 죄

관·사의 여러 가지 기물 또는 재물을 함부로 버리거나 던지거나 훼손하여 파괴한 자 및 수목·농작물을 훼손하거나 벌채한 자는, 손상한 것을 장물로 계산하여 절도에 준하여 논해서 처벌하고 배상하게 한다.

(2) 관물을 망실하거나 착오로 훼손한 죄

관의 기물·수목·농작물을 망실하거나 착오로 훼손한 자는 각각 고의로 범한 죄에서 3등을 감해서 처벌하고 그 장물은 모두 배상하게 한다. 만약 착오로 사인의 물건을 훼손하거나 잃어버렸다면 잡률

57.1a조의 법례에 의거하여 배상하게 하되 처벌하지는 않는다.

3. 기물 등을 망실하거나 훼손한 경우 배상과 처벌에 관한 통례

잡률57(445조)

1. (a) 관·사의 기물을 버리거나 훼손하거나 망실한 자 및 착오로
   훼손한 자는 각각 배상한다. 〈창고에 있지 않고 별도로 지키는
   것을 말한다.〉 (b) 만약 강도당한 때에는 각각 처벌하지 않고 배
   상하지도 않는다.
2. 만약 비록 창고에 있더라도 고의로 버리거나 훼손한 자는 법대
   로 배상가를 추징한다.
3. 단 배상할 수 없는 것은 처벌하되 배상하지는 않는다. 〈부절·인
   장, 문의 열쇠 및 관문서 따위를 말한다.〉

(1) 배상하고 처벌하는 경우

창고에 있지 않고 별도로 지키는 관·사의 기물을 만약 고의로 버
리거나 훼손하거나 망실한 자 및 착오로 훼손한 자는 각각 배상하게
하고 처벌한다. 비록 창고 안에 있더라도 만약 고의로 버리거나 훼
손하였다면 법대로 배상을 추징하고 처벌한다.

(2) 배상과 처벌을 하지 않는 경우

만약 강도당했다면 각각 처벌하지 않고 배상하게 하지도 않는다.

(3) 처벌하되 배상하지 않는 경우

단 배상할 수 없는 것은(잡49, 50) 단지 그 죄만 처벌하고 배상하
게 하지 않는다. 배상할 수 없는 물건은 부절·인장, 문의 열쇠와 관
문서, 그리고 어보·목계·제칙 등이다.

참고문헌

○ 당률

** 법전

- (唐) 長孫無忌 等 撰, 『唐律疏議』 劉俊文 點校本, 中華書局, 1983.

** 출토문서

- 唐耕耦·陸宏基 編, 『唐律疏議』殘卷, 『敦煌社會經濟文獻眞蹟釋錄』第二輯, 敦煌吐魯番文獻研究叢書(一), 新華書店, 1990.
- 吳震 主編, 『中國珍稀法律典籍集成』甲編 제3·4책, 科學出版社, 1994.

** 『당률소의』 역주서

- 한국어역, 『당률소의역주』(전3권), 김택민 주편, 경인문화사, 2021.
- 중국어역, 『唐律疏議譯註』, 曹萬之 撰, 吉林人民出版社, 1989.
- 중국어역, 『唐律疏議新注』, 錢大群 撰, 南京師範大學出版社, 2007.
- 일본어역, 『譯註日本律令』(5~8), 律令研究會編, 1979~1998.
- 英譯, 'The T'ang Code', Wallace Johnson, Princeton University Press, 1979. 'The T'ang Code, Volume II', 1997.

○ 律令 관련 문헌 및 律令 輯逸書

- (秦) 睡虎地秦墓竹簡整理小組, 『睡虎池秦墓竹簡』, 文物出版社, 1978.
- (漢) 竹簡整理小組, 『張家山漢墓竹簡』二四七號墓, 文物出版社(北京), 2006.

- (唐) 李林甫 等 撰, 陳仲夫 點校, 『唐六典』, 中華書局, 1992.
- (宋) 王溥 撰, 『唐會要』, 臺北 世界書局印行, 1981.
- (宋) 孫奭 撰, 『律音義』, 上海古籍出版社, 1984.
- (宋) 竇儀 等 撰, 『宋刑統』, 吳翊如 點校, 中華書局, 1984.
- (宋) 『天聖令』, 『天一閣藏明鈔本天聖令校證: 附唐令復原硏究』(上)·(下), 中華
  書局, 2006.
- (宋) 찬자미상, 中國社會科學院 歷史硏究所 點校, 『名公書判淸明集』, 中華書
  局, 1987.
- (宋) 『慶元條法事類』, 新文豊出版公司 影印本, 1975.
- (元) 『至正條格』 影印本, 韓國學中央硏究院, 2007.
- (明) 懷效鋒 點校, 『大明律』, 遼瀋書社, 1990.
- (明) 『大明律講解』, 初譯本, 서울대학교 법과대학 大明律講讀會, 2006.
- (淸) 吳壇 撰, 呂建石 等 校注, 『大淸律例通考』, 中國政法大學出版社, 1992.
- (淸) 薛允升, 懷效鋒·李鳴 點校, 『唐明律合編』, 法律出版社, 1998.
- (淸) 沈之奇 撰, 懷效鋒·李俊 點校, 『大淸律輯註』(上·下), 法律出版社, 2000.
- (淸) 沈家本 撰, 『歷代刑法考』(上·下), 商務印書館, 2011.
- (日) 『令義解』, 吉川弘文館(東京), 1977.
- (日) 『令集解』(1)~(4), 吉川弘文館(東京), 1977.
- (日) 仁井田陞, 『唐令拾遺』, 東京大學出版會(東京), 1964.
- (日) 池田溫 主編, 『唐令拾遺補』, 東京大學出版會(東京), 1997.

○ 律令 관련 문헌 및 律令 輯逸書의 번역본

** 중국법

- 김지수 역, 『절옥귀감』, 광주: 전남대학교출판부, 2012.
- 김택민 주편, 『역주당육전』(상), 서울: 신서원, 2003, 『역주당육전』(중), 2005,

『역주당육전』(하), 2008.

- 김택민·하원수 주편, 『천성령역주』, 도서출판 혜안, 2013.
- 박영철 역, 『명공서판청명집 호혼문 역주』, 서울: 소명출판, 2008.
- 윤재석 역, 『수호지진묘죽간 역주』, 소명출판, 2010.
- 이근우 역, 『영의해 역주』(상·하), 세창출판사, 2014.

** 고려와 조선의 법
- (고려) 영남대학교민족문화연구소 편, 『고려시대 율령의 복원과 정리』, 경인문화사, 2010.
- (조선) 南晩星 역, 『大明律直解』, 법제처, 1964.
- (조선) 韓㳜劤 등 역, 『經國大典』 飜譯篇, 韓國精神文化硏究院, 1985.

○ 經典과 史書
- 『周禮』·『禮記』·『儀禮』·『尙書』·『周易』·『春秋左氏傳』 등 경서, 北京大學出版社 十三經注疏本.
- 『史記』·『漢書』·『後漢書』·『三國志』·『晉書』·『魏書』·『宋書』·『陳書』·『周書』·『北齊書』·『隋書』·『舊唐書』·『新唐書』 등 정사, 中華書局 標點校勘本.
- (唐) 『龍筋鳳髓判箋注』, 蔣宗許·劉雲生 等 箋注, 法律出版社(北京), 2013.
- (唐) 杜佑 撰, 『通典』, 王文錦等 點校本, 中華書局(北京), 1988.
- (唐) 白居易 撰, 『白氏六帖事類集』, 文物出版社(北京), 1989.
- (唐) 張鷟 撰, (明) 劉允鵬 注, (淸) 陳春 補正, 『龍筋鳳髓判』, 商務印書館(上海), 1939.
- (宋) 司馬光 撰, 『資治通鑑』, 中華書局(北京), 1996.
- (宋) 宋敏求 撰, 『唐大詔令集』, 中華書局(北京), 2008.

○ 『당률각론』

• 戴炎輝, 『唐律各論』(上·下), 成文出版社(臺北), 1987.

○ 현행 한국법과 『형법각론』

** 법전

『小法典』, 현암사, 2020.

** 『형법각론』

김성돈, 『형법각론』 SKKUP, 2021.

김일수·서보학,『형법각론』 박영사, 2018.

박상기, 『형법각론』 박영사, 2011.

배종대, 『형법각론』 홍문사, 2015.

이재상, 『형법각론』 박영사, 2017.

○ 당률 및 중국법 연구서

** 중국·타이완의 연구서

• 高明士 主編, 『唐律與國家秩序』, 臺北: 元照出版公司, 2013.

• 高明士, 『律令法與天下法』, 臺北: 五南圖書出版, 2012.

• 喬偉, 『唐律研究』, 濟南: 山東人民出版社, 1985.

• 瞿同祖, 『中國法律與中國社會』, 中華書局(北京), 1981.

• 瞿同祖, 『瞿同祖法學論著集』, 北京: 中國政法大學出版社, 1998.

• 沈家本, 『歷代刑法考』 全4卷, 中華書局, 1985.

• 楊廷福, 『唐律初探』, 天津人民出版社, 1982.

- 楊廷福, 『唐律研究』, 上海古籍出版社(上海), 2012.

- 楊鴻烈, 『中國法律思想史』, 上海書店, 1984.

- 劉俊文, 『唐代法制研究』, 臺北: 文津出版社, 1999.

- 劉俊文, 『唐律疏議箋解(上,下)』, 中華書局(北京), 1996.

- 俞榮根, 『儒家法思想通論』, 南寧: 廣西人民出版社, 1992.

- 張中秋, 『唐代經濟民事法律述論』, 北京: 法律出版社, 2002.

- 錢大群, 『唐律研究』, 法律出版社(北京), 2000.

- 錢大群, 『唐律與唐代法制考辨』, 社會科學文獻出版社, 2013.

- 丁凌華, 『五服制度與傳統法律』, 商務印書館, 2013.

- 程樹德, 『九朝律考』, 中華書局, 1988.

- 曹小雲, 『《唐律疏議》詞彙研究』, 安徽大學出版社, 2014.

- 陳顧遠, 『中國法制史』, 中國書店, 1988(초판 1934).

- 陳寅恪, 『隋唐制度淵源略論稿』(外二種), 石家庄: 河南教育出版社, 2002.

- 馮卓慧, 『唐代民事法律制度研究-帛書·敦煌文獻及律令所見-』, 商務印書館, 2014.

- 黃源盛 主編, 『法史學的傳承·方法與趨向』, 臺北: 中國法制史學會, 2004.

- 黃源盛, 『漢唐法制與儒家傳統』, 臺北: 元照出版公司, 2009.

- 黃源盛, 『唐律與傳統法文化』, 臺北: 元照出版公司, 2011.

** 일본의 연구서

- 內田智雄 編, 『譯注中國歷代刑法志』, 東京: 創文社, 1977.

- 梅原郁, 『前近代中國の刑罰』, 京都: 京都大學人文科學研究所, 1996.

- 陶安あんど, 『秦漢刑罰體系の研究』, 東京: 創文社, 2009.

- 富谷至, 『秦漢刑罰制度の研究』, 京都: 同朋社, 1998.

- 富谷至, 『東アジアの死刑』, 京都: 京都大學出版社, 2008.

- 辻正博, 『唐宋時代刑罰制度の研究』, 京都: 京都大學學術出版會, 2010.

- 仁井田陞, 『支那身分法史』, 東方文化學院, 1942.

- 仁井田陞, 『中國法制史研究』刑法, 東京大學出版會, 1959.

- 仁井田陞, 『中國法制史研究』土地法・取引法, 東京大學出版會, 1960.
- 仁井田陞, 『中國法制史研究』法と慣習・法と道德, 東京大學出版會, 1964.
- 仁井田陞, 『中國法制史研究』家族農奴法・奴隷農奴法, 東京大學出版會, 1962.
- 滋賀秀三, 『中國家族法の原理』, 創文社(東京), 1967.
- 滋賀秀三, 『中國法制史論集-法典と刑罰』, 創文社(東京), 2003.
- 中村裕一, 『唐代制敕研究』, 東京: 汲古書院, 1991.
- 中村裕一, 『唐令逸文の研究』, 東京: 汲古書院, 2005.
- 中村裕一, 『唐令の基礎的研究』, 東京: 汲古書院, 2012.
- 池田雄一, 『中国古代の律令と社会』東京: 汲古書院, 2008.

中文摘要

戴琳剑 译

在与本书一同出版的《唐律总论》当中，笔者对唐律总则的核心内容进行了说明。其核心内容包括了"十恶"及针对皇亲，官僚的各种规定，前者体现了对危害皇帝支配体系和父权制社会秩序的犯罪零容忍态度，后者具体指对皇亲，官人及官亲的犯罪行为实行免死减罪以及对官人的犯罪行为实行特殊处理。同时笔者还指出，唐律中的所有罪行，虽然与客观上的危害程度等级相同，但随着官品高低，良贱区分，亲属的尊卑长幼，亲疏远近等身份上的差异，罪的轻重也会发生变化。笔者借此阐明，这些原则都是为了维持专制的皇帝支配体系以及父权制社会秩序而设置的刑法装置，所以这些法规才是能够重新勾勒唐代乃至整个中国历史面貌的重要材料。

唐律各项法则凡445条，是针对总则中的原则所展开的具体条目。因此，本书参照《刑法各论》的体例，对唐律各项法则的顺序重新调整，究明其中法律权益的等级和相互关系，阐释其所保护的价值与内容，并以此来展示唐律各则作为维持皇帝支配体系以及父权制社会秩序的刑法装置的功能。之所以要如此撰写《唐律各论》，是因为笔者期待通过法律来解读唐代及中国历史，能借此观察到皇帝支配体系以及父权制社会秩序的真实面貌及其作用原理——它们不仅贯穿了整个唐代，也贯穿了整个中国历史并得以维持。同时，笔者也希望发现唐律各则的法规中与时下我们的生活所不同的地方，并借此展现一个不同于以往历史书籍中所描述的，新的历史面貌。

台湾学者戴炎辉的《唐律各论》，是迄今为止唯一问世的唐律各论。只不过，该书是按照唐律各则的顺序，根据不同事项将各个条目加以整合来展开叙述的。唐律各则从第二编《卫禁律》到第十二编《断狱律》，起自妨害皇帝护卫的罪行，讫于对罪犯的审判，是按照国家行政的运转程序来展开的。戴氏一书亦如是。或许戴氏认为，按照这一顺序展开叙述是忠实还原唐律本来面目的方法亦未可知。然而，尽管这种方式对于理解在国家行政运转过程中各个部门所发生的罪行是如何得到惩处而言颇有助益，但对于理解该法律重视谁的权益，试图保护何种核心价值而言则意义不大。换言之，对于从宏观角度理解该法律是以保护并维持何种体制秩序为目的而言，戴氏的叙述方法无法提供帮助。因此，若想要理解唐律所保护的国家体制及社会秩序这一类历史性命题的话，就需要厘清受到该法律所保护的价值及其内容，以及法律权益的等级和相互关系。本书也正是在这一问题意识下按照《刑法各论》的体例来展开的。

不过，现行的《刑法各论》体例中，第一编为个人权益，第二编为社会权益，第三编为国家权益；而在本书的结构中，第一编为国家权益，第二编为社会权益，第三编为个人权益。现行的《刑法各论》乃是基于自由社会——人的尊严与价值是最高法则，人的个体是社会一切价值的根源——这一理念，将个人权益相关罪行的叙述排到了国家，社会权益相关罪行的叙述之前。相反，《唐律》首先要维护的价值，即从权益的优先顺序来看，皇帝与国家的权益要远远高于个人与社会的权益，这一点无可争议。本书在结构上亦考虑到这一点而进行了顺序调整。

因本书的撰写基于《唐律》的各项法则，读来有艰涩之感的读者恐怕不在少数，故此处对书中内容大纲作一概述。

第一编：国家权益相关罪行

本编的相关罪行适用范围构成如下：第一章，皇帝，国家的存在与权威；第二章，皇帝，国家的命令体系；第三章，国家的一般职能；第四章，国家的司法职能。

第一章 关于皇帝，国家的存在与权威的罪行此部分在《刑法各论》中位于第三编第一章，由内乱罪，外患罪，国旗罪，外交罪等四小节构成。《唐律》当中可以归类其中的有：谋反大逆(贼1)相当于内乱罪，谋叛(贼4)，泄密罪(贼19)，间谍罪(擅9) 相当于外患罪。《唐律》之中不存在相当于国旗罪的条目，这是因为在传统时代的中国尚未出现象征国家的国旗，所以也没有相关保护的法律。同理，现当代的国际外交关系在彼时亦未登场，所以也就无需制定与外交相关的法律了。

　　谋反虽然相当于内乱罪，但其内容是意图谋害皇帝之罪，与现行刑法中指代的以侵犯国土或扰乱国宪为目的的暴动罪行有所区别。易言之，罪的客体不是国家而是直指皇帝——在这一点上，谋反罪与现行刑法中的内乱罪有不小差距。不仅如此，对于损坏宗庙，山陵，宫殿等象征皇帝权威建筑的大逆行为同样适用于与谋反同等级的重罪。由是观之，因为亵渎皇帝权威的严重程度被视为与危害皇帝本人同一等级，所以也可以说它相当于内乱罪。即是说，谋反与大逆是《唐律》中的内乱罪，相当于现行刑法中危害国家安全的内乱罪；也可以将其理解为是危害皇帝和亵渎皇帝权威的罪行。正如这一罪行被视为危害国家安全罪一样，涉及到皇帝的侍奉，人身安全，皇帝及皇室尊严等的违法行为也都适用于重大罪行，在律的编排结构上也都位居前列。因此，关于这一类的违法行为都将置于国家权益犯罪之下进行阐述。

　　第二章 关于皇帝，国家的命令和报告体系的罪行

　　《唐律》中有不少关于制，敕等皇帝诏令文书和官文书的制成及运行的罪行。另外，关于作为文书凭证的宝印符节等信标的罪行，以及关于为保证文书迅速传递而设的驿递制度的罪行亦不在少数。这意味着，载有皇命的制，敕和其他官文书的准确制成及其信用保证和迅速传达，都是《唐律》要保护的核心价值。易言之，制，敕和其他官文书的准确制成和传递是国家运转的核心要素，是保证皇帝支配体系整体的良好运转与维持的有效机制，所以与之相关的各项规定也都有着细致的划分。

　　第三章 国家日常职能罪行

国家日常职能的罪行可以分为官吏的职务罪以及官吏所履行的各个方面的公务妨害罪。前者包括懒政罪，泄密罪以及贪污罪，后者包括妨害官吏的任用考核，治民治安，土地管理，税役管理等全部国家机能的犯罪。通过这些罪行，可以了解当时国家行政及制度的运行情况。

第四章 国家司法职能罪行

唐朝的司法制度是一体化的行政司法，故不存在像独立行使裁决权的法院或独立行使检察权的检察院这样的机构。虽然司法与行政未加区分，但唐朝的司法制度里制定了一系列刑事相关的程序法，包括与检举，起诉等搜查线索和弹劾，罪犯的管理与审问，审判，刑罚的执行等相关的规定。尽管无法与当代重视被害人人权的刑事诉讼法相提并论，但上述程序法中依旧包含了一系列详细规定，旨在推进检举，起诉的正规化用以最大限度地降低诬告，并实现正确的搜查与公正的裁决，以及刑罚的严格执行。以当代人眼光来看，这其中亦有十分不合理之处。例如，在审问嫌犯的过程中允许使用拷问，证人也同罪犯一样会接受审讯及拷问。《唐律》的另一个特征，就是在刑事程序法当中，关于死刑执行的规定占据着绝对数量。在执行裁决和行刑的过程中如果出现违法行为，将会遭到处罚。另外，如果判官出现了裁决不当或在其中有违法行为，同样要承担刑事责任。

第二编：社会权益相关罪行

《刑法各论》中将社会权益相关罪行范围分为如下四种：①公共安全稳定；②公共信用；③公众健康；④社会道德。《唐律》中的社会权益相关罪行也能按照现行的《刑法各论》来进行分类，只不过所包含的罪的内容有诸多不同。此外，应当将婚姻，养子，继承的相关罪行也囊括其中。现行法律当中，婚姻，养子，继承的相关法律属于民法，被排除在国家公权力的制裁对象之外；但是唐朝并没有单独的民法，律当中即规定了，违反婚姻，养子，继承相关法规的话就将受到处罚。不过，违反婚姻，养子，继承相关法规的行为难以被视为是侵犯个人或国家权益的行为，大体上属于侵害了社会权益乃至风俗道德的行为。因此，笔者希望将这些罪行归入侵犯社会权益的罪行之下，只不过其内容十分庞杂，加之其历史意义深刻，故将婚姻的相关罪行设为第五章，将养子，继承的相关罪行设为第六章。

第一章　扰乱公共安全稳定罪

其中有妖言邪说罪等扰乱公共治安罪，而与兵器有关的罪行相当繁多，足以单独构成一节内容。同样也有放火罪，失火罪以及与水的管理，盗窃相关的罪行。有趣的是，其中还包括了车马的过度使用罪。

第二章　扰乱公共信用罪

举例来说，如私自铸钱罪，与度量衡相关的罪，扰乱市场秩序罪等，均属此列。而扰乱公共信用罪的数量之少，正意味着彼时的社会并不复杂。

第三章　影响公众卫生罪

如蛊毒罪，毒肉脯罪，弃置脏物罪等。

第四章　影响社会道德罪

与现行刑法一样，可以举性道德罪，赌博罪，关于信仰之罪，违反礼俗伦理罪等罪行。不过其内容却大相径庭。举奸罪为例，亲属之间的奸罪和监临官，道士及僧尼的奸罪，其处罚要更为严厉；良贱之间的通奸行为中，贱人所受处罚比良人更重。另外，关于信仰之罪当中，损毁尸体坟墓罪的处罚相当严厉，引人关注。在违反礼俗伦理罪当中，比较有特点的有：违反丧礼罪分外严重，以及存在与祖父母父母及夫之仇人和解之罪这般罪行。《唐律》当中，多有礼的程序化规范以及对于违禁行为的处罚规定。这些礼在当代社会多已消逝，故存在诸多生涩罪名，以今人观点出发难以理解的部分也有很多。举其中若干为例：违反丧礼罪，任犯祖父名官职之罪，不侍父母祖父母而出任官职之罪，服丧未满而求官职之罪，父母祖父母及夫因犯死罪囚禁期间作乐之罪，居父母丧而生子及兄弟别籍分财之罪，居父母及夫丧而嫁娶之罪，祖父母父母被囚禁而嫁娶之罪，与杀害祖父母父母夫亲属者和解之罪，子孙违犯祖父母父母教令之罪, 供养祖父母父母有阙之罪, 国忌或私家忌日作乐之罪等等, 均为此列。上述行为在今日即便出现也无法称之为罪；但能确定的是, 克制以上行为, 这既是礼的规范所在, 也是维持社会秩序运转的核心价值所在。

第五章 婚姻相关罪行

唐朝的礼教当中, 有许多关于婚姻需要恪守的规范以及不可触犯的禁令。例如, 婚姻的成立需要经过一定程序。另外, 为祖免妻嫁娶, 作祖免亲妾, 同姓为婚等行为均属禁止范围, 不同身份之间的婚姻亦被禁止。夫妻间各自均有需要恪守的义务及规范, 尤其是妻子需要遵守的义务格外繁多。原则上妻须视夫为天, 服其命令。尤其在七出之罪当中包括半百无子一项, 此处集中体现了婚姻的目的以及妻子的凄惨处境。《唐律》中对于违反上述规范者有着详细的处罚规定。这些罪行在当代自然不能成立, 但能看到它们依然作为核心价值内容维持着当时的社会秩序。

第六章 养子继承相关罪行

养子在原则上限于相同姓氏。异姓立养者将受处罚。不过, 三岁以下的弃婴立养允许异姓。一经领养, 养子不得擅自离开养父母。但若养父母得子或亲生父母再无子的情况下, 允许养子回到亲父母处。贱人立养属禁止范畴, 违者将受惩罚。

继承分为官爵继承及家产继承。官爵主要由嫡长子继承, 若嫡长子无法继承, 关于继承顺序则有详细规定。违者将受处罚。财产继承以号令来规定, 其中重要的一点是所有儿子均分财产, 未婚之女亦有继承权。违反此规定者亦将受罚。

第三编 个人权益相关罪行

《刑法各论》中对个人权益相关罪行范围分为如下五种 : ①生命与身体；②自由；③名誉与信用；④个人私生活的稳定；⑤财产。《唐律》中的相关法则亦可照此分类。不过其中难以找到保护个人名誉信用的条目, 即没有损害名誉罪，诽谤罪，损害信用罪，妨害公务罪等罪行。因此，本书中个人权益相关罪行部分由生命与身体，自由，个人私生活，财产等四部分构成。

第一章 伤害生命与身体罪

首先，《唐律》中的杀人罪异于现行刑法。现行刑法当中，主观意愿的杀人是杀人罪成立的基本条件，像伤害致死这样非主观意愿所导致的杀人结果，并不包括在杀人罪当中。但在《唐律》中，不仅仅将主观意愿杀人定为杀人罪，无主观意愿下仅因打斗所致的死亡也被划入杀人罪范畴。 此外还有暴力致死，屏去人服用饮食之物致死，恐吓威胁致死，厌魅诅咒谋杀等罪行。另外，杀一家非死罪三人亦是特殊的杀人罪行。

伤害罪可分为凡人伤害罪与有身份者伤害罪。由于内容庞杂，本书在叙述时将凡人伤害罪分为伤害罪和误杀伤，戏杀伤，过失杀伤罪，将有身份者伤害罪分为亲属杀伤罪，官人杀伤罪，良贱或主奴间杀伤罪等。像这样，伤害罪可依据不同情况和身份进行区分，另外，加害手段的危险程度以及争斗殴打所致的伤害程度都是作为罪行的加重条件，由此一来罪状等级得以增多，其构成要件也变得不可胜计。《唐律》的处罚规定中，像关于伤害的处罚那样细分罪行来决定的理由何在呢？要说明这一点并非易事。目前只能说，可能是立法者们为了最大限度减少判官的自主裁决权而将规定做了具体而细微的划分。这也是考虑到若赋予判官更大权力，官吏便不会再有序地执行皇命，如此一来皇帝支配体系便无法顺畅地运转。所以要将规定细化，以最大程度减少判官自主裁决的空间。

第二章 触犯自由罪

《唐律》中相当于触犯自由罪的有略取诱引罪和胁迫罪。

略取诱引罪在现行刑法中颇受重视，相关条目达到十一条。在《唐律》中，相关定罪条目也不在少数；另外还有与诱引罪类似但又不同性质的协商买卖罪，使得情况更趋复杂。协商买卖是指根据相互协商来贩卖自身身体，现行刑法中不见此类。《唐律》中的上述罪行，按照犯罪客体可分为良人，部曲，奴婢，亲属等, 以良人为准, 若客体是部曲, 则良人减一等 ; 奴婢则被视为等同于财物, 以强盗, 窃盗论之。此外, 按照行为目的, 又可分为奴婢, 部曲, 妻妾子孙等情况, 不同情况的罪行有不同档次。略取诱引罪如此之多样, 意味着从中保护人身安全的必要性之大。换言之, 此类犯罪在当时社会盛行, 其目的也多种多样。胁迫罪包括人质罪, 以良人为奴婢质债罪, 以经放为良部曲奴婢为贱人罪等。通过这些罪行, 亦可窥得彼时的社会面貌。

第三章 个人私生活相关罪行

《唐律》中关于个人私生活的相关罪行范围有诬告罪, 告亲属主人及主人亲属罪, 夜无故入人家罪等。

《刑法各论》中, 诬告罪包括了侵害国家利益的罪行。但在《唐律》的规定中, 诬告者反过来也会受到其所诬告的罪行的处罚。从这一点而言, 诬告罪所保护的权益是个人安全。诬告是以让他人受到刑事处分或惩罚为目的而向官府捏造事实的行为。因此, 被诬告者因所捏造的事实而可能受到相关刑事处分或惩罚, 而诬告罪是要将由此造成的苦痛与危险原封不动地还给诬告者本人。这种方式的直接目的是以此来断绝诬告行为, 保护个人不会无端受到刑事处分或者惩罚。所以, 应当将诬告罪视作与个人权益相关的罪行。

《唐律》中规定, 将亲属告官或者部曲奴婢将主人或主人亲属告官的行为需要承担罪责, 若其中出现诬告则罪加一等。不仅如此, 名例律第四十六条规定, "同居若大功以上亲及外祖父母, 外孙若孙之妇, 夫之兄弟及兄弟妻, 有罪相为隐", 或"部曲奴婢为主隐", 均不论罪 ; 就算泄露其事或密告消息, 亦不定罪 ; "小功以下相隐, 减凡人三等"。这些规定源自"父为子天, 有隐无犯"这一儒学思想, 这也是《唐律》的重要特征之一。奴婢等同于主人财产 ; 部曲虽然不一定如此, 但依然隶属于主人, 所以就算主人犯了罪, 亦不可告官。因此, 贱人若向官府告发主人则会受到重罚。不过, 就算是祖父母父母或亲属, 若犯了谋反, 大逆, 谋叛等罪, 则必须告官 ; 主人或主人亲属若有上述情形亦如是。因为比起父母之孝, 亲属和睦或对主人的义理, 向皇帝尽忠才是最首要的。

第四章　侵犯财产罪

现行刑法中关于侵犯财产的罪行有盗窃罪，强盗罪，诈骗恐吓罪，渎职贪污罪，赃物罪，损坏罪，妨害行权罪等，其分类方式所依据的是侵害方法。《唐律》也和现行刑法一样，有盗窃罪，强盗罪，诈骗恐吓罪，渎职贪污罪，损坏罪等罪行。比较特殊的是，盗窃罪中规定，如若出现盗窃亲属财物的情形，会根据亲属的等级进行减罪；诈骗恐吓罪也是如此。这一规定体现出亲属共同体的理念。另外，不论是对"于他人地内得宿藏物，隐而不送者"还是对违反契约不偿债者的处罚规定，都反映出了《唐律》对个人财产权有详尽保护。赃物罪和妨害行权罪则未见单独条目。不过，虽然没有关于赃物的单独条目，但在财产相关罪行的各个条目下规定了，明知是非法物品仍购买或保管的行为，将会受到更严厉的处罚。妨害行权罪方面，虽然不是没有规定像盗耕他人土地罪或侵占公共山野湖田之利罪这样的罪行，但并未见到有关物权或债权的保护条例。《唐律》中有关损坏他人财物并损害其效用的罪行，可举杀伤畜产罪及损坏财物罪这两种。

本书或是第一本按照现行《刑法各论》体例来撰写的唐律各论。不过在对各个条文进行具体阐释时，依然大量参考了戴氏的《唐律各论》，特此声明。

目录(小目録除外)

序论

Ⅰ. 唐律各则的体例

Ⅱ.《唐律各论》的体例

第一编　国家权益相关罪行

Ⅰ. 总论

Ⅱ. 犯庙社山陵罪

Ⅲ. 祭祀相关之罪

Ⅳ. 伪造盗窃御宝及盗窃，亡失误毁服御物罪

Ⅴ. 皇家，宫殿无礼之罪

Ⅵ. 殴打皇家袒免亲以上者罪

第二章 关于皇帝，国家的命令报告机能的罪行

Ⅰ. 序言

第一节 唐朝的国家运转体制

Ⅰ. 唐朝的国家运转体制

Ⅱ. 国家政策的制定，传达与施行

第二节 关于皇帝，国家的命令报告的罪行

Ⅰ. 概述

Ⅱ. 责上之罪及对捍制使诸使之罪

Ⅲ. 曲解上意之罪

Ⅳ. 制书官文书流通相关之罪

Ⅴ. 上书奏事相关之罪

Ⅵ. 盗窃，遗失，损毁制书官文书之罪

第三节 关于宝，印，符，节的罪行

Ⅰ. 总论

Ⅱ. 私自封用宝，印，符，节之罪及违反符节行用程序之罪

Ⅲ. 伪造，伪写宝，印，符，节之罪

Ⅳ. 盗窃宝，印，符，节之罪

第四节 妨害驿站职能罪

Ⅰ. 总论

Ⅲ．官物管理相关之罪

Ⅳ．挪用官物罪

Ⅳ．不输官物罪

第十一节 关于军事的罪行

Ⅰ．概述

Ⅱ．擅发兵及擅调发军需品罪

Ⅲ．拣点，管理卫士征人相关之罪

Ⅳ．逃避，怠慢军务之罪

Ⅴ．军人的逃亡罪

Ⅵ．烽候及边境城戍防御相关之罪

第十二节 关于营造的罪行

Ⅰ．概述

Ⅱ．故意营造罪

Ⅲ．工作不如法之罪及功力有所采取而不任用之罪

Ⅳ．不依法修堤防舟船之罪

第十三节 关于因公死亡者处理及因公负伤患病治疗的罪行

Ⅰ．因公死亡者处理相关之罪

Ⅱ．不治因公负伤患病者及服役者之罪

第五章 关于国家司法职能的罪行

Ⅰ．唐朝司法制度及司法相关之罪

第一节 告，疏相关之罪

Ⅰ．告与诉

Ⅱ．告之罪

Ⅲ．越诉之罪

Ⅳ．不告之罪

第一章　关于公共安全与稳定的罪行

第一节　妨害公安罪

Ⅰ．概述

Ⅱ．妖书，妖言罪

Ⅲ．诈冒官司罪

Ⅳ．畜产，犬管理相关之罪

Ⅴ．向城官私宅道径射之罪

Ⅵ．作坑穽以故杀伤人之罪

Ⅶ．在市人众中惊动之罪

第二节　关于兵器的罪行

Ⅰ．禁兵器私有罪

Ⅱ．盗窃兵器罪

第三节　放火，失火罪

Ⅰ．放火罪

Ⅱ．失火罪

Ⅲ．库藏及仓内燃火之罪

Ⅳ．见火起不告救罪

第四节　关于盗水的罪行

Ⅰ．盗水之罪

第五节　交通安全罪

Ⅰ．车马超速行走罪

Ⅱ．侵道路阡陌罪

第二章　关于公共信用的罪行

第一节　私铸钱罪

Ⅰ．私铸钱罪

조문 찾아보기

호혼율 35(184조) 2 - 5 - 2 - 2 - 1   구고율 25(220조) 1 - 3 - 10 - 3 - 2
호혼율 36(185조) 2 - 5 - 3 - 2 - 1   구고율 26(221조) 1 - 3 - 6 - 3 - 4
호혼율 37(186조) 2 - 5 - 3 - 2 - 2~3 구고율 27(222조) 1 - 3 - 10 - 5 - 4
호혼율 38(187조) 2 - 5 - 3 - 2 - 4   구고율 28(223조) 1 - 3 - 10 - 1 - 2
호혼율 39(188조) 2 - 5 - 2 - 2 - 2
호혼율 40(189조) 2 - 5 - 4 - 1 - 1   천흥률 1(224조) 1 - 3 - 11 - 2 - 1~2
호혼율 41(190조) 2 - 5 - 4 - 2~3   천흥률 2(225조) 1 - 3 - 11 - 2 - 3
호혼율 42(191조) 2 - 5 - 3 - 3 - 2~3 천흥률 3(226조) 1 - 2 - 3 - 2 - 2
호혼율 43(192조) 2 - 5 - 3 - 3 - 4~5 천흥률 4(227조) 1 - 3 - 11 - 3 - 1
호혼율 44(193조) 2 - 5 - 2 - 2 - 3   천흥률 5(228조) 1 - 3 - 11 - 3 - 2~3
                 2 - 5 - 5 - 1 - 1   천흥률 6(229조) 1 - 3 - 11 - 4 - 1
호혼율 45(194조) 2 - 5 - 5 - 1 - 2   천흥률 7(230조) 1 - 3 - 11 - 4 - 2
호혼율 46(195조) 2 - 5 - 5 - 2 - 1 ~5 천흥률 8(231조) 1 - 3 - 11 - 4 - 3
                                      천흥률 9(232조) 1 - 1 - 2 - 3 - 1~2
구고율 1(196조) 1 - 3 - 8 - 2 - 1   천흥률 10(233조) 1 - 3 - 11 - 5 - 1
구고율 2(197조) 1 - 3 - 8 - 2 - 2   천흥률 11(234조) 1 - 3 - 11 - 5 - 2
구고율 3(198조) 1 - 3 - 8 - 3 - 1   천흥률 12(235조) 1 - 3 - 11 - 3 - 4
구고율 4(199조) 1 - 2 - 4 - 4 - 1   천흥률 13(236조) 1 - 3 - 11 - 4 - 4
구고율 5(200조) 1 - 1 - 5 - 3 - 5   전흥률 14(237조) 1 - 3 - 11 - 3 - 7
구고율 6(201조) 1 - 3 - 8 - 3 - 2   천흥률 15(238조) 1 - 3 - 11 - 2 - 4
구고율 7(202조) 1 - 3 - 8 - 3 - 3   천흥률 16(239조) 1 - 3 - 11 - 3 - 5~6
구고율 8(203조) 3 - 4 - 3 - 2 - 1~3   천흥률 17(240조) 1 - 3 - 12 - 2 - 1~2
구고율 9(204조) 3 - 4 - 3 - 1 - 4   천흥률 18(241조) 1 - 3 - 12 - 2 - 3
구고율 10(205조) 3 - 4 - 3 - 1 - 5   천흥률 19(242조) 1 - 3 - 12 - 3 - 1
구고율 11(206조) 3 - 4 - 3 - 1 - 6   천흥률 20(243조) 2 - 1 - 2 - 1 - 1~4
구고율 12(207조) 2 - 1 - 1 - 4 - 1~3 천흥률 21(244조) 1 - 3 - 12 - 3 - 2
구고율 13(208조) 1 - 2 - 4 - 3 - 4   3 - 1 - 4 - 4 - 1
                 1 - 3 - 2 - 4 - 8   천흥률 22(245조) 1 - 3 - 6 - 6 - 1~2
구고율 14(209조) 3 - 4 - 3 - 3 - 1   천흥률 23(246조) 1 - 3 - 6 - 3 - 5
구고율 15(210조) 1 - 3 - 10 - 2 - 1~2   1 - 3 - 11 - 4 - 5
구고율 16(211조) 1 - 3 - 10 - 5 - 1   천흥률 24(247조) 1 - 3 - 2 - 4 - 9
구고율 17(212조) 1 - 3 - 10 - 4 - 1
구고율 18(213조) 1 - 3 - 10 - 4 - 2   적도율 1(248조) 1 - 1 - 1 - 2 - 1~3
구고율 19(214조) 1 - 3 - 10 - 3 - 1   1 - 1 - 1 - 3 - 1~2
구고율 20(215조) 1 - 3 - 10 - 5 - 2   1 - 1 - 1 - 4 - 1~2
구고율 21(216조) 1 - 3 - 10 - 4 - 3   적도율 2(249조) 1 - 1 - 1 - 4 - 1~2
구고율 22(217조) 1 - 3 - 6 - 3 - 3   적도율 3(250조) 1 - 1 - 1 - 2 - 4
구고율 23(218조) 1 - 3 - 2 - 5 - 6   적도율 4(251조) 1 - 1 - 2 - 2 - 1~3
구고율 24(219조) 1 - 3 - 10 - 5 - 3   적도율 5(252조) 3 - 1 - 2 - 3 - 1

포망률 9(459조)   1 - 4 - 4 - 2 - 1~3
포망률 10(460조)   1 - 1 - 4 - 3 - 6
포망률 11(461조)   1 - 3 - 4 - 6 - 1~2
포망률 12(462조)   1 - 3 - 4 - 7 - 1
포망률 13(463조)   1 - 3 - 9 - 2 - 4
포망률 14(464조)   1 - 3 - 1 - 1 - 6
포망률 15(465조)   1 - 4 - 4 - 1 - 1
포망률 16(466조)   1 - 4 - 4 - 1 - 2
포망률 17(467조)   1 - 3 - 4 - 7 - 3
포망률 18(468조)   1 - 4 - 2 - 3 - 1~3

단옥률 1(469조)   1 - 4 - 3 - 1 - 1
단옥률 2(470조)   1 - 4 - 3 - 2 - 1~2
단옥률 3(471조)   3 - 1 - 2 - 8 - 4
단옥률 4(472조)   1 - 3 - 2 - 3 - 3
단옥률 5(473조)   1 - 4 - 3 - 1 - 2
단옥률 6(474조)   1 - 4 - 5 - 1 - 1
                 1 - 4 - 5 - 3 - 1
단옥률 7(473조)   3 - 3 - 1 - 4 - 6
단옥률 8(476조)   1 - 4 - 5 - 1 - 2
단옥률 9(477조)   1 - 4 - 5 - 1 - 3
단옥률 10(478조)   1 - 4 - 5 - 1 - 4
단옥률 11(479조)   1 - 4 - 5 - 2 - 1
단옥률 12(480조)   1 - 4 - 5 - 1 - 5
단옥률 13(481조)   1 - 4 - 5 - 2 - 2
단옥률 14(482조)   1 - 4 - 7 - 1 - 1
단옥률 15(483조)   1 - 4 - 5 - 1 - 7
단옥률 16(484조)   1 - 4 - 6 - 1 - 1
단옥률 17(485조)   1 - 4 - 6 - 1 - 2
단옥률 18(486조)   1 - 4 - 6 - 1 - 3
단옥률 19(487조)   1 - 4 - 6 - 2 - 1~4
단옥률 20(488조)   1 - 4 - 6 - 1 - 4
단옥률 21(489조)   통례(은사의 조건)
단옥률 22(490조)   1 - 4 - 6 - 3 - 1
단옥률 23(491조)   1 - 4 - 7 - 1 - 2
단옥률 24(492조)   1 - 4 - 7 - 1 - 3
단옥률 25(493조)   1 - 4 - 7 - 2 - 1~2
단옥률 26(494조)   1 - 4 - 7 - 3 - 1
단옥률 27(495조)   1 - 4 - 6 - 1 - 8

단옥률 28(496조)   1 - 4 - 7 - 3 - 2
단옥률 29(497조)   1 - 4 - 7 - 3 - 3
단옥률 30(498조)   1 - 4 - 7 - 1 - 5
단옥률 31(499조)   1 - 4 - 7 - 3 - 4
단옥률 32(500조)   1 - 4 - 7 - 1 - 4
단옥률 33(501조)   1 - 4 - 6 - 2 - 7
단옥률 34(502조)   1 - 4 - 6 - 1 - 5

당률의 죄 찾아보기

ㅇ

당률각론 II (사회·개인법익편)

초판 인쇄 | 2021년 09월 09일
초판 발행 | 2021년 09월 16일

지 은 이   김택민
발 행 인   한정희
발 행 처   경인문화사
편   집   유지혜 김지선 박지현 한주연 이다빈
마 케 팅   전병관 하재일 유인순
출판번호   406-1973-000003호
주   소   경기도 파주시 회동길 445-1 경인빌딩 B동 4층
전   화   031-955-9300   팩   스   031-955-9310
홈페이지   www.kyunginp.co.kr
이 메 일   kyungin@kyunginp.co.kr

ISBN 978-89-499-4984-0 94360
     978-89-499-4982-6 (세트)

값 40,000원